노·무·사·시·험·대·비

행정쟁송법 강의

행정법은 주관적 권리구제기능과 객관적 행정통제기능을 수행

노·무·사·시·험·대·비

행정쟁송법 강의

서진배 / 차수봉 지음

KSi 한국학술정보㈜

|머리말|

1. 들어가는 말

노무사 시험에 행정쟁송법이 채택되어 많은 수험생들 사이에서 행정법 총론과 각론의 지식 및 민사소송의 기본원리에 대한 이해를 바탕으로 행정쟁송법을 이해해야 했기에, 그 출제범위와 출제형식에 대해 의견이 분분하였고, 그 때문에 수험준비에 어려움을 겪어야 했던 과목이기도 하였습니다.

2. 공부방법론 및 본서의 특징

(1) 기출문제의 분석

모든 시험 준비가 그러하듯이 객관식 시험뿐만 아니라 주관식 시험에 있어서도 기출문제의 분석은 매우 중요합니다. 행정쟁송법도 행정법의 일부이고, 행정법에 대해서는 각종 시험에서 이미 많은 기출문제가 있으므로 이를 분석하여 어떤 부분에서 어떤 문제가 출제되는지를 분석하고 있어야 합니다. 이에 본서는 각종 시험에서 기출제된 문제들을 분석하여 해당문제가 실제시험에서 어떠한 형식으로 출제되었고, 또 향후 어떠한 문제로 출제될 수 있는지를 분석하였습니다. 즉 약술문제로 출제되는 경우 및 사례문제로 출제되는 경우에 있어 출제 가능한 문제형식을 모두 분석하여 두었습니다.

(2) 이해위주의 공부

암기 위주로 하다 보면 내용의 이해와는 동떨어지게 되고, 사람의 기억력에는 한계가 있어 모두 암기할 수도 없을뿐더러, 암기하였다고 하더라도 문제가 조금만 변형되어도 답안작성이 힘들어지게 됩니다. 이에 본서는 풍부한 내용을 실어 먼저 문제에 대해 철저히 이해할 수 있도록 하였습니다. 처음에는 내용이 많아 부담이 될 수도 있지만, 이해 위주로 반복하여 학습하다 보면 어느 순간 내용이 자신의 머릿속에 기억되어 있을 것입니다. 처음부터 암기 위주로 공부를 하면 시험이 다가올수록 불안해질 것이지만, 이해 위주로 공부를 하면 처음에는 힘들지만 갈수록 암기해야 할 사항은 줄어들기 때문에 시험이 다가올수록 부담은 줄어들 것입니다.

(3) 풍부한 목차의 구성

실제 시험에서 많은 시간이 주어지는 것은 아니기 때문에, 문제를 보고 전체적인 목차를 구성한 후 바로 답안작성에 들어가야 합니다. 이해 위주로 공부하였다고 하더라도 전체적인 목차를 떠올릴 수 없다면 목차 구성이 어려워지고 이는 결국 답안작성이 어려워진다는 것과 직결됩니다. 목차에 단편적인 내용만을 암기한 경우 그 목차가 기억나지 않는다면 문제는 더욱 심각해질 것입니다. 이에 본서는 목차를 풍부하게 구성하여 몇 개의 목차를 기억하지 못해서 답안작성이 힘들어지는 위험을 최소화하였습니다. 충분히 이해 위주의 공부를 하여왔다면 시험 막바지로 갈수록 암기해야 하는 것은 거의 목차로 압축되고, 이 목차를 통해 자신이 시험에서 작성할 내용을 압축하고 또 암기한 목차를 통해 답안에 작성할 내용을 떠올릴 수 있을 것입니다.

3. 맺음말

주관식 시험에 있어 모든 문제를 다 암기할 수 있다면 그보다 더 확실한 방법은 없을 것입니다. 그러나 그것은 인간이기에 한계가 있고 결국은 누가 암기해야 할 사항을 최소화할 수 있는가의 문제로 귀착될 것입니다. 풍부한 내용을 반복하여 이해하고, 이해한 내용을 바탕으로 자신만의 목차를 구성해보고, 그 목차를 통해 실전에서 작성할 내용들을 압축하고, 암기한 목차를 통해 내용을 떠올릴 수 있을 만큼 공부한다면 가벼운 마음으로 시험장에 들어갈 수 있을 것입니다.

시험에서 중요한 것은 얼마나 많이 아느냐보다는 얼마나 잘 논리적으로 서술해 나가느냐에 그 당락이 결정되는 것 같습니다. 본서는 노무사 시험을 합격한 현직

노무사가 수험자의 입장에서 실제 시험에서 쓸 수 있는 적절한 분량의 내용을 서술하였고, 현재 공법을 공부하고 있는 연구자가 출제자의 입장에서 학계에서 논의가 되고 있는 출제 가능한 테마를 간추려 본 교재를 내놓게 되었습니다. 최선을 다해 원고를 만들었지만, 탈고를 해 놓고 보니 막상 아쉬운 감정이 듭니다. 아무쪼록 본서가 시험을 준비하고 계시는 분들께 조금이나마 도움이 되기를 바라며, 본서로 공부하신 모든 분들이 소망하시는 시험에서 좋은 결과가 있으시기를 기원합니다.

부족한 아들을 위해서 항상 묵묵히 응원을 아끼시지 않는 부모님과 사랑하는 가족에게 감사합니다. 부모님의 든든한 사랑과 가족의 인내가 있었기에 이러한 작은 성과물이라도 내놓을 수 있었습니다. 또한 바쁘신 와중에도 틈틈이 원고의 검토 및 조언을 아끼지 않으셨던 정상문 변호사님, 진진한 삶의 자세를 몸소 보여주신 강동신 예비판사님, 노동실무에 대한 해박한 지식으로 많은 가르침을 주시는 노무법인 지성의 오상열 대표노무사님과 박태준 팀장님, 노동관계의 현장의 목소리를 생생하게 전해주어 현실성 있는 교재가 되게 해준 김광훈 님에게 감사의 말씀을 드립니다. 마지막으로 본서의 출간을 위해서 수고 해 주신 한국학술정보의 이명란 선생님에게도 진심으로 감사를 드립니다.

2008년 3월 서진배/ 차수봉

|차 례|

제 1 장

행정쟁송법

[1] 행정쟁송법

행정소송		행정심판	
서 설	행정소송의 한계	서 설	행정심판의 특수성
	행정소송의 종류		행정심판과 소송의 구별
			행정심판의 종류(10약)
관 할 (어디서)	관련청구소송의 이송·병합	기 관	재결청
			행정심판위원회(9약)
당사자 (누 가)	원고적격(6논, 13논)	당사자	청구인적격
	피고적격(14약)		
	협의의 소익(7약)		
	소송참가		
대 상 (무엇을)	처분 등(9논), 거부처분	대 상	처분
	부작위(11약)		
	원처분주의와 재결주의		
제 기 (언제, 어떻게)	제기기간(12약)가구제	청 구 (언제, 어떻게)	청구기간(8약)
	행정심판전치주의		
	소의 변경, 처분사유의 추가·변경		행정심판의 형식 및 절차
	집행정지제도		집행정지제도
심 리 (왜)	입증책임	심 리	심리의 기본원칙
	심리판단의 기준시		당사자의 절차적 권리(7약)
판 결 (했나)	판결의 종류, 사정판결(4약)	재 결	재결의 종류, 사정재결(13약)
	판결의 효력(14약)		재결의 효력(12약)
종 료	소송상 화해·청구의 인낙 허용여부	고 지	고지제도(5논)
	제3자에 의한 재심청구		오고지와 불고지의 효과(11약)
기 타	무효등확인소송, 부작위위법확인소송, 당사자소송(9약), 객관적 소송(10약)	기 타	의무이행심판(6약), 무효등확인심판
	항고소송과 당사자소송의 차이점(6약), 의무이행소송(13약)		
	선결문제		

[2] 행정법의 연혁

Ⅰ. 행정법 발전의 단계

행정법의 역사가 오래된 프랑스와 독일에서도 1세기 남짓밖에 안 된다. 성립과 정에 있는 법의 의미.

1. 제1단계(우월적 지위의 확보)

법치주의 및 행정법의 성립단계. 행정법의 독자적 기능을 확보. 행정의 독자적 지위와 국민에 대한 우월적 지위를 확보하는 데 집중된 시기.

독일에서 가장 명확. 19세기 말 외견적 입헌군주제 왕권에 기반을 둔 행정과 시민적 자유주의에 기반을 둔 의회주의·법치주의 사이의 타협의 결과.

특별권력관계, 행정규칙, 대상적격과 원고적격의 한정을 통한 행정소송의 제한, 행정재량, 공정력, 행정행위의 무효·단순위법의 구별 등 기본개념 산출과 행정법 의 독자성과 우월성을 유지.

그러나 우리나라에서는 1970년대까지 무소불위의 우월성을 유지하는 데 악용.

2. 제2단계(우월적 지위의 삭감·제거)

법치주의 및 행정법의 발전단계. 시민적 자유주의와 대립하던 왕권이 사라지고 시민적 자유주의의 독무대. 행정에 대한 법적 구속을 최대한 확대하여 행정의 독 자성과 우월성을 삭감·제거하는 데 집중된 시기이다.

독일에서 2차 대전 이후 의회와 법원의 구속확대. 행정재량의 축소, 특별권력관

계의 축소 및 부정, 대상적격의 철폐, 원고적격의 확대

3. 제3단계(행정의 자율성과 책임 강조)

법치주의 및 행정법의 성숙단계. 행정의 우월성이나 시민적 자유관계에서 치우치지 않고, 행정의 권한남용으로부터 철저한 보호, 공익과 사익을 형량·조화.
의회와 법원의 완전한 통제를 부정하고 행정의 독자성과 효율성을 존중.

Ⅱ. 권력과의 관계

1. 행정 VS 입법

행정활동이 법률의 범위 내에서 이루어지도록.

2. 행정 VS 사법

(1) 법원의 문제

위법성 판단에 법원은 어디까지 적용할 것인가? 사법심사의 척도

(2) 재량의 문제

법률이 추상적이고 불명확한 경우. 사법심사의 강도

(3) 특 징

위의 두 가지 문제는 본안심리에 관한 것이고, 그 전에도 소송유형, 대상적격 및 원고적격 등의 문제가 있다.

Ⅲ. 행정법의 쟁점 정리

1. 행정의 입법권에 대한 관계

* 법률우위 · 법률유보 · 법률의 법규창조력
* 법률유보의 범위 · 법규의 개념
* 특별권력관계를 규율하는 규범의 제정 근거
* 행정규칙의 제정 근거
* 위임입법의 한계

2. 행정의 사법권에 대한 관계

(1) 소송요건에 관련된 문제

* 행정소송 · 민사소송의 구별 문제: 공법과 사법의 구별
* 행정소송의 유형
* 취소소송의 대상적격: 행정행위, 행정작용형식론, 특별권력관계, 통치행위
* 취소소송의 원고적격: 공권, 법률상 이익, 반사적 이익
* 행정처분의 불가쟁력

(2) 본안요건에 관련된 문제

1) 법률우위·법률유보·법률의 법규창조력의 위반→위법성

2) 사법심사의 척도
* 행정법의 법원: 관습법·판례법·조리·헌법 및 행정규칙의 문제
* 일반행정법(이론): 예컨대, 직권 취소·철회의 제한, 부관의 한계 등
* 특별행정법(법률·법규명령·조례·규칙)
* 행정절차법: 절차하자의 효력 문제
* 행정상 의무이행확보수단: 행정상 강제집행/행정상 즉시강제/제재로서의 철회 및 효력 제한/새로운 의무이행확보수단
* 행정상 손해배상 및 손실보상(당사자소송 또는 민사소송)

3) 사법심사의 강도
* 재량행위와 기속행위의 구별
* 재량권의 한계/재량의 하자
* 불확정개념 및 판단여지의 문제
* 계획재량

Ⅳ. 행정쟁송의 네 가지 유형

이를 논하기 전에 반드시 항고소송의 대상적격과 원고적격이 확정되어야 한다. 이는 당해 문제에 대하여 '사법심사가 가능한가?'라는 물음이 해결되어야 하고 비로소 행정법학이 방대한 특별행정법 분야로 나아갈 수 있는 관문이 된다.

행정법은 아직도 소송요건에 대한 논의만 무수할 뿐이어서 행정법학＝소송요건법학이라는 비판을 면하기 힘든 것이다.

제1유형	침익적 처분에 대한 항고소송(방어소송) / 침익적 행정활동에 대한 분쟁
제2유형	수익적 처분의 거부·부작위에 대한 항고소송(요구소송) / 수익적 행정활동의 거부·부작위에 대한 분쟁
제3유형	침익적 제3자효를 갖는 이중효과적 처분에 대한 취소소송(제3자 방어소송) / 침익적 제3자효를 갖는 이중효과적 행정활동에 대한 분쟁
제4유형	수익적 제3자효를 갖는 이중효과적 처분의 거부·부작위에 대한 항고소송(제3자 요구소송) / 수익적 제3자효를 갖는 이중효과적 행정활동의 거부·부작위에 대한 분쟁

1. 제1유형

징집, 과세, 영업허가취소처분 등 침익적 처분, 문제는 처분에 해당하지 않으면 헌법소원이나 행정상 손해배상으로 처리할 수 있을 뿐

2. 제2유형

허가처분, 수도공급 신청 등 수익적 처분에 대한 거부·부작위처분.
<참고> 국가가 국민의 권익을 제한하는 방법에는 i)일정요건을 미리 정하여 그에 해당하면 침익하는 경우, ii)수익을 받기 위하여 일정요건을 정한 후 거부하는 경우.

(1) 구제방법

자유권적 기본권을 침해하면 그 자체만으로 소구가 가능하며, 청구권적 기본권과 생존권적 기본권의 경우에는 법률에 의해 구체화되어야만 가능.

(2) 소극적 처분의 개념 형성

위의 경우 거부는 소극적 처분에 속하고 이 개념은 독일에서 의무이행소송이 도입되기 전 제국시대, 바이마르시대, 1950년대까지 통설과 판례로 인정되어 왔다.

(3) 거부처분의 취소를 구할 법률상의 이익

독일: 원고적격에서 권리침해의 가능성이 있는 주장, 본안판단에서 위법성과 권
　　　리침해의 사실
우리: 원고적격에서 법률상의 이익 존재, 본안판단에서 오로지 위법성만 판단.

3. 제3유형

건축허가처분에 대한 인근 주민, 영업허가처분에 대한 기존의 영업자가 침해되는 경우. 당해 처분을 구할 법률상의 이익이 있는 자로서 <判例>에 의하면 법률 및 하위법규에서 강행법규성과 사익보호성을 갖춘 경우 의미. 판례를 소개하자면
　* 상수원보호구역변경처분(1995.9.26, 선고94누14544): 수도법의 관계규정은 오로지 공익을 위한 경우이므로 X
　* 공설화장장설치 도시계획결정처분: 매장및묘지등에관한법률의 관계규정이 지역주민의 사익도 아울러 보호한다고 O
　* 국립공원사업시행허가처분(1998.4.24, 선고97누3286): 직접근거법률인 자연공원법 외에도 환경영향평가법에 의거하여 환경영향평가 지역 내의 주민들에게 법률상의 이익을 인정 O ― 의미 있는 판결

4. 제4유형

인근 주민이 공해업소 또는 퇴폐업소에 대한 단속을 요청하는 경우로 행정개입

청구권 또는 행정발동청구권의 문제로서 제3자에게는 유리하지만 직접 상대방에게는 불리한 유형.

이는 국가의 기본권 보호의무와 맞닿아 있다. 헌법상 인정. 대상적격은 제2유형과 비슷하고 원고적격은 제3유형과 비슷. 이 경우 <判例>에 의하면 조리상의 신청권을 인정받지 않는 한 행정소송이 완전 봉쇄된다.

[3] 행정법체계

1. 행정법의 기초이론

법률의 법규창조력	의회의 법률만이 국민을 구속한다.
법률우위의 원칙	행정은 법률에 의한 구속을 받는다(=행정작용은 법률에 위반되어서는 안 된다). 소극적이며 침해 ex)운전면허 취소 → 법률의 규정에 있어야
법률유보의 원칙	행정권의 발동은 법률의 근거가 있어야 한다(=행정작용은 법률에 근거하여야 한다). 적극적이며 수익 ex)노동부장관의 실업급여 → 법률에 근거하여야

2. 행정법의 구성

행정조직법	국가행정조직법		
	자치행정조직법		
	공무원법		
행정작용법	일반행정작용	행정행위	
		행정입법	법규명령
			행정규칙
		그 밖의 행정작용	행정계획
			행정상 사실행위
			공법상 계약
	특별행정작용	경찰행정법	
		급부행정법	
		공용부담법	
		환경행정법	
		토지행정법	
		경제행정법	

행정구제법	실체적 구제법	국가배상청구
		손실보상청구
	절차적 구제법	행정소송법
		행정심판법

행정법은 행정에 관한 고유한 법으로 행정의 조직과 작용 및 구제에 관한 국내공법이다. 행정법은 성문·불문법규의 총괄개념으로서 행정주체의 조직과 작용뿐만 아니라, 그로 인하여 침해된 국민의 권리구제를 규율하는 법이다.

3. 행정행위

(1) 의 의

개념요소	행정청의 행위	행정에 관한 의사를 결정하여 표시하는 국가 또는 지방자치단체의 기관 기타 법령 또는 자치법규에 의하여 행정권한을 가지고 있거나 위임 또는 위탁을 받은 공공단체나 그 기관 또는 사인을 말한다(행정절차법 §2_1). ex)단독기관(행정자치부장관·병무청장), 회의제기관(토지수용위원회), 보조기관(국장)
	법적 규율행위	법적 효과의 발생·변경·소멸을 의도하는 명령적·법적으로 구속력 있는 행위로서 외부(국민)에 대한 직접적인 법적 효과를 가져오는 행위를 말한다. ex)권력적 사실행위(압류), 급부행정(하천의 이용관계에서 점용허가)
	공법적 행위	행정청에 의한 법적 행위로서 공법상의 행위여야 한다. 공법의 구별기준은 복수기준설(주체설＋성질설)이 통설이다. ex)국고행위 X, 사법상 계약 X
	구체적 사실에 대한 규율행위	구체적 사실 또는 특정할 수 있는 수많은 개별적 사실들을 행정행위의 개념하에 묶어서 규율(일반처분)

	구체적	추상적
개별적	A에 대한 소득세 부과	소대장에게 눈이 쌓일 때마다 제거토록 하는 명령
일반적	입산금지, 집시에 대한 허가	법규명령 자체

개념 요소	권력적 단독행위	공권력의 행사로서 행정주체가 행정객체에 대하여 우월한 지위에서 행하는 구체적 사실에 관한 법집행행위이다. ex)공법상 계약 X, 공법상 합동행위 X
처분과 의 관계	일원설	
	이원설	①공권력의 행사 → 공권력적 단독행위와 차이 ②그 밖에 이에 준하는 행정작용 → 형식적 행정행위가 추가

<김동희 교수님 분류체계>

		최광의	광 의	협 의	최협의
사실행위		O	X	X	X
법률행위	사법(私法)행위	O	X	X	X
	행정입법	O	O	X	X
통치행위		O	O	X	X
비권력적 행위	공법상 계약	O	O	O	X
	공법상 합동행위	O	O	O	X
권력적 행위		O	O	O	O

① 최광의: 행정청의 모든 행위
② 광 의: 행정청에 의한 공법적 행위
③ 협 의: 행정청이 법 아래서 구체적 사실에 관한 법집행으로서 행하는 행위
④ 최협의: 행정청이 법 아래서 구체적 사실에 관한 법집행으로서 행하는 권력적 단독행위인 공법행위(判)

(2) 종 류

법률 행위적	명령적 행위	하 명	개인의 자유를 제한하고 의무를 부과하는 것으로 부담적 행정행위로서 법률의 근거를 필요로 하고 기속행위인 것이 원칙이다. ex)무허가건물철거, 도로통행금지
		허 가	법령에 의하여 일반적 금지(상대적 금지)를 특정한 경우에 해제함으로써 적법하게 일정한 행위를 할 수 있도록 해주는 행정행위로서 실정법상 면허 · 인가 · 승인 등의 용어가 사용된다. ex)건축허가, 미성년자의 음주 · 흡연금지
		면 제	법령에 의해 일반적으로 부과되는 작위 · 급부 · 수인 등의 의무를 특정한 경우에 해제해 주는 행정행위를 말한다. ex)공인노무사 시험과목 면제
	형성적 행위	특 허	특정인에 대하여 새로 일정한 권리 · 능력 또는 포괄적 법률관계를 설정하는 행위를 말하며 실정법상으로 허가 · 면허 등의 용어를 사용하거나 특허가 아닌 행위를 특허라고 하기도 한다(특허법 §31 – 33).
		인 가	제3자의 법률행위를 보충하여 그 효력을 완성시키는 행정행위로서 실정법상으로 허가 · 인허 등의 용어와 혼용되어 있다. ex)사립대학설립인가, 재단법인정관변경허가
		공법상 대 리	타인이 해야 할 행위를 행정청이 대신하여 본인이 한 것과 동일한 법적 효과를 발생시키는 것으로 행정조직 내부에서의 대리는 포함되지 않는다.
준법률 행위적		확 인	특정한 사실 또는 법률관계의 존부 또는 정부에 관하여 의문이 있거나 다툼이 있는 경우 행정청이 이를 공적으로 판단 및 확정하는 행정행위를 말하며 실정법상으로는 재결 · 결정 · 사정 · 검정 등의 용어가 혼용되고 있다. ex)당선인의 결정, 행정심판의 재결, 세액의 결정
		공 증	특정한 사실 또는 법률관계의 존재를 공적으로 증명하는 행정행위로서 등기 · 등록 · 증명서의 발급 등이 이에 해당한다. ex)광업원부에의 등록, 부동산등기부에의 등기, 선거인명부 등록

준법률 행위적	통 지	특정인 또는 불특정 다수인에 대하여 특정한 사항을 알리는 행정 행위로서 이미 성립한 행정행위의 효력발생요건이다. 교부나 송 달은 그 자체가 독립된 행정행위가 아니다. ex)관념의 통지(통지수용에 있어서의 사업인정의 고시), 의사의 통지(납세독촉)
	수 리	타인의 행위를 유효한 행위로서 받아들이는 행위로서 효력요건이 다. 단순한 도달이나 접수와는 다르다. ex)사법상 법률효과(혼인신고의 수리), 공법상 법률효과(공무원의 사직원수리에 의한 공무원관계의 소멸), 행정심판의 수리
구속정도 에 따라	기속행위	행정작용의 근거가 되는 행정법규가 요건에 따른 행위의 내용이 일의적·확정적으로 규정되어 있어서, 행정청이 단순히 기계적으 로 법규를 집행하는 데 그치는 행정행위

	재량행위	법규의 해석상 행정청에 행위여부나 행위내용에 관한 선택의 가
		능성을 부여하고 있어서, 그 여러 행위 중 하나를 선택할 수 있
		는 자유가 인정된다.
		ex)결정재량(수상한 자는 정지시켜 질문할 수 있다.), 선택재량(음
		  주한 자는 운전면허를 취소하거나 1년의 범위 안에서 운전면
		  허의 효력을 정지시킬 수 있다.

효과에 따 라	수익적	상대방에게 권리·이익을 부여하거나 권리의 제한을 없애는 행정 행위이다. ex)허가·특허·인가·면제 도는 부담적 행정행위의 철회
	부담적	권리를 제한하거나 의무를 부과하는 등 상대방에게 불리한 효과를 발생시키는 행정행위를 말한다. 침익적 행정행위라고도 한다. ex)명령, 금지, 박권행위(권리박탈행위), 수익적 행정행위의 취소· 철회
	복효적	하나의 행정행위가 동일인에게 수익적 효과와 부담적 효과가 함 께 발생하거나 한 사람에게는 수익적 효과가 발생하고 다른 사람 에게는 부담적 효과가 발생하는 경우를 말한다. 후자를 제3자효 행정행위라고도 한다.
협력요건 에 따라	단독적	상대방의 협력을 요건으로 하지 않는 행위로서 독립적 행정행위, 일방적 행정행위, 협의의 단독행위, 직권행위라고도 한다.
	쌍방적	상대방의 협력을 유효요건 또는 적법요건으로 하는 행위로서 허가 ·인가·특허와 같이 상대방의 신청을 요건으로 하는 행위와 공무 원 임명과 같이 동의를 요하는 행위가 있다.

		대인적	오직 그 상대방의 기능·학식·경험과 같은 개인적 사정에 따라 이루어진 행정행위를 말한다. ex)자동차운전면허, 의사면허
대상에 따 라		대물적	오로지 물건의 구조·성질 등의 객관적 사정에 따라 이루어진 행정행위를 말한다. ex)자동차검사증교부, 건축허가
		혼합적	그 상대방의 인적·물적 사정을 아울러 고려하여 이루어진 행정행위를 말한다. ex)전당포영업허가, 석유사업허가
일반처분		대인적	구체적 사안에서 일반적 표지를 통해 특정되거나 특정될 수 있는 인적 집단에 대한 행정행위를 말한다. ex)연좌시위에 대한 해산명령
		대물적	물건의 공법적 성질을 규율하는 행정행위로서 직접적으로 물건의 법적 상태를 규율함과 동시에 간접적으로는 개인의 권리·의무를 설정하는 행위를 말한다. ex)도로의 공용지정, 도시계획확정행위
		물건의 이용 규율로서	불특정 다수인에 의한 물건의 이용관계를 규율하는 행정행위를 말한다. ex)공공시설의 이용규율
법률행위: 의사표시에 따라 의욕한 대로 효과 발생			
준법률행위: 의사표시 이외의 판단·인식·관념에 따라 법률규정대로 효과 발생			

(3) 요 건

성립요건	내부적 성립요건	주 체		
		내 용		
		절 차		
		형 식		
	외부적 성립요건			
효력요건	송 달			
	공 고			

(4) 효 과

구속력	행정행위가 그 내용에 따라 관계행정청 및 상대방과 이해관계인에 대하여 행정행위가 담고 있는 규율을 준수하고 그에 따라 행위를 하도록 하는 힘을 말한다.		
공정력	개 념		행정행위에 하자가 있는 경우 그것이 중대하고 명백하여 당연 무효가 아닌 한, 권한 있는 기관에 의하여 취소될 때까지 상대방 또는 이해관계인들이 그의 효력을 부인할 수 없는 힘을 말한다. 공정력은 행정행위의 상대방과 이해관계인에게만 미치는 힘을 말한다. ※취소권을 가진 기관 이외의 다른 국가기관에 미치는 힘(구속력)인 구성요건적 효력과 구별된다.
	근 거		①자기확인설, ②국가권위설, ③우선적 특권설, ④법적 안정설(多)
	한 계	무효·부존재 행정행위	공정력은 행정의 안정성을 확보하기 위해 실정법상 인정된 것이므로 하자가 중대하고 명백한 경우까지 공정력을 인정하는 것은 합리적 근거가 없다.
		행정행위 이외의 행정작용	공정력은 취소쟁송제도를 전제로 한 것이므로 취소쟁송의 대상이 되지 않는 행정기관의 행위인 명령·행정계약·사실행위 및 사법행위에는 공정력이 인정되지 않는다.
	입증책임	원고 책임설	자기확인설의 입장에서 공정력의 본질을 '적법성의 법률상의 추정'으로 이해하여 취소소송의 입증책임은 원고에게 있다.
		입증책임무관설 (通, 判)	공정력과 입증책임은 전혀 법적 관련성이 없고, 민사소송상의 입증책임분배의 원칙이 적용된다.
	선결문제		
구성요건적 효력	유효한 행정행위에 비록 하자가 있다 하더라도 그것이 중대하고 명백한 당연무효가 아닌 한, 처분청과 재결청 및 취소소송에서의 수소법원을 제외한 다른 모든 국가기관은 그의 존재 또는 내용을 전제로 하여 특정한 법률효과의 구성요건을 파악해야 하는 구속력을 말한다.		
확정력 (존속력)	형식적 확정력 (불가쟁력)		쟁송기간이 경과하거나 쟁송수단을 모두 거친 경우에는 상대방 또는 이해관계인은 더 이상 그 행정행위의 효력을 다툴 수 없는 효력
	실질적 확정력 (불가변력)		일정한 경우에 행정청 자신도 직권으로 자유로이 이를 취소·변경·철회할 수 없는 효력
강제력	자력집행력		행정청이 스스로 집행
	제재력		형벌, 질서벌 부과

4. 특허 · 인가 · 허가의 이동

분 류	허 가	특 허	인 가
의 의	일반적 · 추상적으로 금지된 자연적 자유의 회복	특정인에게 새로운 권리의 부여	제3자의 법률행위를 보충하여 그 법률효과를 완성함
성 질	기속행위, 명령적 행위(判)	재량행위, 형성적 행위(설권행위)	재량행위, 형성적 행위(보충행위)
출 원	원칙적으로 신청을 요함, 무출원허가 · 수정허가 가능	반드시 신청을 요함, 무출원특허 · 수정특허 불가	반드시 신청을 요함, 무출원인가 · 수정인가 불가
효 과	공법적 효과만	공 · 사법적 효과	공 · 사법적 효과
대 상	법률행위, 사실행위	법률행위, 사실행위	법률행위만
위반시	적법요건, 행정벌 · 강제집행의 대상	효력요건, 강제집행 등의 대상	효력요건, 강제집행 등의 대상이 안 됨
공통점	법률적 행정행위, 수익적 행정행위, 신청에 의한 행정행위		

5. 행정기관

(1) 의 의

넓은 의미에서 행정주체의 행정사무를 담당하는 기관을 말하고, 좁은 의미에서는 일정한 범위 내의 행정사무에 관하여 행정주체의 의사를 결정 · 표시하는 기관을 말한다.

한편, 행정주체는 법인이기 때문에 그 자체로서 권리능력은 가지나 행위능력을 가지는 것은 아니므로 행정과제를 수행함에 있어 그를 대신하여 활동해 줄 조직이 필요한 것이며 그 조직을 이루는 것이 바로 행정기관이다.

(2) 종류(권한·기능에 따라)

행정관청·행정청	행정주체를 위하여 그 의사를 결정하고 국민(주민)에 대하여 이를 표시하는 권한을 가진 행정기관을 말한다. 통상 국가의 행정청은 이를 행정관청이라 하고, 지방자치단체의 기관도 포함하는 경우에는 행정청이라고 칭하는 것이 보통이다. 이러한 행정관청은 국가기관이기에, 지방자치단체나 공공조합의 행정기관은 행정관청이 아니다. 한편, 행정청은 일반적으로는 행정관청을 가리키나, 법령에 의해 행정권한의 위임 또는 위탁을 받은 행정기관, 공공단체 및 그 기관 또는 사인(私人)을 포함한 개념을 말한다. ex)각부장관, 지방자치단체의 장, 공정거래위원회
보조기관·보좌기관	행정청에 소속되어 의사 또는 판단의 결정이나 표시를 보조함을 임무로 하는 기관을 보조기관이라 한다. ex)차관(처·청의 경우 차장), 실장, 국장, 과장 그리고 보조기관 가운데 특히 정책의 기획, 계획의 입안 및 연구·조사 등을 통하여 참모적 기능을 담당하는 기관을 보좌기관이라고 한다. ex)차관보, 담당관
자문기관	행정청의 자문에 응하여 또는 자발적으로 행정청의 의사결정에 참고가 될 의사를 제공하는 행정기관이다. 그 의견은 구속되지 아니하나 법령상 절차가 규정된 경우에 이를 거치지 아니하면 절차상의 하자에 의해 취소할 수 있다. 한편 자문기관은 합의제인 것이 보통이다. ex)문화관광부의 문화재자문위원회, 헌법상 국가안전보장회의
의결기관	행정에 관한 의사를 결정할 수 있는 권한을 가진 합의제 행정기관이다. 의결기관은 행정에 관한 의사를 결정할 수 있는 권한만을 가지고 외부에 표시할 권한을 갖지 않는다는 점에서 행정청과 다르다. ex)행정심판위원회, 교육위원회
집행기관	행정청의 명을 받아 실력행사를 통하여 국가의사를 강제적으로 실현시키는 행정기관이다. ex)경찰공무원, 세무공무원
감사기관	행정기관의 사무처리를 감시·검사하는 기관이다. ex)감사원

기업기관·영조물기관	공기업의 경영 또는 영조물의 관리·운영을 임무로 하는 기관으로 그 권한의 범위 내에서 행정에 관한 국가의사를 결정·표시할 수 있는 행정관청의 지위에 선다. ex)①기업기관: 철도관서, 체신관서 ②영조물기관: 국립병원, 국립도서관, 국립대학
부속기관	정부조직에 있어서 행정권의 직접적인 행사를 임무로 하는 기관에 부속하여 그 기관을 지원하는 기관이다. 정부조직법상의 예가 풍부하다. ex)①자문기관: 수도권정비위원회, 국토계획심의위원회 ②시험연구기관: 국립과학수사연구소, 국립보건원 ③교육훈련기관: 중앙공무원교육원, 각종 국·공립학교 ④문화기관: 국공립 도서관, 박물관, 극장 ⑤의료기관: 국립의료원, 경찰병원 ⑥제조기관: 철도공작창, 국립영상제작소

(3) 기 타

보통지방행정기관	우리나라에는 지방자치제의 실시로 인하여 국가행정을 수행하기 위하여 따로 설치한 보통지방행정기관은 없다. 그러므로 국가행정사무 중 지역에서 집행되어야 할 사무는 지방자치단체의 집행기관인 시·도지사, 시장·군수·자치구청장 등에게 위임하여 처리하고 있다(지방자치법 §93). 따라서 이러한 지방자치단체의 집행기관은 국가사무를 수임·처리하는 한도 내에서 국가의 보통지방행정기관의 지위에도 서게 되어 이중적 지위를 갖게 된다.
특별지방행정기관	중앙행정기관은 그 소관 사무를 분장하기 위하여 필요한 때에는 특히 법률로 정한 경우를 제외하고는 대통령령에 정하는 바에 따라 특별지방행정기관을 설치할 수 있다(정부조직법 §3①). 이에 따라 설치된 특별지방행정기관으로는 재정경제부의 경우 국세청 소속의 지방국세청·세무서, 국방부의 경우 병무청장 소속의 지방병무청·병무지청, 정보통신부의 경우 장관 소속의 체신청 등 여러 부처에 산재해 있다. 따라서 특별지방행정기관은 이와 같이 특정한 중앙행정기관에 소속되어 그 소관 사무를 나누어 맡는 것이 원칙이나, 특히 업무의 관련성이나 지역적 특수성에 비추어 2개 이상의 중앙행정기관에 속하는 업무를 통합하여 수행하는 것이 효율적이라고 인정되는 경우에는 대통령령이 정하는 바에 따라 다른 중앙행정기관의 소관 사무까지 통합하여 분장할 수 있다(정부조직법 §3①).

[4] 행정쟁송의 개관

I. 의 의

1. 광의의 행정쟁송

광의의 행정쟁송이란 행정상의 법률관계에 관한 분쟁이 있는 경우에 이해관계인의 쟁송제기에 의하여 일정한 기관이 심리·판단하는 절차를 총칭하는 개념을 말한다. 그 심리기관이 행정청인지·법원인지, 정식절차인지·약식절차인지 불문한다.

이와 같은 의미의 행정쟁송은 오늘날 거의 모든 국가에서 채택되고 있으나, 구체적인 내용은 나라마다 상이하다. 현행법상 우리나라의 행정쟁송제도에는 행정청이 심판기관이 되는 행정심판제도와 일반법원이 심판기관이 되는 행정소송제도가 있다.

2. 협의의 행정쟁송

협의의 행정쟁송이란 광의의 행정쟁송 중에서 일반행정청 또는 행정부 소속 특별행정재판소가 행정상의 분쟁을 판정하는 절차를 말한다.

이러한 의미의 행정쟁송은 모든 국가에 의하여 채택되고 있는 것이 아니고 독일, 프랑스 등의 대륙법계 국가에 특유한 제도였으나, 오늘날에는 영미법계 국가에서도 부분적으로 채택하고 있다.

그러나 이러한 개념의 구별은 연혁적 의의는 있을지언정 오늘날에는 그 구별의 실익이 거의 없다고 할 것이다.

Ⅱ. 행정쟁송의 목적

1. 권리구제기능

행정작용이 위법·부당하게 행해짐으로 인하여 국민의 권리와 이익이 침해된 경우에 하자 있는 행정작용을 시정하여 침해된 개인의 권익을 구제하려는 데 주된 목적이 있다.

즉 행정작용의 합법성을 회복하여 실질적 법치주의를 실현하기 위한 수단이라고 할 수 있다.

2. 행정통제기능

행정쟁송은 행정작용의 적법성 및 합목적성의 보장을 통하여 행정통제의 기능을 수행한다.

즉 행정작용을 법에 종속시킴으로써 형식적으로 행정의 합법성과 합목적성을 확보하려는 데 있다.

Ⅲ. 행정쟁송의 종류

1. 실질적 쟁송과 형식적 쟁송(분쟁의 전제 여부)

(1) 실질적 쟁송

실질적 쟁송이란 위법·부당한 행정작용으로 인하여 권익이 침해된 경우에 사후적으로 분쟁을 해결하기 위한 절차이다(행정심판과 행정소송).

(2) 형식적 쟁송

형식적 쟁송이란 분쟁의 존재함이 없이 행정작용의 신중·공정을 기하기 위한 행정절차를 말한다(청문, 의견청취 등 행정절차).

2. 정식쟁송과 약식쟁송(쟁송절차)

(1) 정식쟁송

정식쟁송이란 분쟁의 공정한 해결을 위하여 심판기관이 독립되어 있고, 당사자에게 구두변론의 기회가 보장되어 있는 쟁송제도를 말한다(행정쟁송).

(2) 약식쟁송

약식쟁송이란 심판기관이 독립되어 있지 않거나 구두변론이 인정되어 있지 않는 쟁송제도를 말한다(행정심판, 이의신청).

3. 주관적 쟁송과 객관적 쟁송(쟁송의 목적)

(1) 주관적 쟁송

주관적 쟁송이란 개인의 권익구제를 직접적인 목적으로 하는 쟁송을 말한다(항고쟁송, 당사자쟁송).

(2) 객관적 쟁송

객관적 쟁송이란 이해관계인의 다툼이 아닌 행정의 적법·타당성 또는 공익의 실현을 직접 목적으로 하는 쟁송을 말한다(민중쟁송, 기관쟁송).

행정의 적법성만을 목적으로 하는 객관쟁송은 주관적 쟁송과는 달리 법률이 특별히 인정하는 경우에만 제기가 가능하다.

4. 항고쟁송과 당사자쟁송(처분의 존재 여부)

(1) 항고쟁송

항고쟁송이란 행정청의 우월한 지위에서 행한 처분의 위법·부당을 주장함으로써 그의 취소·변경 등을 구하는 쟁송이다(취소쟁송, 무효등확인쟁송 등).

(2) 당사자쟁송

당사자쟁송이란 서로 대등한 당사자 사이에 공법상의 법률관계의 분쟁을 다투는 쟁송이다.

5. 민중쟁송과 기관쟁송(쟁송의 주체)

(1) 민중쟁송

민중쟁송이란 행정법규의 위법한 적용을 시정하기 위하여 일반 민중에 대하여 쟁송의 제기를 인정하는 경우의 쟁송을 말한다(선거소송).

(2) 기관쟁송

기관쟁송이란 행정법규의 적정한 적용을 확보하기 위하여 국가 또는 지방자치단체의 기관 상호간의 쟁송이 인정되는 경우의 쟁송이다.

즉 지방의회의 월권행위 등을 이유로 지방자치단체장이 대법원에 제기하는 소송이 그 예이다.

6. 시심적 쟁송과 복심적 쟁송(쟁송의 단계)

(1) 시심적 쟁송

시심적 쟁송이란 공법상 법률관계의 형성 또는 존부에 관한 제1차적인 행정작용 그 자체가 처음으로 쟁송의 형식에 의해 행하여지는 경우를 말한다(당사자쟁송).

(2) 복심적 쟁송

복심적 쟁송이란 이미 행하여진 행정작용의 하자(위법·부당)를 이유로 그 재심사를 구하는 쟁송을 말한다(항고쟁송).

7. 행정심판과 행정소송(심판기관)

(1) 행정심판

행정심판이란 행정기관에 의하여 심리·재결되는 행정쟁송을 말한다.

(2) 행정소송

행정소송이란 법원에 의하여 심리·판결되는 행정쟁송을 말한다.

Ⅳ. 행정심판과 행정소송과의 관계

1. 서 설

행정심판과 행정소송은 하자 있는 처분을 시정하여 국민의 권익을 보호하고자 하는 쟁송절차라는 점에서 서로 같으나, 전자는 성질상 행정작용에 속하고 보통은 약식쟁송인 데 대하여, 후자는 사법작용에 속하고 정식쟁송이라는 점에서 그 심판기관, 심판사항, 심리절차 등에 있어 많은 차이가 있다.

특히 행정심판은 행정소송의 임의적 전심절차로 바뀜으로써 양자의 관계가 갖는 존재의의가 적어졌다.

2. 양자의 관계

행정쟁송의 목적을 효과적으로 달성하기 위하여 우리나라 행정소송법은 이들 양자의 관계를 규정하고 있다.

개정 행정소송법(1994년 7월 14일)의 제기에 앞서 전심절차로서 행정심판을 거치게 하는 행정심판전치주의를 취하고 있었으나, 현행 행정소송법은 행정심판의 전치를 거치지 않고 행정소송을 제기할 수 있는 행정심판임의주의를 원칙으로 하고 있다.

※ 장태주 교수님 목차

1. 성질에 의한 구분
   ① 주관적 쟁송과 객관적 쟁송
   ② 항고쟁송과 당사자쟁송
   ③ 기관소송과 민중소송

2. 심판기관에 의한 구분
   행정소송과 행정심판

3. 단계에 의한 구분
   시심적 쟁송과 복심적 쟁송

4. 절차에 의한 구분
   정식쟁송과 약식쟁송

---

[5] 행정심판과 행정소송의 구별

	행정소송	행정심판
적용법률	행정소송법	행정심판법(일반법)
존재이유	타율적 통제, 독립성 확보	자율적 통제, 전문성 확보
성 질	정식쟁송	약식쟁송
종 류	취소소송, 무효등확인소송, 부작위위법확인소송	취소심판, 무효등확인심판, 의무이행심판
심판기관	사법부: 법원	행정부: 재결청
심판대상	- 위법한 처분 + 부작위 - 위법한 재결	- 위법·부당한 처분 + 부작위 - 예외: 대통령의 처분·부작위, 재결
거부처분에 대한 쟁송형태	취소소송	의무이행심판 + 취소심판
제기기간	- 처분 안 날: 90일 - 처분 있은 날: 1년	- 처분 안 날: 90일 - 처분 있은 날: 180일(정당한 사유)
심리절차	- 구술심리 - 공개원칙	- 구술심리와 서면심리 - 비공개원칙
적극적 변경여부	불가능(취소소송에서 '변경'문제)	가 능
의무이행확보수단	간접강제제도	재결청의 직접처분권 인정
고지규정	없 다	있 다

Ⅰ. 서 설

1. 행정쟁송의 의의

행정쟁송이란 행정상 법률관계에 있어서의 다툼을 심리·판정하는 절차를 말한다. 이는 국민의 권익보호를 그 기본으로 하는 실질적 법치주의에도 부합하는 제도이다.

(1) 광의의 행정쟁송

행정상의 분쟁에 대한 유권적 판정절차를 총칭하는 것으로 행정상 분쟁에 대한 것이기만 하면 심판기관이 행정기관이든 법원이든, 심판절차가 정식절차이든 약식절차이든지를 불문한다.

(2) 협의의 행정쟁송

행정기관이 행정상의 분쟁을 판정하는 절차를 의미한다. 이는 일반법원과는 계통을 달리하는 행정조직 내의 특별기관에 의한 절차인바, 종래는 대륙법계 국가의 특유한 제도였으나, 오늘날에는 영미법계 국가에서도 행정위원회 · 독립규제위원회 등의 설치를 통해 인정되고 있다.

2. 행정쟁송의 기능

(1) 권리구제기능

주관적인 기능으로서, 행정작용이 위법 · 부당하게 행해짐으로 인하여 상대방인 국민이 권리 · 이익을 침해받게 되는 경우에, 당사자에 의한 행정쟁송의 제기를 가능케 함으로써 행정권의 위법 · 부당한 행사에 대하여 국민의 권리 · 이익의 구제수단으로서의 기능을 수행하게 된다. 이러한 권리구제기능을 통하여 실질적인 법치주의의 보장이 실현될 수 있게 된다.

(2) 행정통제기능

객관적인 기능으로서, 행정작용의 적법성 및 합목적성을 보장함으로써 행정통제의 기능을 수행하게 된다. 이는 개인이 자신의 권리 · 이익의 보호를 위하여 행정쟁송을 제기함으로써 간접적으로 행정의 적법성 · 타당성 통제에 기여하는 결과가 된다고 할 수 있다.

(3) 양 기능과의 관계

오늘날에는 행정쟁송은 주관적 쟁송이 원칙이다. 따라서 개인의 권리구제기능이 핵심적인 주된 기능이며 행정통제는 부수적 기능에 해당한다고 할 수 있다.

Ⅱ. 행정심판의 쟁송제도상의 지위

1. 행정심판의 의의

(1) 실질적 의미

행정심판이란 널리 행정법상의 다툼에 대한 심리·판정이 행정기관에 의해 이루어지는 행정쟁송절차를 말한다. 이는 실질적 의미의 행정심판을 말하는바, 실정법상으로는 이의신청·심사청구·심판청구 등의 다양한 용어가 사용되고 있다.

(2) 형식적 의미

형식적·제도적 의미에서의 행정심판이라 함은 행정심판법상의 적용을 받는 행정심판을 말하는바, 이것은 위법 또는 부당한 처분 기타 공권력의 행사·불행사로 인하여 권리 또는 이익의 침해를 당한 자가 원칙적으로 직근상급행정청에 대하여 제기하는 쟁송절차이다.

2. 행정심판의 법적 성격

(1) 약식쟁송

약식쟁송이란 심판기관의 독립성이나 구술변론의 기회가 결여되는 등 정식절차에 의하지 아니하는 경우이다.

(2) 행정심판의 이중적 성격

행정심판은 일반적으로 분쟁에 대한 심판작용이면서, 동시에 그 자체가 행정행위라는 이중적 성격을 가지고 있다.

한편, 우리 헌법은 '행정심판의 절차는 법류로 정하되 사법절차가 준용되어야 한다'고 규정하고 있어 심판작용으로서의 성격이 강조되고 있다.

3. 행정심판의 존재이유

(1) 자율적 행정통제

행정청에 자기반성의 기회를 주어 행정작용상의 흠을 행정청 스스로가 시정하도록 함으로써 자율적으로 국민의 권익을 구제하고 행정의 적법타당성을 확보하게 하려는 데 그 의의가 있다.

(2) 사법기능의 보완

오늘날 양적으로 확대되고 질적으로도 전문화된 행정상의 다양한 분쟁에 대해 행정이 가진 전문적 기술과 지식을 충분히 활용하여 간이·신속하고 합리적인 해결을 도모함으로써 사법절차에 따르는 시간·비용의 낭비를 피하며, 소송경제를 실현하여 사법적 구제의 단점을 보완할 수 있다.

(3) 법원의 부담경감

법원의 행정소송사건을 줄일 수 있고(여과기능), 행정심판을 거쳐 행정소송이 제기되더라도 행정심판단계에서 주요사실관계나 법적 쟁점이 정리되어 재판과정에서 법원의 부담을 줄여 줄 수 있다(사실관계 및 쟁점의 정리기능).

Ⅲ. 행정소송의 쟁송제도상의 지위

1. 행정소송의 의의

법원이 행정법상 법률관계에 관한 분쟁에 대하여 당사자의 소의 제기에 의하여 이를 심리·판단하는 정식재판절차를 말한다. 행정소송은 독립된 지위에 있는 법원이 대심구조·구술변론 등 당사자의 권리보호절차를 거쳐 심판하는 정식쟁송이라는 점에서 행정심판 기타 약식쟁송과는 구별된다.

2. 행정소송의 법적 성격

(1) 정식쟁송

정식쟁송이란 심판기관이 독립한 지위를 가지며 당사자에게 구술변론의 기회가 보장되는 절차를 말한다.

(2) 행정소송의 본질

행정사건에 대한 재판도 법률적 쟁송에 관한 심판작용이고 보면, 그것은 당연히 사법작용으로서 독립된 제3의 기관인 법원의 관할로 되어야 하는 것이 권력분립원칙 내지는 실질적 법치주의원칙의 당연한 귀결이라 할 것이다.

우리 헌법 §101①은 '사법권은 법관으로 구성된 법원에 속한다'고 규정하고 있는바, 여기의 사법에는 행정소송도 당연히 포함되는 것으로 보아야 할 것이다.

3. 행정소송의 유형

대륙법계	행정법 발달, 행정재판소 설치, 1·2·3심 모두 행정법원이 담당
영미법계	보통법 발달, 법 앞에 국가나 국민이나 평등, 일반재판소가 담당
우리나라	일제강점기에는 대륙법계 해방 이후에는 영미법계, 1심은 행정법원이고 2·3심은 일반법원이 담당

(1) 행정국가형

행정소송의 관할법원에 따라 행정사건을 일반사법재판소로부터 독립된 행정재판소가 관할하는 형태를 행정국가형이라 한다.

(2) 사법국가형

행정사건을 일반사법재판소가 관할하는 형태를 사법국가형이라 한다. 우리나라는 사법국가형에 속한다.

Ⅳ. 행정심판과 행정소송의 구별

심판기관·쟁송대상·심리절차 등에 있어서 상이점이 있으나, 양자 모두 행정작용으로 인해 침해된 권익의 구제수단으로서의 쟁송절차라는 점에서는 기본적으로 공통점을 가지고 있다.

따라서 양자가 모두 행정구제수단으로서 주관적 쟁송을 본질로 하는 행정쟁송제도라는 동일한 상위개념에서 출발하는 것임을 기본적 대전제로 하여 양자의 차이점을 논해야 할 것이다.

1. 양자의 공통점

(1) 본 질

양자는 행정구제수단으로서 행정쟁송제도라는 점에서 기본적으로 공통점을 가진다.

(2) 당사자

양자는 권리구제의 수단이므로 쟁송의 제기에 의해서만 개시되며, 견해의 대립은 있으나 '법률상의 이익'이 있는 자만이 쟁송을 제기할 수 있다(소§12, 심§9).

(3) 쟁송요건

양자는 쟁송사항의 개괄주의를 취하여 포괄적인 권리구제를 도모한다.

(4) 쟁송제기

1) 쟁송제기 기간

구체적인 제한 기간은 행정상 법률관계의 안정을 위하여 쟁송제기 기간을 제한하고 있다.

2) 쟁송의 참가

이해관계인의 참여가 허용된다(소§16, 심§16).

3) 쟁송의 변경

청구 및 소의 변경이 허용된다(소§21, 심§20).

4) 쟁송제기효과

양자 모두 권리구제수단인 결과, 적법한 쟁송의 제기가 있는 한 판정기관은 이를 심리할 의무를 지며, 쟁송제기는 처분에 아무런 영향을 미치지 못하는 집행부정지원칙이 채택되어 있다(소§23, 심§21).

(5) 심 리

1) 심리구조

양자는 그 독립성에 차이가 있으나 원칙적으로 대심구조를 취하고 있다는 점에서는 동일하다.

2) 심리원칙

권리구제수단이므로 양자 모두 불고불리의 원칙 및 불이익변경금지의 원칙이 적용되며, 행정쟁송의 특성상 직권증거조사가 허용된다(소§26, 심§26).

(6) 쟁송결과

행정쟁송의 특수성상, 사정판결(재결)제도가 채택되고 있으며, 쟁송의 판결(재결)행위에는 형성력 · 기속력 등의 특별한 효력이 인정된다(소§30, 심§37).

2. 양자의 차이점

(1) 성질과 필요성

1) 성 질

행정쟁송제도임에도 불구하고 행정심판은 성질상 행정작용으로서 약식쟁송에 해당하며, 행정소송은 사법작용으로서 정식쟁송에 해당한다.

2) 필요성

행정심판은 자율적 통제, 전문성 확보라는 점에서 필요하지만, 행정소송은 타율적 통제, 독립성 확보라는 측면에서 필요하다 할 것이다.

(2) 심판기관

심판기관의 독립성의 정도에 있어 행정심판은 행정기관인 재결청이 담당하는데 대해, 행정소송은 법원이 담당하는 점에서 차이가 있다.

(3) 쟁송의 종류

현행 실정법상 행정심판은 항고쟁송으로서 취소심판·무효등확인심판·의무이행심판을 규정하고 있으나, 행정소송은 항고소송으로서 취소소송·무효등확인소송·부작위위법확인소송을 규정하고 있다.

한편 의무이행소송의 인정 여부에 대해서, 학설은 부정설·긍정설·제한적 긍정설이 대립하며, <判例>는 의무이행소송을 인정하지 않는다.

(4) 당사자

취소심판은 행정청의 위법 또는 부당한 거부처분이나 부작위에 대하여 일정한 처분을 구할 법률상 이익이 있는 자가 청구인적격을 갖는다(§9③)고 한다.

여기에서 행정심판법이 청구인적격으로 행정소송의 원고적격과 동일하게 '법률상 이익'을 요구하는 것이 입법상 과오인지에 대하여 견해의 대립이 있다.

1) 입법과오설(김남진)

행정심판은 위법한 처분뿐만 아니라 부당한 처분을 대상으로 제기할 수 있는바, 반사적 이익을 침해받은 자도 제기할 수 있다고 보아야 하는데, 그 근거로는 ① 법률상 이익이 있는 자에게만 행정심판의 청구인적격을 인정하고 있는 것은 모순이라는 점, ②독일과 일본의 행정심판법에서도 행정소송에 있어서는 원고적격에 관한 규정을 두면서도 행정심판의 청구인적격에 대해서는 아무런 규정을 두지 않음으로써 행정소송의 원고적격과 행정심판의 청구인적격을 구별하고 있다는 점 등을 논거로 제시하고 있다.

2) 입법비과오설(김동희)

①위법 또는 부당한 행위라는 것은 침해의 형태의 문제이고 법률상 이익의 침해는 침해대상의 문제로 법률상 이익은 위법한 행위에 의해서도 부당한 행위에 의해서도 침해될 수 있으므로 침해의 형태와 대상은 개념상 구분된다는 점, ②위법·부당 여부는 본안심리의 결과 내려지는 법원의 최종적 평가 차원의 문제이고 법률상 이익의 존재 여부에 관한 청구인적격문제는 본안심리로 들어가기 위한 현관 차원의 문제이므로 양자는 차원을 달리한다는 점, ③행정심판은 위법·부당의 통제이고 행정소송은 위법의 통제라고 하는 고전적인 공식은 오늘날에는 그 타당성이 의문시될 정도로 흔들리고 있어 위법성과 부당성의 구별의 가능성 내지 의의가 크지 않다는 점 등을 그 논거로 들고 있다.

3) 검 토

생각건대 권리침해란 위법한 행정작용에 의해서만 행하여질 수 있다는 점과 행정심판의 목적은 개인의 권리나 이익의 구제뿐만 아니라 행정의 자율적인 통제에 있다는 점을 고려할 때 청구인적격으로서 반드시 법률상 이익이 있는 자로 제한시킬 필요가 없는 견해도 타당하다 하겠으나 이러한 문제는 입법정책의 문제로 보는 것이 타당할 것이다.

(5) 대 상

행정심판은 위법·부당한 처분을 대상으로 하나, 행정소송은 위법한 처분만을 그 대상으로 한다.

1) 부작위에 대한 구제

행정심판에서는 의무이행심판을 통해서, 행정소송에서는 부작위위법확인소송을 통해서 가능하다.

2) 거부처분에 대한 쟁송형태

행정심판에서는 의무이행심판·취소심판이 있지만, 행정소송에서는 취소소송만이 있다.

(6) 심리절차

행정심판은 분쟁의 간이·신속한 처리를 도모하는 약식절차이므로 서면심리주의·비공개주의를 원칙으로 하나, 행정소송에 있어서는 정식절차에 의해 구술심리주의·공개주의를 원칙으로 한다.

(7) 판 단

1) 의무이행확보수단

행정심판은 재결청의 직접처분권을 인정하며, 행정소송법은 간접강제제도에 의한다.

2) 적극적 변경 여부

행정심판에서는 적극적 변경이 가능하나, 행정소송에서는 불가능하다.

(8) 고지제도

행정심판에서는 ①직권·청구고지(§42①, ②), ②경유절차 및 청구기간의 불고지·오고지의 효과(§17②,⑦, §18②, §18⑥,⑤), ③행정심판을 거쳐야 함에도 거칠 필요가 없다고 잘못 알린 경우 등과 같은 고지제도가 존재하는 반면, 행정소송에서는 이러한 고지제도가 존재하지 않는다.

V. 행정심판과 행정소송의 관계

1. 행정심판 전치 여부

우리나라의 경우 종래 헌법 §107③을 헌법적 근거로 하여, 행정심판을 행정소송을 제기하기 위한 필요적 전심절차로 하는 행정심판전치주의를 채택하는 동시에, 상당한 정도로 필요적 전치주의를 완화하는 입장을 취해 왔다.

그러나 현재의 행정소송법은 행정심판의 경유 여부를 당사자의 임의의 선택에 맡기는 임의적 전치주의를 원칙으로 하고, 법률에 특별한 규정이 있는 경우에만 필요적 전치주의를 인정하는 것으로 규정하였다.

2. 실질적 증거의 법칙

실질적 증거의 법칙이란 행정소송에 있어 법원의 심리범위는 당해 행정소송사항이 청문 등 절차적 규제 아래 이루어진 것인 때에는 원칙적으로 법률문제 및 사실인정이 실질적 증거에 의거하였는지의 문제에 한정되어야 한다는 원칙을 말한다.

이는 미국의 판례법상 확립된 것으로, 현대 행정의 전문성·능률성 및 통일성의 관점에서 사실인정의 문제는 실질적 증거에 의거한 한 행정기관의 전속사항으로 하는 것을 내용으로 하는바, 행정심판과 행정소송의 관계의 일면을 이루는 것으로 볼 수 있다.

> ※ 실질적 증거란: 합리적인 사람이 어떠한 결론을 내리기에 합당하다고 인정되기에 적절한 증거

[6] 부작위에 대한 쟁송법상의 구제

I. 개 설

1. 행정청의 부작위의 의의

행정청의 부작위라 함은 행정청이 당사자의 신청에 대하여 일정한 기간 내에 일정한 처분을 하여야 할 법률상 의무가 있음에도 불구하고 이를 하지 아니하는 것을 말한다.

부작위가 성립하기 위해서는 ①당사자의 적법한 신청이 있어야 하며, ②상당한 기간이 경과하였을 것, ③일정한 처분을 하여야 할 법률상 의무가 있을 것, ④아무런 처분도 하지 않았을 것 등이 요구된다.

2. 부작위에 대한 구제수단의 필요성

행정이 양적·질적으로 확대됨에 따라 침익적 행정에서 급부적 행정으로 그 중심이 이동됨에 따라 국민생활에 있어서 행정의존도가 높아지고 있다.

따라서 급부적 행정 영역에 있어서 행정청의 일정한 부작위는 국민의 권익에 대하여 중대한 영향을 미치게 되었는바, 이에 의한 국민의 법익 침해에 대해 법적 구제수단을 강구하여야 할 필요성이 증대되었다.

Ⅱ. 행정소송에 의한 구제

1. 부작위위법확인소송

(1) 의 의

부작위위법확인소송이란 행정청의 부작위가 위법하다는 것을 확인하는 소송을 말한다(§4Ⅲ). 즉 행정청이 상대방의 신청에 대하여 상당한 기간 내에 일정한 처분을 하여야 할 법률상 의무가 있음에도 불구하고 어떠한 처분도 하지 아니하고 이를 방치하고 있는 경우, 이러한 행정청의 부작위가 위법한 것임을 확인하는 소송이다.

이처럼 부작위위법확인소송은 행정청의 부작위가 위법하다는 것을 단지 확인하는 데 그치는 소극적인 소송형식으로, 행정청에 대하여 적극적으로 일정한 처분을 할 것을 명하는 의무이행소송과는 다르다.

(2) 성 질

부작위위법확인소송은 행정청에 의한 공권력의 발동이 없는 상태를 대상으로 하여 소송이 제기된다는 점에서는 공권력 발동이 있은 뒤에 그에 불복하여 제기되는 취소소송이나 무효등확인소송과는 일단 구별된다.

그러나 이 역시 행정청의 부작위에 의하여 형성된 위법한 법상태의 제거를 목적으로 하는 것이므로, 취소소송이나 무효등확인소송과 마찬가지로 항고소송에 해당한다(§4).

다만, 부작위위법확인소송은 법률관계를 형성·변동시키는 것이 아니라, 부작위에 의하여 외부화·현실화된 법상태가 위법함을 확인하는 데 그치는 것이므로 확인소송의 성질을 갖는다. 따라서 이 소송에서의 판결은 행정청에 대하여 적극적으로 특정의 처분을 할 의무를 직접 명하는 것은 아니다.

동시에 부작위위법확인소송은 행정청의 권한행사가 없는 상태에서 그 불행사를 위법이라고 하여 행정청에 일정한 처분을 하도록 의무 지우는 것이라는 점에서 행정권에 대한 사전개입적 성격이 있다.

(3) 원고적격

부작위위법확인소송은 부작위의 위법의 확인을 구할 법률상 이익이 있는 자만이 제기할 수 있다(§36).

이에 관하여 부작위위법확인소송의 법률상 이익을 취소소송의 그것과 동일한 것으로 보는 견해도 있으나, 이 소송의 원고적격은 당해 행위의 발급 또는 발동을 구할 수 있는 권리가 있는 자에게만 인정된다고 할 것이다.

(4) 소송물

부작위위법확인소송의 소송물, 즉 법원의 심판대상은 부작위의 위법성이다. 따라서 법원의 심리권의 범위 역시 행정청의 방치상태의 적부에 한정이 되어야 할 것이다.

이러한 점에서 행정청의 작위의무의 존재가 소송물이 되는 의무이행소송과 구별된다.

(5) 법원의 판결

1) 법원의 심리권의 범위

법원은 부작위위법확인소송의 심리에 있어 절차적 심리에 그치는가, 아니면 신청의 실체적 내용까지 심리할 것인가에 대하여 견해가 대립한다.

ㄱ) 적극설(실체적 심리설＝장태주)

법원은 부작위위법확인소송의 심리에 있어서 단순히 행정청의 방치상태의 적부에 관한 절차적 심리에 그치지 아니하고 신청의 실체적 내용이 이유 있는 것인지도 심리하여 그에 대한 적정한 처리 방향에 관한 법률적 판단을 하여야 한다고 보는 견해이다.

이 견해는 그것이 행정청의 '판결의 취지에 따르는(§30②)' 처분의무를 이행하는 요건으로 보고 있다.

ㄴ) 소극설(절차적 심리설＝장태주)

부작위위법확인소송의 본질은 의무이행소송과는 달리 행정청의 부작위가 위법한 것임을 확인하는 소송으로서, 그 소송물 또는 법원의 심판대상은 부작위의 위법성이므로 법원은 행정청의 부작위의 위법성 여부를 확인하는 데 그치고 그 이상으로 행정청이 행하여야 할 실체적 처분의 내용까지 심리 판단할 수는 없다고 보는 견해이다.

ㄷ) 검 토

부작위위법확인소송의 본질에 비추어 볼 때 소극설이 타당하다고 본다. <判例> 또한 소극설의 입장을 취하고 있다.

2) 위법판단기준시

취소소송에 있어서는 행정소송의 사후 통제적 성격으로 인하여 처분시설이 유력하나, 부작위위법확인소송에 있어서는 엄격한 의미의 처분은 존재하지 아니하므로 위법판단의 기준시는 판결시로 보아야 할 것이다.

3) 판결의 기속력과 재처분의무·간접강제

부작위위법확인소송의 판결에도 판결의 기판력과 기속력이 인정되므로, 부작위위법확인소송의 판결에는 재처분의무 및 간접강제규정이 준용된다(§38②, §30, §34).

따라서 인용판결이 확정되면 행정청은 '판결의 취지에 따라' 상대방의 신청에 대하여 일정한 처분을 하여야 한다.

그러나 부작위위법확인소송은 행정청의 부작위가 위법한 것임을 확인하는 데 그치는 것인 결과, 행정청은 '판결의 취지에 따라' 단지 어떠한 처분을 하기만 하면 되는 것이다.

즉, 행정청은 신청의 대상이 기속행위인 경우에 거부처분을 하여도 판결의 기속력의 내용인 재처분의무는 이행하는 것이 된다. 반면, 행정청이 어떠한 처분도 하지 않는 경우에는 법원은 간접강제규정에 의거하여 일정한 배상을 명할 수 있다.

2. 의무이행소송

(1) 의 의

의무이행소송이란 당사자의 행정행위의 신청에 따라 행정청이 거부하거나 부작위로 대응하는 경우에, 법원의 판결에 의하여 행정청으로 하여금 일정한 행위를 하도록 청구하는 소송을 말한다.

(2) 인정 여부

1) 부정설

이 설은 행정작용에 대한 1차적 판단권은 행정기관 자신에게 있으므로 법원이 행정청에 대하여 어떠한 처분을 명하는 것은 권력분립원칙에 반하는 것으로 보는 견해이다.

실정법적 근거로는 행정소송법 §4Ⅰ에서의 '변경'의 의미를 소극적 변경인 일부 취소를 의미하는 것으로 해석하고, §4에 규정되고 있는 항고소송의 유형을 제한적으로 이해한다.

2) 인정설

이 설은 행정소송법 §4Ⅰ의 '변경'의 의미를 일부변경이 아니라 적극적인 변경으로 해석하여, 의무이행소송을 인정하려는 견해이다.

또한 항고소송의 유형을 규정한 행정소송법 §4를 예시적으로 해석하여 규정되고 있지 않은 유형의 항고소송도 무명항고소송으로 볼 수 있으며, 의무이행소송은 이러한 무명항고소송의 예에 해당하는 것으로 본다.

3) 절충설

이 견해는 법정항고소송에 의해서는 국민의 권리구제를 받을 수 없는 경우에 한하여 예외적으로 법정의 항고소송인 의무이행소송을 인정할 수 있다고 주장한다.

이에 따르면 의무이행소송은 원칙적으로 인정될 수 없으나, 예외적으로 행정청에 1차적 판단권을 행사하게 할 것도 없을 정도로 처분요건이 일의적으로 정하여져 있는 경우, 사전에 구제하지 않으면 회복할 수 없는 손해가 존재하는 경우, 다른 권리구제방법이 없는 경우에 예외적으로 인정될 수 있다고 본다.

(3) 판 례

<判例>는 "검사에게 압수물 환부를 이행하라는 청구는 행정청의 부작위에 대하여 일정한 처분을 하도록 하는 의무이행소송으로 현행 행정소송법상 허용되지 않는다."라고 판시하여 일관되게 의무이행소송을 부정하고 있다.

(4) 검 토

인정설과 절충설은 국민의 권리구제라는 목적으로 현행 행정소송법의 명시적인 내용을 넘어서는 견해로, 해석이라는 미명하에 새로운 입법을 행하는 것이므로 타당하지 않다.

따라서 이 문제는 해석이 아니라 입법에 의해 해결하여야 하며, 현행 법규정상으로는 의무이행소송을 부정하는 것이 타당할 것이다.

3. 작위의무확인소송

작위의무확인소송이란 행정청에 일정한 처분을 하여야 할 법적 의무가 있다는 확인을 구하는 소송을 말하는바, 이의 인정 여부에 대해서는 의무이행소송의 경우와 마찬가지로 학설상 견해가 대립되며, <判例>는 부정적인 입장이다.

4. 국가배상청구에 의한 권리구제

(1) 문제점

행정청의 부작위가 국가배상법 §2①의 직무행위에 해당하는가의 문제는 행정청의 부작위에 대하여 손해배상을 청구할 수 있는가와 관련된 것이다.

공무원의 직무행위로서 위법한 부작위가 문제 되는 것은 국가 등의 감독권 발동을 해태하여 사인에게 생명·신체·재산상의 손해를 발생시킨 경우에 국가 등이 배상책임을 지는지 여부이다.

(2) 부작위의 위법성

1) 작위의무

국가배상청구권에서의 부작위가 위법성이 인정되려면 작위를 하여야 할 법적 의무가 있어야 한다. 작위를 하여야 할 법적 의무가 행정청에 부과되어 있지 않다면 부작위가 법에 위반된다고 보기 어렵기 때문이다.

2) 기속행위·재량행위

작위를 하여야 할 법적 의무는 기속행위인 경우에는 명문의 법규에 의해 쉽게 인정될 것이다.

그러나 재량행위인 경우에는 원칙적으로 작위를 하여야 할 의무가 없으나 생명·신체 등 중대한 법익에 대한 구체적 위해가 존재하고 행정청이 다른 동가치적 법익을 소홀히 함이 없이도 그러한 위해를 제거할 수 있는 경우에는 재량이 '0'으로 수축되어 행정개입의무가 발생하게 되며 이에 따라 법적 의무가 발생한다.

따라서 재량행위인 경우에도 행정개입의무가 발생하는 예외적인 경우에는 부작위의 위법성이 인정된다 할 것이다.

(3) 관계규정의 사익보호성에 대한 이론구성

행정청의 부작위에 손해가 발생한 경우, 당해 작위의무를 부여한 법규의 취지가 적어도 손해를 입은 사인의 이익도 보호하고자 하느냐가, 부작위에 대한 국가배상청구권의 성립에 필요하다.

Ⅲ. 행정심판 및 헌법소원에 의한 구제

1. 의무이행심판

(1) 의 의

행정청의 부작위에 대한 행정심판법상 구제방법으로는 의무이행심판이 있다. 의무이행심판이란 '행정청의 위법 또는 부당한 거부처분이나 부작위에 대하여 일정한 처분을 하도록 하는 심판'을 말한다(행정심판법 §4의3).

(2) 법적 성질

의무이행심판은 행정청에 대하여 일정한 처분을 할 것을 명하는 재결을 구하는 행정심판이므로 이행쟁송의 성질을 가진다. 의무이행심판은 항고쟁송으로서의 성질을 가지므로 현재의 이행쟁송만이 가능하고 장래의 이행쟁송과 같은 것은 허용되지 않는다.

따라서 당사자의 신청에 대하여 피청구인이 일정한 처분을 해야 할 법률상 의무의 이행기가 도래하여 현실화된 경우에 그 이행의무의 존재를 주장할 수 있다.

(3) 재 결

행정심판법 §32⑤에 따르면, 재결청은 심판의 청구가 이유 있다고 인정할 때에는 지체 없이 신청에 따른 처분을 하거나(처분재결, 행성재결), 처분청에 그 신청에 따른 처분을 할 것을 명하는 재결을 한다(처분명령재결, 이행재결).

처분명령재결은 청구인의 신청대로 처분할 것을 명하는 재결(기속행위의 경우와 재량이 '0'으로 수축된 경우)과, 신청대로의 처분이든 기타의 처분이든 신청을 방치하지 말고 지체 없이 어떠한 처분을 하도록 명하는 재결(재량행위인 경우)로 구분된다.

이때 행정청은 지체 없이 그 재결의 취지에 따라 이전의 신청에 대하여 처분을 하여야 한다(행정심판법 §37②).

2. 헌법소원

행정청의 부작위로 헌법상 보장된 기본권이 침해된 경우에는 헌법재판소에 헌법소원심판을 청구함으로써 구제를 받을 수 있다.

다만, 헌법소원은 그 보충성으로 인하여 통상적인 방법으로 더 이상 다툴 수 없게 된 경우에 예외적으로만 허용될 수 있다(헌법재판소법 §68).

Ⅳ. 결 어

현대 국가는 복지국가, 사회적 법치국가를 지향한다. 따라서 국가의 급부행정은 침익적 행정작용 못지않게 국민의 생활에 중대한 영향을 미친다.

이에 따라 현행법상 부작위에 대한 권리구제수단으로 국가배상청구, 의무이행심판, 부작위위법확인소송 등이 있다.

그러나 앞으로 국민의 행정에 대한 급부배려적 청구가 증가한다고 할 때, 입법적으로 의무이행소송을 명문화하는 것이 타당하다 할 것이다.

제 2 장

행정소송법

[7] 행정소송법

[8] 행정소송의 종류

성질에 의한 분류			형성의 소
			이행의 소
			확인의 소
내용에 의한 분류	법정소송	항고소송	취소소송
			무효등확인소송
			부작위위법확인소송
		당사자소송	실질적 당사자소송
			형식적 당사자소송
		객관적 소송	민중소송
			기관소송
	비법정소송		의무이행소송
			예방적 금지소송(부작위청구소송)

Ⅰ. 서 설

우리나라 행정소송법은 행정소송의 종류를 명시함으로써 행정소송의 종류를 둘러싼 해석, 운용상의 문제를 제거하였다.

행정소송의 종류는 성질을 기준으로 하여 형성의 소, 이행의 소 및 확인의 소로 구분할 수 있고, 내용을 기준으로 주관적 소송과 객관적 소송으로 대별하여 주관소송으로는 항고소송과 당사자소송으로, 객관적 소송으로는 기관소송과 민중소송으로 다시 나눌 수 있다.

우리나라 행정소송법은 청구의 내용에 주안점을 두어 행정소송을 분류하고 있다.

Ⅱ. 성질에 의한 분류

1. 형성의 소

형성의 소는 행정법상의 법률관계의 변동을 목적으로 일정한 법률요건의 존재를 소로써 주장하여 그 변동을 선언하는 판결을 구하는 소이다. 이러한 의미에서 형성판결은 창설적 효과를 가져오며, 항고소송 중 취소소송이 가장 대표적이다.
　ex)부당해고 구제명령을 취소한다. 혼인을 취소한다.

2. 이행의 소

이행의 소란 이행청구권의 확정과 피고에 대한 이행명령을 목적으로 하는 소송이다. 이러한 소송으로는 부작위에 대한 의무이행소송과 일정한 이행명령을 목적으로 하는 당사자소송이 이에 속한다.
　ex)乙은 건물을 명도하라. 乙은 甲에게 2천만 원을 지급하라.

3. 확인의 소

확인의 소란 특정한 권리 또는 법률관계의 존재 또는 부존재의 확인을 구하는 소송이다. 항고소송 중 무효등확인소송 및 부작위위법확인소송이나 공법상의 법률관계의 존부를 확인받기 위한 당사자소송이 이에 해당한다.
　ex)친자관계를 확인한다. (소멸시효의 중단을 위한 소로서) 부작위를 확인한다.

Ⅲ. 내용에 의한 분류

1. 항고소송

(1) 취소소송

1) 의 의

취소소송이란 행정청의 위법한 처분 등을 취소 또는 변경하는 소송이다.

항고소송 중 가장 중심이 되는 소송으로서 공정력을 가지는 행정행위를 소급적으로 소멸시키는 것을 내용으로 하는 소송형태이다.

여기에는 처분 등의 취소소송과 변경소송(일부 취소)이 있다.

2) 성 질

ㄱ) 형성소송설(通, 判)

취소소송은 공정력을 가지는 처분의 위법을 다투어 당해 처분의 취소, 변경을 통하여 그 법률관계를 소멸 또는 변경시키는 성질의 소송이므로 형성소송이라고 하는 견해이다.

한편 행정소송법은 취소소송에서의 인용판결에 대하여 대세적 효력을 명시함으로써 형성소송설의 입장을 밑받침하고 있다.

ㄴ) 확인소송설

개인에게는 오직 국가에 대한 위법처분취소청구권이 인정되는 데 불과하므로 취소소송은 단지 처분 당시에 이미 위법하였다는 확인을 구하는 성질의 것으로 본다.

ㄷ) 구제소송설

취소소송은 처분의 위법성 확정이라는 확인소송적 성질과 처분의 공정력 배제라는 형성소송적 성질을 함께 갖는 특수한 유형의 소송으로 본다.

3) 소송물

취소소송의 소송물은 처분 등의 위법성 내지 위법성의 배제이다(多).

그러나 이러한 다수의 견해에 대하여 취소소송의 소송물을 원고의 법적 주장으로 보는 견해도 있다.

4) 특수성

취소소송에는 민사소송과는 다른 여러 가지 특수성, 즉 예외적 행정심판전치주의, 처분행정청을 피고로 함, 행정법원의 관할, 제소기간의 제한 집행부정지의 원칙, 사정판결 등이다.

(2) 무효등확인소송

1) 의 의

무효등확인소송이란 행정청의 처분 등의 효력의 유무 또는 존재 여부의 확인을 구하는 소송을 말한다.

여기에서의 무효등확인소송이란 처분 등의 무효확인소송, 유효확인소송, 실효확인소송, 존재확인소송, 부존재확인소송을 말한다.

2) 인정의 필요성

무효등확인소송을 인정하는 제도적 취지는 비록 효력상 무효이지만 행정처분으로서의 외관이 존재하고, 무효원인과 취소원인의 구별이 절대적인 것이 아니기 때문에 행정청에 의하여 집행될 우려가 있으므로 공적으로 확인을 받을 필요가 있다는 점이다.

3) 성 질

ㄱ) 확인소송설

무효등확인소송은 적극적으로 처분 등의 효력을 소멸시키거나 부여하는 것이 아니라, 처분 등의 효력 유무나 존재 여부를 확인·선언하는 확인소송으로서의 성질을 가진다는 견해이다.

ㄴ) 형성소송설

처분의 무효와 취소의 상대화 이론을 전제로 하여 무효등확인소송은 행정처분의 무효를 확정하여 그 외관상의 효력의 제거를 목적으로 하는 것이기 때문에 결과적으로 처분의 효력을 다투는 것이 되어 항고소송과 본질적으로 같다는 견해이다.

ㄷ) 준형성소송설(多, 判)

무효등확인소송은 행정처분의 무효를 선언하는 소송이라는 점에서 실질적으로는 일종의 확인소송이라고 할 수 있으나, 형식적으로 처분의 효력의 유무를 직접 소송의 대상으로 한다는 점에서 항고소송의 성질을 가진다고 보는 견해이다.

4) 소송물

무효등확인소송의 소송물은 처분 또는 재결의 무효성, 유효성 또는 존재, 부존재이다. 즉 특정한 처분이나 재결의 효력의 유무 또는 존재 여부를 주장함으로써 그 효력의 유무나 존재 여부를 확인하는 것이다.

그러나 <判例>는 권리 또는 법률관계의 존재확인의 주장을 소송물로 본다.

5) 특수성

무효등확인소송은 항고소송으로서 취소소송에 관한 행정소송법의 규정을 대부분 준용한다는 규정을 두고 있다. 그러나 예외적 행정심판전치주의, 제소기간 및 사정판결에 관한 규정은 준용되지 않는다.

(3) 부작위법확인소송

1) 의 의

부작위위법확인소송이란 행정청의 부작위가 위법하다는 확인을 구하는 소송을 말한다. 즉 부작위가 위법하다는 것을 확인함으로써 행정청의 응답을 신속하게 하여 부작위라는 소극적인 위법상태를 제거하는 것을 목적으로 하는 제도이다.

부작위에 대한 행정소송으로는 부작위위법확인소송, 의무이행소송, 의무확인소송 등이 있으나, 우리나라의 행정소송법은 부작위위법확인소송만을 인정하고 있다.

2) 성 질

부작위위법확인소송은 행정청의 처분의 부작위를 그 대상으로 하므로 내용상으로 볼 때에는 항고소송의 하나이나, 부작위에 의하여 현실화된 법상태가 위법임을 확인하는 것이므로 확인소송으로서의 성질을 갖는다고 한다.

따라서 판결은 단지 행정청의 부작위의 위법 여부를 확인하는 데 그치고, 행정청에 대하여 적극적으로 일정한 처분을 할 의무를 명할 수 없다고 한다.

3) 소송물

부작위위법확인소송의 소송물은 당해 소송의 대상이 부작위의 위법성이다. 따라서 일정한 처분의무의 존재가 소송물인 의무이행소송과 다르다.

4) 특수성

부작위위법확인소송에 대해서도 재판관할, 임의적 행정심판전치주의, 피고의 특수성, 제소기간 등 취소소송에 관한 대부분의 규정이 준용된다.

그러나 처분의 변경으로 인한 소의 변경, 집행정지결정, 사정판결, 피고의 소송비용부담에 관한 규정은 준용되지 않는다.

2. 당사자소송

(1) 의 의

당사자소송이란 행정청의 처분 등을 원인으로 하는 법률관계에 관한 소송 기타 공법상의 법률관계에 관한 소송으로서 그 법률관계의 한쪽 당사자를 피고로 하는 소송을 말한다.

즉 당사자소송이란 서로 대립되는 대등한 당사자 사이에 있어서의 행정법관계의 형성 · 존부에 관한 소송이다.

(2) 종 류

1) 실질적 당사자소송

실질적 당사자소송이란 공법상의 법률관계에 관한 소송으로서 그 법률관계의 한쪽 당사자를 피고로 하는 소송을 말한다. 당사자소송의 보편적인 형태이다.

2) 형식적 당사자소송

행정청의 처분 등을 원인으로 하는 법률관계에 관한 소송 중에서 그 법률관계의 한쪽 당사자를 피고로 하는 소송을 말한다.

형식적 당사자소송은 실적으로 처분 등의 효력을 다투는 소송이라는 점에서 항고소송의 성질이나, 주로 소송경제 등을 이유로 당사자소송의 형식을 취한다는 점에 그 특색이 있다.

(3) 성 질

당사자소송은 서로 대등한 당사자 사이의 공법상의 법률관계에 관한 소송이라는 점에서 민사소송과 그 성질이 유사하고, 행정청의 처분 등을 직접적인 불복대상으로 하는 항고소송과도 다르다.

(4) 소송물

당사자소송의 소송물은 공법상의 법률관계 또는 그 주장이다. 이러한 점에서 처분 등의 효력을 다투는 항고소송과 다르다.

(5) 특수성

당사자소송에 대해서도 재판관할, 관련청구의 병합, 소송참가, 직권심리주의 등 주로 소송의 신속한 처리나 실체적 진실의 발견을 기하기 위한 규정들은 준용되나 항고소송의 성질인 예외적 행정심판전치주의, 피고에 관한 규정, 제소기간, 집행부정지원칙, 사정판결 등에 관한 규정은 준용되지 않는다.

3. 객관적 소송

(1) 민중소송

민중소송이란 국가 또는 공공단체의 기관이 법률에 위반되는 행위를 한 때에 직접 자기의 법률상 이익과 관계없이 그 시정을 구하기 위하여 제기하는 소송이다. 현행법상 민중소송의 예로는 국민투표에 관한 소송과 선거소송에 관한 것이 있다.

(2) 기관소송

기관소송이란 국가 또는 공공단체의 기관 상호간에 권한의 존부 또는 그 행사에 관한 다툼이 있을 때에 이에 대하여 제기하는 소송이다.

다만 헌법재판소법 제2조의 규정에 의하여 헌법재판소의 관할사항으로 되는 소송은 제외한다.

Ⅳ. 결 론

현행 행정소송법은 행정소송의 종류를 명시함으로써 거부처분이나 부작위에 대한 의무이행소송을 인정하지 않는 대신에 부작위위법확인소송을 인정하고 있다.

다만 거부처분의 취소판결이나 부작위위법확인판결의 간접강제 등의 방법으로

의무이행소송을 인정하는 효과를 어는 정도까지는 달성하려는 의도임은 부인할 수 없으나, 그것은 지나치게 우회적인 방법이 아닐 수 없다.

따라서 독일 행정법원법과 같이 실정법에 명문화하여 적극적인 해결책을 모색하는 것이 바람직할 것이다.

[9] 행정소송의 한계

Ⅰ. 개 설

1. 행정소송법의 규정

우리나라 행정소송법은 행정청의 처분이나 부작위를 중심으로 한 위법한 행정작용 전반에 대해서 행정소송의 제기를 허용하고 있다. 즉 행정소송의 제기가 가능한 행정작용의 유형을 한정하여 개별적으로 명시하는 열기주의는 채택하고 있지 않다.

행정소송의 한계문제는 이러한 개괄주의하의 입법체계에서만 발생하는 문제이다.

2. 행정소송의 한계의 종류

행정소송의 범위에 대해서는 그 체계상 행정부와 사법부 사이의 적절한 권한분배, 책임분배 등과 관련하여 일정한 한계가 있게 되는데, 이러한 한계의 종류로는 사법부의 본질에 의한 한계와 권력분립의 원칙으로부터 발생하는 한계가 있다.

Ⅱ. 사법권의 본질에 의한 한계

1. 법률적 쟁송의 의의

행정소송도 사법작용이라는 것이 오늘날의 통설적인 견해이고 보면, 사법권 행사의 본질에서 나오는 기본적 한계는 행정소송에도 마찬가지로 적용된다고 할 것이다.

우리나라 법원조직법 §2①에 의하면 사법작용은 그 대상에 있어서 법률상의 쟁송만을 대상으로 한다. 이때 법률상의 쟁송이란 당사자 사이의 구체적인 권리의무에 관한 법률적용상의 분쟁을 의미한다.

<법원조직법 제2조> ①법원은 헌법에 특별한 규정이 있는 경우를 제외한 일체의 법률적 쟁송을 심판하고, 이 법과 다른 법률에 의하여 법원에 속하는 사건을 관장한다.

따라서 구체적 사건성과 법률적용상의 분쟁의 해결가능성을 결여한 사건은 행정소송의 한계에 해당한다.

2. 구체적 권리·의무에 의한 한계(구체적 사건성)

구체적 사건성이란 직접 그리고 현재 자신의 권리·의무에 영향을 미치고 있어야 한다는 직접성과 현재성을 의미한다.

당사자 사이의 구체적인 권리의무에 관한 분쟁이 아닌 경우는 구체적 사건성을 결여한 것으로 행정소송의 대상이 되지 못한다.

(1) 단순한 사실행위

사실행위는 법률적 효과 발생을 목적으로 하지 않는 행위이므로 국민의 권리의무에 직접적으로 영향을 미치지 아니한다.

따라서 과거의 역사적 사실관계의 존부나 공법상의 구체적인 법률관계가 아닌 사실관계에 관한 것을 확인의 대상으로 하는 것이나, 행정청의 단순한 부작위를 대상으로 하는 것은 행정소송의 대상이 되지 않는다.

(2) 반사적 이익에 관한 분쟁

행정소송은 법률상의 이익이 침해된 자가 그 침해된 이익을 구제하기 위한 소송이다. 행정소송법이 법률상 이익이 있는 자에게만 원고적격을 인정하는 것(§12,35,36)도 바로 이 점에 있다.

따라서 법률상 이익에 해당하지 않는 반사적 이익의 침해는 행정소송의 대상이 되지 않는다. 즉 법규가 행정청에 일정한 행위의무를 부과하고 있기는 하지만 그것이 오로지 공익만을 위한 것일 때에는, 그로 인하여 특정인이 어떠한 이익을 받더라도 그것을 공익실현을 위한 반사적 이익에 불과하기 때문에 그러한 이익의 침해를 이유로 행정소송을 제기할 수 없다는 것이다.

<대판 1980.7.22. 80누33> 석탄가공업허가증갱신발급처분무효: 반사적 이익
석탄수급조정에 관한 임시조치법 제5조 및 제3조 소정의 석탄가공업에 관한 허가는 사업경영의 권리를 설정하는 형성적 행정행위가 아니라 질서유지와 공공복리를 위한 금지를 해제하는 명령적 행정행위여서 그 허가를 받은 자는 영업자유를 회복하는 데 불과하고 독점적 영업권을 부여받은 것이 아니기 때문에 기존허가를 받은 원고들이 신규허가로 인하여 영업상 이익이 감소된다 하더라도 이는 원고들의 반사적 이익을 침해하는 것에 지나지 아니하므로 원고들은 신규허가 처분에 대하여 행정소송을 제기할 법률상 이익이 없다.

<대판 1995.9.26. 94누14544> 상수원보호구역변경처분: 반사적 이익
판례는 상수원보호구역변경처분에 대하여 수도법 제5조 제1항 등이 보호하고자 하는 것은 상수원의 확보와 수질보전일 뿐이고, 그 상수원에서 급수를 받고 있는 지역주민들이 가지는 상수원의 오염을 막아 양질의 급수를 받을 이익은 직접적이고 구체적으로 보호하고 있지 않음이 명백하여 위 지역주민들이 가지는 이익은 상수원의 확보와 수질보호라는 공공의 이익이 달성됨에 따라 반사적으로 얻게 되는 이익에 불과하므로 지역주민들에게 원고적격을 부정하였다.

<대판 1995.9.26. 94누14544> 공설화장장설치: 법률상 이익
도시계획법 제12조 제3항의 위임에 따라 제정된 도시계획시설기준에 관한 규칙 제125조 제1항이 화장장의 구조 및 설치에 관해서는 매장및묘지등에관한법률이 정하는 바에 의한다고 규정하고 있어, 도시계획의 내용이 화장장의 설치에 관한 것일 때에는 도시계획법 제1조뿐만 아니라 매장및묘지등에관한법률 및 같은 법 시행령이 그 근거법률이 된다고 보아야 할 것이므로, 같은 법 제4조 제2호가 <u>공설화장장은 20호 이상의 인가가 밀집한 지역, 학교 또는 공중이 수시 집합하는 시설 또는 장소로부터 1,000m 이상 떨어진 곳에 설치하도록 제한</u>을 가하고, 같은 법 시행령 제9조가 국민보건상 위해를 끼칠 우려가 있는 지역, 도시계획법 제17조의 규정에 의한 주거지역, 상업지역, 공업지역 및 녹지지역 안의 풍치지구 등에의 공설화장장 설치를 금지함에 의하여 보호되는 부근 주민들의 이익은 위 도시계획결정처분의 근거법률에 의하여 보호되는 법률상의 이익이다.

한편 일반적인 허가는 반사적 이익으로 보나, 거리제한규정·업소제한규정·특허 등의 경우에는 법률상 이익으로 본다.

(3) 추상적 규범통제

현행법은 헌법 §107①, ②를 통해 재판의 전제가 된 경우에만 규범의 심사를 가능하게 하여, 구체적 규범통제만을 인정하고 있다. 즉, 헌법은 법령의 해석이나 효력에 관한 분쟁에 대하여 그 위법성이나 위헌성 여부가 재판의 전제가 된 경우에만 소송제기에 의하여 그 규범에 대해 다툴 수 있도록 하고 있다. 따라서 추상적 규범통제는 인정되지 않는다고 하겠다.

그러나 예외적으로 법령 그 자체가 집행행위의 매개 없이 국민의 권리의무 변동에 직접적으로 영향을 미치는 경우에는 처분적 법령 자체에 대하여 소송의 대상이 된다 할 것이다.

ex) 법령 제1조: 두밀분교는 06년 5월 1일에 폐지한다.

<判例>도 두밀분교폐지조례사건(대판 1996.9.20, 95누8003)에 대한 판결에서 이를 명시적으로 판시하고 있다.

(4) 객관적 소송

개인의 구체적인 권리의무와 관계있는 법률적 쟁송이 아니고 단지 국민 내지 주민의 한 사람으로서 법치행정의 유지를 도모하기 위하여 국가행위의 시정을 구하는 민중소송이나, 행정기관의 지위에 있는 자가 개인의 권익과 관련 없는 직무상의 권한을 주장하여 제기하는 기관소송은 법률에 특별한 규정이 없는 한 행정소송의 대상이 되지 못한다(§45).

3. 법적용상의 한계(법적 해결가능성)

(1) 특별행정법관계에서의 내부적 행위

Ule의 수정설에 의하면 특별행정법관계를 기본관계(공무원의 임면, 군인의 입·제대 등의 발생·변경·소멸)와 경영수행관계(공무원에 대한 직무명령, 하명)로 구분하고 전자에 대해서는 사법심사의 대상이 된다고 한 반면, 후자에 대해서는 사법심사의 대상에서 제외된다고 한다.

다만, 경영수행적 관계라 하더라도 행정소송법 §2①Ⅰ의 '처분 등'에 해당하면 사법심사의 대상이 될 수 있을 것이다.

(2) 통치행위

고도의 정치성을 갖는 국가행위로서의 통치행위에 관한 사법심사가능성은 ①재량행위설, ②권력분립설(김동희), ③사법자제설(多, 判)에 따라 다르게 평가된다.

ex)긴급재정경제명령, 법률안거부권, 국민투표부의권 행사

사법자제설에 의하면, 통치행위는 사법심사의 대상이 될 수 있으나 법원이 정치문제에 개입하는 것은 사법의 정치화를 초래할 수 있으므로 스스로 자제할 뿐이라고 한다.

※ 김동희 교수님 저서에는 통치행위가 권력분립상의 한계로 목차가 잡혀 있는데 이는 김동희 교수님이 권력분립설을 따르기 때문이다.

1.학설
(1)권력분립설: 정치행위로서 법원이 관여할 사항이 아니다.
(2)사법자제설: 법원이 심사할 수 있으나 정치문제에 개입하는 것을 자제할 뿐이다.
(3)자유재량설: 국가 최고기관에 인정된 정치적 자유재량행위이다.

2.판례
(1)계엄선포: 원칙 심사 X, 국헌문란인 경우 O
(2)특별사면: 심사 X
(3)금융실명제에 관한 긴급재정경제명령: 심사 O, 헌재
(4)대북송금사건: 남북정상회담은 통치행위, 대북송금은 통치행위 아니다.

---

(3) 비권력적 사실행위

비권력적 행정은 수익적 행정이거나 국민의 권리와 의무와는 무관하므로 대상이 되지 않는다고 보는 것이 일반적이다.

그러나 사회보장급부 등도 헌법상 기본권인 생존권에 근거한 법률상 권리로 이해되고 있으므로 향후 대상범위에 포함될 여지는 있을 것이다.

(4) 학술·예술상의 평가

학술 기술적 논쟁 또는 예술성의 우월성 등에 관한 다툼은 그것이 구체적인 권리의무에 관한 것이라고 할지라도 법령의 적용에 의하여 해결될 수 있는 것이 아니므로 행정소송의 대상이 되지 않는다.

Ⅲ. 권력분립의 원칙에서 오는 한계

1. 의무이행소송의 인정 여부

(1) 의무이행소송의 의의

의무이행소송이란 당사자의 행정행위의 신청에 대하여 행정청이 거부하거나 부작위로 대응하는 경우에, 법원의 판결에 의하여 행정청으로 하여금 일정한 행위를 하도록 청구하는 소송을 말한다.

(2) 학설의 대립

1) 인정설

의무이행소송을 인정하는 견해이다.

그 근거로는 ①항고소송의 유형을 규정한 행정소송법 §4를 예시적으로 해석하여 규정되고 있지 않은 유형의 항고소송도 무명항고소송으로 볼 수 있으며 의무이행소송이 그 대표적인 예라는 점, ②행정소송법 §4Ⅰ의 '변경'의 의미를 일부변경이 아니라 적극적인 변경으로 해석하는 한편, ③권력분립의 원칙은 권력 상호 간의 견제와 균형을 통한 권력남용의 방지에 있으므로 오히려 권력분립의 원칙에 충실하다고 한다.

2) 부정설

이 견해는 ①소송의 유형은 법적 안정성을 위하여 법률로 명시적으로 인정되어야 하며 해석에 의해 의무이행소송을 인정할 수 없으므로 행정소송법 §4의 항고소송의 유형은 제한적 열거규정으로 해석되어야 한다는 점, ④행정소송법 §4Ⅰ의 변경은 적극적인 변경이 아니라 소극적인 일부 취소로 이해되어야 한다는 점, ③권력분립의 원칙상 행정작용에 대한 제1차적 판단권은 행정청에 있는데, 법원이 행정청에 대하여 어떠한 처분을 명하는 것은 행정청의 제1차적 판단권을 침해한다는 점, ④의무이행소송의 인정 여부는 입법정책의 문제인데, 현행법은 거부처분의 취소소송과 부작위위법확인소송만을 인정하고 있어 의무이행소송을 인정하지 않으려는 것이 분명한 입법취지라는 점 등을 그 논거로 한다.

3) 절충설

이 견해는 법정항고소송에 의해서는 국민의 권리구제를 받을 수 없는 경우에 한하여 예외적으로 법정의 항고소송인 의무이행소송을 인정할 수 있다고 주장한다.

이에 따르면 의무이행소송은 원칙적으로 인정될 수 없으나, 예외적으로 ①행정청에 1차적 판단권을 행사하게 할 것도 없을 정도로 처분요건이 일의적으로 정하여져 있는 경우, ②사전에 구제하지 않으면 회복할 수 없는 손해가 존재하는 경우나 ③다른 권리구제방법이 없는 경우에 예외적으로 인정될 수 있다고 본다.

(3) 판 례

<判例>는 ①"검사에게 압수물 환부를 이행하라는 청구는 행정청의 부작위에 대하여 일정한 처분을 하도록 하는 의무이행소송으로 현행 행정소송법상 허용되지 않는다." ②공동어업권면허 면적조정신청서 반려처분사건에서 원심이 피고에 대하여 판시의 도면표시 (나), (마) 부분을 공동어업면허의 면허면적에 편입시켜줄 것을 구하는 취지의 원고들의 청구 부분은 부적법하다(대판 1997.9.30, 97누3200)."라고 판시하여 일관되게 의무이행소송을 부정하고 있다.

(4) 검토의견

의무이행소송이 행정청의 제1차적 판단권을 침해한다는 논거는 오늘날 설득력을 잃어가고 있다. 의무이행소송이 인정되는 경우에도 행정청에 처분의 기회는 충분히 보장되고 있기 때문이다.

문제는 명문의 규정이 없음에도 불구하고 의무이행소송을 해석을 통하여 인정할 수 있는가에 있다. 검토하건대, 행정소송의 유형은 입법정책의 문제이다. 따라서 행정소송의 유형을 정하는 법률의 규정을 최대한 존중하여야 한다. 이에 따라 우리나라 행정소송법의 입법취지를 살펴보면, 행정권의 제1차적 판단권을 존중하여 취소소송 중심주의를 취하였다고 할 수 있다.

그에 따라 ①침해적 처분에 대해서는, 처분 → 취소소송 → 기속력에 의해, ②거부처분에 대하여는, 거부처분 → 취소소송 → 취소판결 → 기속력 → 행정청의 처분에 의해, ③부작위에 대해서는, 부작위 → 부작위위법확인소송 → 부작위위법확인판결 → 거부처분 → 취소소송 → 취소판결 → 기속력 → 행정청의 처분에 의해, ④앞으로 예상되는 침해적 처분에 대해서는 처분을 기다려 그에 대한 취소소송을 제기하여 구제를 받도록 하는 것이다.

이에 따라 볼 때, 인정설과 절충설은 국민의 권리구제라는 목적만으로 현행 행정소송법의 명시적인 입법취지를 넘어서는 견해로, 해석이라는 미명하에 새로운 입법을 행하는 것이므로 타당하지 않다. 따라서 이 문제는 해석에 의해서가 아니라 입법자에 의해 법률개정의 방법을 통해 해결하는 것이 타당하다고 본다. 따라서 현행법의 해석으로는 의무이행소송을 부정하는 견해가 타당하다고 본다.

2. 예방적 금지소송(부작위청구소송)의 인정 여부

(1) 의 의

예방적 금지소송(부작위청구소송)이란 행정청이 특정 행정행위나 그 밖의 행정작용을 하지 않을 것을 법원에 청구하는 행정소송을 말한다. 이것은 소극적 형태의 의무이행소송이라고 할 수 있으므로 이러한 소송을 현행법상 인정할 수 있는지 여부에 대한 논의는 의무이행소송의 그것과 같다.

(2) 학 설

1) 적극설

부작위청구소송은 행정소송법상 허용된다는 견해로, 이 설의 논거는 의무이행소송의 적극설의 논거와 유사하다.

2) 소극설(判)

행정소송법 §4의 항고소송의 유형의 규정은 제한적으로 이해되어야 하며, 이를 인정할 만한 어떠한 실정법 규정도 존재하지 않는 한 허용될 수 없다는 입장이다.

3) 절충설(제한적 허용설, 김동희)

부작위청구소송을 일정한 요건하에서 인정해야 한다는 견해로서, ①처분이 이루어질 개연성이 있고 절박하며, ②처분요건이 일의적으로 정해져 있고, ③미리 구제하지 않으면 회복할 수 없는 손해가 발생할 우려가 있고, ④다른 구제방법이 없는 경우에만 인정된다고 한다.

(3) 판 례

<判例>는 예비적으로 신축건물의 준공검사처분을 하지 아니할 것을 구하는 소송은 행정소송법상 허용되지 않는다(대판 1987.3.24, 86누182)고 하여 소극설의 입장에 있다.

(4) 검토의견

공권력으로부터 침해방어를 기본으로 하고 있는 시민적 법치국가의 관점에서 보면 부작위청구소송은 허용할 필요가 있다고 본다.

다만, 부작위청구소송을 허용하더라도, 다른 구제방법이 없는 경우에만 일정한 요건하에 ①사후에는 당해 위법한 행정처분을 취소하는 것이 법률상·사실상 불가능한 경우, ②형벌 또는 과료와 결부된 행정처분 등의 경우에 보충적으로 인정된다고 본다(장태주).

3. 적극적 형성판결의 인정 여부

(1) 법률규정

행정청의 위법한 처분 등을 취소 또는 변경하는 것이 취소소송이다(§4 i).

(2) 변경의 의미

재결청의 적극적 변경은 명문규정으로 인정하며, 처분의 일부 취소를 의미하는 소극적 변경이 가능하다는 것에는 의문이 없으나 원처분에 갈음한 새로운 처분을 하는 적극적 변경이 문제 된다.

(3) 검토의견

권력분립원칙하에서 이행판결보다 문제가 크다는 점과 의무이행소송의 불인정을 이유로 적극적 변경은 부정된다 할 것이다.

Ⅳ. 헌법상 예외

국회의원의 징계 및 제명처분은 사법심사의 대상이 되지 않는다(헌법 §64).

<헌법 제64조> ①국회는 법률에 저촉되지 아니하는 범위 안에서 의사와 내부규율에 관한 규칙을 제정할 수 있다.
②국회는 의원의 자격을 심사하며, 의원을 징계할 수 있다.
③의원을 제명하려면 국회재적의원 3분의 2 이상의 찬성이 있어야 한다.
④제2항과 제3항의 처분에 대해서는 법원에 제소할 수 없다.

그러나 <判例>는 지방의회 의원에 대한 징계처분은 지방자치법상 의원의 권리에 직접 영향을 미치는 행정처분이므로 항고소송의 대상이 되고, 이때 피고적격자는 지방의회라고 판시하고 있다.

V. 관련문제

1. 부당한 재량행위의 사법심사 대상 여부

(1) 문제의 소재

재량행위를 위반한 행위는 원칙적으로 부당하며, 행정심판의 대상은 될 수 있지만, 행정소송의 대상은 될 수 없다.

그러나 행정청의 재량인 처분이라도 재량권의 한계를 넘거나 그 남용이 있을 때에는 법원이 이를 취소할 수 있다고 한다(§27).

(2) 행정소송의 대상범위

평등의 원칙, 비례의 원칙, 절차적 정의 등 조리상의 제약이 있고, 그 제약에 위반하면 당·부당의 문제가 아니라 위법한 문제가 되어 사법심사의 대상이 된다.

(3) 각하·기각판결의 여부

재량행위를 다투는 소송이 제기되었을 경우에는 본안심리에서 일탈이나 남용이 없는지를 심리하고 없으면 기각해야 한다는 것이 통설적인 견해이다.

(4) 검토의견

일부 학설은 부당한 재량행위의 경우에는 사법심사의 대상이 되지 않는다고 하나, 현행 행정소송법 §27는 "행정청의 재량에 속하는 처분이라도 재량권의 한계를 넘거나 그 남용이 있는 때에는 법원은 이를 취소할 수 있다."고 규정하여, 재량행위도 원칙적으로 전면적으로 사법심사의 대상이 됨을 전제로 하되, 본안심리 결과 법원이 취소할 수 있는 범위는 재량권의 한계를 넘는 경우에 한정된다는 것을 선언하고 있다.

따라서 재량행위에 관한 문제는 사법심사의 대상 문제가 아니라 사법심사의 범위의 문제이다.

2. 부작위위법확인소송의 심리범위

(1) 실체적 심리설

의무이행소송이 인정되지 않고 있고, 행정소송법 §38②이 §30②의 재처분의무를 준용하므로 이를 실효성 있게 하기 위해서는, 응답의무뿐만 아니라 행정청의 허가의무 등을 심리하고 판결하여야 한다는 견해이다.

(2) 절차적 심리설

부작위위법확인소송은 부작위의 위법만 확인하고, 인용판결 이후 거부처분이 발령되더라도 기속력에 반하지 않는다는 견해이다.

3. 무명항고소송에 있어 가처분의 허용여부

무명항고소송과 관련하여, 의무이행을 요하는 가처분신청, 예방적 부작위를 요하는 가처분신청이 허용되는지가 논의된다. 이는 행정소송법 §8②가 민사집행법을 준용하므로 발생되는 문제이다.

(1) 학 설

①행정소송법 §8②을 근거로 하는 긍정설, ②민사집행법상의 가처분제도는 사권보전수단이라는 점을 근거로 하는 부정설, ③원칙적으로 허용되지 않으나, 법령상 처분요건이 일의적이고 회복될 수 없는 손해발생의 우려가 있는 경우에는 허용되어야 한다는 절충설이 있다.

한편, 갱신청의 거부의 경우에는, 신뢰보호원칙상 적정한 종기까지 법적 지위를 보장해야 하므로 가처분이 허용될 필요가 있다는 견해가 유력하다.

(2) 판 례

<判例>는 행정소송법이 민사집행법을 준용한다 하더라도 성질상 가능한 경우에 한하고, 권력분립원칙상 예방적 부작위 가처분 등을 불허하고 있다.

Ⅵ. 결 어

무명항고소송이 행정권의 일차적 판단권을 침해하거나 사법과의 균형을 깨뜨리는 것으로 보기는 어려우며, 연혁상 권력분립의 원칙은 기본권 보호의 수단으로 발전하여 왔기 때문에 무명항고소송을 긍정하는 것이 타당할 것이다.

다만, 위와 같은 우회적이고 소모적인 권리구제제도를 불완전하게 해석상 인정할 것이 아니라 입법을 통하여 해결하여야 할 것이다.

[10] 재판관할과 관련청구소송의 이송·병합

장652p

1.행정법원은 합의부에서

2.삼심제: 단독[합의] – 합의[고등] – 대법원

3.상소의 종류

(1)판결 → 항소 → 상고, 예외적으로 비약상고: 판결 → 상고(법령위반이 있는 경우만)

(2)명령·결정 → 항고 → 재항고

Ⅰ. 관 할

1. 심급관할

취소소송은 행정법원을 제1심법원(합의부)으로 하며 항소심을 고등법원 상고심을 대법원으로 하는 3심제를 택하고 있다(§9①). 심급관할은 전속관할이다.

다만, 특허청의 심결에 대한 취소소송은 고등법원에 해당하는 특허법원과 대법원으로 연결되는 2심제를 택하고 있다.

2. 사물관할

행정법원의 심판권은 판사 3인으로 구성된 합의부에서 처리한다(법원조직법 §7③).

> <법원조직법 제7조(심판권의 행사)> ③고등법원·특허법원 및 행정법원의 심판권은 판사 3인으로 구성된 합의부에서 이를 행한다. 다만, 행정법원에 있어서 단독판사가 심판할 것으로 행정법원 합의부가 결정한 사건의 심판권은 단독판사가 이를 행한다.

3. 토지관할

취소소송은 피고인 행정청의 소재지를 관할하는 행정법원이 그 관할법원이다. 다만, 중앙행정기관 또는 그 장이 피고인 경우의 관할법원은 대법원 소재지의 행정법원이다(§9①, 보통재판적).

> <민사소송법 제2조> (보통재판적) 소(訴)는 피고의 보통재판적이 있는 곳의 법원이 관할한다.

한편 토지의 수용 기타 부동산 또는 특정장소에 관계되는 처분 등에 대한 취소소송은 그 부동산 또는 장소의 소재지를 관할하는 행정법원에 이를 제기할 수 있다(§9②, 특별재판적).

> <민사소송법 제20조> (부동산이 있는 곳의 특별재판적) 부동산에 관한 소를 제기하는 경우에는 부동산이 있는 곳의 법원에 제기할 수 있다.

토지관할은 임의관할이므로 민사소송법의 준용에 따라 합의관할(민소§29), 변론관할(민소§30), 관련재판적(민소§25), 관할위반 또는 재량에 의한 이송(민소§34) 등의 규정이 적용될 수 있다.

4. 관할법원에의 이송

법원은 소송의 전부 또는 일부가 그 관할에 속하지 않는다고 인정한 경우 결정으로 관할법원에 이송한다(§8②, 민소법 §34).

> <민사소송법 제34조> (관할위반 또는 재량에 따른 이송) ①법원은 소송의 전부 또는 일부에 대하여 관할권이 없다고 인정하는 경우에는 결정으로 이를 관할법원에 이송한다.

원고의 고의 또는 중대한 과실 없이 행정소송의 심급을 달리하는 법원에 잘못 제기한 경우에도 적용된다(§7).

<判例>는 행정사건을 민사법원에 제기한 경우에도, 원칙적으로 수소법원은 관할법원으로 이송해야 하고, 만약 수소법원이 행정소송에 대한 관할도 가지고 있다면 항고소송으로 소변경하도록 하여 심판해야 한다고 판시하고 있다.

Ⅱ. 관련청구소송의 이송과 병합

1. 제도의 취지

서로 관련되는 수 개의 청구를 병합하여 하나의 소송절차에서 통일적으로 심판하는 것이 당사자나 법원의 부담을 경감하고, 심리의 중복과 재판의 저촉을 피하면서 사건을 해결하는 이점이 있다.

그리고 행정소송법은 §10②전단에서 객관적 병합을, §10②후단 및 §15에서는 주관적 병합을 인정하고 있다.

2. 관련청구소송의 범위

(1) 당해 처분이나 재결과 관련되는 손해배상·부당이득반환·원상회복 등 청구소송(§10① I)

여기에서 당해 처분이나 재결과 관련되었다는 것은 ①처분이나 재결이 원인이 되어 발생한 청구(영업정지처분에 있어 처분취소소송과 손해배상청구소송), ②그 처분이나 재결의 취소·변경을 선결문제로 하는 청구(과세처분에 있어 부당이득반환청구권과 과세처분취소소송)를 말한다.

여기에는 손실보상청구소송·결과제거청구소송 등이 포함될 수 있다.

(2) 당해 처분이나 재결과 관련되는 취소소송(§10① Ⅱ)

여기에는 ①당해 처분과 함께 하나의 절차를 구성하는 다른 처분의 취소를 구하는 소송(조세체납처분에 있어 압류처분과 공매처분), ②당해 처분에 관한 재결의 취소를 구하는 소송 또는 재결의 대상인 처분의 취소소송(원처분주의와 재결주의에서 재결 자체의 고유한 위법이 있는 경우), ③당해 처분이나 재결의 취소·변경을 구하는 다른 사람(제3자)의 취소소송(일반처분에 대한 다수인이 각각 별개의 취소소송을 제기하는 경우) 등이 포함된다.

Ⅲ. 관련청구소송의 이송

1. 의   의

취소소송과 위의 관련청구소송이 각각 다른 법원에 계속되고 있는 경우에 관련청구의 소송이 계속된 법원은 당사자의 신청 또는 직권에 의하여 이를 취소소송이 계속된 법원으로 이송할 수 있다(§10①).

2. 이송의 요건

(1) 취소소송과 관련청구소송이 각각 다른 법원에 계속 중인 경우

처분 등의 취소를 구하는 취소소송이 甲법원에 계속 중인 경우 당해 처분과 관계되는 손해배상청구소송이 乙법원에 제소되는 경우이다.

(2) 이송의 상당성

이송제도의 취지에 비추어 이송 병합·심리하는 것이 상당하다고 인정하는 경우이다.

3. 이송의 절차

(1) 당사자의 신청 및 직권에 의한 이송

당사자의 신청에 의하거나 법원이 직권으로 할 수 있다.

(2) 즉시항고

이송결정과 이송신청의 각하결정에 대해서는 즉시항고를 할 수 있다.

4. 이송의 효과(민사소송법 준용)

(1) 기속력

이송결정은 당해 관련청구소송을 이송받은 법원을 기속하며, 이송받은 법원은 다른 법원에 이송하지 못한다(민소법 §38).
이송결정과 이송신청의 각하결정에 대해서는 즉시항고를 할 수 있다(민소법 §39).

(2) 계속된 사건

이송결정이 확정되면 당해 소송은 처음부터 이송받은 법원에 계속된 것으로 본다(민소법 §40①).

Ⅳ. 관련청구소송의 병합

1. 관련청구병합의 의의

1개의 소송절차에서 수 개의 청구에 대하여 일괄심판이 이루어지는 것을 말한다. 취소소송에는 사실심의 변론종결시까지 관련청구소송을 병합하거나 피고 이외의 자를 상대로 관련청구소송을 취소소송이 계속된 법원에 병합하여 제기할 수 있다(§10②).

행정소송법에 이러한 특별한 규정을 둔 이유는 특히 항고소송의 경우에는 위법한 처분의 취소 또는 변경을 구함과 아울러 그와 관련되는 손해배상 등을 청구할 경우가 있고 형식적으로는 독립된 소송(취소소송은 항고소송에 의하여 처분행정청을 피고로 하고, 손해배상청구소송은 민사소송에 의하여 국가를 피고로 한다.)이지만, 실질적으로 동일사건의 표리에 지나지 않기 때문이다.

2. 병합의 태양

객관적 병합	1개의 소로써 복수의 청구를 병합하는 것으로 같은 원고가 같은 피고에 대하여 하나의 소송절차에서 수 개의 청구를 하는 경우이다.
주관적 병합	복수의 당사자에 의한 청구의 병합을 말하는 것으로 공동소송의 형태로서 피고 또는 원고가 수인이 되는 경우이다.
주관적·예비적 병합	두 청구를 주위적 청구와 예비적 청구로 하여 주위적 청구의 인용을 해제조건으로 하여 예비적 청구를 병합시킨 모습이다. 먼저 주위적 청구에 대하여 판단을 구하고 주위적 청구가 이유 없을 경우에 예비적 청구의 심판을 구하는 것이다.

(1) 객관적 병합

객관적 병합이란 같은 원고가 같은 피고에 대하여 하나의 소송절차에서 수 개의 청구를 하는 경우를 말하며 소제기 전에 행해지는 원시적·객관적 병합과 소제기 후에 행해지는 추가적·객관적 병합이 있다.

이러한 객관적 병합은 민사소송법에서는 수 개의 청구가 동종의 소송절차에 의하는 경우에 한하여 인정되는 반면에 행정소송법에서는 관련청구인 이상 같은 종류의 소송절차뿐만 아니라 다른 종류의 소송절차(행정소송과 민사소송)에도 인정된다(§10②전단).

다만, 제3자에 의한 관련청구의 병합은 소송관계를 복잡하게 할 수 있으므로 채택하지 않는다.

※ 행정소송과 민사소송의 소의 변경은 인정되지 않는다.

(2) 주관적 병합

주관적 병합이란 원고·피고의 어느 일방 또는 쌍방 측의 당사자가 다수인 경우를 말하며 소제기 전 행해지는 원시적·주관적 병합(공동소송)과 소제기 후에 행해지는 추가적·주관적 병합이 있다.

취소소송의 원고는 취소소송의 상대방 이외의 자를 상대로 한 관련청구소송을 취소소송과 병합하여 제기할 수 있다(§10②후단).

또한 행정소송법 §15는 공동소송으로서 주관적 병합을 인정하고 있다. 따라서 수인의 원고는 처음부터 공동원고로 관련청구를 병합하여 제기할 수 있다(§40).

(3) 주관적·예비적 병합

1) 의 의

행정청을 피고로 하여 처분의 취소를 청구함과 동시에 예비적으로 국가를 피고로 하여 손해배상이나 원상회복을 청구하는 경우를 말한다.

2) 인정 여부

ㄱ) 긍정설

심리의 중복을 피하고 분쟁을 신속히 처리할 수 있으며, 모순회피가 가능하다는 이유로 긍정하는 입장이다.

ㄴ) 부정설

예비적 피고의 지위의 불안정과 명문규정의 부존재로 부정하는 입장이다.

ㄷ) 판 례

<判例>는 부정설의 입장으로 각하하여야 한다고 한다.

3) 검토의견

한편 개정 민사소송법 §70에는 명문으로 주관적·예비적 병합을 허용하고 있어 이에 대한 논의가 주목된다.

<민사소송법 제70조(예비적·선택적 공동소송에 대한 특별규정)> ①공동소송인 가운데 일부의 청구가 다른 공동소송인의 청구와 법률상 양립할 수 없거나 공동소송인 가운데 일부에 대한 청구가 다른 공동소송인에 대한 청구와 법률상 양립할 수 없는 경우에는 제67조 내지 제69조를 준용한다. 다만, 청구의 포기·인낙, 화해 및 소의 취하의 경우에는 그러하지 아니하다.
②제1항의 소송에서는 모든 공동소송인에 관한 청구에 대하여 판결을 하여야 한다.

3. 병합의 요건

(1) 본체인 취소소송의 적법성

본체인 취소소송이 그 자체로서 소송요건을 갖춘 적법한 것을 전제로 한다. 본체인 취소소송은 병합 전에 계속 진행 중일 필요는 없으므로, 처음부터 관련청구를 병합하여 제기해도 관계없다.

(2) 병합의 시기

관련청구의 병합은 사실심변론종결 전에 하여야 한다(§10②).

4. 병합심리

(1) 요건을 구비하지 못한 경우

법원은 병합의 요건을 구비하였는지를 심리하고 요건을 구비하지 못한 경우 청구마다 별개의 소가 제기된 것으로 취급하여야 한다.

(2) 취소소송이 부적법한 경우

한편 당사자소송을 관련청구로서 병합한 경우 취소소송이 부적법하면, 병합된 청구까지 각하할 것이 아니라 그 청구의 기초에 변경이 없는 한 병합청구 당시에 유효한 소변경의 청구가 있었던 것으로 보고 이를 허가함이 타당하다는 것이 <判例> (대판 1992.12.24, 92누3335)이다.

※ 민사소송법과의 비교

1.관할의 종류
법정관할: 법률의 규정에 의하여
지정관할: 법원의 결정(보충적), 처분행위에 속함
합의관할: 당사자의 합의
응소관할: 관할위반이 있음에도 피고가 응소한 경우로 의제적 합의관할
전속관할: 행정이나 특허의 경우, 임의관할과 반대

2.재판적(裁判籍)의 개념
민사소송에서 사건의 당사자에게 어느 법원의 재판권의 행사를 받게 할 것인가에 대한 근거가 되는 관계를 말한다.

(1)보통재판적

보통재판적은 전속관할의 규정이 없는 한 민사소송에서 피고에 대한 일체의 소송사건에 일반적이고 원칙적으로 인정되는 재판적이다.

사람의 보통재판적은 그의 주소에 따라 정하되, 대한민국에 주소가 없거나 주소를 알 수 없는 경우에는 거소에 따라 정한다. 거소가 일정하지 않거나 알 수 없는 경우에는 마지막 주소에 따라 보통재판적을 정한다(3조).

현행 민사소송법은 피고의 응소(應訴) 편의를 위하여 소는 피고의 보통재판적이 있는 곳의 법원이 관할하도록 규정하고 있다(2조).

(2)특별재판적

특별재판적은 보통재판적 이외에 특별한 종류 또는 한정된 범위의 소송에 대해서만 인정되는 재판적이다.

일반적으로 원고의 소송상의 편의를 위한 것이므로 사건과 증거 등에 가까운 법원이 관할권을 갖는 경우가 대부분이다.

현행 민사소송법은 재산권에 관한 소의 제기는 거소지 또는 의무이행지의 법원(8조), 어음·수표에 관한 소의 제기는 지급지의 법원(9조), 대한민국에 주소가 없거나 주소를 알 수 없는 사람의 재산권에 관한 소의 제기는 재산 소재지의 법원(11조), 사무소나 영업소를 가지고 있는 사람에 대하여 그 사무소 또는 영업소의 업무와 관련된 소의 제기는 사무소나 영업소 소재지의 법원(12조)을 특별재판적으로 규정하고 있다.

2.사물관할 관련

소송물의 가액에 따라 단독과 합의로 나뉜다.

3.토지관할 관련

 (1)토지관할: 피고와 법원의 입장(민소 §2에서 피고의 주소지가 기본)

 (2)관련재판적: 소송물과 당사자의 입장

  ①보통재판적(민소 §2)

  ②인적 재판적

  ③물적 재판적

[11] 항고소송에서의 당사자

Ⅰ. 서 설

항고소송에 있어서 당사자라 함은 항고소송에서 자기의 이름으로 법원에 대하여 권리보호를 요구하거나 요구받는 자를 말한다. 항고소송도 소송당사자가 대립하는 대심의 형식을 취한다는 점에서 민사소송과 본질적으로 다를 바가 없다.

그러나 항고소송은 민사소송에서와 같이 당사자 사이에 권리·이익에 관한 대립이 있는 것이 아니라, 피고인 행정청은 자기의 권익주장이 아니라 행정법규의 집행에 위법이 없음을 주장하는 데 불과한 지위에 있을 따름이다.

이 점에서 항고소송의 당사자에 관해서는 민사소송에 대한 특례가 인정된다.

Ⅱ. 원고적격

1. 취소소송의 원고적격

(1) 원고적격의 의미

취소소송에 있어서의 원고적격은 처분 등의 취소를 소구할 수 있는 정당한 자격을 말한다. 취소소송의 원고적격도 민사소송의 당사자적격에서와 마찬가지로 소의 이익의 하나의 문제이다.

그러나 행정소송법은 취소소송이 민사소송에 대하여 가지는 특성 때문에 원고적격에 대해 명문의 규정을 두고 있다.

(2) 현행법의 규정

행정소송법 §12는 "취소소송은 처분 등의 취소를 구할 '법률상 이익이 있는 자'가 제기할 수 있다."라고 하여 원고적격에 관한 규정을 두고 있다.

문제는 취소소송의 원고적격에 관하여 처분 등의 취소를 구할 법률상 이익이 있는 자라고 추상적으로 규정하고 있어 해석상 법률상 이익이 무엇을 의미하는가에 대하여 학설이 대립하고 있다.

(3) 법률상 이익에 관한 학설

1) 권리구제설

이 견해는 취소소송의 기능·목적이 실체법상의 권리보호에 있다는 점을 근거로 위법한 처분 등으로 인하여 실체법상의 권리를 침해당한 자만이 제소할 수 있는 원고적격이 있다고 한다.

2) 법적 이익구제설

이 견해는 실체법상의 권리뿐만 아니라 실정법의 해석상 당해 법규에 의하여 보호되고 있는 이익이 침해된 자도 원고적격이 있다고 한다.

따라서 사실상 이익이나 반사적 이익은 법률상 이익에 해당하지 않는다고 본다.

3) 보호가치이익구제설

이 견해는 당해 처분의 근거가 된 법규에 비추어 실체법적인 보호이익에 속하지 않더라도 쟁송법상 보호할 만한 실질적이고 구체적인 이익을 법률상 이익으로 보아 널리 원고적격을 인정한다는 견해이다.

4) 적법성보장설

이 견해는 취소소송의 기능을 국민 개인의 이익보호만을 위한 수단으로 보호이익만을 위한 수단으로 인정하지 않고 행정처분의 적법성보장 내지 행정통제를 위한 것으로 보는 견해이다.

5) 검토의견

오늘날 복리국가에서의 행정의 행위형식의 다양화를 고려할 때 법률상 이익의 개념을 쟁송법적으로 이해하는 것이 타당하겠으나, 원고적격의 범위를 어느 정도 명확히 한다는 점에서 법적 이익구제설이 타당하다고 본다.

(4) 원고적격의 확대화 경향과 제3자의 원고적격

취소소송의 원고적격을 가지는 자는 당해 처분 등의 직접 상대방에 한하지 않고, 제3자라고 당해 처분 등의 취소·변경을 구할 법률상 이익이 있는 자는 원고적격을 가진다.

원고적격의 확대화 경향은 주로 복효적 행정행위에 관한 경우와 주민 일반에게 공통되는 집단적 내지는 생활적 이익에 관한 경우로서 이른바 인근 주민·경업자·소비자단체·환경단체 등의 원고적격의 인정문제이다.

2. 무효등확인소송의 원고적격

무효등확인소송은 처분 등의 효력 유무 또는 존재 여부의 확인을 구할 법률상 이익이 있는 자만이 제기할 수 있다.

여기에서 '확인을 구할 법률상 이익'을 어떻게 볼 것인가에 대하여 학설이 대립한다.

(1) 법적 이익구제설

이설은 무효등확인소송의 원고적격으로서 법률상 이익을 취소소송의 경우에 있어서의 법률상 이익과 같은 것으로 이해하려는 입장이다.

이 견해는 민사소송에 있어서의 확인의 이익보다는 넓은 뜻으로 이해한다.

(2) 즉시확정이익구제설

무효등확인소송의 원고적격에 관한 법률상 이익을 민사소송에 있어서 확인의 이익과 같은 것으로 보려는 입장이다.

즉 원고의 권리나 법률상 지위에 현존하는 불안이나 위험을 제거하기 위하여 확정판결을 얻는 것이 필요하고 또 유효적절한 때에 즉시 확정의 이익 또는 확인소송의 보충성을 의미한다고 한다.

(3) 검토의견

우리 행정소송법은 무효등확인소송을 항고소송의 한 유형으로 규정하고 있고, 무효등확인소송이 형성적 소송이 가미된 확인소송의 성질을 가지는 것이라면 그 소의 이익은 민사소송의 확인의 이익보다 넓게 새기는 법적 이익구제설이 타당하다고 본다.

3. 부작위위법확인소송의 원고적격

부작위위법확인소송의 원고적격은 처분의 신청을 한 자로서 부작위의 위법의 확인을 구할 '법률상 이익'이 있는 자만이 제기할 수 있다.

여기서 원고적격을 인정하기 위하여 ①일정한 처분을 신청한 것으로 족하다는 견해와 ②법령에 의하여 신청권을 가지는 자에 한한다는 견해가 대립하나,

<判例>는 원고에게 법규상 또는 조리상의 권리에 의거한 신청권이 있어야 한다고 한다.

Ⅲ. 피고적격

1. 취소소송의 피고적격

(1) 처분행정청

취소소송의 피고적격은 다른 법률에 특별한 규정이 없는 한 당해 처분 등을 행한 행정청을 피고로 한다. 취소소송의 피고는 원래 권리의무의 귀속 주체인 국가나 공공단체가 되어야 하나, 소송기술상의 편의를 도모하기 위하여 행정소송법은 행정청을 피고로 하고 있다.

여기에서의 행정청이란 처분청, 재결청, 수임청, 피대리관청, 승계청, 공무수탁사인 등을 말한다.

다만 <判例>는 권한의 대리나 내부위임의 경우에도 대리관청이나 수임기관의 명의로 행한 처분에 있어서는 그 처분을 행한 행정청을 피고로 하여야 한다고 한다(대판 1991.2.22, 90누5641).

(2) 피고의 경정

피고경정이란 소송의 계속 중에 피고로 지정된 자를 다른 자로 변경하는 것을 말한다. 이러한 제도는 피고를 잘못 지정함으로써 입게 될 원고의 불측의 손해를 막기 위하여 행정소송법은 피고경정을 규정해 놓고 있다.

즉 피고경정이 허용되는 경우로는 피고를 잘못 지정한 경우, 취소소송이 제기된 후 처분 등에 관한 권한이 타 기관에 승계된 경우, 행정조직상의 개편으로 인하여 행정청이 없어지게 된 경우, 소의 변경으로 피고의 경정이 있게 된 경우 등이다.

2. 무효등확인소송 및 부작위위법확인소송의 피고적격

무효등확인소송 및 부작위위법확인소송의 피고적격도 취소소송의 피고적격에 관한 규정을 준용하도록 하였으므로 당해 처분 등이나 부작위를 한 행정청이 피고가 된다.

Ⅳ. 결 론

항고소송도 민사소송과 마찬가지로 당사자 대립주의를 취하고 있으나, 항고소송은 민사소송에서와 같이 당사자 사이에 권리·이익에 관한 대립이 있는 것이 아니다.

처분 등의 위법을 이유로 하여 그 취소·변경 등을 구함으로써 그의 권익의 보호를 도모하는 당사자 일방에 대하여 타방의 당사자인 행정청은 자기의 권익을 주장하는 것이 아니라 행정법규의 집행에 위법이 없음을 주장하는 데 지나지 않는다.

그래서 행정소송의 당사자에 관해서는 앞에서 살펴본 바와 같이 민사소송에 대한 특례가 인정되는 경우가 많다.

[12] 취소소송의 원고적격

<취소소송의 당사자>

1.원고: (1)원고적격, (2)협의의 소익

2.피고: (1)피고적격, (2)피고경정

3.공동소송

4.소송참가: (1)제3자의 소송참가, (2)행정청의 소송참가

5.소송대리인

I. 개 설

1. 원고적격의 의의

취소소송에 있어서 구체적인 처분에 대하여 누가 원고로서 취소소송을 제기하여 본안판결을 받을 자격이 있는가를 결정하는 것을 원고적격이라고 한다.

2. 소의 이익과의 관계

소의 이익이란 광의의 개념으로 ①어떠한 청구가 소송의 대상이 되는가 하는 소의 대상(대상적격), ②누가 청구를 할 만한 정당한 이익을 가지고 있는가 하는 원고적격, ③원고의 청구가 소송을 통하여 해결할 구체적 실익 내지 현실적 필요성이 있는가 하는 협의의 소익(권리보호의 필요성)으로 나눌 수 있다.

결국 원고적격은 소의 이익에 대한 문제의 일부라 할 것이다.

3. 법률규정

원고적격에 대하여 행정소송법 §12에 의하면 "취소소송은 행정청의 위법한 처분이나 재결의 취소 또는 변경을 구할 법률상 이익이 있는 자가 제기할 수 있다."라고 명시되어 있는데 '법률상의 이익'이 무엇인지 문제가 된다.

한편 행정소송법 §12의 2문에 대해 제1문과 같이 원고적격으로 보는 견해도 있으나 통설적인 견해에 따라서 협의의 소익으로 보고 서술하기로 한다.

Ⅱ. 법률상의 이익

1. 학 설

(1) 권리구제설(권리회복설)

실체적 권리를 침해당한 자만이 소를 제기할 수 있는 법률상 이익이 있는 것으로 본다. 이 설은 취소소송의 기능과 목적이 실체법상의 권리보호에 있음을 그 근거로 한다.

이에 의하면, 취소소송은 주관소송으로서의 기능만을 수행한다고 보게 되며, 법률상의 이익은 '권리'를 의미하게 된다.

(2) 법률상 이익구제설(법률상 보호되는 이익구제설)

위법한 처분에 의하여 침해되고 있는 이익이 전적으로 일반적 공익에 흡수·해소되지 않고, 그것이 귀속되는 개개인의 개별적 이익도 관계법에 의하여 보호되고 있는 이익인 경우에는 그러한 이익이 침해된 자에게도 당해 처분의 취소를 구할 원고적격이 있다고 본다.

이 설은 취소소송의 기능과 목적을 고유한 의미의 권리의 보호수단으로 보는 것이 아니라 법률이 개인을 보호하고 있는 이익을 구제하기 위한 수단이라는 것을 근거로 한다(장태주).

이에 의하면, 관계규정 내지는 관계법의 취지·목적이 전적으로 개인의 이익을 보호하는 경우뿐만 아니라 공익과 동시에 개인의 이익을 보호하는 경우에도 원고적격을 인정함으로써 권리구제설보다는 원고적격의 범위가 확대된다.

(3) 보호가치이익구제설(보호가치 있는 이익구제설)

당해 이익이 관계법에 의하여 보호되는 것이 아닌 경우에도 그 실질적 내용이 재판에 의하여 보호할 만한 가치가 있는 것인 때에는 그러한 이익이 침해된 자에게도 원고적격을 인정한다. 이 설은 행정소송법상의 '법률상 이익'을 법률에 의하여 보호되는 실체법상의 이익이 아니라, 그와는 성질을 달리하는 일종의 소송법상의 이익으로 보고 있다.

이에 의하면, 사실상의 이익이라도 그 실질적 내용에 따라 보호가치 있는 이익으로 판단될 수 있으므로 법률상 이익구제설보다 원고적격의 범위가 넓어지게 된다.

(4) 적법성보장설

원고적격의 문제는 원고가 주장하는 이익의 성질을 기준으로 할 것이 아니라, 당해 처분에 대한 소송수행에 있어 가장 적합한 이해관계를 가지는 자에게 원고적격을 인정한다. 이 설은 취소소송의 기능과 목적을 개인의 권리·이익을 구제하려는 주관적 소송으로 보기보다는 행정행위의 적법성보장 내지 행정통제로 보고 있다.

이에 의하면 원고의 이익의 성질과는 무관하게 원고적격이 인정된다는 점에서 취소소송이 민중소송화할 우려가 있다.

2. 판례의 입장

판례는 권리구제설의 입장이었으나 오늘날은 법률상 이익구제설을 취하고 있고, 법률상 이익의 범위를 계속 확대시키는 경향에 있다.

(1) 헌법재판소 판례

국세청장의 지정행위가 병마개 제조업자들 사이에 특혜에 따른 차별을 통하여 사경제 주체 간의 경쟁조건에 영향을 미친다면 일반 법규에서 경쟁자를 보호하는 규정을 별도로 두고 있지 않은 경우에도 기본권인 경쟁의 자유가 바로 행정청의 지정행위의 취소를 구할 법률상 이익이 있다고 하여 기본권에 직접 근거하여 법률상 이익을 인정하기도 했다(헌재 1998.4.30. 97헌마141).

(2) 대법원 판례

국립공원 집단시설지구개발사업에 관하여 당해 변경승인 및 허가처분을 함에 있어서 자연공원법령뿐만 아니라 환경영향평가법령도 당해 변경승인 및 허가처분에 직접적인 영향을 미치는 근거법률로 보아 당해 처분의 근거법률뿐만 아니라 관계 법규범까지 법의 범위를 확장(대판 1998.9.22, 97누19571)하는 한편
　☞국립공원 개발로 인한 경제적 이익보다 그로 인하여 인근 주민이 겪어야 할 환경적 문제가 더 크다고 하여 처분취소 인용 판결한 사례.
　자동차운수사업법 중 동일 사업구역 내의 사업용 화물자동차 면허 대수를 늘리는 보충인가처분에 대해서는 문리적 해석이 아닌 목적론적 해석을 통하여 법률상 보호이익의 범위를 넓게 보고 있다(대판 1992.7.10, 91누9107).
　☞자동차운수사업법 제6조 제1항 제1호에서 당해 사업계획이 당해 노선 또는 사업구역의 수송수요와 수송력공급에 적합할 것을 면허의 기준으로 정한 것은 자동차운수사업에 관한 질서를 확립하고 자동차운수사업의 종합적인 발달을 도모하

여 공공의 복리를 증진함과 동시에 업자 간의 경쟁으로 인한 경영의 불합리를 미리 방지하자는 데 그 목적이 있다 할 것이므로……

한편, 면허 대수 보충인가처분의 취소로 말미암아 이미 면허를 받아 등록까지 마치고 운행을 하고 있는 운송회사들에 어느 정도 손해가 발생할 것임은 예상되지만, 위 처분의 취소가 현저히 공공복리에 적합하지 아니하는 때에 해당한다고 볼 수 없어 사정판결을 할 대상이 되지 아니한다고 한 사례.

3. 검토의견

우선 권리구제설은 실체법상의 권리가 침해된 경우에만 원고적격을 인정하여 권리구제의 폭이 너무 좁다는 비판이 있다. 그리고 적법성보장설은 우리의 행정소송법상의 취소소송이 주관적 소송이라는 입장에서 타당할 수 없다.

보호가치이익구제설은 행정청의 행위에 의해 침해되는 이익 중 어떤 이익이 실질적으로 보호할 만한 가치가 있는지 판단기준이 모호할 뿐만 아니라 법원이 이를 판단하는 것은 권한을 넘어선다는 비판이 있다.

이에 대하여 법적 이익설은 실체법의 해석을 통하여 보호규범의 소재를 명확히 하는 것으로서 법관의 임무에 당연히 포함되며, 이러한 것은 관계법의 탄력적 또는 목적론적 해석에 의하여 원고적격의 범위를 점진적으로 확대하여 가는 것이므로 바람직하다고 하겠다.

Ⅲ. 원고적격의 확대와 제3자의 원고적격

1. 법률상 이익의 확대경향

관계 법규상 개인이 받는 이익이 공권인지 여부의 판단은 당해 법규의 강행법규성 및 사익보호성의 두 가지 기준에 따라 결정되는 문제이며 이러한 관계 법규의 목적 · 취지 · 판단에 있어 공익보호와 동시에 개인적 이익보호도 있다고 해석하는 것이 일반적인 경향이다.

따라서 예전에는 반사적 이익으로 보았던 것이 법률적 이익으로 인정되면서 사법적 구제는 확대되어 가고 있다.

그러나 이러한 확대경향은 관계 법규의 새로운 해석에 의하여 당해 이익을 법적으로 보호되는 이익으로 판단하게 되므로 자칫 재량을 일탈할 수 있다는 문제점이 있다.

2. 제3자의 원고적격

(1) 경업자(競業者)의 이익

이른바 영업허가에 있어서는 기존업자가 그 허가로 받은 경제적 이익은 반사적 이익 내지 사실상 이익이기 때문에 그로 인한 불이익을 입은 자에게는 원고적격을 인정하지 않았다.

그러나 허가의 경우에도 허가요건규정이 공익뿐만 아니라 개인의 이익도 보호된다고 해석되는 경우에는 기존업자는 당해 허가요건을 위반한 제3자에 대한 허가를 다툴 원고적격을 갖는다고 본다(박균성 311면).

따라서 허가를 받아서 사업을 영위하는 기존업자가 거리제한규정 등에 위반하여 인접 구역 내에서 제3자에 대하여 이루어진 동종의 영업면허 등의 취소를 구할 법률상의 이익이 있다고 본다.

한편 특허기업에 있어서는 기존업자가 그 특허로 인하여 받은 이익은 법률상 이익이 있다고 하여 원고적격을 인정하는 것이 일반적인 경향이다.

(2) 경원자(競願者)의 이익

경원관계에 있는 경우에는 각 경원자에 대한 인·허가 등이 배타적 관계에 있으므로 자신의 권리를 구제하기 위해서는 타인에 대한 인·허가 등을 취소할 법률상 이익을 갖는다.

인가·허가 등의 수익적 행정처분을 신청한 여러 사람이 서로 경쟁관계에 있어 일방에 대한 허가 등의 처분이 타방에 대한 불허가 등으로 될 수밖에 없는 때에는 허가 등의 처분을 받지 못한 사람은 처분의 상대방이 아니라 하더라도 당해 처분의 취소를 구할 당사자적격이 있다(대판 1998.9.8, 98두6272).

<대판 1998. 9. 8, 선고 98두6272 판결> 비관리청 항만공사 시행허가거부처분취소
【판시사항】
[1] 경쟁자들 중 일방에 대하여 한 수익적 행정처분에 대하여 그 처분을 받지 못한 자가 그 처분의 취소를 구할 당사자적격이 있는지 여부(한정 적극)
[2] 비관리청 항만공사 시행허가등에관한업무처리요령의 법적 성질
[3] 지방해양수산청장의 항만공사 시행허가처분이 재량권을 남용하였다고 본 사례
【판결요지】
[1] 인·허가 등의 수익적 행정처분을 신청한 여러 사람이 서로 경쟁관계에 있어 일방에 대한 허가 등의 처분이 타방에 대한 불허가 등으로 될 수밖에 없는 때에는 허가 등의 처분을 받지 못한 사람은 처분의 상대방이 아니라 하더라도 당해 처분의 취소를 구할 당사자적격이 있고, 다만 구체적인 경우에 있어서 그 처분이 취소된다 하더라도 허가 등의 처분을 받지 못한 불이익이 회복된다고 볼 수 없을 때에는 당해 처분의 취소를 구할 정당한 이익이 없다.
[2] 비관리청 항만공사 시행허가는 특정인에게 권리를 설정하는 행위로서 항만법과 그 시행령에 허가기준에 관한 규정이 없으므로 허가 여부는 행정청의 재량에 속하고, 그 허가를 위한 심사기준을 정하여 놓은 '비관리청 항만공사 시행허가 등에 관한 업무처리요령'(해운항만청 고시 제1996-19호)은 재량권행사의 기준인 행정청 내부의 사무처리준칙에 불과하여 허가처분의 적법 여부는 결국 재량권의 남용 여부의 판단에 달려 있다.
【참조조문】
[1]행정소송법 제12조/ [2]항만법 제9조, 행정소송법 제27조/ [3]항만법 제9조, 행정소송법 제27조

(3) 인근(隣近)주민의 이익

원고적격의 확대문제가 논의된 시조로서, 국토의계획및이용에관한법률, 건축법 등의 규제를 통하여 주민이 이익을 받더라도 그것은 반사적 이익 내지는 사실상 이익으로 보았지만, 근래에는 법률상 이익으로 본다.

<判例>는 연탄공장건축허가처분(대판 1975.5.13, 73누96), LPG자동차충전소설 치허가처분(대판 1983.7.12, 83누59)에 대한 인근 주민들에게 처분의 취소를 구할 원고적격을 인정하였다.

<대판 1975.5.13, 선고 73누96,97 판결> 건축허가처분취소: 법률상 이익
【판시사항】
　주거지역 내의 도시계획법 19조 1항과 개정 전 건축법 32조 1항 소정 제한면적을 초과한 연탄공장건축허가처분으로 불이익을 받고 있는 제3거주자는 당해 행정처분의 취소를 소구할 법률상 자격이 있는지 여부
【판결요지】
　주거지역 안에서는 도시계획법 19조 1항과 개정 전 건축법 32조 1항에 의하여 공익 상 부득이하다고 인정될 경우를 제외하고는 <u>거주의 안녕과 건전한 생활환경의 보호를 해치는 모든 건축이 금지되고 있을</u> 뿐 아니라 주거지역 내에 거주하는 사람이 받는 위 와 같은 보호이익은 법률에 의하여 보호되는 이익이라고 할 것이므로 주거지역 내에 위 법조 소정 제한면적을 초과한 연탄공장건축허가처분으로 불이익을 받고 있는 제3거 주자는 비록 당해 행정처분의 상대자가 아니라 하더라도 그 행정처분으로 말미암아 위 와 같은 법률에 의하여 보호되는 이익을 침해받고 있다면 당해 행정처분의 취소를 소 구하여 그 당부의 판단을 받을 법률상의 자격이 있다.

　<대판 1983.7.12, 선고 83누59 판결> 엘.피.지.자동차충전소설치허가처분취소
　1. 기록에 의하면 피고는 1982.3.30자로 피고보조참가인 유재동에게 대구 남구 봉덕 동 983의 2에 엘.피.지(L.P.G)자동차충전소설치허가를 하였던바, 원고들은 위 설치장소 에 인접하여 거주하는 주민들로서 피고의 위 설치허가처분이 고압가스안전관리법 및 같은 법 시행령에 규정된 <u>공공의 안전을 위한 설치허가 기준에 미달할</u> 뿐 아니라 환경 보전법이 요구하는 <u>환경오염으로 인한 위해의 방지의무를 저버린 위법</u>한 처분이며 이 로 인하여 원고들의 법률상 이익이 침해되었다고 주장하여 위 처분이 있음을 안 1982.7.5부터 1월 이내에 소원을 제기한 후 그해 8.16 이 사건 행정소송을 제기하였음 이 명백하다.

※ 이후는 참고사항

그런데 원심은 소원법 제3조 제1항에 의하면 소원은 행정처분이 있은 것을 안 날로부터 1월 이내, 행정처분이 있은 날로부터 3월 이내에 제기하여야 한다고 규정하고 있으므로, 원고들이 1982.7.5경 비로소 이 사건 허가처분이 있음을 알고 그로부터 1월 이내에 소원을 제기하였다고 하여도 이는 위 허가처분이 있은 1982.3.30부터 3월이 경과한 뒤임이 역수상 명백하여 결국 원고들의 이 사건 소송은 적법한 전심절차를 경유하지 아니한 부적법한 소로서 그 흠결을 보정할 수 없는 것이라고 판단하여 이 소를 각하하였다.

2. 행정처분의 상대방이 아닌 제3자는 소원법 제3조 제1항 소정의 제척기간 내에 소원을 제기하지 아니하였다고 하더라도 그 제척기간 내에 소원제기가 가능하였다는 특별한 사정이 없는 한 행정소송법 제2조 제1항 단서 후단에서 규정하고 있는 소원의 재결을 경유하지 아니할 정당한 사유가 있는 때에 해당한다고 보아서 소원절차를 경유함이 없이 직접 행정소송을 제기할 수 있다고 보아야 할 것이다.

한편, 당원은 행정소송법 제2조 제1항 단서 후단에서 " …소원의 재결을 경함으로 인하여 중대한 손해를 생할 우려가 있는 때 기타 정당한 사유가 있는 경우에는 소원의 재결을 경하지 아니하고 소송을 제기할 수 있다"고 규정한 취지는 소원을 제기한 후 그 재결을 기다리지 아니하고 소송을 제기할 경우를 가리키는 것이지 소원제기조차 하지 아니하고 직접 제소할 수 있는 경우를 말하는 것이 아니라는 견해를 표명한 바 있으나(당원 1962.2.15 선고 4294행상85 판결, 1962.6.28 선고 62누31 판결, 1969.4.29 선고 69누12 판결, 1978.11.14 선고 78누184 판결 및1982.1.26 선고 81누223 판결 등), 이것은 행정처분의 상대방과 같이 소원기간 내에 소원제기가 가능한 경우를 전제로 한 것이고 이 사건과 같이 소원기간 내에 소원제기가 불가능한 제3자의 경우를 전제로 한 것은 아니므로 이 사건과 저촉되는 선례라고 볼 수 없다.

(4) 공동이해관계인의 이익

공유로 되어 있는 실용신안등록에 관하여 공유자 중 1인의 등록에 대한 거부처분에 대하여 다른 공유자도 취소소송의 원고적격을 갖는다.

(5) 환경단체·소비자단체의 원고적격

근래 환경단체·소비자단체의 활동이 활발해짐으로써 그들 단체에 대해서도 원고적격을 인정할 것인지가 문제 된다. 이러한 것은 법해석론적 차원을 넘어서는 문제로서 입법을 통하여 해결할 문제로 보는 것이 일반적이다.

Ⅳ. 결 어

행정법은 주관적 권리구제기능과 객관적 행정통제기능을 수행하고 있으며 이 중 국민의 권익구제의 비중이 높아가고 있는바, 관계법의 탄력적 또는 목적론적 해석에 의하여 원고적격의 범위를 확대시킴으로써 개인의 권리구제의 기회를 넓히는 것이 타당할 것이다.

다만, 원고적격의 범위를 해석상 확대함에는 그 한계가 있기 때문에 입법론적으로 해결하는 것이 옳다고 본다.

[13] 협의의 소익

case: 甲구 청장은 단란주점을 운영하고 있는 A에게 미성년자를 출입시킨다는 이유로 식품위생법시행규칙 §53의 처분기준에 따라 1개월의 영업정지처분을 내렸다. A는 여기에 대해 위법한 처분이라고 주장하며 취소처분을 제기해 오던 중 영업정지 기간이 도과해 버렸다. 단, 식품위생법에는 보건복지부령 53조에 의해, 미성년자를 출입시킨 사실에 대한 적발 시 적발 횟수에 따라 2, 3개월의 가중처분을 두고 있다.

I. 서 론

1. 개 설

취소소송 역시 일반 소송과 마찬가지로 분쟁을 소송으로 해결할 현실적인 필요성 또는 권리보호의 필요성이 있을 때에 한하여 허용된다. 이러한 권리보호의 필요성을 협의의 소의 이익이라 한다.

이러한 의미에서 객관적 측면에서의 소의 이익은 주관적 측면에서의 원고적격과 함께 취소소송의 소송요건이며 이것이 흠결되었을 때에는 법원은 소를 각하하여야 한다.

취소소송은 위법한 처분 등에 의하여 발생한 위법상태를 배제하여 원상으로 회복시키고 그 처분으로 인하여 침해되거나 방해받은 권리나 이익을 구제하는 소송이므로, 소의 이익이 있기 위해서는 처분 등의 효력이 존속하고 있어야 하고 그 취소로써 원상회복이 가능하여야 하며, 이익침해가 계속되어야 한다.

따라서 처분의 효력이 소멸된 경우나 원상회복이 불가능한 경우 및 처분 후의 사정으로 이익침해가 해소된 경우에는 원칙적으로 소의 이익이 없다.

2. 관련규정

행정소송법 §12 전단에서 "취소소송은 처분 등의 취소를 구할 법률상 이익이 있는 자가 제기할 수 있다."라고 하고, 그 후단에서는 "처분 등의 효과가 기간의 경과, 처분 등의 집행 그 밖의 사유로 인하여 소멸된 뒤에도 그 처분 등의 취소로 인하여 회복되는 법률상의 이익이 있는 경우에는 또한 같다."라고 규정되어 있다.

Ⅱ. 회복되는 법률상의 이익

1. 학 설

원고적격과 동일하다는 설, 부수적인 이익까지 포함한다는 설(김동희, 종래多), 인격적 · 사회적 이익까지 포함한다는 설, 정치 · 경제 · 사회 · 문화까지 포함한다는 설이 있다.

2. 판 례

원고적격과 동일하다는 입장에 있으나 점차 확대되는 경향에 있다.

3. 검토의견

종래 다수설은 부수적인 이익까지 포함한다는 설의 입장에 있었으나, 종합적 고려하여 넓게 인정하는 것이 국민의 권익보호에 충실할 것이다.

Ⅲ. 협의의 소익의 충족요건 및 한계

1. 충족요건

①처분 등의 효력이 존속하고 있어야 하고 ②그 취소로써 원상회복이 가능하여야 하며, ③이익침해가 계속되어야 한다.

2. 협의의 소익의 한계

(1) 최후수단성

원고가 그의 청구의 목적을 보다 용이한 방법으로 달성할 수 있는 경우에는 인정되지 않으며,

(2) 목적의 정당성

원고가 청구를 통해 피고에게 불필요한 손해를 끼치려는 의도와 같이 특별히 비난받을 목적을 추구하는 경우에는 권리남용금지의 원칙이라는 관점에서 인정되지 않고,

(3) 반복금지성

재결·판결이 확정된 후에는 소익이 인정되지 않는다.

Ⅳ. 소의 이익의 인정 여부

1. 처분의 효력이 기간의 경과 등으로 소멸한 경우

(1) 원 칙

원칙적으로 영업정지 기간 경과 후와 같이 처분의 효력이 소멸한 후에는 소의 이익이 인정되지 않는다. 그러나 행정소송법 §12 후단은 처분의 효력이 소멸한 후에도 소의 이익을 인정할 수 있는 규정을 두고 있다.

(2) 판결의 소급효로 인하여 원고의 이익이 구제될 수 있는 경우

<判例>에 의하면, 공무원이 자신에 대한 파면처분을 다투는 중에 정년에 도달한 경우, 파면처분이 취소되어도 공무원의 지위는 회복될 수 없으나 당해 처분이 취소되면 정년에 이르기까지의 봉급청구권은 인정되므로 이러한 경우에는 소익을 인정한다.

(3) 당해 처분의 존재가 장래에 불리하게 취급되는 경우

1) 문제점

법규에 가중처분이 규정된 경우에는 학설과 판례가 일치하여 법률상의 이익을 긍정하나, 법규명령형식의 행정규칙(재량준칙)에도 법률상 이익이 미치는지 문제시된다.

2) 법규명령형식의 행정규칙의 법적 성질

ㄱ) 법규명령설(多)

그 내용이 국민의 자유나 재산에 관계없는 사항을 포함하고 있더라도 법규명령으로 보아야 하며, 법규명령형식으로 규정된 이상 대외적 구속력이 있으며, 취소한 행정청의 재량권은 구속하는 의미를 갖는다고 한다.

ㄴ) 행정규칙설

그 내용이 국민의 권리·의무와 무관하게 행정기관 내부의 사무처리기준을 규정하고 있는 한 여전히 행정규칙의 성질을 갖는다는 견해이다.

ㄷ) 판 례

대통령령형식의 행정규칙은 법규명령으로 보아 협의의 소익을 인정하였으나, 부령형식의 행정규칙은 행정규칙으로 보아 협의의 소익을 부정하였다.

다만, 대법원 소수 견해는 행정규칙이기는 하나 협의의 소익을 인정할 수 있다고 한다.

ㄹ) 검토의견

①법규명령형식으로 규정하는 경우 행정규칙으로 규정하는 경우와는 달리 법제처의 심사, 입법예고, 관보에의 공고 등의 절차를 거친다는 점, ②이와 같은 절차를 거치는 경우 행정규칙과 달리 국민에게 예측가능성을 제공한다는 점, ③<判例>와 같이 대통령령과 부령으로 나누는 근거가 박약하다는 점을 들어 실질적인 권익의 침해가 있다면 협의의 소익을 인정하는 것이 타당할 것이다.

3) 구체적 사례

ㄱ) 법규에 가중처분이 규정되어 있는 경우

<判例>에 의하면 영업정지처분이 효력정지결정을 받지 못하여 변론종결시에 기간이 경과되었으나, 법령에 가중제제가 규정된 경우에는 가중제재의 위험을 제거하기 위하여 회복되는 법률상 이익이 있다고 한다. 물론 일정한 기간의 경과로 가중요건에 속하지 않으면 법률상의 이익은 없을 것이다.

ㄴ) 대통령령형식의 행정규칙에 가중처분이 규정되어 있는 경우

<判例>는 법규명령설을 취하므로 소의 이익이 인정된다.

ㄷ) 부령형식의 행정규칙에 가중처분이 규정되어 있는 경우

대법원의 다수 의견은 행정규칙설에 입각하여 부령 등의 시행규칙 등은 대외적인 법적 구속력이 없고, 법률상의 위험이 아니므로 소의 이익이 없다고 판시하였다(전합 1995.10.17, 94누14148).

2. 원상회복이 불가능한 경우

(1) 원   칙

위법한 처분의 취소를 구하는 소는 위법한 처분에 대하여 발생한 위법상태를 배제하여 원상으로 회복시키고, 그 처분으로 침해된 권리나 이익을 구제하고자 하는 소송이므로, 처분이 취소되어도 원상회복이 불가능한 경우에는 그 취소를 구할 소익이 없다.
<判例>는 대집행계고(代執行戒告)처분취소소송의 변론종결 전에 대집행영장에 의한 통지절차를 거쳐 사실행위로서 대집행의 실행이 완료된 경우에는 행위가 위법한 것이라는 이유로 손해배상이나 원상회복 등을 청구하는 것은 별론으로 하고 처분의 취소를 구할 법률상의 이익은 없다고 한다(대판 1993.6.8, 93누6164).

(2) 법률상의 이익에 해당하는 부수적인 이익이 구제될 수 있는 경우

<判例>에 의하면, 공무원이 파면처분을 다투고 있는 중에 다른 사정으로 공무원의 지위를 회복할 수 없게 된 경우에도 그동안의 급여청구에 대해서는 아직 이익이 있는 이상 소를 제기할 이익이 있다고 한다.

3. 사정의 변화로 이익침해가 해소된 경우

(1) 처분의 소멸·철회

처분의 취소 및 준거법령의 개폐 등에 의한 철회의 경우에는 소의 이익이 없다.

(2) 목적의 실현 · 소멸

허가거부처분에 대한 취소를 구하는 소는 행정청의 허가로 소의 이익을 상실한다. <判例>는 ①국가시험 불합격처분 이후 새로 실시된 국가시험에 합격한 자들은 더 이상 불합격처분의 취소를 구할 법률상의 이익은 없다(대판 1996.2.23, 95누 2685)고 한 반면, ②고등학교재학 중 퇴학처분을 받은 자가 검정고시를 통과하여 대학에 입학하였다고 하여도 퇴학처분의 취소를 통하여 명예와 신분을 회복할 실 익이 있으므로 취소를 구할 법률상의 이익이 있다(대판 1992.7.14, 91누4737).

4. 기 타

(1) 처분의 일부의 소멸을 구하는 경우

그 처분의 내용이 도시개발법에 근거한 환지처분이나 농어촌정비법에 기한 농 지의 교환 · 분합과 같이 서로 관련된 경우에는 가분할 수 있는 처분이라면 가능 하다고 본다(장태주).

(2) 이유 부분의 판단에만 불복이 있는 경우

정정처분의 과세표준에는 이의가 없고, 이유 부분의 판단인 일정한 소득이 사 업소득에 해당한다는 취지의 확정이 위법으로서 당해 소득이 일시소득이라는 점 의 확정을 구하는 소에 대해서는 행정처분의 효력 더 나아가서는 사인의 권리 · 의무에 어떠한 영향도 미치는 것이 아니기 때문에 소의 이익은 인정되지 않는다.

(3) 기본행위의 하자

인가처분에 있어 인가처분에 하자가 없다면, 인가의 기본행위에 하자가 있더라 도 그 기본행위의 무효를 내세워 그에 대한 인가처분의 취소 또는 무효확인을 구할 법률상의 이익은 없다고 한다.

> ※ 민사소송법과의 비교(일반적 권리보호요건)
> 청구할 수 있는 권리일 것
> 청구가 법률상 구체적인 권리 또는 법률관계의 주장일 것
> 법률상 또는 계약상 제소금지사유가 없을 것
> 소송장애사유가 없을 것
> 승소확정판결이나 그와 동일한 채무명의가 없을 것
> 소 이외의 특별한 선행적 구제절차가 없을 것
> 신의성실의 원칙에 위배하여 제소한 경우

[14] 취소소송의 피고

Ⅰ. 서 설

1. 당사자능력

국가나 지방자치단체는 사법상의 거래관계에 관하여 권리주체가 되므로 당사자능력이 있으나 행정청(行政廳)은 국가의 기관이지 권리주체가 아니므로 민사소송의 당사자능력은 없다.

다만, 행정소송에서는 권리주체가 아닌 행정청에 대하여 예외적으로 피고능력을 인정하고 있다. 한편, 국회의원은 국회 내의 일부 기관이므로 행정소송의 당사자능력이 없다.

2. 관련조문

최소소송의 피고는 '처분 등을 행한 행정청'이 된다(§13). 그러나 처분 등을 행한 행정청이 아니면서 피고적격을 예외적으로 갖는 경우도 있다.

Ⅱ. 피고적격

1. 처분청

(1) 처분 등을 행한 행정청

처분 등을 행한 행정청이란 원처분을 행한 행정청과 재결청을 의미한다(§2①). 재결에 대한 취소소송은 재결 자체에 고유한 위법이 있음을 이유로 하는 경우에만 가능하다(§19).

여기에서 행정청은 국가 또는 공공단체의 기관으로, 국가나 공공단체의 의사를 결정하여 외부에 표시할 수 있는 권한, 즉 처분권한을 가진 기관을 말한다.

따라서 그것은 행정조직법상의 행정청의 개념과 반드시 부합되는 것은 아니다.

(2) 권한의 위임·위탁의 경우

1) 위임·위탁된 경우

이 법을 적용함에 있어서 행정청에는 법령에 의하여 행정권한의 위임 또는 위탁을 받은 행정기관, 공공단체 및 그 기관 또는 사인이 포함된다(§2②).

2) 권한의 대리나 내부 위임의 경우

ㄱ) 원 칙

처분권한 자체가 이전된 것이 아니기 때문에 피고적격에 포함되지 않는다.

ㄴ) 처분권한 없는 자가 처분한 경우

<判例>에 의하면, 처분에 대하여 정당한 권한이 없는 자가 처분을 한 경우에는 권한 없는 자를 피고적격으로 하여야 한다(대판 1994.8.12, 94누2763)고 한다.

(3) 지방의회·지방자치단체의 장

1) 원 칙

지방의회는 원칙적으로 의결기관이지 행정청이 아니다. 그러나 의원에 대한 징계의 의결에 대해서는 지방의회가 행정청으로서 피고가 된다(判).

2) 처분적 조례의 경우

그러나 조례가 항고소송의 대상이 되는 경우에는 조례를 공포한 지방자치단체의 장이 피고가 되고, 교육·학예에 관한 조례는 시·도 교육감이 피고가 된다.

(4) 다른 법률의 특별한 규정이 있는 경우

법률에 특별한 규정이 있는 경우에는 처분 등을 행하지 않는 행정기관도 피고가 된다.

①국가공무원, 교육공무원, 외무공무원, 경찰공무원과 국가소방공무원에 대한 징계 기타 불이익처분의 처분청이 대통령인 경우에는 소속장관이 피고가 된다.

②대법원장이 행한 처분에 대한 행정소송의 피고는 법원행정처장으로 하고,

③헌법재판소장이 행한 처분에 대한 행정소송의 피고는 헌법재판소사무처장으로 한다.

2. 권한승계와 권한폐지의 경우(행정청의 권한변경)

(1) 처분 등이 있은 뒤에 그 처분 등에 관계되는 권한이 다른 행정청에 승계된 때

이를 승계한 행정청이 피고가 된다(§13① 단서).

다만, 그 승계가 취소소송 제기 후에 발생한 것이면 법원은 당사자의 신청 또는 직권에 의해 피고를 바꾼다.

(2) 처분이나 재결을 한 행정청이 없게 된 때

그 처분 등에 관한 사무가 귀속되는 국가 또는 공공단체가 피고가 된다(§13②). 그러나 이러한 사유가 취소소송이 제기된 후에 발생한 때에는 법원은 당사자의 신청 또는 직권에 의하여 피고를 바꾼다.

<청계천복원사업 사례>

청계천복원을 이끌어온 서울시의 청계천복원추진본부가 31일자로 폐지된다. 30일 서울시에 따르면 본부는 청계천복원을 공약으로 내걸고 당선된 이명박 서울시장의 취임 직후인 2002년 7월 중순 가동돼 올 10월 1일 복원공사 준공 시까지 모든 관련 업무를 주도적으로 처리해왔다.

청계천복원의 밑그림을 그리는 것부터 고가도로 철거, 주변 상인 설득, 이주 대책 수립, 새 물길 정비 등 크고 작은 난제들이 모두 본부의 손을 거쳤다.

업무가 방대한 만큼 조직도 작지 않아 청계천 개통 직전에는 총원이 99명이나 됐다. 그러나 이제 청계천복원이 성공적으로 마무리되고 조직의 시효도 끝나 해체의 수순을 밟게 됐다.

청계천 상인들을 송파구 문정동에 건설될 동남권 유통단지로 이주시키고 청계천 주변부를 재개발하는 사업은 신설된 동남권이주사업추진단으로 이관됐다.

또 청계천 전반의 유지, 관리, 청계천 유지용수 관리, 도로 관리 등의 기능은 서울시 치수과, 시설관리공단, 도로관리과, 도시계획과, 관할 구청 등으로 넘어갔다.

2004년 2월 본부에 합류한 정효성 복원기획단장은 "큰일을 성공적으로 마무리해 홀가분하게 새 일을 찾아 떠날 수 있게 됐다"며 "시민과 주변 상인 등 여러 이해관계인들의 적극적인 협조로 일을 성공적으로 끝내 기쁘다"고 말했다.

☞권한폐지·변경

서울시 청계천복원추진본부 → 권한폐지 → 귀속행정청 → 치수과, 시설관리공단, 도로관리과

☞제3자의 소송참가

상인들의 청계천복원사업승인 취소소송 제기 → 주민들의 이익으로 소송참가

☞행정청의 소송참가

청계천복원사업승인을 할 때 치수관리과, 도로관리과, 시설관리공단 등의 의견서가 첨부되어 → 소송참가

Ⅲ. 피고경정

1. 개 설

피고경정은 소송이 계속되는 경우 피고로 지정된 자를 다른 자로 변경하는 것을 말한다(§14).

행정소송법이 피고경정제도를 마련한 것은 피고를 잘못 지정하는 경우 이로 인해 소송이 각하되고, 다시 정당한 피고를 정하여 제소하려 해도 제소기간의 경과 등의 사유로 권리구제를 받을 수 없는 결과가 되기 때문이다.

2. 피고경정이 허용되는 경우

(1) 피고를 잘못 지정한 때

피고를 잘못 지정한 때(§14①)란 당해 취소소송의 피고로 지정된 자가 행정소송법 §13 또는 다른 법률의 특별한 규정에 의한 정당한 피고적격을 가지지 아니한 자라는 것이 객관적으로 인식되는 경우를 말한다.

취소소송을 제기한 때를 기준으로 하므로, 제소 후에 행정청의 권한이 변하거나 소의 변경에 따라 피고를 바꾸는 것은 피고변경에 해당되지 않는다.

(2) 제소 후 행정청의 권한변경 등의 경우

1) 처분 등이 있은 뒤에 그 처분 등에 관계되는 권한이 다른 행정청에 승계된 때 이를 승계한 행정청이 피고가 된다(§13① 단서).

다만, 그 승계가 취소소송 제기 후에 발생한 것이면 법원은 당사자의 신청 또는 직권에 의해 피고를 바꾼다.

2) 처분이나 재결을 한 행정청이 없게 된 때

그 처분 등에 관한 사무가 귀속되는 국가 또는 공공단체가 피고가 된다(§13②). 그러나 이러한 사유가 취소소송이 제기된 후에 발생한 때에는 법원은 당사자의 신청 또는 직권에 의하여 피고를 바꾼다.

(3) 소의 변경이 있는 경우

행정소송법은 소의 변경이 있는 경우 피고의 변경을 인정한다(§21②,④). 소의 변경은 원고·피고 변경과 같은 당사자의 변경은 해당되지 않으므로, 소의 변경과 당사자 변경으로서의 피고의 변경과는 엄격히 구별되나 행정소송법에서는 실제상의 필요에 의하여 소의 변경에 따른 피고의 변경을 특별히 인정한 것이다.

3. 피고경정의 요건

(1) 변경 전 소의 적법성

흠 없는 소에 대해서 피고를 변경함으로써 신소의 기간을 경과한 불이익을 구제하기 위하여 특별히 인정한 것이므로, 처음의 소송 자체가 기간을 경과한 후에 제기하여 이미 부적법한 소로 된 경우에는 피고의 변경은 허용되지 않는다.

(2) 피고로 삼아야 할 자를 잘못 지정하였을 것

'피고로 삼아야 할 자'는 행정소송법 §13 소정의 피고적격을 갖는 정당한 피고를 말한다. '잘못 지정하였을 것'은 정당한 피고가 아닌 자를 피고로 하여 소송을 제기한 것을 말한다.

한편 행정소송법 §13은 '취소소송은 그 처분을 한 행정청을 피고로 한다.'고 규정하고 있기 때문에 원처분청을 피고로 하여 재결취소의 소를 제기하거나, 전혀 행정청이라고 할 수 없는 국가 또는 공공단체인 행정사무의 귀속 주체를 피고로 하여 처분취소의 소를 제기하는 경우 행정소송법 §14의 입법취지로 보아 각하할 것이 아니라 본 조에 의해서 구제되어야 할 것이다.

(3) 고의 또는 중대한 과실의 유무

고의 또는 중대한 과실의 유무는 필요하지 않다는 견해가 일반적이다.

다만, 소송지연 등을 목적으로 피고를 다르게 지정하는 경우와 같은 때에는 피고경정을 허가하지 않을 수도 있을 것이다.

한편, 소송대리인으로서 변호인이 있는 경우에는 변호인에 대해서 결정하여야 한다.

4. 피고경정의 절차

(1) 피고를 잘못 지정한 경우

피고를 잘못 지정한 경우에는 원고의 신청에 의하여 법원은 피고를 변경할 수 있다(§14①).

피고경정의 요건충족 여부는 법원이 직권으로 조사하고, 결정의 형식으로 피고의 변경을 허가할 수 있다(§14①).

원고의 신청을 각하하는 결정에 대해서는 즉시 항고할 수 있다(§14③).

(2) 행정청의 권한변경 등의 경우

제소 후의 행정청의 권한변경 등의 경우에는 당사자의 신청 또는 직권에 의하여 법원은 피고를 변경할 수 있다(§14⑥).

이 경우에 즉시항고는 준용되지 않는다.

5. 피고경정의 효력

새로운 피고에 대한 소송은 처음에 소를 제기한 때에 제기한 것으로 보며(§14 ④), 종전의 피고에 대한 소송은 취하된 것으로 본다(§14⑤).

한편 학설은 변경 전의 소송자료는 당사자의 주장이 있게 되면 그 승계가 인정된다고 본다.

[15] 행정법상 행정행위의 개념

Ⅰ. 행정행위

1. 개념의 분류

(1) 실정법

인가, 허가, 면허, 특허, 결정, 재결

1) 허가: 법령에 의하여 일반적으로 금지되어 있는 행위를 특정의 경우에
  특정인에 대하여 해제하는 행정처분

법령상으로는 허가·면허·인가 등의 용어가 함께 사용되고 있으나, 이들은 단지 국민의 자유 활동에 과해졌던 제한을 해제하고 그 자유를 회복시키는 행위일 뿐, 새로 권리를 설정하는 특허나 다른 행위의 법률적 효과를 보충하는 인가와 구별된다.

다만 특정인에게 허용되는 것이기 때문에 사실상 독점적 이익이 보장되며, 이해에 영향을 미치게 되는 경우가 많으므로 허가과정에는 여러 규제조치가 취해지고 있다. 따라서 허가를 받지 않고 금지된 행위를 하면 대개는 처벌을 받게 되는데, 허가를 받지 않았다는 이유로 그 사법상의 효력이 부인되는 일은 없다.

예를 들어 식품위생법 규정에 따른 허가를 받지 않고 술집을 경영한 자는 동법 위반으로 형벌을 받게 되지만, 그 술집에서 음주한 사람은 무허가영업을 이유로 요금의 지불을 거부하지는 못한다.

현행법상 허가를 요하는 것으로는 여관·전당포·대중목욕탕·음식점 등의 영업허가 외에 의사나 약제사의 면허, 화약류 제조의 허가, 집회·시위에 관한 허가 등의 다종다양한 것이 있다

2) 인가: 제3자의 법률행위를 보충하여 그 법률상 효력을 완성시켜 주는 행정행위

즉 어떤 당사자의 법률행위가 행정주체의 인가를 받아야 하도록 법률에 특히 규정하고 있는 경우에, 그 법률행위에 동의하여 그 행위를 완전히 유효하게 만드는 행정주체의 동의행위이다. 보충행위(補充行爲)라고도 하며, 행정법상 형성적 행정행위의 하나로서 타인을 위한 행정행위에 속한다. 예컨대, 사립학교 등 법인 설립의 인가, 사업양도의 인가 등과 같다.

실정법상으로는 허가·승인·동의 등 용어가 혼용되고 있으므로 성질상으로 판단하여 구별하여야 한다. 허가는 사실로서의 행위가 적법하게 행하여지기 위한 적법요건이며, 허가 없이 행한 행위는 처벌대상은 되지만 행위 자체는 무효가 되는 것이 아니다. 이에 대하여 인가는 법률적 행위의 효력요건이기 때문에 무인가행위는 무효가 되지만, 처벌의 대상은 되지 아니한다. 인가는 타인의 법률행위를 완성시키는 보충행위에 불과하므로, 타인의 법률행위가 불성립 또는 무효일 때에는 인가가 있어도 유효가 되지 않는다.

또한 취소할 수 있는 행위일 때에는 인가가 있어도 취소할 수 있다.

3) 결정: 국가기관이 그 권한에 속하는 사항에 관하여 확정한 의사 또는
    그 의사를 확정하는 일

행정법상은 어떤 사실이나 법률관계에 대한 다툼이 있는 경우에 행정청이 유권적(有權的)으로 판단하는 행위로서 이론상 준법률행위적(準法律行爲的) 행정행위(行政行爲) 중에서 확인행위(確認行爲)에 해당된다.

행정심판(行政審判)에 대한 재결(裁決), 당선자의 결정, 소득금액의 결정, 도로구역의 결정 등이 이에 속한다.

4) 승인: 일반적으로 타인의 행위에 대하여 긍정적 의사를 표시하는 일

법률적으로는 다음과 같이 사용되고 있다.

【공법상】 국가 또는 지방자치단체의 기관이 다른 기관이나 개인의 특정한 행위에 대하여 부여하는 동의·승인 등의 뜻으로 사용되고 있으나, 그 법적 성질은

인가적 · 허가적인 것 등 여러 가지이다. 상급관청이 하급관청에 대하여 하는 승인에는 단순한 행정기관 내부의 관계로서 행하여지는 것과 법령의 규정에 의하여 필요적 행정절차로서 요구되는 것이 있다. 후자의 경우의 승인은 그 행정행위의 효력요건이 된다.

(2) 쟁송법

처분(위를 총괄)

(3) 학문상 개념

여러 행정작용 중 다른 작용과는 구별되는 일정한 행정작용의 집합

2. 구체적 범위

(1) 최광의: 행정청의 모든 행위

1) 사실행위

2) 법률행위

ㄱ) 사법(私法)행위

ㄴ) 행정입법

3) 통치행위

(2) 광의: 행정청에 의한 공법행위

1) 사실행위 X

2) 법률행위

ㄱ) 사법행위 X

ㄴ) 행정입법

3) 통치행위

4) 비권력적 행위

5) 권력적 행위

(3) 협의: 행정청이 법 아래서 구체적 사실에 관한 법집행으로서 행하는 행위

1) 사실행위 X

2) 법률행위 X

3) 통치행위 X

4) 비권력적 행위로서의 공법상 계약, 공법상 합동행위

5) 권력적 행위

(4) 최협의: 행정청이 법 아래서 구체적 사실에 관한 법집행으로서 행하는
    권력적 단독행위인 공법행위(85년 입법태도, 현재 판례의 태도)

1) 사실행위 X

2) 법률행위 X

3) 통치행위 X

4) 비권력적 행위로서의 공법상 계약, 공법상 합동행위 X

5) 권력적 행위(공권력 발동행위로서의 단독행위)

Ⅱ. 행정행위의 내용

1. 행정청의 행위

2. 구체적 사실에 관한 규율행위

① 일반적·추상적 행정입법·조례·규칙 X
② 구체적 사실이면 불특정다수인에 대한 일반처분 O

3. 외부에 직접적인 법적 효과를 발생하는 행위

(1) 내부행위 X

특별권력관계에서의 처분 O

(2) 준비행위·중간행위 X

종국행위 O

4. 권력적 단독행위

① 일방적 사법행위 X
② 공법상 법률행위 X

Ⅲ. 권력적 사실행위: 공권력의 행사와 관련

1. 개 념

공권력의 행사로서의 실체가 있는 사실행위를 말한다.

2. 범 위

위법한 영업소의 폐쇄조치, 위법한 관세물품의 영치행위, 전염병환자의 강제격리

Ⅳ. 형식적 행정행위: 그 밖에 이에 준하는 행정작용과 관련

1. 개 념

행정쟁송법적 측면에서만 특별히 처분성이 인정되는 행위, 공권력행사로서의 실체성은 없으나 국민의 권리·이익에 계속적으로 사실상의 지배력을 미치는 행정작용을 말한다.

2. 범 위

행정계획, 행정규칙, 행정지도, 일반처분, 보조금 지급, 공공시설 설치행위

[16] 처분의 개념

※유제: 대상적격(처분 등)에 대하여 논하라＝처분＋재결

Ⅰ. 서 설

1. 개괄주의

취소소송의 대상문제는 소의 이익에 관련한 소송요건의 하나로서 '취소소송중심주의'를 택하고 있는 우리나라에서는 쟁송을 통한 권익구제의 범위를 결정함에 있어 중요한 문제라고 할 것이다.

2. 행정소송법의 규정

행정소송법 §19에 의하면 '처분 등'에 대해서만 취소소송을 제기할 수 있는바, '처분 등'의 의미가 무엇인지 중요하다고 하겠다.

행정소송법 §2①Ⅰ에서 '처분 등'이라 함은 행정청이 행하는 구체적 사실에 관한 법집행으로서의 공권력의 행사 또는 그 거부와 그 밖에 이에 준하는 행정작용 및 행정심판에 대한 재결을 말한다고 정의하고 있다.

따라서 취소소송에 있어서는 '처분'과 행정심판에 있어서의 '재결'이 그 대상이 되고 있다.

다만, 행정소송법 §19 후단에서 재결취소소송의 경우 재결 자체에 고유한 위법이 있음을 이유로 하는 경우에 한한다는 점에 유의해야 할 것이다.

3. 문제점(개정안)

처분 등은 행정청의 공법상의 행위로서 국민의 법률상 지위에 직접적인 법률적 변동을 일으키는 행위라고 좁게 해석되어 국민의 법률상 지위에 직접적으로 사실상 영향력을 미치는 공권력행사에 대해서는 항고소송을 제기할 수 없게 되는 문제점이 발생한다.

또한 처분과 행정법규와의 내용상 구별이 희박해짐에도 불구하고 명령·규칙을 행정소송의 대상에 포함시키지 않아 국민의 권리구제에 문제가 발생한다.

Ⅱ. 처분 등의 의의

'처분 등'을 행정청이 행하는 구체적 사실에 관한 법집행으로서의 공권력의 행사 또는 그 거부와 그 밖에 이에 준하는 행정작용이라고 할 수 있다(§2①).

문제는 행정소송법이 '처분' 관념을 광의로 정의하고 있는 결과, '처분'개념과 학문적 의미의 '행정행위'와의 이동 여부에 대하여 견해가 나뉘고 있다.

1. 학설의 입장

(1) 실체법상 개념설: 공정력을 가지는 행정행위

행정소송법상의 처분을 실체법상의 행정행위와 동일한 것으로 파악하는 입장으로서 취소소송을 행정행위의 공정력을 깨기 위한 전심절차로 보아 취소소송의 대상은 당연히 공정력을 가지는 행정행위에 한정된다고 본다. 이 견해에 의하면 형식적 행정행위라는 개념을 인정하기 어렵게 된다.

근거로는 ①비권력적 행정작용에 의하여 실질적으로 당사자의 권리·의무가 침해된 경우 공법상 당사자소송이나 행정상 손해배상청구에 의해 권리구제를 받을

수 있으며, ②항고쟁송의 대상이 되는 행정작용과 다른 행정작용을 구분할 목적
으로 학문적 행정행위의 개념을 정립한바, 처분과 동일하다는 것이다.

(2) 쟁송법상 개념설(多): 실체법상 개념설 + 권력적 사실행위 + 형식적 행정행위

현재의 다수설로서, 항고소송의 구제기능을 중시하여 쟁송법상의 처분개념을 실
체법상의 행정행위와는 별개의 관념으로 파악하는 입장으로 취소소송의 대상인
처분은 행정행위에 한정되지 아니하고 권력적 사실행위 및 실질적으로 국민에게
계속적으로 사실상의 지배력을 미치는 행정작용에 대해서도 일정 범위에서 처분
성을 인정할 여지를 가진다고 본다.

근거로는 ①강학상 행정행위에 해당하지 않는 행정작용은 불복절차를 쉽게 찾
을 수 없고, ②공권력행사의 실체가 없는 행정작용이 국민에게 계속적으로 사실
상 지배력을 미치는 경우 구제수단이 마땅치 않으며, ③독일과 달리 소송형태가
제한된 우리나라에서는 당사자소송마저도 제기하기 어렵기 때문에 대상을 넓게
인정하려는 것이다.

2. 판례의 입장

우리의 <判例>는 "①공권력 발동으로서의 행위라야 하며(공권력성), ②국민에
대하여 권리설정 또는 의무부담을 명하거나 기타 법률상의 효과를 발생해야 하며
(외부적 법효과성), ③일련의 행정과정을 구성하는 행위 중에서 최종적으로 직접
효과를 발생하는 행위단계(완성행위)라야 한다"고 하여, 기본적으로 실체법적 개
념설에 입각하고 있는 것으로 보인다.

3. 검토의견

행정소송법상의 처분관념을 행정행위에 한정하여 해석하는 것은 그 정의 자체에 반하여 부당하게 국민의 권익구제의 범위를 축소하게 된다는 점에서 타당하지 않다고 할 것이다.

다만, 쟁송법상의 처분개념을 이해할 경우 그 범위가 어디까지인가는 명확한 것이 아닌바, 앞으로 학설·판례 등을 통하여 구체적으로 검토되어야 하며 입법을 통하여 해결하는 것이 타당할 것이다.

Ⅲ. 처분의 내용

1. 행정청의 행위

행정청은 일반적으로 행정주체의 의사를 결정하여 외부에 표시할 수 있는 권한을 가진 기관으로, 국가·지방자치단체 이외에도 법령에 의하여 행정권한의 위임 또는 위탁을 받은 행정기관·공공단체 및 그 기관 또는 사인이 포함된다.

사립학교재단이 행한 징계처분 등은 행정청의 행위가 아니므로 처분이 아니다.

2. 구체적 사실에 관한 법집행으로서의 공권력의 행사 또는 불행사

(1) 구체적 집행행위

행정소송은 구체적 사건에 관한 법적 분쟁을 법에 의하여 해결하기 위한 것이다. 따라서 일반적·추상적 법령, 내규, 사업계획 등은 포함되지 않는다.

(2) 국민의 권리 · 의무에 직접영향이 있는 법집행

항고소송은 국민의 권리 · 이익구제를 위한 것이므로 여기에 영향력을 미쳐야한다.

따라서 행정청의 내부행위, 장부기재행위, 비권력적 행위, 질의회신, 진정, 답변, 단순한 관념의 통지 등은 포함되지 않는다.

(3) 최종적으로 직접효과를 발생하는 행위(判)

최종적으로 직접효과를 발행하는 완성행위여야 한다.

따라서, 중간처분, 부분허가 등은 원칙적으로 포함되지 않는다.

(4) 공권력의 행사 또는 불행사

공권력이란 국가 또는 공공단체가 우월한 주체로서 국민에 대하여 명령 · 강제하는 권력을 말하며, 경우에 따라서는 그 권력을 행사하는 국가 자체를 의미하기도 한다.

1) 공권력의 행사

행정청의 공권력행사 작용이란 행정청이 공권력의 소지자인 행정주체의 기관의지위에 서서 구체적 사실에 대한 법집행으로서 하는 권력적 활동을 말하는 것으로, 실체법상의 행정행위의 개념과 크게 다를 것이 없다.

상대방과 대등한 지위에서 행하는 공법상의 계약, 합동행위, 사법(私法)행위는 포함되지 않는다.

2) 거부처분

거부처분이란 소극적 행정행위의 하나로서 신청에 따른 처분을 거부하는 것을말한다. 행정청의 부작위와 달리 소극적 내용이지만 외관상 일정한 행정행위가 있는 점에서 처분적 행정행위와 같다.

<判例>는 법규상·조리상 신청권이 없는 경우 처분성을 부정하고 있다.

3) 부작위

후술

3. 그 밖에 이에 준하는 행정작용

그 밖에 이에 준하는 행정작용이란 공권력행사작용 또는 거부처분이 아니라도, 행정청의 대외적 작용으로서 개인의 권익에 구체적으로 영향을 미치는 작용을 의미한다.

공권력행사작용 또는 그 거부처분으로 보기에 해석상 의문이 있는 경우라도 현실적으로 행정구제의 필요성이 인식되는 행정작용을 행정소송의 대상으로 하려는 취지에서 비롯되었다.

4. 행정소송 이외의 특별불복절차가 따로 마련되어 있지 않을 것

근거법률이 행정소송 이외의 다른 절차에 의하여 불복할 것을 예정하고 있는 처분은 항고소송의 대상이 될 수 없다.

도로교통법상의 과태료처분이나 통고처분, 건축법상의 이행강제료부과처분에 대하여 이의가 있는 자는 비송사건절차법 또는 즉결심판에 관한 절차법에 의하여 법원의 판단을 받아야 하고, 행정소송을 제기할 수 없다.

Ⅳ. 처분의 범위

1. 학설상의 논의

(1) 권력적 사실행위: 공권력의 행사와 관련

계속적 성질을 가지는 권력적 사실행위에 의하여 국민의 권익이 침해된 경우에는 그에 대한 적절한 구제수단이 없다는 점에서 이를 행정소송법상의 '처분'에 해당하는 것으로 보는 것이 바람직하다.

다만, 행정법상 취소는 당해 행위의 법률효과를 소멸시키는 행위라는 점에서 그 자체로서 법률효과를 발생시키지 않는 사실행위가 쟁송의 대상이 될 수 있는가는 이론적으로 문제가 있다.

ex) 허가로 인해 소각장이 건설 중인 경우

1. 권력적 사실행위(합성행위) = 수인의무(법적행위) + 실력행사 → 일원설의 입장
2. 권력적 사실행위는 장기간에 걸쳐 계속적으로 영향이 미쳐야 하며 단기간에 걸쳐 소멸되는 것은 이에 포함되지 않는다.

(2) 형식적 행정행위: 그 밖에 이에 준하는 행정작용과 관련

공권력행사로서의 실체성은 없으나 국민의 권익이 계속적으로 사실상의 지배력을 미치는 일정 행정작용에 대하여 적절한 구제수단이 없는 경우에, 국민의 권익구제의 실효성이라는 관점에서 처분성을 인정할 필요가 있게 된다.

현행 행정소송법의 '처분' 관념도 '그 밖에 이에 준하는 행정작용'이라는 포괄적 개념을 사용하고 있으므로 실정법상으로도 형식적 행정행위관념의 도입에 문제는 없다고 볼 수 있다.

다만, 그러한 개념 자체가 명확하고 구체적인 내용을 가진 것이 아닌바, 이에 대한 여러 가지 문제가 앞으로 학설·판례를 통하여 정비될 필요는 있다고 할 것이다.

ex) 허가는 있으나 소각장 건설이 시작되지 않은 경우

(3) 특별권력관계에서의 행위

종래의 통설은 원칙적으로 처분성을 인정하지 않았으나 오늘날의 견해는 소의 이익이 인정되는 한 특별권력관계에서의 행위라는 이유만으로 처분성이 부인되지는 않는다고 한다.

공무원이나 국공립대학의 학생 및 교수 등에 대한 처분시 처분성이 인정된다.

(4) 통치행위

통치행위는 사인의 권리·의무에 직접 관계되는 행정청의 공권력행사라 하더라도 사법심사에서 제외된다는 것이 일반적인 견해이다(서울행정법원 '특별사면사건').

다만, 헌법재판소는 국제그룹해체사건에서 통치행위를 헌법소원의 대상으로 보았다.

(5) 고시

고시는 공공기관이 지정·결정 등의 행위를 일반에 대하여 공식적으로 알리는 행위이지만 실제로는 법령의 내용을 보충하는 법규의 성질을 갖는 것도 있기 때문에 고시의 형태로 일반처분이 이루어지는 경우 처분성이 인정된다고 한다.

(6) 행정지도

행정지도는 비규제적 행정작용이며 상대방이 이를 따를 것인가의 여부는 상대방의 자유이므로 처분성을 인정할 수 없다는 것이 일반적인 견해이다.

다만, 본래의 영역을 일탈하여 사실상의 강제적 효력을 갖는다면 처분성을 인정할 수 있다.

(7) 의회의 의결

특별한 사정이 있는 경우를 제외하고는 단순한 국가 또는 지방공공단체의 내부적 의사결정에 불과하므로 원칙적으로 행정처분이라고 할 수 없다.

다만, 지방의회 의원의 제명징계의결과 같은 경우에는 행정소송의 대상이 된다.

2. 판례의 검토

(1) 권력적 사실행위

공매처분·단수처분 등 권력적 사실행위의 경우에는 처분성을 인정하고 있으나, 행정청의 권고·지도 등 비권력적 사실행위의 경우에는 직접적 법률효과가 없음을 이유로 처분성을 부인하고 있다.

(2) 준법률적 행정행위

<判例>는 기본적으로 실체법상 처분개념설을 바탕으로 하는바, 행정행위에 대해서는 그것이 법률행위적인 것은 물론 준법률행위적 행정행위로서 처분성을 인정하고 있다.

다만, 공증행위에 대하여 특허청장의 상표사용권등록행위는 처분성을 인정하였지만 공적 장부에의 등재·등록행위에는 처분성을 인정하지 않았다.

한편, 신고는 요건만 갖추면 되므로 이에 대한 거부는 처분성이 없는 것이 원칙이나 수리를 요하는 신고에 대한 수리거부는 거부처분이 된다고 한다(判).

(3) 행정기관 내부적 행위

대법원은 국세환급금의 결정과 같은 행정기관의 내부적 행위, 행정기관 상호간의 행위 및 행정규칙 등에 대해서는 처분성을 부인하고 있다.

(4) 중간행위

행정처분이 최종 단계에 이르지 않아 국민의 권리·이익에 영향을 미치지 아니하므로 항고소송의 대상이 되지 않는 것이 원칙이나 실질적으로 완성행위를 기다리는 것이 가혹하거나 중간행위 그 자체가 국민의 권리·이익을 침해한 경우에는 대상이 된다.

<判例>는 부분허가, 가행정행위, 도시계획결정, 체납처분 절차에서의 압류·공매 등은 대상이 된다고 한다.

(5) 반복된 행위

<判例>는 위법건축물 철거 명령과 불이행 시 대집행한다는 계고처분을 고지한 후 2차·3차의 동일 내용의 계고서를 발송한 경우에 최초 통지 이후의 것은 연장통지에 불과하여 처분이 아니라고 한다.

(6) 사법(私法)행위

<判例>는 국유잡종재산매각, 국유광업권처분, 국유림대부, 전화가입관계 등은 사법행위로 보아 처분성을 인정하지 않았다.

그러나 본질상 사인에 의한 재산관리처분행위와 다를 바 없는 행정재산의 허가사용이나 특허사용은 행정처분으로 인정되고 있다.

(7) 행정계획

행정계획은 단순한 청사진에 불과한 것으로 처분성을 인정할 수 없다는 것이 종래의 입장이었다.

(8) 행정규칙

행정규칙 자체는 법령과 달리 국민에 대한 직접적인 구속력을 가지지 아니한 행정청 내부의 절차에 불과하므로 처분성이 없는 것이 원칙이며, <判例>도 행정청의 내부적 지시·지침에 불과한 행정규칙은 행정소송법상의 처분이 아니라고 한다.

한편 도시계획법 §12에 의한 도시계획결정과 관련하여 계획의 공고에 의하여 직접 권리제한의 효과가 있다면 처분성을 인정한 <判例>는 있으나, 이는 도시계획이라는 구체적인 행정계획에 관한 것으로 행정계획 일반에 대해서는 처분성을 인정하는 것은 아니라 할 것이다.

이 외에도, 환지계획결정에 대해 <判例>는 처분성을 부인하고 있으나, 학설은 인정해야 한다는 입장을 보이고 있다.

※ 환지의 개념

환지처분은 토지구획정리사업법에 의해 시행되는데, 환지계획구역의 공사가 완료되어 환지처분의 공고가 있는 경우, 환지계획에서 정하여진 환지는 그 환지처분의 공고가 있은 이튿날부터 종전의 토지로 보며, 환지계획에서 환지를 정하지 아니한 종전의 토지상에 존재하던 권리는 그 환지처분이 있은 날이 종료한 때 소멸한다.

환지를 정하거나 그 대상에서 제외된 경우에 그 과부족분에 대해서는 종전의 토지 및 환지의 위치·지목·면적·토질·수리·이용 상황·환경과 기타 사항을 종합적으로 고려하여 환지처분시에 금전으로 청산한다.

이와 같은 환지계획과 환지처분을 총칭하여 환지라 하며, 토지의 구획·형질을 변경하는 공사를 수반함이 없이 서로의 토지를 교환함으로써 토지의 집단화를 기도하는 경우는 이를 교환분합(交換分合)이라 한다.

---

(9) 처분적 행정입법(처분적 법령·조례)

대법원은 일반적으로 행정입법에 대해서는 그 일반성·추상성을 이유로 처분성을 부인하나 행정입법 그 자체가 직접적으로 개인의 권리·이익에 영향을 미치는 경우에는 처분성이 인정된다고 한다.

<判例>는 두밀분교폐지사건에서 조례 그 자체가 국민의 이익을 침해한다면 처분성이 긍정된다고 한다.

(10) 개별지가결정

지가공시의 법적 성질에 대해서는 입법행위설·행정계획설·사실행위설·행정처분설이 대립하나 <判例>는 개별지가결정에 대하여 처분성을 인정하였다.

(11) 부 관

<判例>는 부담 이외에는 반드시 부관부행정행위 전체의 취소를 구하는 소를 제기해야 한다고 본다.

(12) 기타의 경우

1) 노동조합규약의 변경보완시정명령
행정처분으로 판시하였다.

2) 검사의 불기소처분, 공소제기
형사소송절차에서만 다툴 수 있다고 판시하였다.

3) 교수재임용거부처분(04년 전원합의체)
한편 전원합의체(04년) <判例>에 의하면, 교수재임용거부의 처분성도 인정하였다.

4) 지목변경신청반려처분(03년 전원합의체, 장부기재행위 관련)
지목은 토지소유권을 제대로 행사하기 위한 전제 요건으로서 토지소유자의 실체적 권리관계에 밀접하게 관련되어 있으므로 지적공부소관청의 지목변경신청반려행위는 국민의 권리관계에 영향을 미치는 것이므로 처분에 해당한다.

V. 처분의 효력 소멸

1. 원 칙

취소소송은 처분 등을 대상으로 하는 것이므로 취소소송이 적법하게 제기되어 존속되기 위해서는 그 처분 등이 존재하고 있지 않으면 안 된다.

2. 예 외

엄밀히 말하면 협의의 소익에 관한 문제이나 소송의 대상문제와도 관련된 문제로서, ①판결의 소급효에 의하여 당해 처분이 소급적으로 취소되게 됨으로써 원고의 부수적인 이익이 구제될 수 있는 경우, ②당해 처분의 존재사실이 장래 불리한 법률효과의 요건 사실이 되는 경우에는 처분 등이 소멸한 후에도 법률상 이익이 인정된다.

[17] 거부처분

I. 거부처분의 의의

1. 거부처분의 개념

행정청이 국민으로부터 공권력의 행사를 신청받고서도 그에 응하지 아니하고 형식적 요건의 불비로 그 신청을 각하하거나 이유가 없다고 하여 '신청된 내용의 행위를 하지 않을 뜻(신청거절의 의사)'을 표시하는 행위를 거부처분이라 한다.

행정심판법 제2조 제1호는 항고소송과 행정심판의 대상인 처분에 거부처분 역시 포함됨을 규정하고 있다.

2. 부작위와의 구별

부작위란 당사자의 신청에 대하여 상당한 기간 내에 일정한 처분을 하여야 할 법률상 의무가 있음에도 이를 행정청이 행하지 아니하는 것이다.

이에 반하여 거부처분이란 당사자의 신청에 대하여 신청거절의 의사를 대외적으로 명백히 표시함으로써 성립한다는 것에서 차이가 있다.

<判例>는 행정청의 신청인에 대하여 직접 거부의 의사표시를 하지 않았다 하더라고 ①본인이 알았거나 알 수 있었을 때에는 거부처분이 있는 것으로 보아야 하며, ②법령에 의하여 일정한 기간의 경과 후에 거부한 것으로 간주하는 규정이 있는 경우에 그 기간이 경과한 경우에는 거부처분을 한 것으로 보아야 한다고 한다.

3. 거부처분의 행정쟁송법적 의미

거부처분에 대한 다툼은 현대적 분쟁유형으로 급부행정 내지 수익적 행정행위와 관련되는 다툼의 모습을 지니게 된다.

당사자의 수익적 처분의 발급을 신청한 데 대해 행정청의 소극적 의사표시를 나타내는 거부처분으로 나올 경우에 어떠한 쟁송법적인 규제가 강구될 수 있는지의 문제를 비롯한 여러 가지 쟁송법적인 논점에 대한 접근이 있어야 할 것이다.

Ⅱ. 신청의 거부가 처분이 되기 위한 요건

1. 성립요건

(1) 법규상·조리상 신청권이 있을 것

신청권의 존부가 소송요건의 문제인지 본안판단의 문제인지에 대하여, <判例>는 거부의 처분성 요건으로 신청권을 요하고 있으나, 일부 학설은 원고적격의 문제로 이해하고 있는 견해도 있다.

한편 <判例>는 신청권을 추상적 신청권으로 해석하여 처분성을 확장하고 있다.

(2) 신청인의 권리의무에 영향을 미치는 거부일 것

그 거부가 국민의 권리·의무에 직접적으로 영향을 미쳐야 한다.

<判例>에 의하면, 사실증명의 자료에 불과한 장부정정신청 거부는 처분이 아니라고 한다.

(3) 공권력의 행사의 거부일 것

행정청의 거부가 작위인 처분과 동일시할 수 있기 위해서는 그 거부가 우선 공권력의 행사로서의 거부여야 한다.

<判例>에 의하면, 잡종재산 등 사경제작용에 대한 거부는 처분이 아니라고 한다.

2. 신청권의 존부에 대한 판례

(1) 신청권을 인정한 판례

1) 법령상 신청권

① 공특법상 이주대책자 선정신청

사업시행자가 하는 확인·결정은 구체적인 이주대책상의 수분양권을 취득하기 위한 요건이 되는 행정작용으로서의 처분인 것이지, 사실행위가 아니다.

② 대학상근강사의 정규교원 임용신청

신규교원 임용 시 소정의 전형을 거쳐 1년 기한으로 상근강사로 근무시킨 뒤, 이를 평가하여 대학인사위원회 동의를 얻어 정규임원으로 임용하는 제도에 있어 교육공무원법상의 명문의 규정을 둔 임용방법은 아니지만, 국가공무원법상 시보임용제도에 의하여 조건부로 채용된 공무원에 해당한다고 볼 수 있어, 교원임용이 거부된 경우 교육공무원법 §52에 의한 소청심사청구권도 가진다고 보아야 한다.

③ 건축주 명의변경신고

건축주 명의변경신고에 관한 건축법시행규칙은 단순한 행정관청의 사무집행 편의를 위한 것이 아니라, 허가대상 건축물의 양수인에게 건축주의 명의변경을 신고할 수 있는 공법상의 권리를 인정함과 아울러 행정관청은 적법한 신고에 대하여 거부처분을 할 수는 없다.

2) 조리상 신청권

① 검사임용거부처분

(2) 신청권을 부정한 판례

1) 법령상 신청권

① 도시계획변경·폐지에 대한 거부처분

행정계획에 대한 처분신청에 대한 거부는 법령상 신청권이 없다.

② 시영아파트 특별분양신청거부

철거인에 대한 시영아파트 특별분양 개선지침은 행정지침에 불과하고, 공법상의 분양신청권이 주어지는 것은 아니다.

2) 조리상 신청권

① 유치원 교원 임용신청 거부

개정된 유아교육진흥법에 의하여 공립 새마을유아원이 폐지된 후 교육법에 의한 교원자격을 소지한 자들이 교육감을 상대로 한 임용신청에 있어, 이들에게는 신청할 법령상·조리상 의무가 없음으로 교육감의 거부는 행정처분이 될 수 없다.

3. 신청권과 무하자재량행사청구권과의 관계

검사임용신청에 대한 응답요구권(신청권)="무하자재량행사청구권"

(1) 무하자재량행사청구권

실체적인 내용이 아닌 형식적인 권리이다.

1) 처분의무

법규상 또는 조리상 응답할 의무

2) 사익보호성

공무담임권

다만, 재산·신체·생명까지 포함되면 행정개입청구권이라는 실체적인 권리로 전환된다(무하자재량행사청구권의 전환).

(2) 판례의 요지

<검사의 임용 여부는 임용권자의 자유재량에 속하는 사항이나 임용권자가 동일한 검사신규임용의 기회에 원고를 비롯한 다수의 검사지원자들로부터 임용신청을 받아 전형을 거쳐 자체에서 정한 임용기준에 따라 이들 중 일부만을 선정하여 검사로 임용하는 경우에 있어서>

법령상 검사임용신청 및 그 처리의 제도에 관한 명문규정이 없다고 하여도 조리상 임용권자는 임용신청자들에게 전형의 결과인 임용 여부의 응답을 해줄 의무가 있다고 보아야 하고, 원고로서는 그 임용신청에 대하여 임용 여부의 응답을 받을 권리가 있다고 할 것이며, 응답할 것인지 여부조차도 임용권자의 편의재량사항이라고는 할 수 없다.

검사의 임용에 있어서 임용권자가 임용 여부에 관하여 어떠한 내용의 응답을 할 것인지는 임용권자의 자유재량에 속하므로 일단 임용거부라는 응답을 한 이상 설사 그 응답내용이 부당하다고 하여도 사법심사의 대상으로 삼을 수 없는 것이 원칙이나, 적어도 재량권의 한계 일탈이나 남용이 없는 위법하지 않은 응답을 할 의무가 임용권자에게 있고 이에 대응하여 임용신청자로서도 재량권의 한계 일탈이나 남용이 없는 적법한 응답을 요구할 권리가 있다고 할 것이며, 이러한 응답신청권에 기하여 재량권 남용의 위법한 거부처분에 대해서는 항고소송으로서 그 취소를 구할 수 있다고 보아야 하므로, 임용신청자가 임용거부처분이 재량권을 남용한 위법한 처분이라고 주장하면서 그 취소를 구하는 경우에는 법원은 재량권 남용 여부를 심리하여 본안에 관한 판단으로서 청구의 인용 여부를 가려야 한다

(90누5825).

(3) 내 용

1) 고등법원의 판단

① 거부처분이 아니라 '부작위'이다.

② 설령 거부처분이더라도 법규상·조리상 신청권은 없다.

③ 따라서 각하

2) 대법원의 판단

① 본인이 알았거나 알 수 있었을 경우에는 거부처분성 인정

② 재량행위이더라도 조리상 응답할 의무가 있다(조리상 신청권 인정).

③ 환송

Ⅲ. 거부처분에 대한 집행정지의 문제

1. 거부처분의 집행정지결정의 대상이 되는지 여부

부정(判)

2. 가명령제도의 도입필요성

긍정

Ⅳ. 거부처분에 대한 본안 심사

1. 거부처분의 능부

가능

2. 거부처분에 대한 위법판단기준시(시간적 범위)

통설과 <判例>에 의할 때 거부처분의 위법성 판단의 기준시가 처분시이므로, 거부처분시 이후 변경된 사실관계 또는 법률관계에 의거하여 다시 거부처분을 한 경우에는 처분사유가 달라졌으므로 기속력에 반하지 않게 된다.

3. 거부처분에 대한 재결 및 취소판결의 기속력

(1) 기속력의 내용

① 반복금지효
② 원상회복의무(결과제거의무)
③ 재처분의무

(2) 거부처분에 대한 재결의 기속력

1) 거부처분취소심판의 경우: 의무이행재결의 '재처분의무'(§37②)가
   준용되는가의 문제

거부처분에 대해서는 의무이행심판을 제기하는 것이 일반적이지만 거부처분취소심판을 제기할 수도 있다. 여기서 취소재결이 난 경우 행정청에 재처분의무가

발생하는지에 대해 행정심판법은 명시적 규정을 두고 있지 않다.

(※ 참고로 이에 대비하여 행소법 제30조 제2항은 거부처분 취소판결이 난 경우 판결의 취지에 따른 행정청의 재처분의무를 규정하고 있다.) 이에 대해 행정심판법 제37조 제1항이 재결의 기속력에 관한 일반규정을 두고 있고, 재처분의무는 기속력의 일부를 이루는 것으로 볼 수 있으므로, 거부처분에 대한 취소재결이 나면 처분청은 재결의 취지에 따른 재처분의무를 진다는 견해가 유력하다(김동희).

2) 의무이행심판의 경우

ㄱ) 기속행위의 경우

당해 처분에 관한 법령상의 요건이 충족되는 경우에는 처분청은 반드시 처분을 하여야 하는 것이므로 심판법 제32조 제5항의 "신청에 따른 처분"이라는 의미는 신청대로의 처분의 의미로 해석하여야 한다.

ㄴ) 재량행위의 경우

① 거부처분 또는 부작위가 부당한 경우

재결청은 상대방의 신청대로의 처분을 하지 않을 것을 부당으로 판단할 수도 있을 것이어서 재결청은 처분청에 대하여 "신청대로의 처분"을 할 것을 명할 수도 있다.

② 거부처분 또는 부작위가 위법한 경우

재결청은 거부가 위법함을 이유로 "신청대로의 처분"을 하거나 처분청이 이를 할 것을 명할 수는 없다(결정재량이 인정되는 한도에서 행정청이 거부처분을 했다면 이는 위법이 아니기 때문이다.).

부작위와 관련하여서는 어떠한 처분도 하지 아니한 것의 위법성만이 문제 되는 것이므로 "신청에 따른 처분"은 "신청에 대한 처분"이라고 보아야 한다.

다만, 재량권이 '0'으로 수축되어 오직 1개의 처분만이 적법한 경우에는 재결청은 "신청대로의 처분"을 하거나 명하여야 할 것이다.

(3) 거부처분에 대한 취소판결의 기속력

1) 거부처분이 절차법상의 위법을 이유로 취소된 경우

거부처분이 절차법상의 위법을 이유로 취소된 경우에는 당해 거부처분은 다만 절차법상의 위법을 이유로 취소된 것이므로 행정청은 적법한 절차에 따라 다시 거부처분을 할 수 있다.

2) 거부처분이 실제법상의 위법을 이유로 취소된 경우

거부처분의 취소판결이 확정되면, 소송법 제30조 제2항에 따라 당해 거부처분을 한 행정청이나 또는 그 부작위를 범한 행정청은 원고의 신청을 기다리지 않고 판결의 취지에 따라 원래의 신청에 대한 처분을 다시 하여야 한다.

거부처분에 실체상의 하자가 있어 취소판결이 난 경우, 신청에 따른 처분이 기속행위라면 행정청은 원고의 신청을 인용하는 처분을 하여야 하고, 재량행위인 경우에는 다른 법정거부사유를 내세워 다시 거부처분을 하더라도 이는 기속력에 반하지 않는다.

단, 재량권이 '0'으로 수축된 경우에는 신청을 인용하는 처분을 하여야 할 것이다.

(4) 재결의 기속력과 취소판결의 기속력의 차이점

소송법상 거부처분 취소판결이 확정된 경우에는 법원이 직접 허가처분을 발령할 수는 없고, 행정청이 허가처분을 발령해야 할 재처분의무가 발생하고, 허가처분을 발령하지 않은 경우에도 법원이 직접 허가처분을 발령할 수는 없으며 상대방의 신청에 따라 손해배상을 명하는 간접강제만이 가능하다.

따라서 의무이행심판(형성재결, 이행재결 및 직접처분)과 같이 소송법상 법원이 직접허가처분을 발령할 수 있도록 하는 의무이행소송 또는 의무이행가처분의 허용여부가 문제 되는 것이다.

Ⅴ. 거부처분에 대한 행정쟁송법적 구제수단

1. 행정심판의 경우

(1) 거부처분취소심판의 경우

가능

(2) 의무이행심판의 경우

가능

(3) 양자의 관계

2. 행정소송의 경우

(1) 거부처분취소소송의 경우

가능, 취소소송만 가능, 처분시가 판단기준

(2) 의무이행소송의 인정 여부

부정

※ <참고> 법규명령의 유형

1. 법규명령의 의의
행정권이 정립하는 일반적·추상적 규정으로서 법규의 성질을 가지는 것을 말한다. 법규의 개념에 대해 견해는 대립하나, 국민과 행정권을 구속하고 재판규범이 되는 성문의 법규범을 총칭한다.
이에 위반한 행정행위는 무효 또는 취소사유가 되며, 행정쟁송의 대상이 된다.

2. 법규명령의 분류(법 형식에 의한 분류)
 (1) 헌법에 의한 경우
   1) 대통령의 긴급명령·긴급재정·경제명령(헌 §76)
   2) 대통령령(헌 §75)
보통 시행령이라고 불리며, 내용적으로 위임명령과 집행명령이 있다.
   3) 중앙선거관리위원회규칙(헌 §114⑥)
선거관리·국민투표·정당 사무에 관한 규칙을 제정할 수 있다. 위임명령과 집행명령이 있다.
※감사원규칙(감사원법 §52): 헌법에 의하지 않으므로 견해가 대립하나 국회입법을 침해하지는 않으므로 인정된다는 것이 김동희 교수님 의견
   4) 총리령·부령
보통 시행규칙 또는 시행세칙이라 한다. 위임명령과 집행명령이 있다.

3. 법규명령의 근거
헌법, 법률 또는 상위명령의 근거. 단, 집행명령은 명시적 수권이 없어도 발할 수 있다(헌 §75,95).

4. 법규명령의 형식
 (1) 대통령령
국무회의 심의를 거친 뜻을 기재하고, 대통령이 서명·날인하고, 그 번호와 일자를 명기하며, 국무총리와 관계 국무위원이 부서한 전문을 붙여야 한다.
 (2) 총리령·부령
그 번호와 일자를 명기하고, 국무총리 또는 당해 부의 장관이 서명·날인한다.

5. 행정행위의 효력
 (1) 침익과 수익
 (2) 대인과 대물 그리고 혼합
대인: 운전면허, 대물: 건축준공허가, 혼합: 총포제조허가

[18] 원처분주의와 재결주의

Ⅰ. 서 론

1. 원처분주의와 재결주의의 개념

원처분주의란 원처분의 위법은 원처분에 대한 항고소송에서 주장할 수 있고, 재결에 대한 항고소송에서는 재결의 고유한 하자만을 주장할 수 있도록 하는 제도를 말한다.

재결주의란 원처분에 대해선 제소 자체가 허용되지 않고 재결에 대해서만 제소를 인정하되 재결 자체의 고유한 위법뿐만 아니라 원처분의 위법도 재결취소소송에서 주장할 수 있도록 하는 제도를 말한다.

2. 현행법의 태도

행정소송법 §19에 의하면 취소소송은 처분을 대상으로 한다. 다만, 재결취소소송의 경우에는 재결 자체에 고유한 위법이 있음을 이유로 하는 경우에 한한다고 하여 원처분주의를 취하고 있다.

Ⅱ. 논의의 취지

1. 문제점

원처분과 이에 대한 재결은 모두 행정청의 공권력적 행위로서 다 같이 항고소송의 대상이 될 수 있다. 이 경우 아무런 제한이 없이 양자를 모두 소송의 대상으로 허용할 경우 판결의 모순·저촉이나 소송경제에 반하는 등의 문제가 발생하므로 원처분주의와 재결주의의 논의가 나오게 된 것이다.

2. 원처분주의의 취지

재결주의는 ①재결을 기다려 비로소 소를 제기하여야 하는 점에서 권리구제에 충실하지 못하다는 점, ②재결의 위법과 원처분의 위법을 함께 다투는 경우의 심리·판단의 순서, 판결의 구속력의 범위 등 곤란한 문제가 발생한다는 점, ③재결주의를 취할 경우 공정력이 인정되는 원처분의 효력을 정지시킬 수 없는 결과를 가져온다는 점, ④행정소송의 인용판결에 의해 재결이 취소되더라도 원처분이 당연히 효력이 상실되는가 하는 문제점으로 인해 원칙적으로 원처분주의를 취하고 있다.

행정소송법 §2, §4는 행정심판의 재결도 처분과 함께 항고소송의 대상이 될 수 있다고 규정하고 있다. 그리고 여기에서 말하는 재결은 공토법상의 토지수용위원회의 이의재결과 같은 개별 법률상의 재결도 포함한다.

3. 원처분주의의 적용요건(장태주)

(1) 처분에 대한 심판청구를 기각한 재결일 것

취소소송의 대상은 원칙적으로 위에서 본 행정청의 처분이고, 재결이 취소소송의 대상이 되는 것은 재결 자체의 고유한 위법을 이유로 한 기각재결의 경우가 통상적인 경우이다.

(2) 양소송의 제기가 가능할 것

원처분에 대한 취소의 소와 원처분을 유지하는 재결취소의 소를 동시에 제기할 수 있다는 것을 전제로 하나, 개별법의 경우 적용이 배제된다.

Ⅲ. 재결 자체의 고유한 위법

1. 의 의

재결에 대한 항고소송은 원칙적으로 재결 자체의 고유한 위법이 있는 경우에 한하여 제기할 수 있다. 재결 자체의 고유한 위법이라 함은 원처분에는 없고 재결에만 있는 흠을 말하는 것으로서 ①재결청의 권한 또는 구성의 위법, ②재결의 절차·형식의 위법, ③재결의 내용상의 위법 등이 있을 수 있다.

2. 주체·절차·형식상의 위법

(1) 주체의 하자

재결청과 행정심판위원회의 권한이나 행정심판법 제5, 6조 등에 위반한 경우이다. 재결청이 잘못되었거나, 정족수의 흠결, 구성원의 결격사유가 있는 경우를 들 수 있다.

(2) 절차의 하자

행정심판법 §26②의 구술심리를 하지 아니하였거나 증거조사절차에 하자가 있는 경우이다.

(3) 형식의 하자

행정심판법 §35② 각 호 소정의 사항을 기재하고 기명날인해야 하는 점, 재결을 서면으로 해야 하는 점을 위반한 경우이다.

3. 내용상의 위법

재결처분의 내용은 실체적 판단에 관한 것이므로 재결 자체의 고유한 위법에 내용상의 위법은 포함되지 않는다는 견해도 있으나, 다수설과 <判例>는 포함된다고 한다.

(1) 각하재결의 경우

행정심판청구가 요건을 갖추었음에도 불구하고 부적법 각하된 경우에는 재결 자체의 고유한 하자가 있는 경우로서 재결에 대한 취소소송을 제기할 수 있다.

다만, 이에 대해서는 재결 자체에 위법이 있더라도 재결이 아닌 원처분에 대해서도 바로 소송을 제기할 수 있고, 또 원처분의 취소를 구함이 보다 직접적인 권리구제수단이 될 것이므로 각하재결에 대한 취소소송을 제기할 실익은 별로 없다.

(2) 기각재결의 경우

원처분과 동일한 이유로 또는 다른 이유라 할지라도 원처분을 유지하는 기각재결에 대하여 내용상의 하자(재량권의 일탈·남용)가 있음을 주장하면 원처분의 하자와 동일한 하자를 주장하는 것이기 때문에 판결의 모순·저촉을 막는 원처분주의의 취지상 '재결 자체의 고유한 위법'이라고 할 수는 없다(장태주).

(3) 인용재결의 경우

1) 처분의 대상을 오인한 인용재결

처분의 대상을 오인한 인용판결의 경우 행정심판의 대상이 되지 않음에도 청구를 인용한 경우이므로 재결 자체의 고유한 위법이 있는 경우에 속한다.

<判例>는 행정청이 골프장사업계획승인을 얻은 자의 사업시설착공계획서를 수

리한 것에 대하여, 인근 주민들이 수리처분취소심판을 제기하여 인용재결을 한 경우 수리처분은 심판의 대상이 되지 아니하여 부적법 각하하여야 함에도 인용한 것은 재결 자체의 고유한 하자에 해당한다고 판시하였다.

2) 일부 인용재결과 수정재결

일부 인용재결과 수정재결도 원처분주의의 원칙상 재결은 소송의 대상이 되지 못하고 재결에 의하여 일부 취소되고 남은 원처분이나 수정된 원처분이 소송의 대상이 됨이 원칙이다.

<判例>도 1개월의 감봉처분을 견책처분으로 변경한 소청결정에 대한 취소소송에서 소청결정 자체에 고유한 위법을 주장하는 것으로 볼 수 없으므로 변경된 견책처분으로 다투어야 한다고 한다.

다만, 재결로 인하여 원처분보다 더욱 불리하게 된 자가 있다면, 그는 일부 인용재결이나 수정재결로 인해 권리이익을 침해받았음을 이유로 그 재결에 대해 다툴 수 있다고 보아야 할 것이다.

3) 복효적 행정행위에 의한 인용재결

핵심적인 내용으로서 이른바 복효적 행정행위, 특히 제3자효를 수반하는 행정행위에 대한 행정심판청구에 있어서 인용재결에 대해 알아보기로 한다.

ㄱ) 형성적 재결

행정심판법 §32③에 의하면, 재결청은 취소심판 또는 의무이행심판청구가 이유 있다고 인정하는 경우에는 스스로 처분을 취소 또는 변경하거나 신청에 따른 처분을 할 수 있다고 한다.

형성적 재결의 경우에는 그 재결 이외에 행정청의 별도의 처분이 있지 않기 때문에 재결 자체를 쟁송의 대상으로 하여야 한다. 이 경우 원행정청이 그 재결에 따라 변경된 처분의 내용을 다시 관계인에게 통지하는 경우가 있으나 이것은 은혜적 조치에 불과하므로 쟁송의 대상이 될 수 없다.

ㄴ) 이행적 재결(명령적 재결)

행정심판법 §32④에 의하면, 재결청은 취소심판 또는 의무이행심판청구가 이유 있다고 인정하는 경우에는 스스로 처분청에 취소 또는 변경을 명하거나 신청에 따른 처분을 명할 수 있다고 한다.

이는 형성적 재결과 달리, 행정심판법 §37①에 의하면 행정심판도 처분청과 관계행정청에 대하여 구속력을 가지므로 명령적 재결을 받은 처분청으로서는 재결의 내용에 따라 새로운 처분을 하여야 한다.

이 경우 새로운 처분에 대하여 불복이 있는 경우 이행재결과 행정청의 허가취소처분 중 어느 것을 다투어야 할지가 문제 된다. <判例>는 재결과 재결에 따른 처분 양자에 대하여 각각의 독립적인 취소소송은 인정하고 있는 것으로 보인다.

Ⅳ. 원처분주의에 대한 예외(재결주의)

1. 내 용

(1) 원 칙

개별법에서 원처분주의에 대한 예외로서 재결주의를 취하는 경우가 있는데 이러한 경우 재결고유의 하자뿐만 아니라 재결로서 치유되지 않고 남은 원처분의 하자도 당연히 주장할 수 있다.

(2) 무효인 행정행위의 경우

다만, <判例>는 재결주의가 적용되는 행정처분이라 하더라도 당해 행정처분이 당연 무효인 경우에는 그 효력은 처음부터 당연히 발생하지 않는 것이므로 원처분무효확인의 소도 제기할 수 있다고 한다.

2. 구체적 검토

(1) 노동위원회의 처분

노동위원회법 §26, §27 및 노조법 §85② 규정의 해석상 지방노동위원회 등의 원처분은 소송의 대상이 되지 못하고 그에 대한 행정심판의 재결에 해당하는 중앙노동위원회의 재심판정만이 소송의 대상이 되는 것으로 해석된다.

(2) 감사원의 변상판정

감사원법 §36, §40②은 회계관리직원에 대한 감사원의 변상판정에 대해 감사원에 재심의 청구를 할 수 있도록 하고 그 재심의 판정에 대해 감사원을 당사자로 하여 행정소송을 제기하도록 함으로써 원처분이 변상판정이 아닌 재심판정을 소송의 대상으로 하도록 하고 있다.

(3) 토지수용위원회의 결정

<判例>는 (구)토지수용법의 해석상 지방토지수용위원회나 중앙토지수용위원회의 수용재결은 원칙적으로 소송의 대상이 되지 못하고 중앙토지수용위원회의 이의재결만이 소송의 대상이 되는 것으로 보아 재결주의를 취하고 있었다.

다만 현행 토지취득보상법은 명문규정으로 '수용재결'과 '이의재결'을 각각 항고소송의 대상으로 할 수 있다는 규정을 두고 있는 점에 주의해야 할 것이다.

(4) 교원징계재심위원회의 결정

1) 국공립학교 교원의 경우

<判例>에 의하면, 국공립교원에 대한 징계 등의 불리한 처분은 행정처분이므로 이에 대한 불복 시 재심위원회에 재심청구를 할 수 있다.

한편, 재심결정에도 불복이 있는 경우에는 원칙적으로 원처분을 대상으로 하되, 재결 자체의 고유한 위법이 있는 경우에는 그러지 아니하다고 한다.

2) 사립학교 교원의 경우

<判例>에 의하면, 사립교원의 징계는 행정처분이 아니므로, 재심위원회의 결정은 원처분에 해당하고 이 경우 재심위원회의 결정이 항고소송의 대상이 된다.

V. 행정소송법 §19단서를 위반한 소송의 효과

1. 각하하여야 한다는 견해

§19단서를 소극적 소송요건으로 보아 각하하여야 한다는 견해도 있으나,

2. 기각하여야 한다는 견해(通, 判)

통설과 <判例>는 §19의 표제와 상관없이 동 조 단서를 이유제한의 형식으로 이해하여 소송요건이 아니라 본안판단사항으로 보고 있다. 따라서 재결 자체의 고유한 하자 없이 재결에 대하여 항고소송을 제기하면 부적법 각하가 아니라 기각 결정을 하여야 한다.

[19] 민사소송법상 공동소송

통상의 공동소송	소송의 목적이 되는 권리나 의무가 수인에 대하여 공통된 경우에, 또는 동일한 사실과 동일한 법률상의 원인에 기인한 때에는 그 수인이 공동소송인으로서 당사자가 될 수 있다.	
필수적 공동소송	고유필수적 공동소송	필요적 공동소송은 소송의 목적인 권리 또는 법률관계가 공동소송인 전원에 대하여 법률상 합일적으로 확정되어야 할 공동소송이다.
	유사필수적 공동소송	반드시 공동소송의 형태를 갖추지 아니하더라도 본안판결은 할 수 있지만 우연히 일단 공동소송이 된 이상 그 판결은 각 당사자에 대하여 법률상 합일적으로만 확정되지 않으면 안 되는 공동소송이다.

Ⅰ. 서 설

소송에 있어서 대립당사자의 일방 또는 쌍방이 복수인 복합적 소송 형태이다. 공동소송은 당사자가 여러 명이 있는 경우이므로, 소의 주관적 병합이라고도 하며, 여러 개의 청구가 병합된 소의 객관적 병합에 대응하는 개념이다.

공동소송의 여부는 당사자의 수인에 의하여 결정되므로 그중 1인을 당사자로 선정하여 소송하는 경우에는 단독소송이며, 법인 아닌 사단의 경우에도 당사자는 사단 자체이지 그 다소 구성원이 아니므로 공동소송이 아니다.

회사의 공동대표가 있다거나 법정대리인이 여러 명이 있더라도 당사자는 법인 또는 본인이므로 공동소송으로 되지 아니한다.

Ⅱ. 발생원인

1. 원시적 발생(원시적 발생).

처음부터 수명의 원고가, 또는 수명의 피고에 대하여 소를 제기하는 경우에 발생한다.

2. 후발적 발생(후발적 발생).

소송 계속 후 후발적으로 발생하는 것이며, 일방 당사자의 소송을 수인이 승계하였거나 소송인수, 공동소송적 당사자참가, 또는 소의 주관적 추가적 병합의 경우이다.

예로서 법원이 변론의 병합을 명하여 다수청구를 한꺼번에 심판하는 경우, 파산채권에 관한 소송이 수인의 이의자에 의하여 또는 수인의 이의자에 대하여 수계된 경우, 제3채무자에 대한 추심소송에서 피고가 원고 측에 참가하지 아니한 채권자를 공동원고로 소환하도록 신청하는 경우 등이 있다.

Ⅲ. 통상의 공동소송

1. 의 의

소송의 목적이 되는 권리나 의무가 수인에 대하여 공통된 경우에, 또는 동일한 사실과 동일한 법률상의 원인에 기인한 때에는 그 수인이 공동소송인으로서 당사자가 될 수 있다. 소송의 목적 되는 권리나 의무가 동종이며 사실상과 법률상 동종의 원인에 기인한 때에도 같다.

2. 요 건

(1) 주관적 요건

원고는 소를 제기함에 있어서 공동소송으로 할 것인가, 또는 독립한 여러 개의 단독소송으로 할 것인가를 자유로 선택할 수 있다.

공동소송으로 하려면, 수인의 당사자를 하나의 소송절차에 관여시키게 되므로 이를 정당화하고 법원과 상대방을 곤란하게 하지 아니할 공통성 내지 관련성이 그들 간에 존재하여야 한다.

1) 권리공통 또는 의무공통의 경우

* 수인의 공유자, 합유자, 불가분채권자, 연대채무자, 공동상속인, 공동수탁자 등의 경우와 같이 권리나 의무가 공통인 경우
* 수인에 대한 상대방의 권리 주장이 내용상 동일한 경우 ex)수인의 피고에 대한 동일 소유권의 확인청구

2) 동일한 사실상 및 법률상의 원인에 기인한 때

* 동일한 불법행위에 기한 수인의 피해자의 손해배상청구
* 주 채무자와 보증인에 대한 지급청구
* 1개의 계약에 기하여 수인이 권리자 또는 의무자인 경우
* 건물을 공동으로 불법 점유하는 수인에 대하여 건물 소유자가 명도를 청구하는 경우
* 양도를 무효라고 하여 양 수인과 전득자를 상대로 하여 각각 등기말소를 청구하는 경우

(2) 객관적 요건

객관적 요건은 직권조사사항으로서 공동소송은 공동소송인과 상대방 간에 각각

별도의 청구가 존재하여, 이를 기초로 청구병합을 하게 되는 것이므로 그에 대한 요건이 구비되어야 한다.

그러므로 병합되는 각 청구는 동종의 소송절차에서 심리될 수 있어야 하고, 수소법원에 대해서는 각 청구에 대한 공통의 관할권이 인정되어야 한다.

행정소송과 가사소송에 있어서는 피고 이외에 제3자를 상대로 한 관련청구를 병합할 수 있다.

3. 심리의 방식

(1) 독립의 원칙

1) 내 용

통상공동소송은 원래 각각 별도로 해결되어야 할 여러 개의 청구가 편의상 동일한 소송절차에 병합된 것이다. 그러므로 통상공동소송은 심리의 병합만이 이루어질 수 있으며, 소송자료 및 소송절차 진행의 통일은 기대할 수 없다.

따라서 공동소송인의 1인의 소송행위 또는 이에 대한 상대방의 소송행위는 특별한 경우를 제외하고는 다른 공동소송인에게 영향을 미치지 아니한다.

또한 공동소송인은 독립하여 공격 · 방어방법을 제출하고, 각기 주장을 달리하여도 무방하다.

공동소송인의 1인의 소송행위는 다른 공동소송인에게 영향을 미치지 아니한다. 청구의 인낙 · 포기 · 화해 · 자백 · 소의 취하 등 불리한 소송행위는 물론, 부인 · 항변 제출 · 상소의 제기 등과 같이 유리한 소송행위를 하더라도 자신의 소송에 대해서만 효력이 있고, 다른 공동소송인에게는 아무런 효력도 미치지 아니한다.

2) 구체적인 예

절차 진행에 있어서 통일을 기할 필요가 없으므로, 공동소송인 1인에게 생기는 사항은 다른 공동소송인에게 영향을 미치지 아니한다. 따라서 공동소송인 1인에게

기일이나 기간의 해태 또는 중단·중지의 사유가 생기더라도 이는 해당 당사자에게만 응분의 효과가 발생할 뿐 다른 공동소송인에게는 영향을 미치지 아니한다.

소송자료도 모든 공동소송인에게 공통되지 아니하므로 판결 결과도 각각 다르다. 공동소송인의 1인이 한 상소 또는 1인에 대한 상소에 대해서도 당연히 다른 공동소송인에게 영향을 미치는 것은 아니다.

각 공동소송인에게 대한 판결의 상소기간은 별개로 진행되므로 각 공동소송인에 대한 판결송달일이 다르면, 상소기간의 만료시점도 달라진다.

각 공동소송인은 자신의 소송관계에 있어서만 당사자가 된다. 그러므로 통상 공동소송인이 다른 공동소송인의 대리인 또는 대표자가 되거나 공동소송인 상호간, 즉 공동피고인 주 채무자와 보증인 간에 보조참가의 법률상 이해관계가 있는 때에는 보조참가가 허용된다.

공동소송인은 자신의 소송과 이해관계가 있는 사항에 관하여 다른 공동소송인을 위하여 증인이 될 수 없다. 왜냐하면, 공동소송인 간에는 어느 정도 증거공통의 원칙이 적용되므로 결국 자기의 주장 사실에 대하여 증인이 되는 결과가 되기 때문이다.

다만 자기의 주장 사실과는 관계가 없고, 다른 공동소송인의 이해에 관계가 있는 사항에 대해서는 증인능력이 있다고 하여야 할 것이다.

공동소송인 간에는 법률상 심리통일이 보장되어 있는 것은 아니지만 법원이 변론의 분리를 명하지 아니하는 한 동일소송절차에서 동일 기일에 변론이나 증거조사절차를 일괄하여 행함으로써 사실상 분쟁사실이 공통으로 확정되고, 통일적 재판이 이루어지는 것이 보통이다.

따라서 병합심리가 이루어진 이상 1개의 전부판결을 내리는 것이 원칙이다. 다만 각 공동소송인이 적극적으로 다른 주장을 하고 소송 진행의 정도가 달라서 1인의 공동소송인의 청구에 관하여 판결을 내릴 단계에 이르렀으면 그 부분만 변론을 분리하여 일부 판결을 할 수도 있는 만큼 판결의 확정이 구구하게 될 가능성이 있다.

공동소송인 간의 소송비용부담에 관해서는 특칙이 있다.

(2) 독립의 원칙에 대한 한계

권리나 의무가 공통인 경우 또는 동일한 사실상 및 법률상 원인에 기한 경우와 같이 청구권의 상호관계가 밀접한 경우에는 공동소송인 독립의 원칙이 적용된다 하더라도 그 결론이 각각 다르게 내려지면 공동소송제도의 이상에 상반되는 결과를 초래하게 된다.

그러므로 이러한 경우에 공동소송인 전원에게 동일한 결론을 이끌어낼 수 있도록 공동소송인 간에 증거공통의 원칙과 주장공통의 원칙을 적용하여 공동소송인 독립의 원칙을 다소 제한 내지 수정하려는 움직임이 있다.

1) 증거공통의 원칙

공동소송인 중 1인이 제출한 증거로부터 얻은 증거조사 결과는 다른 공동소송인의 원용에 관계없이 그를 위해서도 유리하게 판단될 수 있는 다툼 있는 관련 사건에 관해서는 공통된 증거자료가 될 수 있다.

다만 공동소송인 중 1인이 자백한 경우라든가, 공동소송인 간에 이해관계가 상치되는 경우에는 이 원칙이 배제될 것이지만 그 나머지의 경우에 있어서는 증거공통의 원칙이 적용되면, 사실인정에 관한 상이한 결론의 도출이 방지될 수 있을 것이다.

그러나 복수의 차량충돌로 일어난 교통사고에 있어서 피고들이 서로 상대방의 과실로 인해서 사고가 발생했다고 주장하는 경우에는 이 원칙이 배제될 수밖에 없다.

2) 주장공통의 원칙

공동소송인 중의 1인이 사실에 관한 주장이나 항변을 하면 이것이 다른 공동소송인에게도 이익이 되는 경우에는 다른 공동소송인의 원용에 관계없이 공동으로 주장한 것으로 취급하려는 것을 주장 공통의 원칙이라고 한다.

여기에는 ①공동소송인 간에 보조참가의 이익이 인정되는 경우에는 1인이 한 소송행위는 비록 보조참가 신청이 없었더라도 타인의 보조참가인으로서 한 것으로 취급하려는 견해, ②공동소송인 중의 1인이 어떤 주장을 하면 다른 공동소송인이 이와 저촉되는 행위를 적극적으로 하지 않는 한 공통된 주장을 한 것으로 보거나 또는 그 주장이 다른 공동소송인에게 이익이 되는 경우에는 그들에게도 효력이 미치는 것으로 보는 견해 등이 있으나 <判例>는 ③공동소송인 중의 1인이 한 소송행위가 다른 공동소송인에게 유리한 행위를 한 경우라도 다른 공동소송인이 원용하지 않는 한 그에 대한 효력이 미치지 아니한다고 하여 부정설의 입장에 있다.

Ⅳ. 필수적 공동소송

1. 의 의

필요적 공동소송은 소송의 목적인 권리 또는 법률관계가 공동소송인 전원에 대하여 법률상 합일적으로 확정되어야 할 공동소송이다.

소송물에 관하여 이해관계가 있는 자가 모두 공동소송인이 되어야 하고, 이들과 상대방 간에 소송의 승패가 합일적으로 결정되어야 하는 경우이다.

법률적 합일 확정의 필요는 실체법적으로 권리 또는 법률관계의 실체법적 성질 또는 절차법적으로 소송의 목적론으로부터 결정되어야 한다.

2. 종 류

(1) 고유필수적 공동소송

1) 의 의

소송의 목적인 권리 또는 법률관계에 관하여 수인이 반드시 공동원고가 되어

소를 제기하거나 또는 반드시 공동피고로서 제소당하여야 하고, 소송의 목적이 전원에 대하여 합일적으로만 확정될 것을 요하는 공동소송이다.

즉 공동소송인 전원이 원고 또는 피고가 되지 아니하면 본안판결의 전제요건으로서의 당사자적격을 흠결하게 되므로 소를 부적법 각하할 수밖에 없는 경우의 공동소송이다.

고유필수적 공동소송의 경우에는 통상공동소송의 경우와는 달리 청구가 하나이므로 그 단일 청구에 대한 관리처분권이 불가분적으로 귀속되어 있는 공동소송인 전원이 한 덩어리가 되어 당사자로서 소송 수행을 하여야 하며, 판결에 의하여 확정되는 법률관계는 동일하여야 하며, 각 공동소송인은 소송에 의한 운명을 같이 한다.

2) 소송의 예

① 소송물에 관한 소송실시권을 수인이 합유한 때

* 복수의 제3자가 선정당사자, 파산관재인 또는 정리회사의 관리인이 되어 소송담당을 하는 경우

② 실체법상의 권리관계를 합유하는 관계상 그 합유물에 대한 소송실시권도 공동으로 행사하여야 하는 경우

* 합유인 조합재산에 속하는 권리에 관한 소송

* 공동 광업권을 목적으로 하는 소송

* 수탁자가 수인인 경우의 신탁재산에 관한 소송

* 하천 부근 공작물 신축허가를 공동으로 받은 사람들의 하천 점유권에 관한 소송

* 공동 매립 면허에 관한 소송

* 주류 제조면허의 공동면허 명의자 중 1인으로부터 면허를 양수한 자의 면허 취소신청 및 보충면허 신청절차 이행청구소송 등과 같이 수인이 공동으로써만 어떤 권리나 이익을 관리 처분할 수 있는 경우

③ 실체법상의 권리관계를 총유하는 경우

* 법인 아닌 사단의 권리·의무에 관한 소송에서 대표자가 없기 때문에 그 구성원 전원이 당사자가 된 경우

* 가사소송에 있어서 제3자가 부부를 공동피고로 하여 제기하는 혼인 무효 또는 취소소송

* 제3자가 양친자를 공동피고로 하여 제기하는 입양 무효 또는 취소소송

* 제3자가 생존 중의 부모 및 자를 공동피고로 하여 제기하는 친자관계부존재 확인소송

* 제3자가 제기하는 친족회결의 무효의 소

* 부를 정하는 소 등

* 타인 간의 권리관계의 변동을 초래할 목적으로 제기하는 형성의 소 또는 이와 동시되는 확인의 소도 권리관계의 주체인 자가 모두 당사자가 되어야 하는 경우

* (구)토지수용법상 수용대상 토지의 소유자 등이 이의신청의 재결에 대하여 행정소송을 제기하는 경우

(2) 유사필수적 공동소송

1) 의 의

반드시 공동소송의 형태를 갖추지 아니하더라도 본안판결은 할 수 있지만 우연히 일단 공동소송이 된 이상 그 판결은 각 당사자에 대하여 법률상 합일적으로만 확정되지 않으면 안 되는 공동소송이다(우연필수적 공동소송).

이는 소송실시권자가 수인이지만 사건의 성질상 그들 모두가 당사자가 될 필요는 없고, 그중 일부만이 소송을 수행하더라도 그 재판의 효력은 당연히 그 전원에게 미치는 관계에 있는 경우에만 예외적으로 인정되는 필요적 공동소송이다.

2) 소송의 예

* 수인이 제기하는 회사합병 무효의 소
* 회사설립 무효·취소의 소
* 주주총회 결의 취소의
* 주주총회 결의 무효·부존재확인의 소
* 주주총회 부당결의의 취소·변경의 소
* 수인의 주주에 의한 대표소송
* 수인이 제기하는 혼인 무효·취소의 소
* 수인의 이의자에 대한 파산채권 확정의 소
* 수인의 채권자가 공동하여 채권자대위권에 의한 소를 제기한 경우
* 수인의 압류채권자가 공동하여 추심소송을 한 경우

필요적 공동소송의 대부분은 유사필수적 공동소송의 모습으로 행해진다.

3. 심리의 방식

(1) 내 용

필수적 공동소송인 상호간에는 원칙적으로 민사소송법 §67조가 적용되고, 심리의 병합, 소송자료의 통일, 소송절차 진행의 통일을 도모하여 소송행위 상호간의 모순·저촉을 방지하고, 동일 내용의 판결을 합일적으로 확정한다.

그러나 필요적 공동소송에 있어서도 공동소송인 간의 판결의 통일을 위한 한도 내에서만 합일확정 공동소송이므로, 이로 인해서 소송행위까지 언제나 공동으로 해야 하는 것은 아니다.

> <민사소송법 제67조> (필수적 공동소송에 대한 특별규정) ①소송목적이 공동소송인 모두에게 합일적으로 확정되어야 할 공동소송의 경우에 공동소송인 가운데 한 사람의 소송행위는 모두의 이익을 위하여서만 효력을 가진다.
>   ②제1항의 공동소송에서 공동소송인 가운데 한 사람에 대한 상대방의 소송행위는 공동소송인 모두에게 효력이 미친다.
>   ③제1항의 공동소송에서 공동소송인 가운데 한 사람에게 소송절차를 중단 또는 중지하여야 할 이유가 있는 경우 그 중단 또는 중지는 모두에게 효력이 미친다.
>   <민사소송법 제69조> (필수적 공동소송에 대한 특별규정) 제67조제1항의 공동소송인 가운데 한 사람이 상소를 제기한 경우에 다른 공동소송인이 그 상소심에서 하는 소송행위는 제56조제1항의 규정을 준용한다.
>   <민사소송법 제56조> (법정대리인의 소송행위에 대한 특별규정) ①법정대리인이 상대방의 소제기 또는 상소에 관하여 소송행위를 하는 경우에는 친족회로부터 특별한 권한을 받을 필요가 없다.

(2) 통일의 원칙

1) 소송자료의 통일

공동소송인 중의 1인의 소송행위는 전원의 이익을 위하여서만 그 효력이 있다. 그러므로 한 사람이 다투면 전원이 다툰 것으로 되고, 유리한 증거방법을 제출하면 전원이 유리한 상태가 된다.

상소는 이익이 되는 소송행위이므로 1인의 상소나 상고는 전원을 위하여 판결의 확정차단과 이심의 효력을 발생시킨다. 그리고 불리한 소송행위, 즉 자백, 청구의 포기·인낙·화해 등은 공동소송인 전원이 일치하여 행한 경우가 아니면 전원을 위하여 그 행위 본래의 효과가 발생하지 아니한다.

고유필수적 공동소송에서 1인에 의한 소취하나 재판상 화해는 효력이 없으나, 유사필수적 공동소송의 경우에는 공동원고의 1인의 소취하가 가능하다고 할 것이다.

공동소송인의 1인에 대한 상대방의 소송행위는 그 이익이 되는 여부를 막론하고 공동소송인 전원에 대하여 효력이 있다.

2) 소송절차 진행의 통일

법원의 소송행위 즉 기일의 지정·변경·절차의 중지 또는 소환과 송달 등은 공동소송인 전원에게 하여야 한다. 변론 및 증거조사는 공통된 기일에 실시한다.

공동소송인 중의 1인에 대하여 소송절차의 중단·중지의 원인이 있는 때에는 그 중단·중지는 전원에 대하여 그 효력이 있다.

상소기간은 각 공동소송인에 관하여 개별적으로 진행되나, 전원에 대하여 상소기간이 만료되지 아니하는 한 1인의 상소는 전원을 위하여 효력이 생긴다. 그러므로 상소기간 만료자의 상소라도 미만료자의 상소로서 효력이 있으므로 결국 상소기간도 공동소송인 전원에 대하여 만료된 때에 비로소 만료된다.

그러나 공동소송인의 1인이 상소를 제기하면 상소를 제기하지 아니한 다른 공동소송인은 상소심의 당사자의 지위는 가지게 되지만, 상소인이 되는 것은 아니므로 상소심의 심판범위는 실제로 상소를 제기한 자의 상소취지에 의하여서만 결정된다. 상대방이 공동소송인의 1인에 대하여 상소를 제기하면 전원에 대하여 효력이 있다.

무능력자가 필요적 공동소송인의 1인으로 된 경우에 법정대리인이 무능력자를 대리하여 상소를 제기함에는 친족회의 동의를 필요로 하지만, 다른 공동소송인의 상소에 의하여 무능력자가 상소심의 당사자가 되는 경우에는 법정대리인은 친족회의 동의를 필요로 하지 아니한다.

변론의 분리는 필수적 공동소송의 성질상 허용될 수 없으며, 합일확정의 필요상 일부판결은 할 수 없으며, 종국판결은 전원에 대한 1개의 전부판결이어야 한다. 만일 일부판결을 한 경우에는 추가판결을 하기보다는 상소에 의하여 이를 시정하여야 한다.

소송비용은 패소 시에는 필요적 공동소송인들의 연대부담으로 하여야 할 것이며, 승소 시에는 연대채권으로 보아 내부 문제로 처리될 것이다.

	통상의 공동소송	필수적 공동소송
원 칙	독립의 원칙, 상대효	통일의 원칙, 절대효
증거공통 여부	공 통	공 통
주장공통 여부	원용하지 않는 한 개별(判)	원용하지 않아도 공통
변론기일	동일 원칙, 분리도 가능	동 일
유리한 소송행위 (항소, 상고 등)	개별적으로 가능, 1인에게만 효력	개별적으로 가능, 전원에게 효력
불리한 소송행위 (자백, 취하 등)	개별적으로 가능, 1인에게만 효력	전원의 일치된 행위가 아니면 불가능(단, 유사필수적 공동소송의 경우 1인의 소취하는 가능하나 판결의 효력은 합일)
소송의 중단사유	개별적으로 발생	전원에게 발생
판 결	1개의 전부판결 원칙, 일부판결도 가능	1개의 전부판결
판결의 결과	2개	1개
상소기간	개별적으로 만료	전원이 만료되어야 만료
소송비용	균등부담 원칙	균등부담 원칙

[20] 소송참가

태676p

1.공동소송

(1)관련규정(§15)

(2)특징

민소법상 공동소송의 경우, 소송의 목적이 되는 권리·의무가 수인에게 공동될 것의 제약이 있으나, 행소법상 취소소송의 경우 관련청구인 이상 주관적 병합을 인정한다.

2.소송대리인

(1)관련규정(無)

(2)특징

민소법상 소송대리인 규정을 준용하며, 국가를 당사자 또는 참가인으로 하는 소송에 있어서는 민사소송이든 행정소송이든 간에 법무부장관 등의 소송에의 관여가 인정되고 있다(국가를당사자로하는소송등에관한법률 §1, §4).

3.소송참가

	행정청의 소송참가	제3자의 소송참가
지 위	보조참가인	공동소송적 보조참가인
참가방법	당사자 또는 제3자의 신청 및 직권	당사자 또는 제3자의 신청 및 직권
준용규정	보조참가인의 소송행위	필요적 공동소송의 특칙
소송행위	피참가인의 소송행위와 저촉되는 행위는 불가	피참가인의 소송행위와 저촉되는 행위도 가능
소송의 중단사유 (참가인 측 사유)	중단 無	중 단
상소제기	피참가인의 상소기간 내	개별적(판결의 송달받은 다음 날부터 기산)
상소권의 포기·취하 (피참가인 측 사유)	구 속	상소 및 재심의 소 가능
판 결	참가적 효력설(通, 判)	기판력설

I. 개 설

1. 소송참가의 의의

소송참가는 소송 외의 제3자가 자신의 법률상의 지위를 보호하기 위하여 계속 중인 타인 간의 소송에 참가하는 것이다.

행정소송법은 민사소송과는 별도로 제3자의 소송참가를 규정함과 아울러, 피고 가 되는 외에는 그 자체로서 당사자적격을 가지지 않는 행정청의 소송참가에 대 해서도 특별히 규정하고 있다.

2. 특수성

① 행정소송, 특히 항고소송에 있어서는 그 소송의 대상이 처분 등이 다수인의 권익에 관계되는 일이 많을 뿐만 아니라 경업자·이웃사람 등 복효적 행정행위의 경우처럼 처분의 상대방 이외의 제3자의 권리와 이익에 영향을 미치는 경우가 있 으므로 필요성은 특히 강하게 나타난다.

② 또한 행정소송법은 취소판결의 효력이 제3자에 대해서도 미치는 것으로 규정 하고 있으므로(§29①), 제3자의 이해관계의 보호를 위한 제도적 보장이 요청된다.

3. 소송참가의 형태

행정소송법이 정한 제3자의 소송참가(§16)와 행정청의 소송참가(§17) 이외에, 민사소송법에 의한 소송참가를 생각할 수 있다.

Ⅱ. 제3자의 소송참가

1. 의 의

법원은 소송의 결과에 따라 권리 또는 이익의 침해를 받을 제3자가 있는 경우에는, 당사자 또는 제3자의 신청 또는 직권에 의하여 결정으로써 제3자를 소송에 참가시킬 수 있다(§16①).

2. 필요성

실질적인 당사자로서의 지위를 갖게 되는 제3자에 대하여 공격·방어방법을 제할 기회를 제공하며, 적정한 심리·재판을 실현함과 동시에 제3자에 의한 재심청구(§31)를 사전에 방지하기 위하여 마련한 제도로 볼 수 있다.

3. 참가의 요건

(1) 타인 간의 취소소송이 계속 중일 것

적법한 소송이 계속 중인 경우 소송이 어느 심급에 있는가는 불문한다.

소송 계속 중이라 함은 피참가인에 대한 판결절차가 진행 중임을 뜻하므로 제1심, 항소심, 상고심을 불문하며, 상소의 법원이나 재심의 소에 의하여 판결절차를 재개할 경우에도 보조참가가 가능하다.

다만, 법률심인 상고심에서 참가하면 사실상의 주장이나 증거의 제출은 할 수 없다.

(2) 소송의 결과에 따라 권익침해를 받을 것

여기에서 말한 소송의 결과란 판결주문에 있어서의 소송물 자체에 대한 판단을 말하며, 단순히 이유 중의 판단은 이에 해당되지 않는다.

예컨대, A와 B가 경원자로서 자동차운수사업면허를 신청하였는데 A는 면허를 받고 B가 거부됨으로써, B가 거부처분의 취소소송을 제기하여 승소한 경우에 있어서, 그 판결이 곧 A에 대한 면허를 자동적으로 소멸시키는 것은 아니지만, 처분청 A는 그 판결에 구속되어 A에 대한 허가를 취소하게 되므로, 이 경우 A는 판결에 의하여 권익을 침해받게 되는 것으로 볼 수 있다.

(3) 제3자일 것

또한 제3자란 당해 소송당사자 이외의 자를 말하는 것으로, 국가 및 공공단체는 이에 포함되나 권리와 이익을 침해받지 않는 행정청은 해당되지 않는다. 행정청 자체로서 당사자능력이 없기 때문이다.

4. 참가의 절차

① 제3자의 소송참가는 당사자 또는 제3자의 신청 또는 직권에 의한다.

② 참가신청이 있으면 법원은 결정으로써 허가 또는 각하의 재판을 하고, 직권 소송 참가의 경우에는 법원은 결정으로써 제3자에게 참가를 명한다(§16①).

③ 법원이 제3자의 참가를 허가하거나 명하는 결정을 하고자 할 때에는 미리 당사자 및 제3자의 의견을 들어야 한다(§16②).

④ 참가신청을 한 제3자는 그 신청을 각하한 결정에 대하여 즉시항고를 할 수 있다(§16③).

5. 참가인의 지위

민사소송의 §67의 규정을 준용한다. 따라서 참가인은 피참가인과 필수적 공동소송에 있어서의 공동소송인에 준하는 지위에 있지만, 당사자에 대하여 독자적인 청구를 하는 것은 아니므로 소송의 당사자가 되지 못하며, 그 성질은 공동소송적 보조참가와 비슷하다는 것이 통설이다.

<민사소송법 제67조> (필수적 공동소송에 대한 특별규정) ①소송목적이 공동소송인 모두에게 합일적으로 확정되어야 할 공동소송의 경우에 공동소송인 가운데 한 사람의 소송행위는 모두의 이익을 위하여서만 효력을 가진다.
②제1항의 공동소송에서 공동소송인 가운데 한 사람에 대한 상대방의 소송행위는 공동소송인 모두에게 효력이 미친다.
③제1항의 공동소송에서 공동소송인 가운데 한 사람에게 소송절차를 중단 또는 중지하여야 할 이유가 있는 경우 그 중단 또는 중지는 모두에게 효력이 미친다.
<민사소송법 제69조> (필수적 공동소송에 대한 특별규정) 제67조제1항의 공동소송인 가운데 한 사람이 상소를 제기한 경우에 다른 공동소송인이 그 상소심에서 하는 소송행위는 제56조제1항의 규정을 준용한다.
<민사소송법 제56조> (법정대리인의 소송행위에 대한 특별규정) ①법정대리인이 상대방의 소제기 또는 상소에 관하여 소송행위를 하는 경우에는 친족회로부터 특별한 권한을 받을 필요가 없다.

따라서, 보조참가인은 피참가인의 소송행위와 저촉되는 행위도 가능하다.

한편, 민사소송의 보조참가인에게는 기판력이 미치지 않으나(참가적 효력만 미침), 행정소송의 경우에는 공동소송적 보조참가의 성격을 가지므로 기판력이 미친다고 한다(通, 判).

Ⅲ. 행정청의 소송참가

1. 의 의

법원은 다른 행정청을 소송에 참가시킬 필요가 있다고 인정할 때에는 당사자 또는 당해 행정청의 신청 또는 직권에 의하여 결정으로써 그 행정청을 소송에 참가시킬 수 있다(§17①).

2. 필요성

행정청이 처분을 함에 있어서는 처분청(재결청) 이외의 행정청이 협의 또는 승인의 방법으로 관련되는 경우가 있다.

이때 처분이나 재결의 취소소송은 처분청이나 재결청을 피고로 하는 것이 원칙이므로, 처분청 또는 재결청 이외의 행정청이 중요한 공격·방어방법을 가지고 있더라도 당해 소송에 관계인으로서 참여할 수 없으므로 공공성과 관계되는 취소소송의 적정한 심리·재판을 도모하기 위하여 관계행정청으로 하여금 직접 소송에 참여하여 공격·방어방법을 제출할 수 있도록 행정청의 소송참가제도를 명문화한 것이다.

3. 참가의 요건

(1) 타인 간의 취소소송의 계속

제3자의 소송참가와 마찬가지로 타인 사이에 취소소송이 계속되어야 한다.

(2) 참가의 필요성

법원이 참가시킬 필요가 있다고 인정할 때 법원의 결정으로써 하게 된다. 참가의 필요에 대한 판단은 법원의 고유권한이지만, 사건의 적정한 심리·재판을 실현하기 위하여 필요하다.

(3) 다른 행정청

피고행정청 이외의 행정청으로 다툼이 있는 처분이나 재결에 관계있는 행정청을 말한다.

4. 참가의 절차

① 당사자나 당해 행정청의 신청 또는 직권에 의한다(§17①).
② 참가의 허부의 재판은 결정의 형식으로 하며,
③ 법원이 참가결정을 하고자 할 때에는 미리 당사자 및 당해 행정청의 의견을 들어야 한다(§17②).
④ 학설은 그 결정에 대해서는 불복할 수 없다고 한다.

5. 참가인의 지위

민사소송법 §76의 규정이 준용되어 보조참가인에 준하는 지위에서 소송을 하게 된다. 따라서 소송정도에 따라 공격·방어, 이의, 상소 기타 모든 소송행위를 할 수 있으나, 이러한 소송행위가 피참가인의 소송행위와 저촉되는 때에는 효력을 상실하게 된다.

> <민사소송법 제76조> (참가인의 소송행위) ①참가인은 소송에 관하여 공격·방어·
> 이의·상소, 그 밖의 모든 소송행위를 할 수 있다. 다만, 참가할 때의 소송의 진행정도
> 에 따라 할 수 없는 소송행위는 그러하지 아니하다.
>   ②참가인의 소송행위가 피참가인의 소송행위에 어긋나는 경우에는 그 참가인의 소송
> 행위는 효력을 가지지 아니한다.

Ⅳ. 민사소송법상의 보조참가

1. 의 의

소송결과에 이해관계가 있는 제3자는 한쪽 당사자를 돕기 위하여 법원에 계속
중인 소송에 참가할 수 있다. 다만, 소송절차를 현저하게 지연시키는 경우에는 그
러하지 아니하다(민소법 §71).

보조참가인은 자기 명의와 비용으로 자기의 이익을 지키기 위하여 피참가인의
소송에 관여하는 소송행위를 하는 자이며, 자기를 위하여 대리인을 선임할 수 있
는 당사자에 준하는 자이다(보조참가의 독립성).

그러나 보조참가인은 소송상 자기의 권리를 주장하여 피참가인의 상대방에 대
하여 자기의 청구를 하는 자가 아니라 피참가인의 승소를 위하여 소송에 참가하
는 데 불과하기 때문에 소송당사자는 아니며(보조참가의 종속성), 당사자의 명의
하에 당사자를 위하여 소송행위를 하는 대리인과도 구별된다.

2. 요 건

(1) 당사자능력과 소송능력

보조참가인은 스스로 참가하여 소송행위를 하고, 판결의 참가적 효력을 받는
자이므로 당사자능력과 소송능력을 구비하여야 한다. 다만 소송 무능력자도 법정

대리인에 의하여 보조참가를 할 수 있다.

타인 간의 소송에 참가하는 것이므로 피참가소송의 당사자 이외의 자만이 참가할 수 있으며, 보조참가인의 상속, 기타 사유에 의하여 피참가인으로 된 때에는 보조참가는 소멸한다.

소송당사자는 자기 또는 상대방의 보조참가인이 될 수는 없으나 통상의 공동소송인의 1인이 다른 공동소송인에게 보조참가를 하는 것은 가능하며, 공동소송인의 상대방의 승소를 위해서도 보조참가를 할 수 있다.

소송담당의 경우에 있어서는 실체상의 권리주체는 당사자가 아닌 제3자의 지위에서만큼은 보조참가를 할 수 있다. 따라서 해난구조료지급채무자는 선장이 수행하는 소송에, 그리고 상속인은 상속재산관리인 또는 유언집행자가 수행하는 소송에 보조참가할 수 있다.

다만, 법정대리인은 당사자에 준하므로 보조참가인이 될 수 없다.

(2) 타인 간의 소송의 계속

소송 계속 중이라 함은 피참가인에 대한 판결절차가 진행 중임을 뜻하므로 제1심, 항소심, 상고심을 불문하며, 상소의 법원이나 재심의 소에 의하여 판결절차를 재개할 경우에도 보조참가가 가능하다.

다만, 법률심인 상고심에서 참가하면 사실상의 주장이나 증거의 제출은 할 수 없다.

※ 참고

보조참가를 할 수 있는 소송절차는 판결절차를 뜻하므로 파산절차나 강제집행절차에는 참가할 수 없다.

그러나 독촉절차와 가압류·가처분절차의 경우에는 지급명령에 대한 이의신청에 의하여 또는 이의나 취소신청에 의하여 판결절차로 이행하므로 보조참가가 허용된다.

다만, 대립 당사자구조를 형성하지 못한 법정절차에 있어서는 제3자는 재항고인을 위하여 보조참가신청을 할 수 없다.

(3) 소송결과에 대한 법률상 이해관계

1) 소송결과에 대한 이해관계

ㄱ) 판결주문의 판단사항

통설과 <判例>는 보조참가인의 이해관계는 판결주문으로 판단되는 소송물인 권리관계와 인과관계가 있는 경우를 가리키며, 판결이유에서 판단되는 법률상 또는 사실상의 사항을 의미하는 것은 아니라고 한다. 즉, 소송의 승패에 의하여 보조참가인은 직접 영향을 받는 관계에 있다.

예를 들어 채권자와 주 채무자 사이의 소송에는 보증인이 보조참가할 수 있으나, 동일 교통사고로 인하여 손해배상청구소송을 하는 경우에 여러 피해자는 서로 공동소송인은 될 수 있으나 어느 한 피해자의 소송결과에 대하여 다른 피해자들은 이해관계가 없으므로 보조참가할 수는 없다.

ㄴ) 판결의 효력.

제3자가 소송의 결과에 대하여 이해관계가 있다고 하는 것은 판결의 기판력이 직접 그 제3자(참가인)에게 미치는 경우는 물론, 그 판결에 의하여 제3자의 사법상 또는 공법상의 법률관계 또는 법률상 지위에 영향을 주는 경우를 말한다.

판결의 효력(기판력)이 직접 제3자에게 미치는 경우로는 변론종결 후의 승계인, 당사자를 위하여 목적물을 소지한 자, 파산관재인의 소송에 있어서의 파산자 등과 같이 제3자의 소송담당의 경우의 실체적 권리주체, 선정당사자 소송에 있어서의 선정자, 회사소송에 있어서 판결의 효력을 받는 원고 이외의 발기인·주주 또는 사원, 가사소송에 있어서 판결의 효력을 받는 제3자, 행정소송이나 선거소송에 있어서 판결의 효력을 받는 제3자 등이다.

그 외에도, 채권자와 보증인 간의 소송에 있어서의 주 채무자, 연대채권자의 1인과 채무자 간의 소송에 있어서 다른 연대채권자, 임차인과 소유자 간의 임대차계약 존부에 관한 소송에 있어서 전차인 등이 있다.

이들은 사실상 피참가인이 패소하면 어떠한 청구를 당할 지위에 있으므로 보조참가할 법률상 이해관계가 있으며, 이들은 판결의 사실효 또는 반사효가 미치는 경우라고 할 수 있다.

2) 법률상 이해관계

소송결과에 대한 이해관계는 법률상의 것이어야 한다. 사실상, 감정상 또는 경제상의 이해관계만으로는 부족하므로 소송결과가 자기의 권리의무와 직접적으로 연결되어야 한다.

당사자 일방이 패소하여 가옥을 명도하면 자기가 부양의무를 지게 될 우려가 있는 경우라든가, 원고인 회사가 패소하면 회사재산의 감소로 인하여 보조참가인의 이익배당이 감소하는 경우 등은 법률상의 이해관계라고 할 수 없다.

소송결과에 의하여 영향을 받는 제3자의 법률상 지위는 신분상의 지위이거나 공법상의 지위이거나 관계가 없으므로 형사상 소추를 받을 우려가 있는 자도 참가의 이익이 있으며, 행정처분의 무효확인 또는 취소소송에서 행정청이 패소하면 연고권을 상실할 염려가 있는 자는 행정청에 보조참가할 이익이 있다.

3. 절 차

(1) 참가신청

1) 신청방식

참가신청은 서면 또는 구술로 하며, 참가취지와 참가이유를 명시하여 피참가소송이 계속된 법원에 제기하여야 한다. 서면으로 신청하는 경우에는 소정의 인지를 붙여야 하고, 그 등본을 상대방 당사자에게 송달하여야 하므로 당사자의 수만큼 부본을 제출하여야 한다.

구술로써 신청하는 경우에는 법원 사무관의 면전에서 진술하고, 이를 기재한 조서가 작성 송달되어야 한다.

참가신청은 상소의 제기 또는 지급명령에 대한 이의신청 등 참가인이 할 수 있는 소송행위와 동시에 할 수 있다.

2) 신청법원

소송이 계속 중인 법원에 신청하는 것이므로 상급심에 계속 중이면 그 상급심에 신청하여야 하지만, 판결송달 후 상소제기 전이면 항소에 관해서는 제1심 법원에, 상고에 관해서는 원심법원에 참가신청을 하여야 한다.

지급명령에 대하여 이의신청과 동시에 하는 참가신청은 지급명령을 발한 법원에, 재심의 소를 제기하려고 하는 때에는 관할법원에 참가신청을 한다.

3) 참가취지와 참가이유

참가취지라 함은 참가한 소송 및 어느 당사자를 보조하기 위하여 참가하느냐 하는 표시인데, 보조참가인 취지를 명시할 필요는 없다.

참가이유라 함은 보조참가의 이익을 구체적으로 명백하게 표시하여야 한다.

4)신청의 취하

보조참가인은 언제든지 피참가인이나 상대방의 동의 없이 신청을 취하할 수 있고, 취하하면 보조참가인의 종전 소송행위는 처음부터 하지 않은 것으로 된다.

그러나 신청을 취하하더라도 참가에 의한 판결의 참가적 효력은 면하지 못하며, 참가인이 취하 전에 한 소송행위는 피참가인이 이를 원용하면 취하에 관계없이 그 효력을 보유한다.

(2) 참가허부의 재판

1) 당사자의 이의

참가신청의 유효요건으로서의 일반적인 소송요건, 즉 당사자 능력이나 소송능력 등은 법원의 직권조사사항이다.

그러나 보조참가의 특별요건에 관해서는 당사자가 참가에 대한 이의신청을 하지 않는 한 법원은 스스로 조사할 필요가 없다. 왜냐하면 보조참가의 허부는 본 안심리의 파생적 사항에 불과하기 때문이다. 그러므로 당사자의 이의가 있을 때 비로소 법원은 참가의 허부에 관하여 재판을 한다.

이의는 참가이유 또는 참가방식에 관한 것이어야 하며, 당사자의 이의가 있을 때에는 참가인은 참가의 이유를 소명하여야 한다.

2) 이의에 대한 결정과 그 효과

참가허부에 대한 법원의 재판은 당사자의 이의가 있는 경우에만 결정으로 한다. 이 재판에 대하여 참가인 또는 당사자는 즉시 항고할 수 있다.

참가허부의 재판은 종국판결로써 할 수 있고, 이 경우에는 그 판결에 대한 상소의 방법으로 불복할 수 있다. 참가허부의 재판이 확정될 때까지 소송절차는 중지되지 아니하므로 참가인은 참가허부재판이 확정될 때까지 소송행위를 할 수 있다.

참가신청이 적정한 것으로 확정되면, 그 효력은 신청 당시에 소급하고, 그때까지 보조참가인이 한 소송행위는 유효하게 되며, 참가가 부적법하다는 재판이 확정되면, 그때까지 보조참가인이 한 소송행위는 효력을 잃는다. 다만 소송경제상 당사자가 보조참가인이 한 소송행위를 원용(援用)하면 각하결정 확정 후에도 효력을 보유한다.

일단 허가된 보조참가는 취하되지 아니하는 한 소송종료 시까지 존속하며, 제1심의 보조참가인은 상급심에 있어서도 보조참가인의 지위에 서게 된다.

4. 보조참가인의 지위

보조참가인은 자기의 법률상 이해관계를 보호하기 위하여 타인의 소송을 보조하는 이중성이 있다. 이는 당사자로부터 파생되지 않는 독립적 권능으로 소송에 참가하는 독립성과, 타인의 소송을 보조하는 종속성이 있다.

(1) 보조참가인 지위의 이중성

1) 보조참가인의 독립적 지위

보조참가인은 주된 당사자로부터 독립된 권능을 가지고 소송에 관여하므로 당사자와는 별도로 이에 대하여 기일의 소환, 소송서류의 송달 등을 하여야 하며, 그에 대한 소환을 하지 아니한 경우에는 변론기일을 개시할 수 없으며, 소환하지 아니한 채 변론을 하는 등 보조참가인에게 변론의 기회를 부여함이 없이 판결을 선고하는 것은 위법이다.

본 소송의 판결은 참가인의 명의로 내려지지는 않지만 참가인은 자기의 명의와 계산에서 참가하는 것이므로 참가에 의하여 발생한 소송비용은 일반 규정에 의하여 부담하여야 한다.

참가인은 항상 피참가인의 동의 없이 참가신청을 취하할 수 있으며, 원칙적으로 피참가인을 승소시키는 데 필요한 모든 소송행위를 할 수 있다.

2) 보조참가인의 종속적 지위

보조참가인은 타인의 소송에 개입하여 부수적으로 소송수행을 하는 점에서 당사자의 종속된 지위를 가진다. 그러므로 소송참가인은 증인이나 감정인이 될 수 있다.

보조참가인에게 사망 등 소송절차중단 사유가 발생하더라도 소송은 중단되지 아니한다(判).

(2) 보조참가인 지위의 내용

1) 보조참가인이 할 수 있는 소송행위

참가인은 소송에 관하여 공격 · 방어, 이의 · 상소, 기타 일체의 소송행위를 자기의 명의로 할 수 있고, 그 행위는 피참가인이 한 것과 동일한 효과를 발생한다.

그러나 위의 행위는 어디까지나 예시적인 규정에 불과하므로 참가인은 피참가인의 소송행위에 부수 또는 갈음하여 피참가인을 승소시키는 데 필요한 일체의 소송행위를 할 수 있다 할 것이다.

2) 참가인의 소송행위의 한계

참가인은 참가 당시에 피참가인이 할 수 없는 행위는 참가인도 할 수 없다. 참가인은 피참가인의 소송행위와 저촉되는 소송행위 또는 불리한 소송행위를 할 수 없다.

예를 들어, 상고심에서 보조참가자가 새로운 주장이나 증거신청을 하는 경우, 피참가인이 본안변경을 하여 응소관할이 생긴 후 참가인이 관할위반의 항변을 하는 경우, 당사자가 실기한 공격방어 방법이나 중간판결에서 이미 판단된 쟁점을 참가인이 제출하는 경우 등은 허용되지 않는다.

한편, 보조참가인의 상소제기 기간은 피참가인의 상소제기 기간 내여야 하고, 피참가인이 상고를 제기한 경우에는 보조참가인은 피참가인을 위하여 정하여진 기간 내에 상고 이유서를 제출하여야 한다.

5. 참가인에 대한 판결의 효력

(1) 법규정

참가인이 소송행위를 할 수 없거나, 그 소송행위가 효력이 없는 경우, 피참가인이 참가인의 소송행위를 방해한 경우와 피참가인이 참가인이 할 수 없는 소송행위를 고의나 과실로 인하여 하지 아니한 경우 이외에는 판결은 참가인에 대해서도 그 효력이 있다(민소법 §76).

(2) 기판력의 적용문제

1) 문제의 소재

확정판결의 기판력 또는 집행력의 인적 범위는 당사자 간에만 미치는 것이 원칙이므로 판결의 효력이 당사자 이외의 제3자에게 확장되는 특수한 경우 이외에 참가인에게 미치는지에 대한 의문이 있다.

이 문제에 대해서, 법 §77조가 본 소송의 판결이 참가인에게도 효력이 있다고 규정한 것에 대해서는 견해의 대립이 있다.

2) 학설과 판례

①참가인에게도 기판력이 확장되어 그 효력이 미친다고 보는 기판력설, ②법 §76의 입법취지 및 재판의 효력이 배제되는 경우가 있음에 비추어 참가인과 피참가인 간에 발생하는 특수한 효력을 규정한 것이라는 참가적 효력설(通, 判), 그리고 ③참가인과 피참가인 사이에는 참가적 효력이 미치고 참가인과 피참가인의 상대방 사이에는 기판력 또는 쟁점효가 미친다고 하는 신기판력설이 대립한다.

> ※ 참가적 효력설의 예
> 가옥의 매수인 丙(피고)에 대하여, 그 가옥의 소유자임을 주장하는 甲(원고)이 가옥 명도 및 등기말소를 청구한 사안에 있어서 매도인 乙이 丙을 위하여 보조참가를 한 경우에, 법원이 가옥의 소유자는 甲이고, 乙은 소유권도 없이 자의로 丙에게 가옥을 매도한 것이라는 사실을 인정하면서 丙을 패소시켰다면, 그 후 丙이 乙을 상대로 한 손해배상청구소송에서는 乙이 소유권을 취득하지 못하였음에도 불구하고 丙에게 매도한 것이라는 판결이유 중의 판단은 乙과 丙을 구속한다.

(3) 참가적 효력의 배제

참가인이 참가적 효력을 받는 취지는 피참가인과 소송수행의 공동책임(패소책임)을 부담하는 것에 있는 것이므로 참가인이 충분히 소송수행을 할 수 없었던 경우까지 패소책임을 물을 수 있도록 참가적 효력을 미치게 한다면 이는 형평의 관념에 반한다. 그러므로 다음과 같은 경우에는 참가적 효력이 배제된다.

①참가인이 참가 당시의 소송정도로 보아 소송행위를 유효하게 할 수 없거나 참가인이 한 소송행위가 피참가인의 행위와 저촉되어 효력이 없는 경우에는 참가적 효력이 배제된다.

즉 상고심에서 참가한 경우에는 참가인이 판결의 사실인정에 구속되지 아니하며, 참가인이 사실을 부인했으나 피참가인이 자백했기 때문에 부인의 효력이 생기지 아니하는 경우에도 참가적 효력은 배제되며, 참가인이 그 사실을 부인하였음에도 불구하고 피참가인이 인낙한 경우에도 같다.

②피참가인이 참가인의 소송행위를 방해한 경우에도 참가적 효력이 배제된다.

③피참가인이 참가인이 할 수 없는 소송행위를 고의나 과실로 인하여 하지 아니한 경우에도 참가적 효력이 배제된다.

V. 공동소송적 보조참가

1. 의 의

판결의 기판력이 참가인과 피참가인의 상대방 간에 미치는 보조참가를 말한다. 즉 참가하지 아니하더라도 기판력을 받게 되는 제3자가 보조참가하는 경우이므로 강력한 소송수행권이 인정된다.

기판력을 받는 제3자는 공동소송참가를 할 수도 있으나, 그가 당사자적격이 없는 경우에는 피참가인을 위하여 보조참가할 수 있으며, 이러한 경우에 참가인의 소송수행상의 지위는 피참가인과의 사이에 필요적 공동소송관계에 있으므로 공동소송적 보조참가에 해당한다.

2. 공동소송적 보조참가가 인정되는 경우

본소송의 확정판결의 기판력이 피참가인과 그 상대방 외에 참가인에게도 미치는 경우에 성립한다.

(1) 제3자의 소송담당에 의하여 소송담당자가 받는 판결의 효력이 참가인에게 미치는 경우

예를 들어, 파산관재인(파 제152조), 회사정리법상의 관리인(회정 제96조), 대표소송을 하는 주주(상 제403조), 선장(상 제859조2), 추심위임배서의 피배서인(어음 제18조), 채권질권자(민 제353조), 유언집행자(민 제1101조), 채권자대위권을 행사하는 채권자(민 제404조), 선정당사자(민 제49조), 채권에 관한 추심명령을 얻은 집행채권자 등이 있다.

이들이 수행한 판결의 효력을 받는 실질적 권리귀속 주체가 보조참가를 한 경우이다.

(2) 각종 형성의 소

즉 가사소송, 회사관계소송, 선거소송 등에 있어서의 형성판결은 일반 제3자에게도 효력이 미치는 것이므로 판결의 효력을 받는 제3자는 공동소송참가를 할 수 있다.

그러나 출소기간을 도과한 뒤에는 보조참가만이 가능하며, 이러한 보조참가는 공동소송적 보조참가이다.

(3) 행정소송의 판결

행정소송의 판결도 대세적 효력을 가지는 것이므로 제3자에게 효력이 미친다. 그러므로 그러한 제3자가 보조참가를 하였다면 위 소송의 목적인 법률관계는 그 제3자와 피참가인 간에 합일적으로 확정되어야 하므로 공동소송적 보조참가로 보아 필요적 공동소송의 법리에 따라 처리하여야 한다.

그러므로 피고인 행정청을 위하여 보조참가를 하면 처분행정청이 받는 확정판결의 기판력은 보조참가인에게 미친다.

3. 공동소송적 보조참가인의 지위

(1) 특 례

공동소송적 보조참가인은 피참가인의 행위와 저촉되는 일체의 소송행위를 할 수 있으며, 저촉되는 행위를 하였다는 것을 이유로 참가적 효력을 받는 것을 거부할 수 없다.

참가인에 관하여 소송절차의 중단 또는 중지사유가 발생한 때에는 소송절차는 중단 또는 중지된다.

공동소송적 보조참가인은 판결의 송달을 받은 다음 날부터 기산하여 자신의 상소기간이 경과되기 전에는 피참가인의 상소기간이 경과되더라도 적법하게 상소할 수 있다.

피참가인이 상소권을 포기하거나 상소를 취하하더라도 참가인은 유효한 상소를 할 수 있고, 재심의 소도 청구할 수 있다.

(2) 한 계

그러나 위에 열거한 특례를 제외하고는 공동소송적 보조참가인도 결국 보조참가인에 불과하므로 완전한 당사자가 될 수는 없다. 그러므로 보조참가의 효력 규정이 준용된다. 참가하는 때의 소송정도에 따라야 하고, 본소의 소송절차를 변경하는 행위는 할 수 없다.

[21] 필요적 전치주의와 임의적 전치주의

노4논,

I. 서 론

1. 의 의

필요적 전치주의는 행정심판을 행정소송의 필요적 전치절차로 하여 행정심판을 거친 후에야 행정소송을 제기할 수 있도록 하는 것을 말하며, 임의적 전치주의는 행정소송을 제기하기 전에 행정심판을 거칠 것인지의 여부를 당사자의 선택에 맡기는 것을 말한다.

임의적 전치주의에 대한 수권규정은 헌법 §107③에 직접적으로 규정되어 있다.

<헌법 제107조> ③재판의 전심절차로서 행정심판을 할 수 있다. 행정심판의 절차는 법률로 정하되, 사법절차가 준용되어야 한다.

2. 필요적 전치주의의 필요성

①국민의 권리구제의 확대, ②행정의 자기반서의 기회제공, ③행정청의 전문지식의 활용, ④시간과 비용의 절약, ⑤법원의 부담경감 등을 들 수 있다.

3. 문제점

①행정심판 자체가 자기사건에 대한 심판관이 되는 것이므로 공정성이 기대되기 어렵고, ②심판기관으로서의 행정기관의 저항으로 인용률이 낮을 뿐 아니라,

③전치절차가 실효성이 크지 않다면 국민의 권리구제를 지연시키는 문제점 등이 있다.

Ⅱ. 임의적 전치주의와 필요적 전치주의

1. 원칙적으로 임의적 전치주의(§18①본문)

(1) 관련규정

행정소송법 §18①본문은 "취소소송은 법령의 규정에 의하여 당해 처분에 대한 행정심판을 제기할 수 있는 경우에도 이를 거치지 아니하고 제기할 수 있다."고 규정하고 원칙적으로 임의적 전치주의를 채택하고 있다(1994년 7월 14일 행정소송법 개정, 1998년 3월 1일 시행).

(2) 행정심판의 의미

여기에서 말하는 행정심판은 반드시 행정심판법상의 행정심판에 한정되지 않으며 행정기관이 재결청이 되는 행정쟁송을 총칭하는 개념이다.

2. 예외적으로 필요적 전치주의(§18①단서)

(1) 관련규정

행정소송법 §18①단서는 "다른 법률에 당해 처분에 대한 행정심판의 재결을 거치지 아니하면 취소소송을 제기할 수 없다."고 규정하고 예외적으로 행정심판전치주의를 규정하고 있다.

(2) 다른 법률의 의미

형식적 의미의 법률을 의미하므로 법규명령이나 조례·규칙으로 필요적 행정심판을 거치게 할 수 없다.

Ⅲ. 필요적 전치주의의 적용범위

1. 개별적 법률

현행법상 필요적 전치주의를 채택하고 있는 법률에는 국가공무원법·지방공무원법·국세기본법·지방자치법·광업법 등이 있다.

2. 구체적 검토

(1) 취소소송의 형식으로 무효선언을 구하는 경우

1) 적극설(判)

적극설 및 <判例>에 의하면, 행정행위의 무효사유와 취소사유는 객관적으로 명백하지 않고 상대적이므로 그 소송의 형식이 취소소송을 취하는 한 행정심판전치주의가 적용된다고 한다.

2) 소극설

소극설은 그 형식만 취소소송일 뿐 판결은 당해 행정행위가 무효임을 확인하는 무효확인소송이며 무효인 행정행위는 처음부터 당연히 무효이므로 행정심판전치주의의 적용이 없다고 한다.

(2) 무효등확인소송(무효인 행정행위)과 당사자소송의 경우

행정소송법 §18①단서에 의하면, 부작위위법확인소송에는 이를 준용한다. 한편 무효등확인소송과 당사자소송에서는 행정심판전치주의가 적용되지 않는다.

무효인 행정행위는 처음부터 당연히 효력이 발생하지 않고, 당사자소송은 공법상 법률관계에 대한 소송으로서 성질상 적용되지 않기 때문이다.

(3) 제3자에 의한 제소의 경우

1) 문제점

처분 등의 상대방이 아닌 제3자가 취소소송을 제기하는 경우에 행정심판전치주의가 적용될 것인지 문제 된다.

2) 학 설

통설은 ①행정소송법은 예외적으로 행정심판전치주의를 채택한 경우 행정심판을 취소소송의 제기를 위한 요건으로 한다는 점, ②행정행위의 상대방이 아닌 제3자로서 당해 처분 등이 있는 것을 안다는 것이 어려운 일이라는 것은 행정소송 제기의 경우나 행정심판의 경우나 같다는 점을 들어 적용된다고 한다.

3) 판 례

<判例>는 복효적 행정행위에 있어서의 제3자의 권리보호라는 관점에서, 제3자는 그러한 처분이 있음을 알기 어렵기 때문에 행정심판 제기 기간 안에 행정심판의 제기가 가능하였다는 특별한 사정이 없는 한 행정심판전치주의의 적용을 배제해야 한다는 견해이다.

(4) 2단계 이상의 행정심판절차가 규정되어 있는 경우

통설은 명문규정이 있는 경우를 제외하고는 그중의 하나만 거치면 족하다는 입장이다. 2단계 이상의 모든 절차를 거치게 하는 것은 오히려 관계인에게 불필요한 절차를 강요하는 결과가 되기 때문이다.

예를 들어, 국세기본법에서는 심사청구(이의심사)와 심판청구(행정심판) 중 하나의 절차만 거치고 바로 소를 제기할 수 있도록 하였다.

Ⅳ. 필요적 전치주의의 충족 여부

1. 심판청구의 적법성

전치를 요하는 행정심판은 적법하게 제기되어 본안에 대하여 재결을 받을 수 있어야 한다. 다음과 같은 경우에 행정심판의 적법성 여부가 문제 된다.

(1) 부적법한 심판청구를 각하하지 않고 본안에 대한 재결을 한 경우

청구기간의 경과 후에 제기한 심판청구에 대하여 본안에 대한 재결을 한 경우 부정하는 것이 통설과 <判例>의 입장이다.

(2) 적법한 심판청구가 부적법한 것으로 각하된 경우

행정청이 착오로 부적법한 것으로 각하한 경우에는 이미 행정청에 의한 자율적 통제 기회가 부여되었으므로 또 다시 행정심판을 거치게 할 필요는 없으므로 인정하는 것이 통설과 <判例>의 입장이다.

2. 행정심판과 행정소송의 관련성

취소소송과 그 전심절차로서 행정심판 사이에 어느 정도의 관련성이 있어야 행정심판전치주의의 요건이 충족되는지 문제 된다.

(1) 인적 관련성

특정한 처분에 대하여 행정심판이 제기되어 재결이 있었으면, 행정심판의 청구인과 행정소송의 원고가 동일인일 필요는 없다.

따라서 ①공동소송의 경우, ②행정소송의 원고가 행정심판의 청구인과 동일한 지위에 있는 경우나 그 지위를 실질적으로 승계하고 있는 경우, ③동종사건에 관하여 이미 행정심판의 기각결정이 있는 경우(§18③ I) 등은 누구든 관계없이 행정심판을 거치지 않고 행정소송을 제기할 수 있도록 하였다.

(2) 사물적 관련성

행정심판의 대상으로서의 행정처분과 행정소송의 대상으로서의 행정처분은 원칙적으로 동일한 것이어야 한다.

다만, 행정소송법 §18③ Ⅲ은 서로 내용상 관련되는 처분 또는 동일한 목적을 위해 단계적으로 진행되는 처분 중 어느 하나가 이미 행정심판의 재결을 거친 때에는 행정심판을 제기하지 않고 취소소송을 제기할 수 있다고 한다.

(3) 주장사유의 관련성

<判例>는 양자의 주장이 전혀 별개의 것이 아닌 한 행정심판에서 주장하지 않는 사항도 기본적인 점에서 부합되는 것이면 행정소송에서도 주장할 수 있다고 하였다.

3. 전치요건충족의 시기

행정심판의 재결이 있기 전에 제기된 행정소송은 부적법한 소로서 각하할 수 있다.

다만, <判例>는 비록 소를 제기하는 당시에 전치요건을 구비하지 못한 위법이 있더라도 사실심변론종결시까지 그 전치요건을 갖추었다면 흠이 치유된다고 판시하고 있다.

V. 필요적 전치주의의 예외

행정소송법은 예외적으로 행정심판전치주의를 규정하면서도, 그것을 일률적으로 적용하는 데서 오는 폐단을 방지하기 위하여 여러 가지 예외를 인정하고 있다.

1. 행정심판은 제기하되 그에 대한 재결을 거칠 필요가 없는 경우(§18②)

(1) 행정심판청구가 있은 날로부터 60일이 지나도록 재결이 없는 때(I)

(2) 처분의 집행 또는 절차의 속행으로 생길 중대한 손해를 예방하여야 할 긴급한 필요가 있는 때(II)

(3) 법령의 규정에 의한 행정심판기관이 의결 또는 재결을 하지 못할 사유가 있는 때(III)

(4) 그 밖의 정당한 사유가 있는 때(IV)

2. 행정심판을 제기함 없이 행정소송을 제기할 수 있는 경우(§18③)

(1) 동종사건에 관하여 이미 행정심판의 기각판결이 있는 때(I)

<判例>는 자동차운수사업법상 증차처분과 증차거부처분이 "처분청 및 재결청이 동일하고 서로 내용상 관련되는 처분이어서 따로 행정심판을 거칠 필요가 없다."고 하여 기본적 동일성을 처분의 주체와 처분의 내용적 관련성을 기준으로 판단하고 있다.

(2) 서로 내용상 관련되는 처분 또는 같은 목적을 위하여 단계적으로 진행되는 처분 중 어느 하나가 이미 행정심판의 재결을 거친 때(Ⅱ)

1) 서로 내용상 관련되는 처분

국세의 납세고지처분에 대하여 적법한 전심절차를 거친 이상 가산금 및 중가산금처분에 대하여 따로 전심절차를 밟지 않아도 되는 것으로서 각각 독립된 처분이지만 내용상으로 일련의 상관관계가 있는 복수의 처분을 말한다.

2) 같은 목적을 위하여 단계적으로 진행되는 처분

건물철거의 대집행에 있어 계고처분과 그 후속행위로서의 대집행영장의 통지는 종국적으로 마지막 처분에 의해 실현될 하나의 행정목적을 위한 것으로서 하나의 행정목적을 실현하기 위한 단계적인 절차관계에 있는 처분을 말한다.

(3) 처분의 변경에 따라 소를 변경하는 때(§22①, ③)

1) 사실심변론종결 전의 경우

취소소송이 계속되고 있는 동안에 행정청이 당해 소송의 대상인 처분을 변경한 때에는 그 변경된 처분에 맞추어 소를 변경할 수 있다(§22①).

이 경우에는 변경된 처분에 대하여 따로 행정심판을 거칠 필요가 없다(§22③). 이는 사실심변론종결 후 행정청이 처분을 변경함으로써 별도의 취소소송을 제기하는 때에 전심절차를 거칠 필요가 없다고 한 것과 균형을 유지하기 위함이다.

2) 사실심변론종결 후의 경우

영업허가의 취소처분에 대하여 취소소송을 제기하였는데, 사실심변론종결 후 처분청이 이를 정치처분으로 변경한 경우에는 다시 행정심판을 거칠 필요는 없다(ⅲ).

(4) 처분행정청이 행정심판을 거칠 필요가 없다고 잘못 알린 때(Ⅳ)

[22] 제소기간

노12약,

Ⅰ. 서 설

1. 의 의

제소기간은 소송의 1제기가 허용되는 기간을 말하며, 행정소송법은 민사소송과 달리 제소기간을 제한하고 있다. 공익과 밀접한 관계가 있는 공법관계를 장기간 불확정한 상태로 방치하는 것은 바람직하지 않기 때문이다.

제소기간은 형식적 소송요건으로서 제소기간 내에 소제기를 하지 못하면 부적법한 소제기로서 각하를 받게 된다.

2. 행정소송법상 규정

행정소송법 제20조에 취소소송의 제소기간을 규정하고 이를 부작위위법확인소송에서 준용하고 있으나 무효등확인소송과 당사자소송에는 준용하고 있지 않다.

Ⅱ. 취소소송의 제소기간

1. 행정소송법 제20조 제1항

처분이 있음을 안 날	격지자	서면으로 통지하는 경우 그 서면이 상대방에게 도달한 날
	공시송달	서면이 상대방에게 도달한 것으로 간주되는 날
	사실행위	그 행위가 있고 당사자가 그 침해를 인식하게 된 날
처분이 있은 날		처분이 고지에 의하여 외부에 표시되고 그 효력이 발생한 날로서 처분은 원칙적으로 상대방에게 도달함으로써 효력이 발생한다(행정절차법 §15①).

(1) 법규정

취소소송은 처분 등이 있음을 안 날 또는 행정심판의 재결서를 송달받은 날로부터 90일 이내에 제기하여야 한다.

(2) 내 용

여기서 "처분이 있음을 안날"이란 통지·고지 기타의 방법에 의하여 당해 처분이 있었다는 사실을 현실적으로 안 날을 의미한다(대판 1991.6.28, 90누6521).

또한 행정심판의 제기는 그것이 강제적인 것인지, 임의적인 것인지 또는 처분청이 행정심판을 할 수 있다고 잘못 알린 경우인지를 가리지 아니한다.

(3) 불변기간

이 기간은 불변기간이므로 법원은 직권으로 이를 단축할 수 없다.

다만 원격지에 주소·거소를 둔 자를 위하여 부가기간을 정하거나, 당사자에 책임 없는 사유로 인하여 이 기간을 준수할 수 없는 경우에, 소송행위의 추완을 허용할 수 있을 뿐이다. 국외에서의 소송행위의 추완 기간은 14일에서 30일로 하고 있다.

2. 행정소송법 제20조 제2항

(1) 법규정

취소소송은 처분이 있은 날 또는 재결이 있은 날로부터 1년이 지나면 이를 제기하지 못한다.

다만 정당한 사유가 있는 때에는 그러하지 아니하다.

(2) 내 용

처분이 있은 날이란 당해 처분이 대외적으로 표시되어 효력을 발생한 날을 말한다(대판 1990.7.1, 90누2284).

(3) 1년의 예외

처분이 있은 날로부터 1년이 경과하더라도 그 기간 내에 소제기를 못한 정당한 사유가 있는 경우에는 소제기를 할 수 있다.

(4) "정당한 사유"의 판단

"정당한 사유"는 불확정개념으로서 그 존부(存否)는 사안에 따라 개별적으로 판단하여야 하나, 그것은 민사소송법의 "당사자가 그 책임을 질 수 없는 사유"나 행정심판법 제18조 제2항 소정의 "천재·지변·전쟁·사변 그 밖에 불가항력적인 사유"보다는 넓은 개념으로서, 제소기간 도과의 원인 등 여러 사정을 종합하여 지연된 제소를 허용하는 것인 사회통념상 상당하다고 할 수 있는가에 따라 판단되어야 할 것이다(대판 1991.6.28, 90누6521).

3. 제소기간의 종료

위의 두 기간은 선택적인 것이 아니므로, 둘 중 어느 하나라도 기간이 만료되면 제소기간은 종료된다.

제소기간의 도과 여부는 법원의 직권조사사항이다.

Ⅲ. 기타 소송과 제소기간

1. 무효등확인소송과 제소기간

무효인 처분은 처음부터 효력이 없는 것이므로, 법률관계의 조속한 확정이란 요청에 기한 제소기간의 제한 규정이 무효등확인소송에는 적용되지 않는다. 즉 제소기간의 제한을 받지 않는다.

2. 부작위위법확인소송과 제소기간

부작위위법확인소송은 행정심판의 재결을 거친 경우를 제외하고는 제소기간의 제한은 없다.

즉 행정심판의 재결을 거친 경우에는 재결서 정본을 송달받은 날로부터 90일 이내, 재결이 있은 날로부터 1년 이내에 제기하여야 한다.

3. 당사자소송과 제소기간

행정소송법은 당사자소송에 관하여 법령에 제소기간이 정하여져 있는 때에는 그에 따르며 이때의 기간은 불변기간으로 한다.

따라서 취소소송의 제소기간은 당사자소송에는 적용되지 않는다.

[23] 취소소송에서의 소송물이론

I. 서 설

1. 소송물의 개념

특정한 사실상태에 근거해 원고가 자신의 권리를 보호해 달라고 법원에 제출한 법적인 주장을 말한다.

따라서 소송물은 ①청구의 취지, ②소송의 종류, ③청구원인에 따라 결정된다. 한편, 소송물은 소송의 대상과 달리 행정소송상 분쟁대상의 범위를 확정하게 된다.

2. 소송물이론의 필요성

①확정판결시 소송물의 범위 내에서만 중복제소가 금지되고, ②그 범위 내에서 만 소의 변경과 청구의 병합의 가능하며, ③처분권주의의 위배 여부의 판단도 그 범위 내에서만 가능하다.

II. 취소소송에서의 소송물이론

1. 학 설

(1) 처분의 위법성 일반을 소송물로 보는 견해(通)

처분 등의 위법성 또는 위법성 일반을 소송물로 보는 입장으로 하나의 행정행 위에 대해서 위법사유가 여러 개 있더라도 하나의 소송물로 본다.

이에 의하면, 확정판결의 기판력은 위법성 전반에 미치므로, 행정청은 다른 사유를 들어 불허가처분 등을 할 수 없다.

(2) 처분의 위법성 개개의 사유를 소송물로 보는 견해

위의 예에서, 행정청은 다른 사유를 들어 불허가처분을 할 수 있다.

(3) 처분을 통하여 자신의 권리가 침해되었다는 원고의 권리주장을 소송물로 보는 견해

민소법상 일분지설의 입장으로, 소송물은 소송법적 관점에서 고찰해야 하므로 원고의 소송상 주장과 제시한 위법사유에 따라 소송물이 달라진다.

(4) 처분 등의 위법성과 이를 근거로 한 처분 등의 취소를 구하는 원고의 법적 권리주장을 소송물로 보는 견해

민소법상의 이분지설의 입장으로, 처분 등의 위법성뿐만 아니라 위법성을 근거로 한 처분 등의 취소를 구하는 원고의 법적 권리주장을 소송물로 본다.

(5) 계쟁처분 및 계쟁처분과 규율내용에 있어 기본적 사실관계가 동일한 처분의 위법성 일반이라는 견해

이 설은 <判例>가 제시하는 '기본적 사실관계의 동일성'을 근거로 소송물을 파악하는 견해이다.

2. 판례의 태도

(1) 조세소송의 경우

과세처분취소소송의 소송물은 그 취소원인이 되는 위법성 일반으로 보는 반면에,

(2) 일반 행정사건의 경우

처분사유의 추가·변경과 관련해서는 처분의 동일성이 유지되는 범위 내에서 그 사유를 교환·변경할 수 있다고 한다.

3. 검토의견

개별적인 경우에 판단이 가능한 <判例>의 태도가 타당하기는 하나, 기본적 사실관계의 동일성 범위를 판단하는 기준이 문제 된다.

이에 대해서는 ①처분의 근거사실상태, ②그 규율목적과 내용이 기준이 되어야 할 것이다(장태주).

[24] 소의 변경

태706p

※소의 변경＝소의 종류의 변경＋처분사유의 추가·변경

Ⅰ. 서 론

1. 의 의

소의 변경은 소송의 계속 중에 원고가 심판의 대상인 청구를 변경하는 것을 말한다. 소의 변경은 청구의 변경을 말하고, 청구의 변경은 소송물의 변경을 말한다.

소송물의 변경은 청구취지와 청구원인에 의해 특정되는 것이므로 소의 변경은 청구취지와 청구원인의 변경에 의해 이루어진다. 따라서 청구를 이유 있게 하기 위한 공격·방어방법의 변경은 소의 변경이 아니다.

일반적으로 소의 변경에는 종래의 청구를 철회하고 새로운 청구를 하는 '교환적 변경'과 종래의 청구는 그대로 두고 새로운 청구를 추가하는 '추가적 변경'이 있다.

2. 다른 개념과의 구별

(1) 청구취지 및 청구원인의 변경

1) 청구취지의 변경

소의 종류를 변경하는 것, 청구의 대상을 변경하는 것(처분변경의 경우에 변경된 처분을 대상으로 동일한 취소소송을 제기하는 것), 및 청구의 내용을 변경(동일한 처분을 대상으로 전부 취소를 일부 취소로 변경하는 것)을 들 수 있다.

이 중에 청구의 내용만을 변경하는 것에 대해서는 행정소송법에서 규정하고 있지 않으므로 민사소송법의 소의 변경에 관한 규정을 준용할 수밖에 없다.

2) 청구원인의 변경

청구를 근거 지우는 사실관계와 법적 관점(위법사유)이 있는데, 통설에 따라 취소소송의 소송물을 위법성 일반이라고 본다면 청구를 특정하는 사실관계의 변경은 소의 변경이 되지만, 단순한 법적 관점(개개인의 위법사유)의 변경은 청구의 변경이 되지 못하고 단순한 공격방어방법의 변경에 불과한 것이다.

(2) 청구취지의 정정

청구취지의 정정이라 함은 청구취지의 기재에 착오가 있는 경우 등에 있어서 청구취지를 바로잡는 것을 말한다.

한편 대법원 <判例>는 청구취지의 정정 없이 취소판결을 내릴 수 있다고 보고 있으나, 법원은 석명권을 행사하여 무효확인소송을 취소소송으로 정정한 후 취소판결을 내려야 할 것이다(김정일).

3. 문제점(개정안)

국민이 권익을 보호받기 위하여 민사소송을 제기해야 할지 행정소송을 제기해야 하는지 여부를 판단하는 것이 쉽지 않고, 행정행위의 형식이 다양화·전문화되면서 어려움이 가중될 것이 예상되므로 양자 간의 소의 변경이 문제 된다.

Ⅱ. 행정소송법에 의한 소의 변경

1. 소의 종류의 변경

(1) 의 의

법원은 취소소송을 당해 처분 등에 관계되는 사무가 귀속하는 국가 또는 공공단체에 대한 당사자소송 또는 취소소송 외의 항고소송으로 변경하는 것이 상당하다고 인정할 때에는 청구의 기초에 변경이 없는 한 사실심의 변론종결시까지 원고의 신청에 의하여 결정으로써 소의 변경을 허가할 수 있다(§21).

여기에는 항고소송 간의 변경과 항고소송과 당사자소송과의 변경이 있을 수 있는데, 후자의 경우 당사자의 변경을 수반하는 경우가 있다는 점에서 민사소송법에 대한 특례이다.

(2) 필요성

원고가 자칫 행정소송의 종류의 선택을 잘못함으로써 권리와 이익의 구제에 차질이 있을 수 있기 때문이다.

다만, 학설은 소의 종류의 변경은 교환적 변경에 한하고 추가적 변경은 관련청구소송의 병합적 제기의 방법에 의함이 타당하다고 한다.

(3) 요 건

1) 취소소송이 계속되어 있을 것

2) 사실심변론종결시까지 원고의 신청이 있을 것

법률심인 상고심에서는 소변경이 허용되지 않는다.

3) 취소소송은 '당해 처분에 관계되는 사무가 귀속하는 국가 또는 공공단체에 대

한 당사자소송 또는 취소소송 외의 항고소송으로 변경하는 것일 것

여기에서 말하는 사무가 귀속하는 국가 또는 공공단체란 처분 또는 재결의 효과가 귀속하는 국가 또는 공공단체를 의미한다. 따라서 기관위임사무를 수행하는 경우 사무가 귀속하는 것은 당해 지방자치단체가 아니라 국가 또는 다른 지방자치단체이다.

한편, <判例>는 취소소송을 당사자소송으로 변경하는 경우에는 당사자의 변경이 수반되므로, 행정소송법 §14에 규정된 피고변경이 아니라고 한다.

4) 청구의 기초에 변경이 없을 것

청구의 기초는 '신·구 청구 간의 관련성'을 의미한다. 이에 관해서는 민사소송법상의 이익설, 기본적 사실설, 사실자료공통설 등의 대립이 있으나, 여기에서는 취소소송에 의하여 구제받으려고 하는 원고의 권리·이익의 동일성의 유지를 의미한다고 본다.

5) 법원은 상당하다고 인정하여 허가결정을 할 것

상당성의 요건은 '소송절차를 지연케 함이 현저한 경우에는 예외로 한다.'고 규정한 것보다는 넓은 개념으로서 파악하는 것이 일반적이다.

(4) 절 차

① 법원은 소의 변경을 허가함에 있어 피고를 변경하는 경우에는 새로 피고로 될 자의 의견을 들어야 하며,

② 허가결정이 있게 되면 결정의 정본을 새로운 피고에게 송달하여야 한다(§21②, §14②).

③ 소의 변경을 허가하는 법원의 결정에 대해서는 신소의 피고와 종전의 피고는 즉시 항고할 수 있다(§21③).

④ 소변경의 불허가결정에 대한 불복방법에 대해서는 민사소송법상의 특별항고

또는 별소의 제기가 가능하다.

(5) 효 과

소의 변경을 허가하는 결정이 확정되면 새로운 소는 변경된 소를 처음에 제기한 때에 제기된 것으로 보며, 변경된 구소는 취하된 것으로 본다(§21④).

따라서 구소에 대하여 취하된 종전의 소송절차는 신소에 유효하게 승계된다.

2. 처분변경으로 인한 소의 변경

(1) 의 의

법원은 행정청이 소송의 대상인 처분을 소가 제기된 후에 변경한 때에는, 원고의 신청에 의하여 결정으로써 청구의 취지 또는 원인의 변경을 허가할 수 있다(§22①).

(2) 필요성

원고에게 책임이 없는 사유로 인하여 발생하는 불합리한 절차의 반복을 피하고, 원고로 하여금 간편·신속하게 구제받도록 하기 위한 것이다.

(3) 요 건

1) 취소소송이 계속 중일 것

2) 사실심변론종결 전까지 원고의 신청이 있을 것

3) 처분의 변경이 있을 것

당해 소송의 대상인 처분의 소가 제기된 후 행정청에 의하여 변경되어야 한다.

따라서 관련되는 처분이 변경된 경우에는 이 요건에 해당하지 않는다.

4) 처분의 변경이 있음을 안 날로부터 60일 이내일 것(§22②)

5) 법원의 변경허가결정이 있을 것

변경되는 신소는 적법하여야 한다. 별도의 전심절차는 거칠 필요가 없다(§22①).

(4) 효 과

소변경의 허가결정이 있으면 신소는 구소가 제기된 때에 제기된 것으로 보며, 구소는 취하된 것으로 본다(§21④).

Ⅲ. 민사소송법에 의한 청구변경

1. 개 설

행정소송법의 변경에 관한 특례는 민사소송법상의 청구변경을 배척하는 취지가 아니므로, 원고는 소송절차를 현저히 지연시키지 않는 한 청구의 기초에 변경이 없는 한도 내에서 민사소송법의 규정에 따라 청구의 취지 또는 원인을 변경할 수 있다(§8②).

　<민사소송법 제262조> (청구의 변경) ①원고는 청구의 기초가 바뀌지 아니하는 한도 안에서 변론을 종결할 때(변론 없이 한 판결의 경우에는 판결을 선고할 때)까지 청구의 취지 또는 원인을 바꿀 수 있다. 다만, 소송절차를 현저히 지연시키는 경우에는 그러하지 아니하다.
　②청구취지의 변경은 서면으로 신청하여야 한다.
　③제2항의 서면은 상대방에게 송달하여야 한다.
　<민사소송법 제263조> (청구의 변경의 불허가) 법원이 청구의 취지 또는 원인의 변경이 옳지 아니하다고 인정한 때에는 직권으로 또는 상대방의 신청에 따라 변경을 허가하지 아니하는 결정을 하여야 한다.

---

2. 행정소송과 민사소송 사이의 소의 변경

(1) 문제점

민사소송법상 소의 변경이 인정되기 위해서는 ①동종절차와 ②공통관할이라는 요건이 필요함에도 불구하고 이러한 요건을 충족하지 못한 양자 간의 소의 변경이 인정되는지가 문제 된다.

(2) 인정 여부

1) 긍정설

이 견해는 항고소송을 처분을 원인으로 하는 민사소송으로 변경하는 경우 ①피고가 처분청에서 국가 등으로 변경되지만 양당사자는 실질에 있어 동일성을 유지하고 있고, ②항고소송과 민사소송은 관할법원을 달리하는 문제가 있지만, 현재에는 행정소송도 3심제이고, ③행정법원은 일반 사법법원으로부터 독립된 법원이 아니라 사법법원의 하나로서 전문법원에 불과한 것이므로, 행정법원이 당해 민사사건을 심리하는 것도 가능하다고 본다.

2) 부정설(多)

민사소송법상의 소의 변경은 ①법원과 당사자의 동일성을 유지하면서, ②동종의 절차에서 심리될 수 있는 청구 사이에서만 가능한 것이므로, 민사소송을 행정소송으로 변경하는 것이나 행정소송을 민사소송으로 변경하는 것은 허용되지 않는다고 보는 견해이다.

(3) 검토의견

민사소송법의 소의 변경이 인정되기 위해선, 동종절차와 공통관할이라는 요건이 필요하다. 이에 따라 볼 때, 행정소송과 민사소송이 동종절차라고 볼 수도 없고 공통관할이라고 보기도 힘들다.

항고소송에서 민사소송으로의 변경은 당사자의 변경을 수반하는데 민사소송법은 이러한 피고의 변경을 원칙적으로 인정하지 않는다. 따라서 부정설이 타당하다 할 것이나 국민의 권익구제를 위하여 입법적으로 인정함이 타당할 것이다.

[25] 처분사유의 추가 · 변경

※소의 변경: 소의 종류의 변경＋처분사유의 추가 · 변경

I. 개 설

1. 의 의

소의 변경은 소송물을 변경하는 데 반하여, 처분사유의 추가 · 변경은 소송의 계속 중에 그 대상처분의 사유를 추가하거나 잘못 제시된 사실상의 근거 또는 법률적 근거를 변경하는 것을 말한다.

2. 구별개념

(1) 이유부기상 하자의 치유와의 구별

이유부기상 하자의 치유는 처분시에 이유부기가 전혀 이루어지지 않았거나 또는 법령상 요구되는 정도로 이루어지지 않은 하자가 있어 이를 사후에 치유하는 것을 말하는 반면에

처분사유의 추가 · 변경은 처분시에 이미 법령상 요구되는 처분사유가 존재하고 있었으나 그것이 내용상 적절한 방법으로 이루어지지 않아 이를 소송 계속 중에 추가 · 변경하는 것을 말한다.

(2) 흠 있는 행정행위의 전환과의 구별

흠 있는 행정행위를 흠이 없는 적법한 행정행위로서 효력을 발생케 하는 행정

행위의 전환은 그 전환을 통해 종전과는 다른 법적 규율이 가해지는 것이므로 처분의 동일성은 유지되지 못하는 반면,

처분사유의 추가·변경은 그 처분의 동일성이 그대로 유지된다는 점에서 양자는 구별된다.

3. 문제점

피고인 행정청이 처분사유를 새로 추가·변경하는 것은 소송경제적 측면에서는 일은 긍정될 수 있으나, 그에 따른 원고의 공격·방어방법의 보장이라는 측면에서는 직접적으로 소송의 승패와도 직결될 수 있으므로 상당한 범위 내로 제한될 필요가 있다.

Ⅱ. 인정 여부

1. 학 설

(1) 긍정설

소송 계속 중 처분사유의 추가·변경은 원칙적으로 허용된다고 보는 입장이다. 특히, 이 견해는 ①소송물의 범위를 처분의 위법성 일반으로 보아 처분사유의 추가·변경을 넓게 인정하며, ②일회적 분쟁해결이라는 소송경제적 측면을 강조한다.

(2) 부정설

소송 계속 중 처분사유의 추가 변경은 원칙적으로 허용되지 않는다고 보는 견해이다. 이 견해는 ①소송물의 범위를 처분 개개의 위법사유로 보아 처분사유의 추가·변경의 여지를 제한적으로만 판단하며, ②소송당사자의 공격·방어권의 보

장이라는 측면을 강조한다.

(3) 제한적 긍정설

①행정소송에 있어서의 실질적 법치주의 내지 소송경제의 관점과 ②처분 상대방의 신뢰보호 내지 공격 방어권의 보장과의 조화를 이룰 필요성이 있다는 점에서, 일정한 범위 내에서 제한적으로 허용된다고 본다.

<判例>는 당초에 삼은 처분의 근거사유와 기본적 사실관계의 동일성이 인정되는 범위 내에서만 인정하는 반면(대판 1987.12.8, 87누632), 학설은 계쟁처분의 본질을 해하지 않음과 동시에 소송당사자의 공격·방어권을 침해하지 않는 범위 내에서만 인정된다고 본다.

2. 판 례

처분청은 <u>당초의 처분사유와 기본적 사실관계에 있어서 동일성이 인정되는 한도 내</u>에서만 새로운 처분사유를 추가하거나 변경할 수 있는 것이나, 이는 사실심 변론종결시까지만 허용된다고 판시하여 제한적 긍정설의 입장에 있다.

3. 검토의견

생각건대 ①긍정설은 처분 당시 처분이유를 제시하도록 한 취지를 몰각한 것으로(행정절차법 §23: 이유부기제도) 택할 수 없으며, ②부정설은 분쟁의 일회적 해결요청에 반하고 소송경제의 관점에서도 문제가 있다. ③따라서 실질적 법치주의와 행정처분의 상대방인 국민에 대한 신뢰보호라는 견지에서 제한적 긍정설이 타당할 것이다.

Ⅲ. 허용의 한계

1. 처분의 동일성과 처분사유의 변경

(1) 동일성의 범위

이에 대해 <判例>는 '처분사유의 동일성의 범위'를 조세소송의 경우에는 과세 표준 또는 세액이라는 조세의 동일성 아래 비교적 넓게 인정하는 반면, 일반 행정사건의 경우에는 비교적 이를 좁게 인정하는 입장을 취하는 것으로 보인다.

(2) 내 용

취소소송에 있어서의 모든 주장은 처분의 동일성을 해하지 않는 범위 내에서 허용된다. 소송상의 주장이 처분의 동일성을 해치게 되면 계쟁처분과는 관계없는 별개의 주장이 되기 때문이다.

한편 처분의 동일성이 있음에도 변경을 불허하는 경우에는 법원에 의하여 당해 처분이 취소되고 행정청은 새로 불허된 근거에 기초하여 동일한 처분을 하게 되 어 이는 결국 소송경제에 반하게 되기 때문에 이는 허용하여야 할 것이다.

2. 소송물과 처분사유의 변경

(1) 소송물의 범위

처분사유의 추가나 변경은 취소소송의 소송물의 범위 내에서만 가능하다.

(2) 내 용

처분사유의 변경으로 소송물이 변경된다면 소의 변경을 하여야 한다.

3. 이유제시제도와 처분사유의 변경

(1) 관련규정

행정절차법 §23에서는 행정청은 처분을 하는 때에는 원칙적으로 그 근거와 이유를 제시하여야 하고 그 이유를 처분 당시 밝히지 않았던 것도 당사자의 요청이 있으면 사후에 밝혀야 한다고 한다.

<행정절차법 제23조> (처분의 이유제시) ①행정청은 처분을 하는 때에는 다음 각 호의 1에 해당하는 경우를 제외하고는 당사자에게 그 근거와 이유를 제시하여야 한다.
 1. 신청내용을 모두 그대로 인정하는 처분인 경우
 2. 단순·반복적인 처분 또는 경미한 처분으로서 당사자가 그 이유를 명백히 알 수 있는 경우
 3. 긴급을 요하는 경우
 ②행정청은 제1항 제2호 및 제3호의 경우에 처분 후 당사자가 요청하는 경우에는 그 근거와 이유를 제시하여야 한다.

(2) 행정청이 처분이유제시를 한 경우, 처분시에 이유로 삼지 않았던 새로운 처분이유를 소송 계속 중 추가·변경할 수 있는지의 여부

통설과 <判例>는 이를 부정한다. 그 근거는 ①처분이유의 추가·변경을 자유로이 인정하는 것은 이유를 제기하지 않은 처분을 허용하는 것과 같으며, ②또한 이유제시제도에는 새로운 이유로 처분을 유지할 수 없다는 절차적 보장까지 부여되어 있기 때문이다.

(3) 근거법조만을 추가·변경하거나 처분사유를 구체화하는 데 불과한 경우

다만, <判例>는 당초에 명시한 구체적 사실을 변경하지 아니한 채 단순히 근거법조만을 추가·변경하는 주장이나 당초의 처분사유를 구체화하는 데 불과한 주장은 처분사유의 추가·변경의 문제가 아니므로 이를 토대로 그 처분의 적법 여

부를 판단하여도 무방하다고 한다.

4. 재량처분과 처분사유의 추가 변경

재량행위에 대한 처분사유의 추가 변경이 허용되는지에 대해 견해가 대립한다.

(1) 긍정설

①처분사유의 추가나 변경의 허용성 여부는 그러한 처분이 기속행위인지 재량행위인지와 같은 그 처분의 성질에서 출발하는 것이 아니라, 원고에게 불의의 타격을 주지 않는 범위 내에서 분쟁의 일회적 해결을 도모하기 위한 것이다. ②재량행위라 할지라도 원고의 권리방어에 지장을 초래하지 않는 범위에서, 즉 기본적인 사실관계의 동일성이 인정되는 한 처분사유의 추가나 변경은 허용되어야 할 것이다.

(2) 부정설

①재량고려는 재량행위의 구조에 있어서의 가장 핵심적인 기능을 하며 ②재량행위의 동일성 판단을 하는 데에 결정적인 요소로 작용하는 것인 만큼, 재량행위의 고려과정의 변경은 재량행위의 새로운 변경행위로서의 성질을 갖는 것이기 때문에 처분사유의 추가나 변경은 허용되지 않는다고 한다.

(3) 검토의견

재량행위의 경우 항상 처분사유의 추가나 변경이 허용되지 않는다는 견해는 너무 재량행위의 성질에 의존하여 형식 논리적으로 결론을 이끌어 낸다는 점에서 문제가 있다.

따라서 사실관계의 동일성이 인정된다면 처분사유의 추가 변경은 인정될 수 있을 것이다.

Ⅳ. 처분사유의 추가·변경의 범위에 대한 판례

1. 기본적 사실관계의 동일성을 긍정한 판례

<장태주>: ①토지형질변경 불허가처분의 당초의 처분사유인 국립공원에 인접한 미개발지역의 합리적인 이용대책 시까지 그 허가를 유보한다는 사유와 국립공원 주변의 환경·풍치·미관 등을 크게 손상시킬 우려가 있으므로 공공목적상 원형유지의 필요가 있는 곳으로서 형질변경허가 금지대상이라는 사유는 기본적 사실관계에 있어 동일성이 인정된다고 하였고, ②구정기간행물의 등록에 관한 법률 소정의 첨부서류가 제출되지 아니하였다는 주장은 발행주체가 불법단체라는 당초의 처분사유와 비교하여 볼 때 발행주체가 단체라는 점을 공통으로 하고 있어 기본적 사실관계의 동일성이 있다고 한다.

<김동희>: ①발행주체가 단체라는 점을 공통으로 하고 있는 정간법령 소정의 첨부서류가 제출되지 아니하였다는 주장과 발행주체가 불법단체라는 당초의 처분사유, ②지입제운영행위에 대해 자동차운송사업면허를 취소한 행정처분에 있어서 당초의 취소근거로 삼은 자동차운수사업법 제26조를 위반하였다는 사유와 직영으로 운영하도록 한 면허조건을 위반하였다는 사유

1. 기본적 사실관계의 동일성을 부정한 판례

<장태주>: ①허가신청서의 구비서류 미비라는 처분의 형식적 사유와 당해 사안이 그 고유목적에 부합되지 아니한다는 처분의 실체적 사유는 기본적 사실관계의 동일성이 인정되지 않는다고 하였고, ②이주대책대상자 선정신청을 거부한 이유를

당해 사업지구대상자가 아니라는 이유에서 이주대책 실시기간을 도과하여 선정신
청을 거부하였다고 한 것은 기본적 사실관계의 동일성이 없다고 보았다.

　<김동희>: ①중기취득세 체납을 이유로 하다가 자동차세 체납을 이유로 하는
경우, ②무자료 주류 판매를 이유로 주류도매업면허를 취소하였다가 무면허업자에
게 판매하였음을 주장하는 경우

Ⅴ. 기타의 경우

1. 변경사유의 기준시

처분 당시에 이미 객관적으로 존재하고 있었으나 행정청이 알지 못했거나 알았
지만 중요하지 않다고 판단하여 처분의 기초로 삼지 않았던 사유를 말한다. 따라
서 처분 후에 발생한 사실관계나 법률관계는 논의 대상에서 제외된다.

2. 행정심판전치주의와의 관계

제1항의 규정에 의하여 변경되는 청구는 제18조제1항 단서의 규정에 의한 요건
을 갖춘 것으로 본다.

3. 처분사유의 추가·변경의 결과

(1) 처분사유의 추가·변경이 허용되는 경우

반면 소송 계속 중 처분사유의 추가 변경이 허용될 경우, 원고가 소제기 시에
는 당시의 처분사유로는 위법한 처분이라고 생각하였으나 변경된 후에 비로소 처
분의 적법성을 인식한 경우에 소 취하할 기회를 부여하여야 한다.

또한 그러한 이유로 소 취하되거나 원고가 패소하게 되는 경우에는 그로 인한 소송비용의 일부를 피고가 부담하는 것으로 보아야 한다.

(2) 처분사유의 추가 · 변경이 허용되지 않는 경우

처분사유의 추가 변경이 허용되지 않는, 즉 기본적 사실관계의 동일성이 없는 처분사유의 변경은 당초의 처분을 유지시키지 않고 다른 처분을 발하는 것이어서 처분의 변경을 초래하므로, 이 경우 원고가 새로운 상황에 대비할 수 있도록 처분변경으로 인한 소의 변경이 허용되어야 한다(§22).

[26] 취소소송과 가구제(집행정지제도와 가처분의 준용)

노4약, 노8논,

case: 투전기 영업허가를 받은 甲은 3년의 허가 유효기간이 얼마 남지 아니하여 허가갱신신청을 허가관청에 하였으나 거부당하였다. 이에 甲은 허가갱신처분취소소송을 제기함과 동시에 허가갱신거부처분의 비행정지 결정을 신청하였다. 甲의 집행정지 주장의 당부와 그 논거를 제시하시오(사시 46회)

I. 서 론

1. 가구제의 의의

행정소송법상의 가구제(假救濟)란 본안판결의 실효성을 확보하기 위하여 계쟁처분 등이나 공법상의 권리관계에 관하여 잠정적인 효력관계나 지위를 정함으로써 본안판결이 확정되기 전에 잠정적으로 권리구제를 도모하는 것을 말한다. 이러한 가구제에는 집행정지와 가처분이 있다.

2. 집행부정지원칙

행정소송이 제기된 경우에 그 대상인 처분의 효력이 정지되는가 여부는 <u>이론적 차원</u>에서가 아니라 입법정책적 차원에서 결정될 문제이다.

이에 대해 우리나라는 행정소송법 §23①에서 "취소소송의 제기는 처분 등의 효력이나 그 집행 또는 절차의 속행에 영향을 주지 아니한다."라고 규정하여 집행부정지원칙을 규정하고 있다. 이는 국민의 권리보호보다는 행정의 능률적 수행을 우선시한 입법태도라고 할 것이다.

※ 이론적 차원: 행정행위의 공정력이라는 근거하에 집행부정지원칙을 주장하던 이론이 있었다. 전통적인 이론에서 공정력을 '적법성추정설(예전의 다수설)'과 '유효성추정설(多)'로 나누는데, 적법성추정설에 의하면 집행부정지원칙의 논거로 가능하다 하겠으나, 현재의 다수설은 유효성을 추정하는 것일 뿐이므로 논거가 되지 못한다.

3. 문제의 소재(개정안)

①집행부정지원칙을 고수할 경우 장래에 회복하기 어려운 손해를 입을 수 있으며, ②행정쟁송상의 임시구제제도가 박약하며 가처분에 대해서는 명문규정이 없어 준용 여부가 문제 된다.

Ⅱ. 집행정지의 의의와 법적 성질

1. 의 의

행정소송법 §23②에 따르면, 집행정지란 취소소송이 제기된 처분 등이나 그 집행 또는 절차의 속행으로 인하여 생길 회복하기 어려운 손해를 예방하기 위하여 긴급한 필요가 있다고 인정할 때 법원이 당사자의 신청 또는 직권에 의해 그 집행을 잠정적으로 정지하도록 결정하는 것을 말한다.

2. 법적 성질

(1) 사법작용설

집행정지결정은 행정작용에 속한다고 보는 견해도 있으나, 현재의 통설은 원고의 권리보전을 도모하기 위하여 법원이 계쟁처분의 집행을 잠정적으로 정지하는 것이므로 형식상·내용상 사법작용에 해당한다고 한다.

(2) 소극적 작용설

집행정지는 분쟁 있는 공법상 법률관계에 대하여 적극적으로 임시의 지위를 정하는 것이 아니라, 소극적으로 계쟁처분 등의 효력집행을 정지시키는 데 불과하므로 소극적인 작용이다.

Ⅲ. 집행정지의 요건

적극적 요건으로 1－4까지, 소극적 요건으로 5－6까지이다.

1. (집행정지대상인) 처분의 존재

(1) 대상처분 등이 존재할 것(처분의 효력이 상실하지 않았을 것)

집행정지를 하기 위해서는 우선 정지될 처분 등이 존재하여야 한다. 따라서 이미 집행이 완료되어 효력을 상실하였다거나 처분의 목적이 달성되어 효력이 상실된 경우에는 집행정지가 인정되지 않는다.

(2) 취소소송과 무효확인소송의 작위처분일 것

집행정지는 취소소송과 무효확인소송이 제기된 경우에 가능하다(§23②, §38①). 항고소송이더라도 부작위위법확인소송에는 허용되지 않는다.

민중소송이나 기관소송의 경우는 특별법에 특수한 집행정지제도가 마련되어 있어 행정소송법이 적용되지 않는다.

(3) 거부처분의 신청이익 여부

1) 거부의 처분성 여부

거부가 처분이 되려면 법규상·조리상 신청권이 있는 자의 신청에 대한 거부라야 한다는 것이 <判例>의 입장이다.

2) 거부처분이 집행정지의 대상이 되는지 여부

상대방의 신청에 대한 거부처분취소소송에 있어서는 그 효력을 정지하더라도 신청인의 법적 지위는 거부처분이 없는 상태, 즉 신청시의 상태로 돌아가는 것에 그치므로 이익 여부가 문제 된다.

ㄱ) 긍정설

거부처분이라도 집행정지가 허용된다면 행정청에 사실상의 구속력을 갖게 될 것이라는 점을 논거로 하는 긍정설

ㄴ) 부정설(通)

일반적인 견해로서, 거부처분의 경우 i)집행정지에 관한 행정소송법 §23⑥도 판결의 기속력에 과한 §30①만을 준용하고 있고 거부처분에 대한 재처분의무를 규정한 §30②은 준용하지 않고 있으며, ii)집행정지를 인정하더라도 신청인의 지위는 거부처분이 없는 상태로 돌아가는 것에 불과하므로 거부처분에 대한 집행정지는 당해 거부처분에 의하여 생긴 손해를 방지하는 데 무력하다.

따라서 그 집행정지신청은 신청의 이익이 없어 부적법한 것이 될 수밖에 없다고 한다.

ㄷ) 제한적 긍정설(개별적 검토설)

원칙적으로 부정설의 입장이지만, 허가 기간의 만료 시 갱신허가를 신청하였음에도 권한행정청이 거부처분을 한 경우에는 집행정지를 인정할 실익이 있어 이러한 예외적인 경우에는 집행정지가 가능하다고 한다.

ㄹ) 판 례

<判例>는 신청에 대한 거부처분의 효력을 정지하더라도 거부처분이 없었던 것과 같은 상태, 즉 거부처분이 있기 전의 신청시의 상태로 되돌아가는 데에 불과하고 행정청에 신청에 따른 처분을 하여야 할 의무가 생기는 것이 아니므로, 거부처분의 효력정지는 그 거부처분으로 인하여 신청인에게 생길 손해를 방지하는 데 아무런 보탬이 되지 아니하여 그 효력정지를 구할 이익이 없다고 한다.

ㅁ) 검 토

생각건대, 거부처분의 경우에는 집행정지가 되더라도 신청인이 원하는 수익적 행정행위를 발령받게 되는 것이 아니라는 점, 갱신허가의 경우에도 갱신거부의 경우 갱신신청만 남는다는 점은 통상적인 거부처분과 마찬가지라는 점 등에 비추어 집행정지를 인정할 실익이 없어 통설과 <判例>의 입장인 부정설이 타당할 것이다.

(4) 허가갱신거부처분의 신청이익 여부

거부처분이라 하더라도 예외적으로 집행정지의 신청의 이익이 인정되는 경우가 있을 수 있고, 이 경우에는 집행정지신청의 대상이 될 것인지 문제 된다.

1) 서울행정법원 2003년 판례, 박균성 교수님 수록

거부처분이라 하더라도 예외적으로 집행정지의 신청의 이익이 인정되는 경우가 있을 수 있고, 이 경우에는 집행정지신청의 대상이 된다고 볼 것이다(서울행정법원 2003년 판례, 박균성).

2) 판례의 요지

①갱신허가신청에 대한 거부처분이 있을 때까지는 권리가 존속한다고 법에 특별한 규정을 두고 있는 경우, ②인허가 등에 붙여진 기간이 기정조건의 갱신 기간이라고 볼 수 있는 경우에는 원래의 허가 기간이 경과되었더라도 불허가처분의 취소소송과 집행정지신청을 받아들여 잠정적으로 판결이 확정될 때까지 허가행위

를 하도록 할 필요가 있다.

또한 ③1차 시험 불합격처분 또는 응시자격이 없다는 것을 이유로 한 원서반려처분의 경우에도 집행정지신청을 받아들여 시험응시자의 이익을 보호해 줄 필요가 있을 것이다.

2. 적법한 본안소송의 계속

집행정지의 전제가 되는 소송요건을 갖춘 본안소송이 법원에 계속되어야 한다. 또 본안소송의 대상과 집행정지의 대상은 원칙적으로 동일하여야 함이 원칙이다.

그러나 선행처분과 후행처분이 연속된 일련의 절차를 구성하여 일정한 법률효과의 발생을 목적으로 하는 경우나 목적을 달리하는 별개의 처분이지만 속행처분이 선행처분의 집행으로서의 성질을 갖는 경우에는 후행처분의 효력, 집행 또는 절차의 속행을 정지할 수 있다 할 것이다.

3. 회복하기 어려운 손해발생의 가능성

<判例>에 의하면, 회복하기 어려운 손해란 금전배상이 불가능한 경우와 사회통념상 원상회복이나 금전배상이 가능하더라도 금전배상만으로 수인할 수 없거나, 수인하기 어려운 유형·무형의 손해를 의미한다고 한다(대판 1998.8.23, 99무15).

이는 처분의 성질·태양에 중점을 두면서 그 외에 본안의 승소가능성, 집행정지로 인한 공익침해의 정도와 그로 이한 신청인이 면할 손해, 집행정지 후 본안 패소판결이 확정될 경우 발생할 문제점 등을 종합적으로 고려하여, 구체적인 사안에서 비교 판단하여야 할 것이다.

4. 긴급한 필요의 존재

시간적으로 판결을 기다릴 여유가 없어야 한다. 긴급성의 판단은 회복하기 어려운 손해발생의 가능성 요건과 연계하여 판단하여야 한다.

5. 공공복리에 중대한 영향을 미칠 우려가 없을 것

'공공복리'는 그 처분의 집행과 관련된 구체적이고 개별적인 공익을 말하는 것으로서 이러한 집행정지의 소극적 요건에 대한 주장소명책임은 행정청에 있다(대판 1999.12.20, 99무42).

6. 본안청구가 이유 없음이 명백하지 아니할 것(본안소송의 승소가능성)

(1) 학 설

①본안청구에 이유 없음이 명백하지 않아야 한다는 견해(判), ②본안청구의 이유 유무는 집행정지의 요건이 아니라는 견해(多), ③본안청구에 이유 있음이 명백해야 한다는 견해 등이 대립하는 한다.

(2) 판 례

<判例>는 원칙적으로 본안의 이유 유무는 집행정지의 요건이 될 수 없다고 보면서 이유 없음이 명백한 경우에는 이를 고려하여 판단하여야 한다고 한다.
즉, <判例>는 본안소송에서 승소가능성이 없음이 명백할 것을 집행정지의 소극적 요건으로 보고 있다(대결 1999.11.26, 99부3).

(3) 검토의견

생각건대, 집행정지제도는 신청인이 본안소송에서 승소판결을 받을 때까지 그 지위를 보호함과 아울러 후에 승소판결을 무의미하게 하는 것을 방지하려는 것이므로 본안소송의 승소가능성이 있어야 함은 당연하다.

그러나 자칫 집행정지절차의 본안소송화를 초래하여 집행정지제도의 취지를 몰각할 우려가 있으므로 본안소송에서 승소가능성이 전혀 없는 경우가 아닌 한 함부로 이 요건을 결한 것으로 보아서는 안 될 것이다. 따라서 <判例>의 태도가 타당하다고 할 것이다.

Ⅳ. 집행정지의 대상과 내용

1. 대 상

집행정지의 대상은 처분 등의 효력, 처분의 집행 또는 절차의 속행이다. 집행정지는 장래의 회복하기 어려운 손해발생의 우려가 있을 경우에 인정되는 것이므로 다음과 같은 경우에 문제가 발생한다.

(1) 거부처분

행정처분이 없었던 것과 같은 상태를 만드는 거부처분에 대해서는 집행정지를 할 수 없다는 것이 통설이다.

그러나 외국인의 체류 기간 갱신허가의 거부처분은 집행정지의 대상이 될 수도 있다.

(2) 복효적 행정행위

인접주민이 이웃의 연탄공장건설을 저지할 목적으로 관련 허가처분의 취소를 청구하는 경우와 같이 복효적 행정행위를 통하여 법률상 이익을 침해받는다고 주장하는 자가 집행정지결정을 신청할 수 있는가가 문제 된다.

논의는 많지만, 당해 처분의 피해자뿐만 아니라 수익자도 고려해야 하기 때문에 당사자 간의 이해조정이 필요하다고 하겠다.

(3) 사실행위

공권력의 행사이면서 사인의 법률상의 이익에 직접 영향을 미치는 한 대상이될 수 있다.

(4) 부관 등

부관 그 자체를 독립한 행정행위로 볼 수 있는 경우에는 그 부분에 대한 집행정지가 가능하다고 본다.

2. 내 용

(1) 처분의 효력정지

이는 처분의 내용에 따르는 구속력, 공정력, 집행력 등을 정지함으로써 당사자에 대한 효과에 있어서 당해 처분이 잠정적으로 존재하지 않는 상태로 두는 것을말한다.

그 효과 면에서 다른 집행정지결정 내용 중 가장 강력한 것이므로, 처분의 집행정지나 절차의 속행정지를 통하여 그 목적을 달성할 수 있는 경우에는 허용되지 않는다(§23②단서).

(2) 처분의 집행정지

이는 처분이 가지는 효력은 유지하면서 이를 실현하기 위한 집행력의 행사만을 정지하는 것이다. 강제출국명령을 받은 당사자에 대해 잠정적으로 강제 출국하지 않도록 하는 경우를 들 수 있다.

(3) 절차의 속행정지

이는 소송의 대상인 처분의 효력은 유지하면서 당해 처분의 후속절차를 잠정적으로 정지하게 하는 것을 말한다. 토지수용절차나 행정대집행절차의 경우에도 후속적인 절차를 정지하는 것이 이에 해당한다.

V. 집행정지의 절차

1. 관 할

집행정지는 본안소송이 계속된 법원이 관할한다.

2. 개시절차

집행정지결정은 법원이 당사자의 신청이나 직권에 의하여 행한다. 당사자의 신청시에는 그 이유에 대한 소명이 있어야 한다(§23 ④).

3. 집행정지의 심리

① 소명의 대상은 집행정지의 요건이다. 집행정지의 적극적 요건은 신청인이, 소극적 요건은 피신청인 행정청이 소명하여야 한다.

② 집행정지사건에 있어서 재판의 형식은 결정이다(§23②).

③ 집행정지에 관한 결정은 변론을 거치지 않고 할 수 있으나 당사자를 심문할 수 있다.

4. 집행정지결정에 대한 불복(§23⑤)

이에 대한 집행정지의 결정 또는 기각의 결정에 대해서는 즉시 항고할 수 있다. 이 경우 집행정지의 결정에 대한 즉시항고에는 결정의 집행을 정지하는 효력이 없다.

5. 집행정지결정의 취소(§24)

집행정지의 결정이 확정된 후 집행정지가 공공복리에 중대한 영향을 미치거나 그 정지사유가 없어진 때에는 당사자의 신청 또는 직권에 의하여 결정으로써 집행정지의 결정을 취소할 수 있다.

Ⅵ. 집행정지의 효력

1. 기속력

법원에 의해 집행정지결정이 내려지면 당사자인 행정청과 그 밖의 관계행정청을 기속한다(§23⑥, §30①).

따라서 행정청은 동일내용의 새로운 처분을 할 수 없고 만약 이러한 처분을 하였다면 이러한 처분은 당연 무효이다.

※ 참고: 집행정지취소결정에 대한 준용규정은 없다.

2. 형성력

처분 등의 효력정지결정이 있으면 당해 처분이 없었던 것과 같은 상태를 실현시키는 것이므로, 그 결정 이후 당해 처분의 발효를 전제로 하는 모든 행정처분은 허용되지 않으며 설령 그러한 처분이 존재한다고 하더라도 그 처분은 중대하고 명백한 하자로서 무효로 된다.

다만, 이러한 효력은 장래에 대해서만 그 효력이 미치므로 그때까지의 법률관계에는 영향이 없다.

3. 시간적 효력

집행정지결정의 효력은 별도로 시간적인 범위에 대해 특별히 정하고 있지 않는 한 당해 소송의 판결이 확정될 때까지 발생하게 된다.

4. 대인적 효력

행정소송법 §29②에 의하면 집행정지결정의 효력은 복효적 행정행위의 경우와 같이 제3자에게도 미친다고 한다.

Ⅶ. 가처분

1. 의 의

가처분이란 금전 이외의 특정한 급부를 목적으로 하는 청구권의 집행보전을 도모하거나 다툼이 있는 권리관계에 관하여 잠정적으로 임시의 지위를 정하는 것을 목적으로 하는 가구제제도이다.

2. 문제점(개정안)

(1) 기존제도의 문제점

(가구제제도의 취지는 장래의 확정판결의 실효성을 확보하기 위한 수단으로서의 의미를 갖는다. 그러나 현행 행정소송법의 경우 의무이행소송을 부정하고 있으므로, 당사자가 행정소송에서 승소판결을 얻은 경우라 할지라도, 법원은 행정청의 중대·명백한 위법이 아닌 한 적극적 처분변경이 불가능하므로 그 실효성이 의심된다.)

집행정지제도는 적극적으로 임시의 지위를 정하는 제도가 아니어서 거부처분 또는 부작위에 대한 적절한 가구제의 수단이 되지 못한다. 따라서 이를 극복하는 수단으로 민사소송법의 가처분제도를 들 수 있다.

현행 행정소송법 §8②은 "행정소송에 관한 특별한 규정이 없는 사항에 대해서는 법원조직법과 민사소송법의 규정을 준용한다."고 규정하고 있어 가처분에 대한 준용 여부가 논란이 된다.

(2) 개정방향

따라서 가처분제도를 명문규정으로 인정하고(민사소송 준용규정이 아닌 명문규정으로 인정), 실효성 확보를 위하여 의무이행소송 등의 도입이 논의되고 있다.

3. 인정 여부

(1) 적극설

①가처분을 배제하는 명문규정이 없는 이상 이의 준용을 거부하여야 할 이유가 없다는 점, ②헌법이 보장하는 재판받을 권리란 사법권에 의한 실효적인 권리보

호의 보장을 의미하는 것이어서 가처분조치를 취하여 본안청구의 실효성을 확보하는 것이 사법권의 범위를 벗어나는 것은 아니라는 점 등을 논거로 준용할 수 있다고 한다.

(2) 소극설(判)

①집행정지규정은 행정소송에 있어 가구제에 관한 민사소송법상의 가처분을 배제하기 위한 특별규정이라는 점, ②법원이 행정처분에 대해 가처분을 하는 것은 사법권의 범위를 벗어나는 것이라는 점 등을 논거로 준용을 부정한다.

(3) 제한적 긍정설

원칙적으로 민사소송법상 가처분규정을 준용할 수 없으나 집행정지를 통하여서는 실효적인 권리구제가 되지 않는 경우에는 가처분에 관한 민사소송법의 규정을 준용할 수 있다고 한다.

(4) 검 토

행정소송법은 의무이행소송이나 적극적 이행소송을 인정하지 않으므로 본안소송의 계속을 요건으로 하는 한 가처분제도가 준용될 소지가 없다고 할 것이다. 또한 집행정지를 통해서 실효적인 권리구제가 가능하다면 가처분제도를 인정할 실익은 없을 것이다.

다만, 집행정지제도를 통하여도 목적을 달성할 수 없는 경우에는 국민의 권리구제를 위하여 관할법원의 판단으로 가처분을 준용할 수 있는 입법적 해결이 타당할 것이다.

즉, 필요한 경우에는 가처분제도를 활용하여 행정작용에 따른 불이익을 잠정적으로 배제할 필요는 있을 것이다.

[27] 취소소송의 심리

민사소송법		행정소송법
대심주의(당사자주의)		대심주의＋직권주의(법원주도권주의)
처분권주의 －불고불리의 원칙 －불이익변경금지의 원칙		
변론주의	직권조사사항 (소송요건) 입증책임 → 원고	변론주의＋직권탐지주의 －행정심판기록제출명령 －직권증거조사주의 －직권심리주의(§26 후단): 변론주의 보 충설(多, 判)
구술심리주의		구술
공개심리주의		공개

Ⅰ. 서 설

1. 심리의 의의

소송의 심리란 소에 대한 판결을 하기 위하여 그 기초가 되는 소송자료(사실과 증거)를 수집하는 절차를 말한다.

2. 심리의 원칙

심리에 관한 원칙으로서는 당사자주의와 직권주의가 있다.

(1) 당자자주의

당사자주의란 소송절차에서 당사자에게 주도권을 부여하는 원칙으로서, 이것은 내용적으로 다시 소송의 개시·종료 또는 그 범위의 결정을 소송당사자 특히 원고의 의사에 맡기는 원칙으로서의 처분권주의와 재판의 기초가 되는 자료의 수집·제출을 당사자의 권능과 책임으로 하는 원칙인 변론주의로 나뉜다.

(2) 직권주의

이에 대하여 소송절차에서 법원의 주도권을 인정하는 것을 일반적으로 직권주의라고 하는바, 형사소송의 경우에는 직권주의가 기본원칙으로 되어 있다.

3. 행정소송의 심리

당사자주의는 민사소송상의 기본원칙이나, 이 원칙은 행정소송의 심리에도 적용된다고 본다.

그러나 행정소송은 민사소송과는 달리 그 결과는 공익에 광범한 영향을 미치는 것이므로, 소송의 귀추(歸趨)를 전적으로 당사자에게 맡겨 놓을 수 없다는 문제가 있다. 그에 따라 행정소송법은 직권심리, 기타 민사소송에 대한 특칙을 정하고 있다.

Ⅱ. 심리의 내용 및 범위

1. 심리의 내용

(1) 요건심리

제기된 소가 소송요건을 갖추었는지의 여부를 심리하는 것이다. 요건을 결한 경우 당해 소는 부적법한 소로 각하된다.

요건심리의 대상은 제소기간, 전심절차, 관할권, 피고의 지정 등 주로 형식적 요건에 관한 것이므로 법원의 직권조사사항이다.

따라서 법원은 당사자의 주장이 없더라도 직권으로 이를 조사하여야 하고 또한 당사자가 이의를 하지 아니한다 하여도 그대로 본안판결을 하지 못한다.

(2) 본안심리

본안심리는 요건심리의 결과 적법한 것으로 인정된 소의 실체적 내용을 심리하여 원고의 청구를 인용할 것인가 또는 기각할 것인가를 심사하는 것을 말한다.

2. 심리의 범위

(1) 불고불리의 원칙과 그 예외

행정소송에도 민사소송과 마찬가지로 불고불리의 원칙이 적용되어, 법원은 소송의 제기가 없으면 재판할 수 없고, 또한 당사자의 청구의 범위를 넘어서 심리·판단할 수 없음이 원칙이다.

※ 불고불리(不告不理): 고소(告訴)가 없는 것은 심리(審理)하지 않는다는 원칙

그러나 행정소송법 제26조는 "법원은 필요하다고 인정할 때에는…… 당사자가 주장하지 아니한 사항에 대해서도 판단할 수 있다"고 규정하여 예외를 인정하고 있다.

<判例>는 이 규정에 대한 해석을 원고의 청구범위를 유지하면서 그 범위 안에서 필요에 따라 주장 외의 사실에 대해서도 판단할 수 있음을 규정한 것으로 보고 있다.

(2) 재량행위의 심리

재량행위도 행정행위의 일종으로서 재량권의 일탈·남용의 경우에는 위법한 처분이 되므로, 이에 대하여 소송이 제기된 경우에도 재량권의 일탈·남용이 있는지의 여부를 심리하여야 한다.

심리 결과 재량권의 일탈·남용이 있었다고 판단되는 때에는 법원은 당해 처분을 취소하여야 할 것이다.

단순히 부당함에 그치는 것으로 판단될 때에는 청구를 기각하게 될 것이다.

(3) 법률문제·사실문제

법원은 취소소송의 심리에 있어 계쟁처분 또는 재량에 관계되는 모든 법률문제·사실문제에 관한 재심사권을 가진다.

한편 입법례에 따라 심리의 범위를 법률문제에 한정시키는 경우도 있는데, 미국행정법의 '실질적 증거의 법칙'과 독일의 학설·판례에 의한 '판단여지이론'을 들 수 있다.

Ⅲ. 심리절차

행정사건의 심리에 있어서도 행정소송법에 특별한 규정이 없는 한 민사소송법과 법원조직법 및 민사집행법의 규정이 준용된다.

따라서 일반 민사소송사건의 심리와 마찬가지로 처분권주의, 변론주의, 공개심리주의, 구술심리주의 등이 적용된다.

그러나 행정소송법은 판결의 객관적인 공정·타당성을 보장하기 위하여 변론주의에 대한 예외로서 직권증거조사와 법원의 행정심판기록제출명령 등에 관하여 규정하고 있다.

1. 심리에 관한 일반 원칙

(1) 처분권주의

행정소송절차의 개시 및 종료, 심판의 대상 등을 원고의 의사에 맡기는 원칙을 말한다.

다만, 소송의 종료에 있어서는 민사소송과 달리 청구의 포기·인낙이나 화해는 허용되지 않는다고 한다(多).

(2) 변론주의

법원의 판결의 기초가 되는 소송자료의 수집·제출의 책임을 당사자에게 일임하고, 법원은 이를 재판의 기초로 삼는 원칙을 말한다.

(3) 구술심리주의와 공개심리주의

1) 구술심리주의

소송심리에 있어, 당사자 및 법원의 소송행위를 구술로 하는 원칙으로서 특히 변론 및 증거조사에서 두드러진다.

2) 공개심리주의

재판의 심리와 판결의 선고를 일반인이 방청하는 상태에서 하는 제도를 말한다.

2. 행정소송의 심리에 특수한 절차

(1) 행정심판기록제출명령(개정안)

취소소송에 있어 원고의 주장과 입증을 용이하게 하기 위해서는 행정청에 대한 서류의 열람 및 복사청구권이 인정되어야 할 것이나, 행정소송법은 다만 행정심판 기록제출명령제도를 채택하는 데 그치고 있다.

법원은 당사자의 신청이 있는 때에는, 결정으로써 그 재결을 행한 행정청에 대하여 행정심판에 관한 기록의 제출을 명할 수 있으며, 이 경우 행정청은 지체 없이 당해 행정심판에 관한 기록을 법원에 제출하여야 한다(§25①).

(2) 직권증거조사주의(§26 전단)

행정소송법 제26조는 "법원은 필요하다고 인정할 때에는 직권으로 증거조사를 할 수 있고, 당사자가 주장하지 아니한 사실에 대해서도 판단할 수 있다"고 규정하여, 일단 변론주의에 대한 예외를 규정하고 있으며, 전단은 직권증거조사주의를 말하고 있다.

(3) 직권심리주의(§26 후단)

1) 법률규정

행정소송법 제26조는 "법원은 필요하다고 인정할 때에는 직권으로 증거조사를 할 수 있고, 당사자가 주장하지 아니한 사실에 대해서도 판단할 수 있다"고 규정하고 있다.

2) 학 설

이 규정의 해석에 있어서는 변론주의보충설(多, 判)과 직권탐지주의설로 나뉜다.

3) 판 례

이는 행정소송의 특수성에 연유하는 당사자주의, 변론주의에 대한 일부 예외규정일 뿐, 법원이 아무런 제한 없이 당사자가 주장하지 아니한 사실을 판단할 수 있는 것은 아니고, 일건 기록에 현출되어 있는 사항에 관하여서만 직권으로 증거조사를 하고 이를 기초로 하여 판단할 수 있을 따름이고, 그것도 법원이 필요하다고 인정할 때에 한하여 청구의 범위 내에서 증거조사를 하고 판단할 수 있을 뿐이다(대판 2001.4.24, 2000두100014).

즉, <判例>는 이 문제에 대하여 매우 제한적 범위에서이기는 하나 변론주의에 대한 예외로서 직권탐지주의를 인정하고 있는 것으로 보인다.

한편, 법원의 석명권 행사는 사안을 해명하기 위하여 당사자에게 그 주장의 모순된 점이나 불완전·불명료한 부분을 지적하여 이를 정정·보충할 수 있는 기회를 주고 또 그 계쟁사실에 대한 증거의 제출을 촉구하는 것을 그 내용으로 하는 것이며, 당자가 주장하지도 않은 법률효과에 관한 요건사실이나 공격방어방법을 시사하여 그 제출을 권유하는 행위는 변론주의의 원칙에 위배되고 석명권 행사의 한계를 일탈한 것이다(대판 2001.1.16, 99두8107).

Ⅳ. 주장책임과 입증책임

1. 주장책임

(1) 의 의

소송에서 당사자의 일방이 위험 또는 불이익을 피하기 위하여 당해 사실을 주장할 책임이다.

(2) 입증책임과의 구별

주장책임은 주요사실의 존부에 관한 입증이 문제 되기 이전에 먼저 주요사실의 주장이 있어야 한다는 점에서 입증책임과 구별된다.

(3) 내 용

직권탐지주의를 취하는 심리절차에서는 법원은 직권으로 사실을 탐지할 수 있으므로 주장책임은 문제 되지 않는다.

그러나 이 규정은 변론주의에 대한 예외를 규정한 것에 불과한 것으로서, 그에 따라 법원은 아무런 제한 없이 당사자가 주장하지 않은 사실에 대하여 판단할 수 있다는 것은 아니고 이전 기록에 현출되어 있는 사항에 한하여 공익상 필요하다고 인정할 때에 직권으로 증거조사를 하고 이를 기초로 하여 판단할 수 있는 것이라고 하고 있다.

2. 입증책임

(1) 의 의

소송상 일정한 사실의 존부가 확정되지 않은 경우에 불리한 법적 판단을 받게 되는 일방 당사자의 부담을 말한다.

(2) 입증책임의 분배

어떠한 사실에 대하여 어느 당사자가 입증책임을 질 것인가 하는 문제로서 행정소송법에는 입증책임에 관한 아무런 규정이 없어 이에 대하여 견해가 대립되고 있다.

1) 원고책임설(원고부담설)

이 견해는 행정행위에는 공정력이 있어서 적법성이 추정되므로 행정행위를 취소를 주장하는 원고가 행정행위의 위법성을 주장하여야 한다고 한다.

그러나 행정행위의 공정력은 행정소송 이전의 단계에서만 인정되는 효력이고, 또한 적법성이 추정되는 것도 아니므로 부당하다는 비판이 있다.

2) 피고책임설(피고부담설)

이 견해는 법치행정의 원리에 입각하여 행정청의 행위는 행정청이 스스로 적법성을 담보하여야 하기 때문에 피고인 행정청이 입증책임을 부담하여야 한다고 한다.

3) 법률요건분류설(입증책임분류설)

이 견해는 취소소송에서도 민사소송에서와 같이 각 당사자는 자기에게 유리한 법적 효과를 주장하는 모든 요건사실의 존재에 관하여 입증책임을 진다고 한다.

4) 행정소송법독자분배설

①국민의 권리제한이나 의무부과행위에 대해서는 행정청이 그 적법성에 대한 입증책임을 지고, ②개인의 자기의 권리·이익에 대한 영역 확장을 구하는 소에서는 원고가 입증책임을 지며, ③행정청의 재량행위에 대한 일탈·남용을 이유로 한 취소소송에서는 원고가 그에 대한 입증책임을 진다고 한다.

그러나 이 견해는 법률요건분류설과 차이가 없어 논할 실익이 없다.

5) 검토의견

권리를 주장하는 자는 그에게 유리한 권리근거를 입증하고, 그 권리를 부정하는 상대방은 그에 대한 권리성립장애, 권리멸각, 권리저지규정에 해당하는 요건사실을 입증하여야 한다고 본다. 따라서 법률요건분류설이 타당하다 할 것이다.

Ⅴ. 위법판단의 기준시

후술

[28] 심리판단의 기준시

태728p,

1. 서 론

처분 등이 이루어진 뒤에 당해 처분 등의 근거가 된 법령이 개정·폐지되거나 법령상의 처분요건인 사실상태에 변동이 있는 경우, 어느 때를 '위법판단의 기준시점'으로 할 것인지가 문제 된다.

Ⅱ. 위법판단의 기준시점에 대한 학설

1. 학 설

(1) 처분시설

취소소송에 있어서 당해 처분 등의 위법 여부의 판단은 '처분 당시'의 법령 및 사실상태를 기준으로 한다는 견해이다.

이 설의 논거로는 ①항고소송의 본질은 처분에 대한 사법적 사후 심사를 하는 것인데, 행위 시에 적법인 처분이나 재결을 사후사정에 따라 그 취소 여부를 결정하게 되면 법원이 행정감독적 기능을 가지게 된다는 점, ②원고는 처분 당시의 사실관계 및 법령상태에서 소송물을 특정할 수밖에 없는데 처분 후의 사정을 고려한다는 것은 이 소송물의 동일성과 모순된다는 점을 들고 있다.

(2) 사실심변론종결시설(판결시설)

당해 처분 등의 위법 여부의 판단은 '판결시(구두변론종결시)'의 법령 및 사실상태를 기준으로 하여야 한다는 견해이다.

이 설의 논거는 ①취소소송의 본질은 행정청의 제1차적 판단을 매개로 하여 발생하는 위법상태의 배제에 있다는 점, ②취소소송에 있어서는 처분의 법규에 대한 적합 유무가 판단의 대상이 되는데 이 경우의 법규는 판결시의 법규라야 한다는 점을 들고 있다.

(3) 절충설

원칙적으로 행정청의 제1차적 판단권의 존중이라는 측면에서 원칙적으로 처분시설이 타당하나, 계속적 효과를 지닌 처분의 경우에는 예외적으로 판결시설(구두변론종결시설)이 타당하다는 입장이다.

2. 판 례

행정처분의 적법 여부는 처분 당시의 사유와 사정을 기준으로 판단하여야 하고 처분청이 처분 이후에 추가한 새로운 사유를 보태어서 당해 처분의 흠을 치유시킬 수 없다고 할 것이지만, 이는 과세처분의 사유의 추가와 과세처분사유를 뒷받침할 수 있는 과세원인과 과세표준액 등에 관한 자료의 추가제출과는 구별되는 개념이므로, 과세처분취소소송에 있어 소송당사자는 사실심변론종결시까지 과세원인과 과세표준액 등에 관한 모든 자료를 제출할 수 있고 그 자료에 의하여 과세처분의 적법 여부를 주장할 수 있다(대판 1988.6.7, 87누1079).

즉 <判例>는 원칙적으로 처분시설을 취하고 있다.

Ⅲ. 구체적인 검토

1. 취소소송 및 무효등확인소송의 경우

처분시설(通, 判)

2. 거부처분취소소송의 경우

(1) 문제점

거부처분 이후 법령이 개정된 경우 위법판단의 기준시를 처분시로 본다면, 원고는 거부처분취소소송에 승소하여도 행정청이 개정된 법령 및 허가기준에 따라 새로운 사유를 들어 다시 이전의 허가신청에 대해 거부처분을 하여도 재처분의무를 다한 것이 되는 불합리한 결과가 나타나기 때문이다.

(2) 성 질

의무이행소송이 없는 우리 행정소송법상 의무이행소송의 변용으로서 순수한 형성소송이라기보다는 형성소송적 성질 이외에 실질적으로 이행소송적 성질도 함께 갖고 있기 때문에 발생하는 문제이다.

(3) 위법판단의 기준시

1) 신청시와 거부처분시 사이에 사실 또는 법령의 변경이 있는 경우

<判例>는 정당한 사유 없이 처리를 지체하다가 법령개정이 있었다면 신뢰를 보호해야 하나, 법률의 변경으로 시행령의 개정을 기다린 후 신법령에 따라 거부처분을 한 경우에는 정당한 사유가 있으므로 거부는 적법하다고 한다.

또한 부진정소급입법은 확약 등 신뢰를 보호해야 하는 특단의 사정이 없는 한 유효한 것이고 이에 근거한 거부처분은 적법하다고 한다.

2) 거부처분시와 판결시 사이에 사실 또는 법령의 변경이 있는 경우

거부처분시를 기준으로 적법성 여부를 판단한다.

3. 부작위위법확인소송의 경우

통설과 <判例>는 같은 항고소송이더라도 부작위위법확인소송의 경우에는 그 성질상 처분이 존재하지 않으므로 판결시를 기준으로 처분 등의 위법성을 판단하여야 한다고 한다.

부작위위법확인소송은 취소소송과는 달리 처분시가 아닌 현재에 있어 부작위의 위법성이 확인대상으로 문제 되기 때문이다.

4. 부담적 처분의 경우

<判例>는 상대방의 위법행위 시에 비해 처분시 법령의 변경이 있더라도 위법행위 시의 법령을 근거로 처분하면 적법하다고 한다.

5. 사정판결의 경우

(1) 처분의 위법성 판단기준시

위법판단기준시의 문제는 당해 처분의 위법성의 판단시점의 문제이므로 일반원칙과 다를 이유가 없고, 판결시를 기준으로 하면 법원에 대하여 행정적 감독을 인정하는 것이 되어 부당하다. 따라서 일반 원칙에 따라 처분시를 기준으로 하여야 할 것이다.

(2) 사정판결의 필요성 판단기준시

성질상 처분 후의 사정이 고려되어야 할 것이므로 판결시를 기준으로 판단하여야 할 것이다.

Ⅳ. 결 어

취소소송은 위법한 처분 등에 의하여 권익을 침해당한 자가 그 행위 시의 위법한 행위의 시정을 구하는 것이므로, 원칙적으로 처분시설이 타당하다.

다만, 계속적 효력을 가지는 처분이나 미집행처분에 대한 소송에 있어서는 판결시설을 취해야 할 것이다.

[29] 취소판결의 개관

I. 항고소송

1. 의 의

항고소송이란 일반적으로 행정청의 우월한 지위에서 행한 처분에 의하여 권익을 침해당한 자가 그 위법을 이유로 당해 처분의 취소 또는 변경을 구하는 소송을 말한다. 우리 행정소송법은 처분 등이나 부작위에 대하여 제기하는 소송이라고 정의하고 있다.

2. 종 류

우리 행정소송법은 항고소송으로 처분 등의 취소소송, 처분 등의 무효등확인소송 및 행정청의 위법한 부작위에 대한 부작위위법확인소송의 세 가지 유형으로 나누고 있다.

그 밖의 법정외항고소송으로서 의무이행소송이나 부작위청구소송을 현행법상 인정할 수 있는가에 대해서는 다투어지고 있다.

3. 성 질

항고소송은 개인의 권익구제를 목적으로 하는 주관적 쟁송이라는 점에서 객관적 소송인 민중소송이나 기관소송과 다르고, 위법한 처분 등을 전제로 하는 실질적 쟁송이란 점에서 형식적 쟁송인 청문과 공청회와 다르다.

또한 항고소송은 행정청의 우월한 공권력행사인 처분 등의 존재를 전제로 하여 그 효력을 직접 다투는 것이므로 복심적 쟁송의 성질을 가지는 것이라면, 처분 등을 전제로 하지 않고 제1차적 행정작용 그 자체가 쟁송의 형식에 따라 행하여 지는 시심적 쟁송인 당사자소송과 다르다.

Ⅱ. 항고소송의 본질

1. 의 의

항고소송(행정소송)의 본질에 관해서는 그것이 행정사건에 대한 사법적 판단작용 이라는 점에서 이를 행정작용으로 보는 견해와 사법작용으로 보는 견해로 나뉜다.

2. 행정작용설

이 설은 권력분립의 원칙을 형식적으로 보아 행정권과 사법권 상호간의 관여를 인정하지 아니할 뿐만 아니라 오히려 사법권으로부터 행정권의 자율성의 확보를 위한 원리로 파악하였다.

그래서 행정작용에 대한 적법 여부의 판단은 행정권 스스로의 권한에 속하며, 항고소송(행정소송)의 성질을 행정작용으로 생각하였다.

그 결과 종전의 대륙법계 여러 나라에서는 행정부 내에 행정법원을 설치하고 그로 하여금 행정사건의 재판을 하게 하였던 것이다. 이 설이 종래의 대륙법계의 여러 나라에서 지배적인 견해였다.

3. 사법작용설

행정사건에 대한 재판도 법률적 쟁송에 대한 심판작용이고, 그것은 당연히 사 법작용으로서 독립된 제3의 기관인 재판소의 관할로 되어야 한다는 것은 실질적

법치주의 실현을 위한 당연한 귀결이다.

우리 헌법 제101조 제1항은 사법권은 법관으로 구성된 법원에 속한다고 규정하고 있고 동 조상의 사법에는 민사소송, 형사소송뿐만 아니라 행정소송도 당연히 포함되는 것으로 보아야 할 것이다.

<헌법 제101조> ①사법권은 법관으로 구성된 법원에 속한다.

이러한 점에서 항고소송의 본질도 사법작용이라는 견해이다.

4. 결 어

행정사건을 대상으로 하는 항고소송(행정소송)을 행정작용으로 보는 견해는 제2차 대전 이후 행정재판소를 행정부 내에 설치함으로써 행정재판을 행정작용으로 파악할 여지가 있었다.

그러나 제2차 대전 이후 오늘날에는 행정재판소도 사법부의 일부로 되어 있고, 법원의 사법권에는 행정소송도 당연히 포함되므로 항고소송의 본질을 사법작용으로 파악하는 것이 타당하다.

우리 대법원 <判例>의 입장도 행정소송의 본질을 일반 민사소송에 불과하다고 판시한 바 있다.

Ⅲ. 취소판결의 의의

취소소송의 판결이란 법원이 원칙적으로 변론을 거쳐 구체적인 취소소송사건에 대한 법적 판단을 선언하는 행위를 말한다.

Ⅳ. 취소판결의 종류

중간판결			
종국판결	소송판결	각하판결	
	본안판결	인용판결	형성판결
			이행판결
			확인판결
		기각판결	기각판결
			사정판결

1. 종국판결과 중간판결

(1) 종국판결

당해 소송의 전부나 일부를 그 심급으로써 종료시키는 판결

(2) 중간판결

종국판결을 할 준비로서 소송 진행 중에 생긴 개개의 쟁점을 해결하는 확인적 성질의 판결

2. 전부판결과 일부판결

(1) 전부판결

동일소송절차로 심판되는 사건의 전부를 동시에 종료시키는 판결

(2) 일부판결

동일소송절차로 계속되어 있는 사건의 일부를 다른 부분으로부터 분리하여 종료시키는 종국판결

3. 소송판결과 본안판결

(1) 소송판결

소송의 적부에 대한 판결로서 청구의 당부에 관한 판결인 각하판결이 있다.

(2) 본안판결

1) 기각판결

2) 인용판결

ㄱ) 확인판결

ㄴ) 형성판결

ㄷ) 급부판결

3) 사정판결

V. 취소판결의 형식과 절차

1. 판결의 형식

판결은 서면에 의하되, 당사자와 법정대리인, 주문, 청구의 취지·이유, 변론종결의 연월일 및 법원 등을 기재하고 판결한 법관이 서명·날인하여야 한다(민소 §208).

2. 판결의 절차

판결은 선고기일에 선고됨으로써 대외적으로 효력이 발생하게 된다.

Ⅵ. 취소판결의 효력

구속력	협의의 구속력(자박력, 불가변력)	
	확정력	형식적 확정력(불가쟁력, 당사자)
		실질적 확정력(기판력, 법원＋당사자)

※ 기판력문제 출제 시: 구속력 → 확정력 → 실질적 확정력 모두 언급할 것

1. 불가변력(자박력, 선고법원에 대한 효력)

법원이 판결을 일단 선고하면, 선고법원 자신도 그 내용을 취소·변경할 수 없는 구속을 받는다. 법원이 내린 판결은 당해 문제 된 법률관계의 분쟁에 관한 공권적인 판단으로서의 성질을 갖기 때문이다.

그러나 판결의 제목이나 내용에 명백한 오류가 있는 경우에는 법원은 직권 또는 당사자의 신청에 의하여 결정을 통하여 정정할 수 있다.

2. 불가쟁력(형식적 확정력, 당사자에 대한 효력)

취소소송의 판결을 더 이상 정식재판절차를 통해 다툴 수 없게 되는 효력을 말한다. 판결에 대하여 불복이 있으면, 그 취소·변경을 위하여 상소하여야 한다.

따라서 상소기간이 경과하거나 당사자가 상소를 포기하는 등 기타의 사유로 상소할 수 없게 된 상태를 판결의 형식적 확정력이라 한다.

이러한 형식적 확정력은 당사자가 책임질 수 없는 사유로 인하여 상소기간을

경과하거나 상소의 추완이 인정되는 경우 및 재심이 인정되는 경우에는 배제된다.

3. 기판력(실질적 확정력, 법원과 당사자에 대한 효력)

4. 기속력(특수효력설, 피고인 행정기관에 대한 효력)

5. 형성력(제3자에 대한 효력)

(1) 민사소송법상 형성력(소급효)

(2) 행정소송법상 형성력(대세효, 제3자에 대한 효력)

엄밀히 말하면 형성력보다는 '대세효' 또는 '제3자효'라고 쓰는 표현이 올바르다고 본다.

6. 간접강제(행정기관에 대한 효력)

행정소송법상의 판결에 대해서는 원칙적으로 집행력은 없다. 다만, 간접강제만 인정될 뿐이다.

[30] 선결문제

※등장: ①관련청구소송의 이송과 병합, ②판결의 기속력, ③무효등확인소송

I. 서 론

1. 의 의

민사소송 본안에 대한 판단에 앞서 처분 등의 무효 여부 또는 존재 여부에 관한 판단이 그 선결문제로서 제기되는 경우에, 이를 선결문제라 한다.

이러한 선결문제는 공법상 당사자소송 또는 형사소송에서도 제기할 수 있으나, 행정소송법은 민사소송에서의 선결문제에 관해서만 규정하고 있다.

2. 필요성

처분 등의 효력 유무 또는 존재 여부가 민사소송의 선결문제로 되어 당해 민사소송의 수소법원이 이를 심리·판단하는 경우에 그 심리절차와 관련하여 행정소송법의 항고소송에 관한 약간의 규정을 준용하여 심리·판단을 도울 수 있도록 하였다(§11).

II. 심판권의 소재

1. 문제점

민사소송에서 행정행위의 효력문제가 선결문제로 된 경우에 있어, 그 심리·판

단권이 당해 민사법원에 있는가, 아니면 별도의 항고소송의 관할법원에 있는가에 대해서는 견해가 갈리고 있다(※ 참고: 무효인 행정행위에는 공정력이 없다.).

이는 곧 공정력의 내용 및 취소소송의 배타적 관할원칙에 따른 <u>공정력의 객관적 범위</u>에 관련된 문제로 귀결된다.

2. 검토의견

처분 등의 무효 또는 부존재의 여부가 선결문제인 경우에는 당해 민사사건의 수소법원이 심판권을 가지나, 처분 등의 위법성 여부가 선결문제인 경우에는 당해 민사법원도 처분 등의 구성요건적 효력에 기속을 받으므로, 그 취소·변경은 별도의 항고소송절차에 의한다는 것이 종래 <判例>의 일반적인 경향이다.

Ⅲ. 선결문제

1. 단순위법의 경우

(1) 원 칙

처분의 위법성이 단순위법, 즉 취소사유에 그치는 경우, 당해 처분은 공정력에 의해 정당한 절차를 거쳐 권한 있는 기관이 이를 취소하기 전까지는 누구도 그 효력을 부인할 수 없는 것이 원칙이다.

따라서 당해 처분이 취소소송에 의하여 취소되기 전에는 민사소송의 수소법원도 그 효력을 부인할 수 없다.

(2) 예 외

다만, 국가배상사건의 경우에는 민사수소법원은 처분 등의 하자가 취소사유에 그치는 때에는 선결적으로 심리·판단할 수 있다. 이 경우 민사법원이 처분 등의 효력 자체를 부인(취소)하는 것이 아니므로, 처분의 구성요건적 효력에 저촉되는 것은 아니기 때문이다(장태주).

즉, 손해배상소송에서의 경우와 같이 효력의 부인에 이르지 않는 위법성의 판단은 가능하다 할 것이다.

대법원 <判例>도 계고처분이 위법임을 이유로 배상을 청구하는 취지로 인정될 수 있는 사건에 있어, 미리 그 행정처분이 취소판결이 있어야만 그 위법임을 이류로 피고에게 배상을 청구할 수 있는 것은 아니라고 한다(대판 1972.4.28, 72다337).

2. 위법성이 중대·명백한 경우

(1) 원 칙

이 경우 당해 처분에는 공정력이 없고 처음부터 효력이 발생하지 않으므로, 민사법원도 그 무효 여부를 스스로 심리·판단할 수 있다.

행정소송법 제11조는 행정처분의 무효 여부가 민사소송의 선결문제로 된 경우에는 당해 수소법원이 이를 심리·판단할 수 있다고 규정하면서, 그 심리절차에 있어서는 취소소송에 관한 일정 규정을 준용하도록 하고 있다.

(2) 판 례

국세 등의 부과 및 징수처분 등과 같은 행정처분이 당연 무효임을 전제로 하여 민사소송을 제기한 때에는 그 행정처분이 당연 무효인지의 여부가 선결문제이므로, 법원은 이를 심사하여 그 행정처분의 하자가 중대·명백하여 당연 무효라고 인정될 경우에는 이를 전제로 하여 판단할 수 있으나 그 하자가 단순한 취소사유에 그칠 때에는 법원은 그 효력을 부인할 수 없다 할 것이다(대판 1973.7.10, 70다1439).

Ⅳ. 심리절차

1. 원 칙

민사법원이 선결문제로서 행정처분의 무효 여부를 심리하는 경우에는 그것은 사법상의 권리관계에 관한 민사소송의 일부를 이루는 것임은 물론이다.

그러나 이 경우 민사법원에 의한 당해 처분의 무효 여부 또는 존재 여부의 심리·판단은 무효등확인소송에서의 무효확인과 실질적으로 같은 의미를 가지는 것이므로, 행정소송법 제11조는 무효등확인소송의 경우와 같이 취소소송에 관한 규정을 준용하도록 하고 있다.

2. 준용규정

민사법원에 의한 선결문제의 심리에 있어 준용되는 조항은, 행정청의 소송참가(§17), 행정심판기록의 제출명령(§25), 직권심리(§26) 및 소송비용에 관한 재판의 효력(§33)에 관한 것 등이다.

다만 이 중에서 행정심판기록의 제출명령에 관한 규정이 적용될 소지는 거의 없다 할 것인바, 처분의 무효·부존재를 다투는 경우에는 행정심판전치주의가 적용되지 않으므로, 대부분의 경우 이를 거치지 않을 것이기 때문이다.

3. 통 지

민사소송의 수소법원이 처분 등의 효력 유무 또는 존재 여부의 선결문제를 심리·판단하는 경우에는, 그 처분 등을 행한 행정청에 그 선결문제로 된 사실을 통지하여야 한다(§11②).

> ※ 참고: 배상과 보상의 구별
>
> 1.보상
> 손실보상은 행정주체가 행정목적을 위하여 개인에게 가한 특별한 희생을 정의와 공평에 입각하여 보상한다는 데에 이론적 근거를 두고 있다. ex)공토법
>
> 2.배상
> 보상은 행정작용의 적법성을 전제, 배상은 위법성을 전제
>
> 3.대가
> 보상은 권력적 작용, 대가는 비권력적 작용
>
> 4.조세
> 보상은 특별한 희생, 조세는 일반적 희생

[31] 사정판결

Ⅰ. 개 설

1. 의 의

사정판결이란 취소소송에 있어서 원고의 취소청구가 이유 있는 경우라도 당해 청구를 인용하지 않고 처분 등을 취소하는 것이 현저히 공공복리에 반한다는 이유로 원고의 청구를 <u>기각하는</u> 판결을 말한다(§28).

2. 법치주의와의 관계

사정판결은 위법한 처분 등을 그대로 유지하도록 하는 제도이므로 법치주의에 반하여 불필요하다고 보는 견해도 있으나 사정판결제도가 없으면 소의 이익흠결로 소 각하될 수밖에 없게 되는 경우에 있어 손해배상 등 기타의 방법으로 원고의 구제가 가능하므로 필요하다는 견해도 있다.

생각건대 사정판결이 법원의 본래 임무인 위법처분의 배제라는 요청을 후퇴시키는 것이므로 그 요건해석을 엄격하게 하고 적용범위를 최소한으로 하여야 할 것이다.

II. 요 건

1. 취소소송일 것

사정판결은 당사자소송, 객관적 소송, 무효등확인소송에서는 인정되지 않고 취소소송에만 인정된다는 것이 통설과 <判例>의 입장(대판 1987.3.10, 84누158)이다.

일부 견해는 무효등확인소송에도 적용되어야 한다고 하나 무효인 처분에까지 사정판결을 허용하는 것은 당사자의 권리보호라는 관점에서 볼 때 너무 불합리하다 하겠다.

2. 청구가 이유 있다고 인정될 것(처분의 위법성)

사정판결은 처분이 위법한 경우에 예외적으로 청구를 기각하는 판결이므로, 처분이 적법한 경우에는 당연히 청구기각판결을 할 것이기 때문에 사정판결의 문제는 일어나지 않는다.

3. 청구인용의 판결이 현저히 공공복리에 적합하지 아니할 것

이에 대한 기준은 개별적 · 상대적으로 판단되어야 한다. 즉, 사안에 따라 위법한 행정처분의 효력을 유지하는 것 자체가 당연히 공공복리를 저해하는 것이므로 위법한 처분을 취소하지 않고 방치함으로써 발생하는 공익침해의 정도보다 위법처분을 취소함으로써 발생하는 새로운 공익침해의 정도가 월등히 큰 경우라 할 것이다(대판 1992.2.14, 90누9032).

4. 피고인 행정기관의 신청 여부(명문규정 없음에 주의)

(1) 학 설

이에 대한 명문규정은 없으나 공익과 사익의 신중한 형량을 위하여, 행정기관의 신청을 기다려 그 허용여부가 결정되도록 하는 것이 타당하다는 주장이다(류지태).

(2) 판 례

그러나 <判例>는 직권심리주의를 규정하고 있는 §26을 근거로 법원이 직권으로 사정판결을 할 수 있음을 인정하였다(대판 1992.2.14, 90누9032).

Ⅲ. 심 판

1. 주장 및 입증책임

당사자의 명백한 주장이 없는 경우에도 일건 기록에 나타난 사실을 기초로 하여 법원이 직권으로 석명권을 행사하거나 증거조사를 하여 사정판결을 할 수 있으며, 사정판결을 할 사정에 관한 주장 및 입증책임은 피고행정청에 있다고 할 것이다.

다만, <判例>는 피고행정청의 주장 없이도 법원이 직권으로 사정판결을 내릴 수 있다는 입장이다.

2. 위법성의 판단 및 사정판결 필요성의 판단기준시

(1) 처분의 위법성 판단기준시

위법판단기준시의 문제는 당해 처분의 위법성의 판단 시점의 문제이므로 일반 원칙과 다를 이유가 없고, 판결시를 기준으로 하면 법원에 대하여 행정적 감독을 인정하는 것이 되어 부당하다. 따라서 일반 원칙에 따라 처분시를 기준으로 하여야 할 것이다.

(2) 사정판결의 필요성 판단기준시

성질상 처분 후의 사정이 고려되어야 할 것이므로 판결시를 기준으로 판단하여야 할 것이다.

<判例>에 의하면, 건축불허가처분 당시에 위 처분이 위법하다고 하더라도 본건 구두변론종결 당시에는 본 건축불허가처분을 취소하는 것은 현저히 공공복리에 적합하지 아니하다고 인정된다고 한다(대판 1970.3.24, 69누29).

Ⅳ. 효 과

1. 처분이 위법함을 주문에 표시

법원이 사정판결을 함에 있어서는 그 판결의 주문에서 그 처분 등이 위법함을 명시하여야 한다(§28①후단). 이로써 처분의 위법성에 대해서는 기판력이 발생한다.

이는 당해 처분으로 인하여 원고에게 발생한 손해배상을 청구하든가 또는 당해 처분이 적법·유효한 것임을 전제로 하는 후속처분 등을 저지하기 위하여 당해 처분이 위법한 것임을 법적으로 확정할 필요가 있기 때문이다.

2. 청구기각판결

사정판결은 취소인용판결이 아니라 기각판결이다. 따라서 원고는 이에 대하여 상소를 제기할 수 있다.

3. 사정조사

사정판결을 함에 있어서는 원고가 그로 인하여 입게 될 손해의 정도와 배상방법, 그 밖의 사정을 조사하여야 한다(§28②).

이는 사정판결의 요건인 공익에 관한 비교형량을 위한 심리가 되는 동시에 부수조치를 하기 위한 심리도 된다.

4. 소송비용의 피고부담

사정판결이 있는 경우의 소송비용은 원고의 청구가 이유 있음에도 그 청구를 기각한 것이므로, 일반적인 소송비용부담의 경우와는 달리 승소한 피고가 부담하게 된다.

<사정판결의 사례>

예컨대 재개발을 하려면 해당지역 토지 및 건물 소유자 3분의 2 이상의 동의가 있어야 한다는 규정이 있습니다.

행정기관에서 소유자 3분의 2 이상의 동의가 없었음에도 이를 간과하여 재개발사업을 인가하는 처분을 하였고 이미 재개발사업이 상당히 시행되어 아파트도 짓고 있고 명시적으로 재개발에 동의하지는 않았지만 해당지역 토지 및 건물 소유자의 대다수가 기왕 시작된 재개발사업의 계속을 바라고 있는 상황이라고 할 때

재개발에 동의하지 않았던 사람 중 한 명이 재개발사업 인가처분취소소송을 제기했다고 하면 원칙대로 한다면 재개발사업 인가처분을 취소하고 이미 진행된 재개발사업을 없었던 것으로 해야겠지만 그렇게 한다면 이미 시행되었던 재개발사업과 관련하여 형성된 많은 이해관계인들이 많은 손해를 보게 되므로 행정처분을 취소해달라는 원고의 청구를 인정하지 않는 판결이 바로 사정판결인 것입니다.

다만 사정판결로 원고의 청구를 기각하는 경우 당해 행정처분이 적법하여 원고의 청구를 기각하는 것과는 다르므로 사정판결시 판결주문에 당해 처분이 위법하다는 것을 주문에 명시하여야 하고(행정소송법 28조 1항 후문) 소송비용은 피고(행정기관)의 부담으로 하도록 하고 있습니다.

어차피 원고가 청구한 대로 행정처분을 취소하여 주지도 않으면 소 주문에 행정처분이 위법하다는 것을 명시하는 것이 무슨 의미가 있냐고 생각할 수도 있으나 비록 당해 행정처분의 취소는 인정해주지 않았어도 위법성은 확인되었으므로 이를 기초로 국가에 대하여 민사소송을 제기하여 금전적으로 손해배상을 받을 수 있게 됩니다.

Ⅴ. 구제방법의 병합

1. 제도적 취지

처분 등이 위법한 이상 사정판결로 원고의 청구가 기각되더라도 처분 등의 위법 자체가 치유되는 것은 아니라 할 것이므로 그로 인한 손해를 전보하고 손해의 발생 내지 확대를 막기 위한 제해시설의 설치 및 기타 구제방법이 강구되어야 한다.

이를 위하여 원고는 피고행정청이 속하는 국가 또는 공공단체를 상대로 손해배상, 제해시설의 설치, 그 밖에 적당한 구제방법의 청구를 당해 취소소송 등이 계속된 법원에 병합하여 제기할 수 있다(§28③).

2. 병합의 성질

원고로서는 피고가 사정판결을 구하는 항변을 하는 경우 만일의 경우를 대비하여 처분 등이 취소되지 않음을 전제로 부수조치에 관한 예비적 청구를 추가적으로 병합하게 되고, 이 경우 손해배상, 제해시설의 설치 등 부수조치의 상대방은 피고행정청이 아닌 국가 또는 공공단체이므로 주관적 예비적 병합의 형태를 취하게 된다.

VI. 결 어

앞서 설명한 바와 같이, 사정판결이 법원의 본래 임무인 위법처분의 배제라는 요청을 후퇴시키는 것이므로 사정판결을 함에 있어서는 그 요건해석을 엄격하게 하고 적용범위를 최소한으로 하여 국민의 권리구제를 최대한 넓혀야 할 것이다.

[32] 기판력(실질적 확정력, 법원과 양당사자에 대한 효력)

태736p,

	기판력	기속력
대 상	법원, 당사자	피고인 행정청
범 위	주 문	주문의 전제가 된 요건사실
판결의 종류	인용 · 기각판결	인용판결
기준시	사실심변론종결시	처분시
내 용	소송물의 모순 · 저촉	소극적 · 적극적 효력

※주의: 선결문제

① 과오납세금 취소소송 → 이에 기한 과오납세금 부당이득반환청구소송: 선결문제 O

② 공무원의 위법으로 인한 취소소송 → 공무원의 불법행위로 인한 국가배상청구권: 인용판결인 경우 선결문제 O, 기각판결인 경우 선결문제 X

Ⅰ. 개 설

1. 의 의

행정소송의 대상인 소송물에 관한 법원의 확정판결(형식적 확정력)이 내려지면 법원은 동일한 소송물을 대상으로 하는 후소에 있어서 종전의 판단에 모순 · 저촉되는 판단을 할 수 없으며, 소송의 당사자 및 그의 승계인들도 그에 반하는 주장을 하여 다투는 것이 허용되지 않는 효력을 말한다.

행정소송법에는 판결이 갖는 기판력에 대한 명문규정은 없으나, 행정소송법 §8② "행정소송에 관하여 이 법에 특별한 규정이 없는 사항에 관해서는 민사소송법의 규정을 준용한다."고 규정하고 있어 민사소송법 §216와 §218가 준용된다.

2. 구성요건적 효력과의 구별

기판력은 소송에 참가한 당사자 및 그의 승계인에게 미치는 판결의 효력을 말하는 데 대하여, 구성요건적 효력은 원래의 소송당사자 이외의 '다른 당사자 사이'에 대하여 미치는 판결의 효력이며 형성판결에서만 인정된다.

3. 기판력이 적용되는 영역

기판력은 전소에서 확정된 법적 문제가 후소에서 다시 문제 되는 때에 작용한다. 구체적으로 ①전소의 소송물이 후소에서도 소송물이 되어 있는 경우, ②전소의 소송물이 후소의 선결문제로 되어 있는 경우, ③후소가 기판력에 의하여 확정된 법률효과와 정면으로 모순되는 반대관계를 소송물로 할 경우에 각각 작용한다.

<민사소송법 제216조> (기판력의 객관적 범위) ①확정판결(확정판결)은 주문에 포함된 것에 한하여 기판력(기판력)을 가진다.

②상계를 주장한 청구가 성립되는지 아닌지의 판단은 상계하자고 대항한 액수에 한하여 기판력을 가진다.

<민사소송법 제218조> (기판력의 주관적 범위) ①확정판결은 당사자, 변론을 종결한 뒤의 승계인(변론 없이 한 판결의 경우에는 판결을 선고한 뒤의 승계인) 또는 그를 위하여 청구의 목적물을 소지한 사람에 대하여 효력이 미친다.

②제1항의 경우에 당사자가 변론을 종결할 때(변론 없이 한 판결의 경우에는 판결을 선고할 때)까지 승계사실을 진술하지 아니한 때에는 변론을 종결한 뒤(변론 없이 한 판결의 경우에는 판결을 선고한 뒤)에 승계한 것으로 추정한다.

③다른 사람을 위하여 원고나 피고가 된 사람에 대한 확정판결은 그 다른 사람에 대해서도 효력이 미친다.

④가집행의 선고에는 제1항 내지 제3항의 규정을 준용한다.

Ⅱ. 범 위

1. 객관적 범위

기판력은 소송물에 관한 판단에만 미치므로 판결주문 중에 표시된 소송물에 대한 판단에 대해서만 발생하는 것이 원칙이다.

그러므로 판결이유 중에서 판단된 사실인정, 선결적 법률관계, 항변 또는 법규의 해석적용에 대해서는 기판력이 미치지 않는다고 한다(通, 대판 1987.6.9, 86다카2756).

그러나 다음과 같은 경우에 문제 된다.

(1) 위법사유를 보완한 새로운 처분과의 관계

한편 처분의 절차·형식상의 위법이 있어 취소판결이 확정된 후, 행정청이 위법사유를 보완하여 다시 새로운 처분을 한 경우에, 새로운 처분은 종전의 처분과는 다른 별개의 처분이라 할 것이므로, 종전처분에 대한 취소판결의 기판력은 새로운 처분에 미치지 않는다.

<判例>는 과세처분시 납세고지서에 과세표준, 세율, 세액의 산출조서 등이 누락되어 있어, 이러한 절차 내지 형식의 위법을 이유로 과세처분을 취소하는 판결이 확정된 경우에, 그 확정판결에 적시된 위법사유를 보완하여 행한 새로운 과세처분은 확정판결에 의하여 취소된 종전의 과세처분과는 별개의 처분으로서, 확정판결의 기판력에 저촉되는 것은 아니라고 한다(대판 1985.11.11, 85누213).

(2) 무효확인소송의 경우

무효확인소송의 경우 당해 행정처분의 무효인 위법성이 소송물이 되므로 취소소송의 경우와 소송물 내지 기판력의 범위에서 중복된다고도 할 수 있다.

<判例>는 취소소송의 청구기각판결이 확정되면 그 처분이 적법하다는 점에 관하여 기판력이 생기므로 당사자는 다시 그 처분의 무효확인을 소구할 수 없다고 일관되게 판시하고 있다(대판 1993.4.27, 92누9777).

2. 주관적 범위

당해 소송의 당사자 및 당사자와 동일시할 수 있는 자(승계인 등)에게만 미치고 제3자에게는 미치지 않는다. 이를 위반할 경우 헌법상 보장되는 제3자의 재판청구권을 침해할 수 있기 때문이다. 하지만 다음과 같은 경우에는 문제 될 수 있다.

(1) 소송의 보조참가인

민사소송에서는 보조참가인은 패소한 경우 기판력이 미치지 않으나 이와 구별되는 참가적 효력은 미치는 것으로 보고 있다.

그러나 행정소송에 있어서의 보조참가는 공동소송적 보조참가의 성격을 갖는 것이므로 보조참가인에게도 기판력이 미친다 할 것이다. <判例>(대판 1966.12.6, 66다1880)도 같은 입장이다.

(2) 피고인 처분행정청이 속하는 국가나 공공단체의 경우

<判例>는 취소소송의 피고는 행정청이므로 그 판결의 기판력은 피고인 처분행정청이 속하는 국가나 공공단체에도 미친다고 한다.

(3) 토지수용이나 환지의 경우

토지수용재결이나 환지처분의 취소소송에서 패소한 자가 위와 같은 처분 등의 무효를 전제로 제3자인 사인을 상대로 종전 토지의 소유권에 기하여 토지명도소송을 제기한 경우에는 전소에서의 청구기각 판결의 기판력이 후소에 미치지 않는 다고 한다.

3. 시간적 범위

기판력은 사실심변론의 종결시를 표준으로 하여 발생한다. 따라서 변론종결 이전에 존재했던 사실관계나 법률관계에 기인한 주장은 기판력에 의하여 더 이상 허용되지 않는다.

반대로 변론종결 이후에 사실관계나 법률관계가 변화한 경우에는 당사자는 기판력에 저촉되지 않고 동일한 처분에 대하여 소송을 제기할 수 있다.

Ⅲ. 국가배상청구소송과의 관계

※김동희: 취소소송의 소송물은 특정 '처분의 위법성' 일반이며, 국가배상청구소송의 소송물은 공무원의 '불법행위에 기한 손해배상청구권'이므로 소송물이 다르다.

1. 문제점

취소소송에서 청구인용판결이 확정된 경우에 그 후의 국가배상청구소송에서 법원은 이에 구속되어 국가배상법상의 위법성을 인정하여야만 하는가, 또는 청구기각판결이 확정된 경우에 그 후의 국가배상청구소송에서 법원은 이에 구속되어 처분의 위법성을 인정할 수 없는가가 문제 된다.

2. 선결문제로서 기판력이 미치는지 여부

이에 대해 취소소송의 소송물은 처분의 위법성 일반이고 국가배상청구소송의 소송물은 공무원의 불법행위로 인한 손해배상청구이므로 양자는 소송물을 달리한다.
이러한 경우 선결관계로서 기판력이 미치는지와 관련하여, 취소소송에서의 위법개념과 국가배상청구소송의 위법개념이 같은 것인지를 살펴볼 필요가 있다.

(1) 양 소송의 위법성 개념

1) 일원설

위법성은 성문법과 불문법을 종합한 모든 법규의 위반을 의미하는 것이므로, 취소소송의 위법의 개념은 국가배상청구소송에서의 위법의 개념과 동일하다.

2) 이원설(광의설)

국가배상청구소송에서의 위법의 개념은 취소소송의 위법의 개념보다 넓게 보아, 엄격한 의미의 법령위반뿐만 아니라 인권존중 권리남용금지 신의성실원칙 사회질서에 반하는 경우도 포함된다고 한다.

(2) 선결문제로서 기판력이 미치는지 여부에 관한 학설

1) 전부 기판력긍정설(多)

다수설인 이 견해는 국가배상청구소송에서의 위법의 개념을 항고소송과 같이 행위불법으로 보는 입장에서 주장하는 것이다. 이 견해에 의하면 취소소송에서 청구기각이든 청구인용 판결이든 후소인 국가배상청구소송에서 선결관계로 작용하므로 항상 기판력이 미친다고 본다.
그 근거로 ①동일규범 위반에 대하여 후소의 법원이 전소와 다른 판단을 할 수 있다고 한다면 분쟁의 일회적 해결의 요청을 근본적으로 뒤엎는 결과가 된다는 점과 ② 법질서의 일체성 등을 제시한다.

2) 기판력부정설

취소소송의 소송물은 위법사유마다 다르다는 입장으로서, 취소소송의 기판력은 소송에서 다루어진 위법사유에 한하여 미치고, 후소인 손해배상청구소송에서 다른 위법사유를 들어 처분의 위법성을 주장할 수 있다는 것이다.

3) 제한적 기판력긍정설

결과불법설이나 상대적 위법성설의 견해에 의하면 국가배상법상의 위법개념이 취소소송의 위법개념보다 더 넓은 것으로 보기 때문에, 청구인용판결의 경우 기판력이 국가배상청구소송에 미치게 되나 청구기각판결의 경우에는 국가배상청구소송에 기판력이 미치지 않는다.

(3) 검 토

1) 위법성의 개념

①취소소송에서의 처분의 위법은 행위불법의 측면인 반면 국가배상청구소송에서의 위법은 원칙적으로 민사법상의 손해전보의 측면이라는 점에서 그 개념이 반드시 일치한다고 할 수 없다는 점

②취소소송은 처분의 위법을 이유로 처분의 효력을 상실시키는 것을 목적으로 하는 반면 국가배상청구소송은 위법한 행위로 인하여 발생한 손해의 배상을 청구하는 것으로서 서로 다른 측면이라는 점에 비추어볼 때, 양자의 개념은 다르다고 하겠다.

2) 기판력

따라서 취소소송에서의 인용판결이 난 경우에 국가배상청구소송에서도 역시 위법한 것이 되므로 이 경우에는 취소소송의 판결이 후소인 국가배상청구소송에서

의 선결관계로 작용하므로 취소소송의 인용판결의 기판력은 국가배상청구소송에 미친다고 할 것이다.

그러나 취소소송에서 청구기각판결이 난 경우에는 국가배상청구소송에서 반드시 그 처분이 적법하다고 단정할 수 없기 때문에 전소의 판결은 후소의 선결관계라고 할 수 없으므로, 이러한 경우에는 전소판결의 기판력이 후소인 국가배상청구소송에 미치지 않는다고 보아야 한다. 제한적 기판력긍정설이 타당하다.

[33] 기속력(행정기관에 대한 효력)

정517p, 노14약,

Ⅰ. 개 설

1. 기속력의 의의

판결의 기속력이란 처분이나 재결을 취소하는 확정판결이 그 내용에 따라 소송당사자와 관계행정청에 판결의 취지에 따라 행동할 실체법상 의무를 지우는 효력을 말한다.

행정소송법은 "처분 등을 취소하는 확정판결은 그 사건에 관하여 당사자인 행정청과 그 밖의 관계행정청을 기속한다(§30①)."고 규정하고 있고, 이를 무효등확인소송과 부작위위법확인소송 및 당사자소송에 준용하고 있다(§38①, ②, §44①).

2. 기판력과의 차이점

기판력은 전소의 확정판결이 후소에 미치는 구속력이므로, 동일한 소송물에 대해서 후소에서 다시 다투는 경우 기판력에 저촉된다.

① 기판력은 소송 상호간에 미치는 소송법상의 효력이다. 이에 비해 기속력은 당사자와 관계행정청을 구속하는 힘을 의미하는 실체법상의 효력이다.

② 기판력은 소송당사자인 원피고와 후소법원을 구속하는 효력임에 비해 기속력은 피고인 행정청과 관계행정청만 구속하는 효력이고,

③ 기판력은 기각확정판결에도 발생하나 기속력은 취소확정판결에만 발생하는 효력이다.

Ⅱ. 법적 성질

1. 기판력설

이 설은 기속력을 기판력의 속성에 지나지 않는다고 본다. 즉, 확정판결이 있는 이상 판결을 받은 행정청은 그 후에 동일한 당사자 간의 동일한 사항을 처리함에 있어서 당해 판결이 위법이라고 확정한 판단을 존중하도록 기속하는 효력에 불과하다는 것이다.

2. 특수효력설(通)

이 설은 기속력을 행정청에 대하여 장래의 행동을 제약하는 실체법상의 의무를 과하는 것이므로 기판력과는 다른 특수한 효력이라고 본다.

즉, 항고소송의 인용판결의 실효성을 담보하기 위하여 실정법이 부여한 효력이라는 것이다. 기판력과 기속력은 그 적용 영역에서 차이가 있다고 할 때 이 설이 타당하다.

3. 판례의 태도

<判例>는 특수효력설에 입각한 판례도 있고, 기판력설에 입각한 판례도 있으므로 그 태도가 명확하지는 않으나, 기판력과 기속력을 구별하지 않고 주문에 설시한 것으로 보아 기판력설을 취하고 있는 듯하다(장태주, 대판 1962.3.15, 4294행상131).

Ⅲ. 기속력의 내용

※목차: ①반복금지효, ②원상회복의무, ③재처분의무 ┌ §30②에 따른 재처분의무
└ §30③에 따른 재처분의무

1. 반복금지효(소극적 효력, 소극적 의무, 부작위 의무)

(1) 인용판결의 경우

취소소송에서 인용판결이 확정되면 관계행정청은 동일한 사실관계 아래서 동일한 당사자에게 동일한 내용의 처분을 반복하여서는 안 되는데 이를 반복금지효라 한다.

그러나 ①사실관계가 다른 경우, ②처분사유가 다른 경우, ③당사자가 다른 경우, ④내용이 다른 처분인 경 및 절차상 하자를 보완하고 내린 동일한 내용의 처분인 경우에는 기속력에 반하지 않는다. 만약 이러한 경우에도 기속력이 미친다고 하면 법치행정의 원리에 반하기 때문이다.

(2) 절차상 하자의 경우에 있어서의 반복금지효 여부

절차상 하자로 인하여 취소인용 확정판결이 난 후, 행정청이 절차상 하자 없이 동일한 처분을 당사자에게 한 경우 반복금지효에 위반되는지 여부가 문제 된다.

통설과 <判例>는 확정판결에 적시된 위법사유를 보완하여 행한 새로운 처분은, 확정판결에 의해 취소된 종전의 처분과는 별개의 처분이므로 이러한 경우 판결의 기속력에 반하지 않는다고 본다.

2. 원상회복의무(적극적 효력, 결과제거의무)

(1) 기속력의 내용으로 보는 견해

취소판결이 확정되면 행정청은 결과적으로 위법이 되는 처분에 의하여 초래된 상태를 제거하여 원상회복의무를 진다는 견해이다(김남진).

예컨대, 자동차의 압류처분이 취소되면 행정청은 그 자동차를 원고에게 반환하여야 할 의무를 지며, 증여세부과처분이 취소되면 세무서장은 그 처분을 전제로 하여 한 압류처분을 취소하여야 할 의무를 진다고 한다. 이러한 원상회복의무는 공법상 결과제거청구권에 법적 근거가 된다.

(2) 실익이 없다는 견해

선행처분(과세처분)이 취소되면 후행처분(압류처분)은 그 전제요건의 결여로 무효가 되는 것이므로 기속력을 원용할 실익이 없다고 한다.

3. 재처분의무(적극적 효력)

(1) 거부처분이 취소되는 경우(§30②)

1) 관련규정

행정소송법 §30②은 거부처분취소판결이 확정된 경우에 그 실효성을 확보하기 위하여 행정청의 재처분의무를 규정하고 있다.

2) 절차상의 위법을 이유로 취소된 경우

행정청은 적법한 절차에 따라 다시 거부처분을 할 수 있다.

3) 실체법상의 위법을 이유로 취소된 경우

기속행위 또는 재량권이 '0'으로 수축하는 재량행위의 경우에는 그 처분을 행한 행정청은 원고의 새로운 신청을 기다리지 않고 판결의 취지에 따라 다시 이전의 신청에 대한 처분을 하여야 한다.

4) 간접강제(집행력)

행정청이 재처분을 하지 않은 경우 행정소송법 §34①에 의해 간접강제를 할 수 있다.

(2) 인용처분이 절차상의 위법을 이유로 취소된 경우

1) 관련규정

신청에 따른 처분, 즉 인용처분이 제3자의 제소에 의하여 절차상 하자가 있음을 이유로 취소된 경우에는 판결의 취지에 따라 적법한 절차에 의하여 신청에 대한 처분을 다시 하여야 한다(§30③).

일반적으로 절차적 위법을 이유로 취소된 경우에는 절차적 흠결을 시정하여 동일한 처분을 할 수 있는 것이고 기속력에도 저촉되는 것이 아니므로 이 규정은 특별한 의미가 없다고도 볼 수 있다.

2) 절차의 의미

여기서 '절차'의 의미에 대해 학설은 좁은 의미의 절차뿐만 아니라 처분을 하기 위한 주체적 요건 및 형식을 포함한다고 보고 있다.

3) 복효적 행정행위의 경우

다만 제3자효적 행정행위(인인소송, 경업자소송)에 대하여 권리, 이익을 침해당한 제3자가 취소소송을 제기하여 절차상의 위법을 이유로 취소된 때에 행정청이 절차상의 위법을 보완하여 다시 처분을 하는 경우 다시 원래의 신청이 인용될 소지가 있으므로 그 신청인에 대한 관계에 있어서는 의의가 있다고 할 것이다.

4) 간접강제(집행력)의 문제

명문규정에는 없으며 이를 논하는 학자도 없다.

4. 사정변경과 기속력의 문제

(1) 처분사유가 다른 경우

인용처분이 절차상의 위법을 이유로 취소되어 확정된 경우라 해도, 이후 절차상의 하자가 아닌 다른 사유를 들어 거부처분을 하는 것은 기속력에 반하지 않는다.

(2) 처분청 스스로가 위법사유를 시정·보완한 경우

확정판결 이후 처분청 스스로가 법령 소정의 청문 또는 공청회를 실시하여 이러한 위법사유를 시정한 다음 동일한 거부처분을 하였다면 기속력에 반하지 않는다.

<判例>는 부과처분을 취소하는 재결이 있는 경우 당해 처분청은 재결의 취지에 반하지 아니하는 한, 그 재결에 적시된 위법사유를 시정·보완하여 정당한 조세를 산출한 다음 새로 이를 부과할 수 있다고 한다(대판 2001.9.14, 99두3324).

(3) 확정판결 이후 새로운 사유가 발생한 경우

<判例>는 확정판결의 당사자인 처분 행정청은 그 행정소송의 사실심변론종결 이후 발생한 새로운 사유를 내세워 다시 이전의 신청에 대하여 거부처분을 할 수 있으며, 그러한 처분도 이 조항에 규정된 재처분에 해당한다고 한다(대판 1999.12.28, 98두1895).

<判例>는 건축불허가처분을 취소하는 판결이 확정된 후 (구)국토이용관리법시행령이 준농림지역 안에서의 행위제한에 관하여 지방자치단체의 조례로써 일정 지역에서 숙박업을 영위하기 위한 시설의 설치를 제한할 수 있도록 개정된 경우, 당해 지방자치단체장이 위 처분 후에 개정된 신법령에서 정한 사유를 들어 새로

운 거부처분을 한 것이 행정소송법 §30②의 소정의 확정판결의 취지에 따라 이전의 신청에 대한 처분을 한 경우에 해당한다고 한다(대판 1998.1.7, 97두22).

Ⅳ. 기속력의 범위

1. 주관적 범위

특수효력설에 따르는 한, 판결의 기속력은 당사자인 행정청뿐만 아니라 같은 조직에 속하는 행정청 및 그 밖의 취소된 처분 등과 관련되는 모든 관계행정청에 미친다고 할 것이다(장태주).

2. 객관적 범위

기속력의 판결의 주문 및 그 전제가 되는 요건사실의 인정과 효과의 판단에 미치고 판결의 결론과 직접 관계없는 의논 또는 간접사실의 판단에는 미치지 않는다.

3. 시간적 범위

인용판결의 경우 처분시에 효력이 발생한다.

Ⅴ. 기속력의 효력

1. 기속력의 담보수단(간접강제)

현행법은 의무이행소송을 인정하고 있지 않기 때문에 강제집행을 위한 집행력의 문제는 생기지 않는다.

그러나 행정소송법은 취소판결의 기속력으로서 재처분의무의 실효성을 담보하기 위해 간접강제제도를 채택하였다.

즉 행정청이 취소판결의 취지에 따른 처분을 하지 아니하는 경우에는, 제1심 수소법원은 당사자의 신청에 의하여 결정으로써 처분을 하여야 할 상당한 기간을 정하고 행정청이 그 기간 내에 처분을 하지 아니하는 때에는 그 지연기간에 따라 일정한 배상을 할 것을 명하거나 즉시 손해배상을 할 것을 명할 수 있다(§34①). 간접강제제도는 부작위인법확인소송에도 준용되고 있다(§38②).

※주의: §30③에 대해서는 간접강제규정이 없다.

2. 기속력위반의 효과

취소판결로 인해 취소된 처분과 동일한 사실관계에 있는데도 행정청이 종전과 동일한 내용의 처분을 다시 발령한 경우에 그 처분의 효력은 당연 무효라고 보는 것이 통설과 <判例>(대판 1990.12.11, 90누3560)의 입장이다.

<대법원 1990.12.11, 선고 90누3560 판결> 토지형질변경허가신청불허가처분취소
  행정소송법 제30조 제1항, 제2항의 규정에 의하면 행정처분을 취소하는 확정판결은 그 사건에 관하여 당사자인 행정청을 기속하고 판결에 의하여 취소되는 처분이 당사자의 신청을 거부하는 것을 내용으로 하는 경우에는 그 처분을 행한 행정청은 판결의 취지에 따라 다시 이전의 신청에 대한 처분을 하도록 되어 있으므로, 확정판결의 당사자인 처분행정청이 그 행정소송의 사실심 변론종결 이전의 사유를 내세워 다시 확정판결과 저촉되는 행정처분을 하는 것은 허용되지 않는 것으로서 이러한 행정처분은 그 하자가 중대하고도 명백한 것이어서 당연 무효라 할 것이다(당원 1982.5.11, 선고 80누104 판결 및 1989.9.12, 선고 89누985 판결 각 참조).

[34] 형성력(제3자에 대한 효력)

Ⅰ. 서 론

1. 의 의

판결의 형성력이란 판결의 취지에 따라 법률관계의 발생·변경·소멸을 가져오는 효력을 말한다. 취소판결이 확정되면, 처분 등의 효력은 처분청의 별도의 행위를 기다릴 것 없이 처분시에 소급하여 그 효력이 소멸되어 처분이 없었던 것과 같은 상태로 된다.

예컨대, 파면처분을 받은 공무원은 그 취소판결이 있으면 소급하여 공무원의 신분을 회복하게 되는 것이다.

2. 법적 근거

행정소송법에는 이에 관한 직접적인 규정은 없지만, 형성력은 특히 취소인용판결의 경우에 일반적으로 인정되는 효력이고 또한 취소판결의 제3자효를 규정한 §29①은 이를 전제로 한 규정으로 볼 수 있다.

또한, 하자 있는 처분에 의하여 국민의 권리 이익이 침해된 상태로 있는 것은 법치주의원리에 비추어 볼 때 용인될 수 없는 것이므로, 처분 등의 효력에 대한 구제수단을 마련하고 있는 행정소송법의 제도적 목적으로부터 당연히 도출되는 것으로 볼 수 있다.

Ⅱ. 형성력의 내용(소급효)

취소판결은 형성력을 갖기 때문에 취소판결이 확정되면 처분 당시부터 당연히 효력이 없게 된다.

과세부과처분을 취소하는 판결이 확정되면 그 과세처분은 소급하여 소멸되므로 취소판결이 확정된 이후에 그 과세처분에 대한 경정처분을 하면 이는 당연 무효이다(대판 1989.5.9, 88다카16096).

또한, 영업허가취소처분에 대한 취소판결이 확정되면 영업허가취소처분을 받은 이후의 영업행위는 무허가영업이 되지 않아 식품위생법상 형벌규정을 적용할 수 없게 된다(대판 1993.6.25, 93도277).

Ⅲ. 형성력의 주관적 범위

1. 의 의

행정소송법 §29①은 "처분 등을 취소하는 확정판결은 제3자에 대해서도 효력이 있다"고 규정하여, 취소판결의 형성력이 제3자에 대해서도 미친다는 것을 명시하였다. 이와 같이 형성력의 주관적 범위가 제3자에게도 미치는 것을 "취소판결의 제3자효" 또는 "대세효"라고 한다.

2. 인정이유

이는 취소판결의 실효성을 확보하기 위한 것으로 민사소송에서는 그들 실질적 상대방이 피고가 되고, 따라서 판결의 효력도 당연히 그들 피고에게 미치게 되나, 취소소송에 있어서는 처분행정청이 피고가 되도록 되어 있으므로 취소판결의 효과가 그 실질적 상대방인 제3자에게 미치게 할 필요가 있는 것이다.

3. 당사자소송에의 준용배제

행정소송법은 '취소판결의 제3자효 규정'을 무효등확인소송과 부작위위법확인소송은 물론 가구제에도 준용하고 있다(§29②, §38).
그러나 당사자소송에는 준용하지 않고 있다.

Ⅳ. 제3자효(대세효)의 문제

행정소송법은 형성력에 관한 명문의 규정을 두고 있지 아니하므로, 형성력에 관한 제3자의 범위와 제3자효의 내용에 대한 문제가 발생한다.

1. 형성력이 미치는 제3자의 범위 문제

일반적으로 ①취소소송에 있어서의 원고와 대립되는 제3자(토지수용재결취소소송에서의 공익사업자 등)는 포함되나, ②공유의 이익을 갖는 제3자(과오납세금취소소송에서 동일한 처분의 대상이 된 제3자)에 대해서는 견해가 대립한다.

2. 제3자가 취소판결의 효력을 원용할 수 있는지 여부

(1) 문제점

일반처분이나 처분법규에 대한 취소판결의 경우 일반인들도 이러한 판결의 효력을 원용하고 향수할 수 있는가가 문제 된다.

(2) 학 설

1) 상대적 대세효설(김동희)

취소소송이 주관적 소송인 점에 중점을 두어 일반처분이 취소되어도 그 효력은 원고만이 원용하고 향수할 수 있다고 한다.

2) 절대적 대세효설

항고소송은 처분의 법규적합성을 심사하기 위한 시민의 대표소송적 성격을 가진다고 보아 일반처분의 취소판결은 행정청에 의한 직권취소의 경우와 같이 대세적으로 효력을 상실케 한다고 한다.

(3) 검토의견

일본에서는 절대적 대세효설에 따라 제3자의 범위에 포함된다고 보는 견해가 다수인 것으로 보이며,

우리의 경우에는 이를 지지하는 입장과 명시적 규정이 없음을 이유로 제3자가 취소판결의 효력을 적극 향수할 수 없다고 하는 입장이 대립한다.

생각건대 소송경제적 측면에서 취소판결의 형성력이 미치는 제3자에 포함된다고 보는 견해가 타당한 것으로 보인다.

3. 제3자가 취소판결의 효력을 부인할 수 있는지 여부

(1) 문제점

취소판결에 의하여 취소된 행정처분에 기하여 이루어진 법률관계와 취소판결의 형성력과의 문제로서, 예를 들어 어떠한 행정처분에 기하여 제3자에게 소유권이전등기가 이루어진 경우 그 행정처분이 취소판결에 의하여 취소되었을 때 취소판결의 형성력과 제3자와의 관계가 문제시된다.

(2) 학 설

직접 원고나 피고는 아니지만 어떠한 형태로든 소송에 참가한 소송참가인의 경우(토지수용재결에 대한 취소소송에서의 공익사업자), 제3자의 소송참가와 제3자의 재심청구의 취지에 비추어 취소판결의 효력이 미침으로써 불리한 제3자는 §29의 제3자에 포함된다고 보는 것이 일반적이며, 제3자는 취소판결의 효력을 부인할 수 없다고 한다.

(3) 판 례

행정처분에 기한 제3자에의 소유권이전등기가 취소판결의 형성력에 의하여 당연히 무효가 되어 그 행정처분 전의 상태로 환원되는 것이라고는 할 수 없고, 단지 취소판결의 존재와 취소판결에 의하여 형성되는 법률관계를 소송당사자가 아닌 제3자라 할지라도 이를 용인하지 않으면 아니 된다는 것을 의미하는 것이므로 제3자는 취소판결의 효력을 부인할 수 없다고 한다(대판 1986.8.9, 83다카2022).

4. 검토의견

취소판결의 제3자효에 대해서는 ①범위에 관한 명문의 규정이 없기 때문에 형성력이 미치는 제3자의 범위가 명확하지 않다는 점과 ②취소소송은 주관적 소송으로서 그 효력은 원칙적으로 당사자에게만 미치는 것이 원칙이라는 점에서, 제3자효(대세효)를 취소송의 당연한 속성으로 볼 수 있는지는 문제라는 타당한 지적이 있다.

Ⅴ. 제3자 보호제도

1. 제3자의 소송참가

취소판결의 효력이 미치게 되는 제3자의 불측의 손해를 막기 위해 행정소송법은 소송에 관여하지 않은 제3자의 소송참가(§16)를 인정하고 있다.

2. 제3자의 재심청구

또한 제3자가 귀책사유 없이 소송에 참가하지 못한 경우를 대비해 행정소송법은 아울러 취소의 인용판결이 확정된 뒤에도 제3자가 자신의 권익침해를 주장할 수 있도록 제3자의 재심청구제도(§31)를 마련하고 있다.

Ⅵ. 결 어

취소소송이 국민의 권리구제를 수행한다는 측면에서 취소판결의 형성력에 대해서는 명문규정이 없더라도 당연히 인정될 수는 있을 것이다.

다만, 형성력에 대한 주관적 범위가 명확하지 않다는 문제점이 있으므로 이는 입법론적으로 해결하는 것이 타당할 것이다.

[35] 제3자의 재심청구

I. 서 설

1. 의 의

재심이란 확정된 종국판결에 대하여 재심사유에 해당하는 하자가 있는 경우에 판결을 한 법원에 대하여 그 판결의 취소와 사건의 재심판을 구하는 비상의 불복 신청방법을 말한다.

재심청구는 확정된 종국판결에 대한 불복방법이라는 점에서, 확정 전의 종국판결에 대한 불복신청방법인 상소와 구별된다.

재판은 일단 확정되면 법적 안정성을 위하여 더 이상 재판의 취소를 인정하지 않는다. 그러나 재판의 기초가 된 자료나 소송절차에 중대한 결함이 있는 경우에 절대로 취소할 수 없다면, 심판의 적정과 위신을 지킬 수 없을뿐더러 당사자의 권리구제라는 구체적 정의에 반하게 되므로 법적 안정성과 구체적 정의하는 상반하는 요청을 조화시키기 위하여 예외적으로 재심을 인정된다.

2. 법적 성질

제3자의 재심청구는 확정판결의 취소와 종결된 사건의 재심판을 구하는 소로서 소송법상의 형성의 소와 부수소송의 성질을 가진다.

3. 민사소송의 재심과의 차이점

항고소송에서 인용판결은 소송 외의 제3자에 대해서도 그 효력이 미치므로 소송에 관여하지 못한 제3자가 불측의 손해를 입지 않도록 제3자의 소송참가를 인정하고 있다.

그래서 제3자가 자기에게 귀책사유 없이 소송에 참가하지 못하여 종국판결이 확정된 경우에 그에 대한 구제방법으로 제3자에 의한 재심청구를 인정하고 있다.

그러나 행정소송법 §31가 인정하는 재심청구는 그 청구권자·재심사유 등의 점에서, 판결 자체에 내재하는 중대한 하자를 재심사유로 하는 민사소송법상의 재심청구와는 다른 특별한 사항이 있다.

Ⅱ. 관할법원

제3자의 재심청구는 심급에 관계없이 취소대상인 판결을 한 법원의 전속관할에 속한다.

Ⅲ. 주요소송요건

1. 재심당사자

(1) 재심원고

재심청구의 원고는 취소소송의 인용판결에 의하여 권리 또는 이익의 침해를 받은 제3자이다.

여기에 권리 또는 이익의 침해를 받은 제3자란 당해 판결의 형성력이 미침으로써 그 판결주문에 따라 직접 자기의 법률상 이익이 침해되는 소송당사자 이외의 제3자를 가리킨다. 따라서 단순히 반사적이나 사실상 이익이 침해된 제3자는 여기에 해당하지 않는다.

(2) 재심피고

재심청구의 피고는 확정판결에 나타난 원고와 피고가 모두 함께 공동피고가 되어야 한다. 따라서 원고만 재심피고로 한다든가 또는 피고만을 재심피고로 하면 소송요건의 흠결로 각하를 면치 못한다.

2. 재심의 대상적격

제3자의 재심청구의 대상은 확정된 종국판결이다. 따라서 중간판결 기타 중간적 재판이나 미확정의 종국판결에 대해서는 재심청구의 대상이 될 수 없다.

3. 재심기간

제3자에 의한 재심청구는 확정판결이 있음을 안 날로부터 30일 이내, 판결이 확정된 날로부터 1년 이내에 제기하여야 한다.
그리고 이 기간은 불변기간으로 한다.

Ⅳ. 재심사유

행정소송법상의 제3자의 재심청구는 민사소송법상의 재심사유와는 달리 판결 자체에 내재하는 중대한 하자를 이유로 하기보다는 자기에게 책임 없는 사유로 당해 소송에 참가하지 못함으로써 판결에 영향을 미칠 공격·방어방법을 제출하지 못한 경우이다.

1. 자기에게 책임 없는 사유로 소송에 참가하지 못하였을 것

제3자가 재심청구를 하기 위해서는 먼저 자기에게 귀책시킬 만한 사유 없이 당해 항고소송에 참가하지 못한 경우여야 한다.

개개의 구체적인 경우에 있어서 당해 항고소송의 계속을 알지 못하였거나, 설혹 알았다고 하더라도 특별한 사정으로 인하여 당해 소송에 참가할 수 없었을 경우가 이에 해당한다.

그러나 사유에 대한 입증책임은 그러한 사유를 주장하는 제3자에게 있다고 할 것이다.

2. 판결의 결과에 영향을 미칠 공격 또는 방어방법을 제출하지 못하였을 것

소송에 참가하지 못함으로써 판결의 결과에 영향을 미칠 공격 또는 방어방법을 제출하지 못한 것이란 그 공격·방어방법이 종전의 소송에서 제출되었더라면 그 제3자에게 이익 되게 판결의 결과에 영향을 미쳤을 가능성이 있어야 한다.

따라서 종전의 소송에서 이미 제출된 공격·방어방법에 대해서는 이미 판단이 가해졌으므로 그에 대한 재심리를 할 필요가 없기 때문이다.

V. 민사소송법에 의한 재심청구

행정소송법에서 규정한 제3자의 재심청구 외에 민사소송법에 규정된 재심의 소가 행정소송에 있어서도 준용되는가에 대하여 행정소송법 §8②에 근거하여 민사소송의 예에 따르는 일반적인 재심 또는 준재심의 청구가 가능하다고 본다.

즉, 확정판결에 재심사유에 해당하는 하자가 있는 경우에 재심청구가 가능하다고 한다.

[36] 취소소송의 종료

I. 서 설

취소소송은 보통 민사소송의 경우와 마찬가지로 법원의 종국판결에 의하여 종료한다. 한편 취소소송은 당사자의 행위나 일정한 사유에 의하여 종료되는 경우도 있다.

II. 종국판결의 확정

종국판결은 상고권의 포기, 상소기간의 경과, 상고기각, 상고법원의 종국판결에 의하여 확정된다.

종국판결이란 법원의 심리가 종료하여 판결을 내리는 것을 말한다.

III. 당사자의 행위에 의한 종료

1. 소의 취하

원고가 소에 의한 심판청구의 전부 또는 일부를 철회하는 취지의 법원에 대한 일방적인 의사표시이다.

피고가 본안에 대하여 준비서면을 제출하거나 변론을 한 후에는 피고의 동의가 없으면 소의 취하는 효력이 없다.

2. 청구의 포기·인낙

(1) 개 념

청구의 포기(抛棄)는 원고가 자신의 청구가 이유 없음을 자인하는 것이고, 청구의 인낙(認諾)은 피고가 원고의 청구가 이유 있음을 자인하는 것이다.

이 경우 조서에 기재함으로써 확정판결과 동일한 효력을 갖는다.

(2) 준용 여부

1) 긍정설(류지태)

소송경제상 청구의 포기는 허용되고, 청구의 인낙의 경우에는 재량행위에 대해서는 허용된다고 한다.

2) 부정설(多)

①처분 등은 사법행위와 달리 사인과 합의에 의한 처분을 할 수 없다는 점, ②재량행위이더라도 재량권은 소송물에 관한 처분과 다른 것이라는 점, ③행정소송상 민사소송과 달리 직권탐지주의가 적용된다는 점, ④행정소송의 확정판결은 제3자효가 있다는 점을 들어 부정하고 있다.

3. 소송상의 화해

(1) 개 념

소송 계속 중 당사자 쌍방이 소송물인 권리관계의 주장을 서로 양보하여 소송을 종료시키는 것으로서 화해조서 작성 시 확정판결과 동일한 효력을 갖는다.

(2) 준용 여부

1) 긍정설(류지태)

재량행위인 경우 소송당사자 간의 합의가 재량의 남용으로 평가되지 않는 한 재량의 수권의 목적 범위 내에서는 허용된다는 견해이다.

2) 부정설(多)

청구의 포기 · 인낙과 동일하다.

3) 판 례

<判例>는 기속재산 처리사건에서 화해를 인정한 예가 있다(대판 1955.9.2, 4287행상59).

제 3 장

취소소송 외의 소송

[37] 취소소송 외의 소송

제3장 취소소송 외의 항고소송

제35조 (무효등확인소송의 원고적격)

제36조 (부작위위법확인소송의 원고적격)

제37조 (소의 변경)

제38조 (준용규정)

제4장 당사자소송

제39조 (피고적격)

제40조 (재판관할)

제41조 (제소기간)

제42조 (소의 변경)

제43조 (가집행선고의 제한)

제44조 (준용규정)

제5장 민중소송 및 기관소송

제45조 (소의 제기)

제46조 (준용규정)

[38] 무효등확인소송

case: 무효 여부가 불투명한 경우 무효등확인소송과 취소소송을 단순 병합하여 제기할 수 있는가?

Ⅰ. 개 설

1. 의 의

무효등확인소송이란 행정청의 처분이나 재결의 효력 유무 또는 존재 여부의 확인을 구하는 소송을 말한다(§4Ⅱ).

이에는 처분이나 재결의 ①유효확인소송, ②무효확인소송, ③존재확인소송, ④부존재확인소송, ⑤실효확인소송 등이 포함되나 이 중 실무상 가장 많이 제기되는 소송은 무효확인소송이다.

2. 법적 성질

무효등확인소송의 성질에 대해서는 항고소송설, 확인소송설, 준항고소송설(多) 등 학설이 주장되고 있다. 한편, 행정소송법은 이를 항고소송의 일종으로 규정하고 있다.

생각건대, 무효등확인소송은 처분의 무효나 부존재를 확인하는 점에서 확인소송의 성질을 가지나, 형식적으로 처분 등의 효력 유무나 존재 유무를 다툰다는 점에서 항고소송의 성질도 가지므로 준항고소송으로 보는 견해가 타당하다.

3. 필요성

처분에 무효정도의 위법성 사유가 있는 경우, 당해 처분은 처음부터 효력을 발생하지 아니하므로 소송상 다툴 이익 없는 것으로 볼 수도 있다.

그러나 무효인 처분도 처분으로서 외관을 갖추고 있으므로 이로 인해 당사자가 불이익을 받게 되는 경우가 발생할 수 있다.

이러한 경우를 구제하기 위한 소송이 바로 무효등확인소송이다.

Ⅱ. 관 할

1. 재판관할

무효등확인소송의 제1심 관할법원은 피고의 소재지를 관할하는 행정법원이 된다.

다만, 중앙행정기관 또는 그 장이 피고인 경우의 관할법원은 대법원 소재지의 행정법원으로 한다(§38 → §9).

2. 관련청구소송의 이송·병합

무효등확인소송이 관할권이 없는 법원에 잘못 제기된 경우에는 원고의 고의나 과실로 인한 경우가 아니면, 결정으로 정당한 관할법원에 이송하여야 한다(§8②).

무효등확인소송과 관련청구소송이 각각 다른 법원에 계속되어 있는 경우에 관련청구소송의 수소법원은 관련청구소송을 무효등확인소송이 계속된 법원으로 이송할 수 있다(§38① → §10).

Ⅲ. 당사자 등

1. 원고적격

(1) 문제점

우리나라 행정소송법 §35에서 무효등확인소송은 처분 등의 효력의 유무 또는 존재 여부의 확인을 구할 법률상 이익이 있는 자가 제기할 수 있다고 규정하고 있다. 이는 독일과 일본에서 무효확인소송에 보충성을 요구하는 것과는 다른 입법태도라 하겠다.

이러한 무효확인소송의 '확인을 구할 법률상 이익'의 해석에 대하여 학설과 판례가 대립하고 있다.

(2) 학 설

1) 즉시확정이익설(필요설, 判)

무효확인소송의 '확인을 구할 법률상 이익'을 민사소송의 확인의 이익과 같이 즉시확정의 법률상 이익으로 본다. 이 견해는 ①무효확인소송은 확인의 소라는 점, ②민사소송법상 현존하는 불안이나 위험을 제거하기 위하여 확인판결은 받는 것이 유효·적절한 경우와 같이 즉시확정을 말한다는 점을 그 논거로 한다.

따라서, 무효처분과 관련하여 그 무효를 주장하는 방법으로서 더욱 실효적인 구제수단인 민사소송 또는 공법상 당사자소송에 의하여 구제가 안 되는 경우에만 보충적으로 무효확인소송 제기가 가능하다는 점을 그 논거로 한다.

즉 소의 제기에 있어 보충성이 요구된다고 한다.

2) 법적 보호가치 있는 이익설(불요설, 多)

이 설은 무효확인소송의 원고적격은 취소소송과 동일한 개념으로서 민사소송상의 확인의 이익보다는 넓은 개념으로 본다. 이 견해는 ①무효등확인소송은 항고소송이라는 점, ②우리나라 행정소송법의 태도는 일본이나 독일과 달리 무효확인소송의 원고적격에 대해 보충성을 요구하고 있지 않다는 점을 그 논거로 한다.

그에 따라 무효확인소송의 '확인을 구할 법률상 이익'은 취소소송에서의 법률상 이익과 마찬가지고 법적 보호가치 있는 이익으로 보며 보충성을 요하지 않는다고 한다.

(3) 판 례

<判例>는 행정소송법의 명문과 달리 무효등확인소송은 당사자 사이에 분쟁이 있고, 그로 인하여 원고의 권리 또는 법률상의 지위에 불안·위험이 있어 판결로써 그 법률관계의 존부를 확인하는 것이 위의 불안·위험을 제거하는 데 필요하고도 적절한 경우에 인정된다고 하여 법률상의 이익을 제한적으로 해석하고 있다 (1988.3.8, 87누133).

또한 <判例>는 납세의무자가 부과된 세액을 이미 납부한 경우에는 그 부과처분의 무효를 전제로 부당이득반환청구로써 납부세금의 반환을 청구할 수 있을 뿐이고, 그 부과처분의 무효확인을 구할 확인의 이익은 없다고 한다(대판 1989.4.25, 88누5112).

결국 판례는 원고적격과 협의의 소익을 동일하게 보고 있다.

(4) 검 토

즉시확정이익설에 관해서는 ①우리나라 행정소송법의 태도는 일본이나 독일과 달리 무효확인소송의 원고적격에 대해 보충성을 요구하고 있지 않다는 점, ②무효확인소송에도 취소판결의 기속력 규정이 준용되므로(§29, §30, §38) 무효임을 전제로 한 민사소송이나 당사자소송 못지않게 충분히 실효적인 구제수단이라는 점에서 문제점이 있다.

따라서 국민의 권익보호를 위하여 취소소송의 원고적격과 동일하게 보는 법적 보호가치 있는 이익설이 타당하다 할 것이다.

2. 피고적격

무효등확인소송은 원칙적으로 처분 등을 행한 행정청을 피고로 한다(§38① → §13).

3. 기타 관계규정

피고경정(§14), 공동소송(§15), 제3자의 소송참가(§16), 행정청의 소송참가(§17) 등 취소소송의 당사자에 관한 기타 조항들도 무효등확인소송에 준용된다.

Ⅳ. 소의 대상

무효등확인소송도 취소소송과 마찬가지로 처분 등을 소송의 대상으로 한다(§38① → §19). 무효등확인소송의 대상이 되기 위해서는 적어도 유효한 처분 등으로 오인될 만한 외관이 존재하여야 한다.

한편 재결의 무효등확인소송의 경우에는 재결 자체에 고유한 위법이 있음을 이유로 하는 경우에만 가능하다(§38① → §19단서).

Ⅴ. 소의 제기

1. 행정심판전치주의의 적용배제

취소소송에 관한 행정심판전치주의에 관한 규정(§18)이 배제된다.

2. 제소기간의 적용배제

제소기간에 관한 규정(§20)은 무효등확인소송에 적용되지 않는다.

3. 소의 변경

취소소송의 소의 변경에 관한 규정은 무효등확인소송을 취소소송 또는 당사자소송으로 변경하는 경우에 준용한다(§21, 37).

무효등확인소송을 취소소송으로 변경할 경우에는 행정심판전치주의와 제소기간의 요건을 갖추어야 한다.

4. 처분변경으로 인한 소의 변경

한편, 처분변경으로 인한 소의 변경 역시 무효등확인소송에 준용한다(§22, 38①).

5. 집행정지제도

행정소송법 §38①에 의해 집행정지(§23)와 집행정지의 취소(§24)도 준용되고 있다.

6. 가처분

무효등확인소송에 있어서 가처분에 관한 민사소송법상의 규정을 적용하여 가구제로서 가처분을 인정할 수 있는가에 대하여 ①적극설과 ②소극설, 그리고 ③절충설(무효확인소송에만 적용된다는 견해)이 대립하고 있다.

검토하건대, 행정소송법상의 집행정지결정에 관한 규정을 가처분에 관한 민사소송법 규정을 배제하는 특별한 규정으로 보아 무효등확인소송에서의 가처분을 인정할 수 없다고 보는 소극설이 타당하다 할 것이다.

Ⅵ. 심 리

1. 선결문제

※등장: ①관련청구소송의 이송·병합, ②판결의 기속력, ③무효등확인소송

(1) 의 의

행정소송법에서 선결문제라 함은 처분 등의 효력 유무 또는 존재 여부가 민사소송의 본안판결의 전제로 되어 있는 쟁송을 말한다.

예컨대, 조세부과처분이 무효임을 전제로 한 과오납세금 반환청구소송에서 나타나게 되는 조세부과처분의 효력 유무 또는 존재 여부에 관한 다툼이 이에 해당된다.

행정소송법이 규정한 것은 민사소송에 있어서의 선결문제이므로, 공법상의 당사자소송이나 형사소송에서의 선결문제는 여기에 포함되지 않는다.

(2) 심판권

선결문제에 관한 행정소송법 §11의 규정은 선결문제에 관한 심판권에 대한 입법적 해결이 아니라, 민사법원이 선결문제에 대한 심판권을 행사하는 경우를 위하여 심리절차에 관한 규정을 둔 것일 뿐 선결문제의 심판권(관할권)에 관한 명문의 규정이 없다.

1) 처분 등의 위법성 여부가 선결문제인 경우

당해 민사법원도 처분 등의 구성요건적 효력에 의한 기속을 받으므로, 그 취소·변

경은 별도의 항고소송절차에 의한다는 것이 종래 판례의 일반적인 경향이다.

ex) 과세처분의 경우

2) 처분 등의 무효 또는 부존재의 여부가 선결문제인 경우

당해 민사사건의 수소법원이 심판권을 가진다.

3) 국가배상사건의 경우

민사수소법원은 처분 등의 하자가 취소사유에 그치는 때에는 선결적으로 심리·판단할 수 있다. 이 경우 민사법원이 처분 등의 효력 자체를 부인(취소)하는 것은 아니므로, 처분의 구성요건의 효력에 저촉되는 것은 아니기 때문이다.

(3) 심리절차

행정소송법은 민사소송절차에 의하는 것을 전제로 하여, 행정소송에 관한 규정 중 행정청의 소송참가(§17), 행정심판기록제출명령(§25), 직권심리(§26) 및 소송비용에 관한 재판의 효력(§33)의 규정을 준용하고 있다.

민사소송의 수소법원은 선결문제로 된 사실을 당해 행정청에 통지하여야 한다(§11②).

2. 행정심판기록제출명령

법원은 당사자의 신청이 있는 때에는 결정으로써 재결을 행한 행정청에 대하여 행정심판에 관한 기록의 제출을 명할 수 있으며, 제출명령을 받은 행정청은 지체없이 당해 행정심판에 관한 기록을 법원에 제출하여야 한다(§25①,②).

3. 직권심리주의

취소소송과 마찬가지로 변론주의를 원칙으로 하나, 보충적으로 직권탐지주의가 적용된다. 법원은 필요하다고 인정될 때 직권으로 당사자가 주장하지 아니한 사실에 대해서도 판단할 수 있기 때문이다(§38① → §26).

4. 입증책임

(1) 문제점

법치행정에 있어서 취소사유에 대한 입증책임은 행정청에 있는데, 이보다 더 큰 중대·명백한 경우에 있어 <判例>가 원고책임설을 취하고 있어 문제시된다.

(2) 학 설

무효확인소송의 입증책임에 대하여, ①원고입증책임설(判), ②피고입증책임설, ③법률요건분류설(多)이 대립한다.

(3) 판 례

처분의 당연 무효를 구하는 소송에 있어서는 그 무효를 구하는 사람(원고)에게 그 처분에 존재하는 하자가 중대하고 명백하다는 것을 주장·입증할 책임이 있다고 한다.

당해 <判例>에 관해 '사람'이라는 표현을 쓰고 있으므로 명백한 원고입증책임설은 아니라는 견해도 있으나, 일반적으로 원고입증책임설의 판례로 보고 있다.

(4) 검토의견

무효확인소송은 소극적 확인소송이므로 원고는 그 처분이 무효라는 주장만 하면 되고 피고가 그 처분이 적법하다는 사실을 입증하여야 하는 것이 원칙이다.

따라서, 원고의 무효주장은 처분의 적법성을 부인하는 것에 불과하다 할 것이므로 그 처분의 위법성의 기초를 이루는 사실에 대한 입증책임은 피고인 행정청이 진다는 견해가 타당하다.

5. 위법판단의 기준시

취소소송에서와 마찬가지로 처분시를 기준으로 처분 등의 무효 등을 판단한다.

Ⅶ. 판 결

1. 판결의 종류

판결의 종류는 취소소송의 경우와 마찬가지로 소송요건을 결하고 있는 경우에는 이를 부적법한 것으로 각하판결을 하고, 원고의 청구가 이유 없다고 인정될 때에는 기각판결을 하며, 원고의 청구가 이유 있다고 인정될 때에는 인용판결을 한다.

2. 재량처분의 취소의 적용배제

행정청의 재량에 속하는 처분이라도 재량권의 한계를 넘거나 그 남용이 있는 때에는 법원은 이를 취소할 수 있다는 §27의 규정은 준용하지 않는다.

3. 사정판결의 인정 여부

(1) 긍정설

이 견해는 ①무효와 취소의 구별의 상대성, ②사정판결제도가 분쟁해결의 화해적 기능 때문에 반드시 원고에게 불이익하다고 할 수 없다는 점, 그리고 ③무효처분에 대해서도 기성사실을 존중하여야 할 경우가 있다는 이유로, 무효등확인소송에서도 사정판결을 인정할 수 있다고 한다.

(2) 부정설(多, 判)

이 견해는 ①처분이 무효인 경우에는 존치시킬 유효한 처분이 없을 뿐만 아니라, ②행정소송법이 무효등확인소송에 취소소송의 사정판결에 관한 규정을 준용하지 않고 있다는 점을 이유로, 무효등확인소송에 있어서는 인정될 수 없다고 한다(대판 1987.3.10, 84누158).

(3) 검토의견

사정판결은 취소소송에서만 인정되며 무효확인소송에서는 그 적용이 없다. 그 이유는 처분의 하자가 중대하고 명백한 경우까지 법적 안정성과 공공복리를 우선시하는 것은 법치국가원리와 국민의 권익구제에 반하기 때문이다.

4. 판결의 효력

처분 등의 무효 등을 확인하는 확정판결은 제3자에 대해서도 효력이 있다. 집행정지의 결정, 그 집행정지의 취소결정 역시 제3자효를 가진다(§29).
따라서 제3자의 보호를 위해 제3자의 소송참가(§16), 제3자에 의한 재심청구도 인정된다(§31, §38①).

또한 처분의 무효 등을 확인하는 판결은 그 사건에 관하여 당사자인 행정청과 그 밖의 관계행정청을 기속한다(§30). 그러므로 무효등확인소송의 판결에도 기판력이 발생한다.

Ⅷ. 취소소송과 무효등확인소송과의 관계

이병철 단문집 참고

1. 취소사유에 대해 무효확인소송을 제기한 경우

(1) 취소소송의 제기요건을 갖춘 경우

① 무효확인청구는 취소청구를 포함하므로, 법원은 취소판결을 하여야 한다는 견해(判)

② 무효확인청구는 취소청구를 포함하지만, 법원은 석명권을 행사하여 무효확인소송을 취소소송으로 '정정'한 후 취소판결을 하여야 한다는 견해

③ 무효확인청구가 취소청구를 당연히 포함한다고 볼 수 없으므로, 무효확인소송을 취소소송으로 '소변경'하지 않는 한, 기각판결을 하여야 한다는 견해

(2) 취소소송의 제기요건을 갖추지 못한 경우

<判例>는 기각판결을 한다.

2. 무효사유에 대해 취소소송을 제기한 경우

<判例>는 무효선언적 의미의 취소소송의 경우에도 제소기간 등 취소소송의 제

기요건을 구비해야 한다고 판시하였다.

3. 취소소송과 무효확인소송의 병합

주위적 청구로 취소를 예비적 청구로 무효확인을 구할 수 있다. <判例>는 과세처분취소소송에서 기각판결이 확정되면 기판력은 무효확인소송에 미친다고 본다.

[39] 부작위위법확인소송

I. 개 설

1. 의 의

부작위위법확인소송이란 행정청의 부작위가 위법임을 확인하는 소송유형을 말한다(§4Ⅲ).

이때의 부작위에 대하여 행정소송법 §2①Ⅱ는 "행정청이 당사자의 신청에 대하여 상당한 기간 내에 일정한 처분을 하여야 할 법률상 의무가 있음에도 불구하고 이를 하지 아니하는 것"이라고 규정하였다.

2. 법적 성질

이 소송은 당사자의 적법한 신청에 대하여 상당한 기간 내에 일정한 처분을 하여야 할 법률상의 의무가 있음에도 불구하고 행정청이 이를 행하지 아니하여 발생한 위법한 법률상태에 대하여 그 위법성을 확인하기 위한 소송이므로 확인소송의 성질을 가지며, 행정소송법이 항고소송의 유형으로 규정하고 있다는 점에서 공권력 발동에 대한 소송으로서 항고소송의 성질도 아울러 갖는다.

3. 제도적 취지

이 소송유형은 특히 급부행정 영역에서의 일정한 신청에 대하여 행정청이 작위의무에 반하여 방치하고 있는 경우에 국민의 권익구제를 위한 소송유형이다.

그러나 부작위위법확인소송은 단지 행정청의 부작위가 위법하다는 사실을 확인할 뿐이라는 점에서, 행정청에 일정한 작위의무가 있음을 확인하고 그 의무이행을 명하는 판결을 내릴 수 있는 의무이행소송에 비해, 국민의 권리구제수단으로 미흡하다는 지적이 있다.

Ⅱ. 관 할

1. 재판관할

부작위위법확인소송의 재판관할도 취소소송과 마찬가지로 제1심 관할법원은 원칙적으로 피고의 소재지를 관할하는 행정법원이다.

다만, 중앙행정기관 또는 그 장이 피고인 경우의 관할법원은 대법원 소재지의 행정법원으로 한다(§9, §38②).

그의 재판에 불복이 있는 자는 고등법원·대법원에 상소할 수 있다.

2. 관련청구소송의 이송·병합

부작위위법확인소송이 관할권이 없는 법원에 잘못 제기된 경우 수소법원은 정당한 관할법원에 이송하여야 하고, 현저한 손해 또는 지연을 피하기 위하여 필요한 때에도 이송할 수 있다(§7, §8②, 민사소송법 §34①, §35).

<민사소송법 제34조> (관할위반 또는 재량에 따른 이송) ①법원은 소송의 전부 또는
일부에 대하여 관할권이 없다고 인정하는 경우에는 결정으로 이를 관할법원에 이송한다.
②지방법원 단독판사는 소송에 대하여 관할권이 있는 경우라도 상당하다고 인정하면
직권 또는 당사자의 신청에 따른 결정으로 소송의 전부 또는 일부를 같은 지방법원 합
의부에 이송할 수 있다.
③지방법원 합의부는 소송에 대하여 관할권이 없는 경우라도 상당하다고 인정하면 직권
으로 또는 당사자의 신청에 따라 소송의 전부 또는 일부를 스스로 심리·재판할 수 있다.
④전속관할이 정하여진 소에 대해서는 제2항 및 제3항의 규정을 적용하지 아니한다.
<민사소송법 제35조> (손해나 지연을 피하기 위한 이송) 법원은 소송에 대하여 관할
권이 있는 경우라도 현저한 손해 또는 지연을 피하기 위하여 필요하면 직권 또는 당사
자의 신청에 따른 결정으로 소송의 전부 또는 일부를 다른 관할법원에 이송할 수 있
다. 다만, 전속관할이 정하여진 소의 경우에는 그러하지 아니하다.

관련청구소송의 이송도 취소소송에 관한 규정이 준용된다(§10, §38②).

Ⅲ. 당사자

1. 원고적격

(1) 관련규정

부작위위법확인소송의 원고적격은 처분의 신청을 한 자로서 부작위위법의 확인
을 구할 법률상의 이익이 있는 자만이 가진다(§36).
이러한 부작위위법확인소송의 원고적격에 대해 다음과 같은 견해로 나뉜다.

(2) 학 설

1) 원고적격과 동일하다는 견해

현실적으로 신청을 하면 되고, 원고적격은 '법률상의 이익'을 중심으로 파악해

야 한다는 견해이다.

2) 현실적으로 처분을 신청한 자를 모두 포함한다는 견해

원고적격이 인정되기 위해서는 현실적으로 일정한 처분의 신청을 하면 되고, 그 자가 법령에 의한 신청권을 가졌는지의 여부는 가릴 것이 없다고 한다.

3) 법령에 의하여 신청권이 인정된 자만이 이에 해당한다는 견해(多, 判)

법령에 근거하지 않고 신청을 한 자가 부작위에 대하여 소송을 제기하는 경우에도 부작위가 성립할 수 없으므로 신청권이 없는 자는 원고적격이 인정될 수 없다는 견해이다.

(3) 판 례

<判例>는 대상적격과 더불어 원고적격에서도 신청권이 있는 자가 신청을 하였을 것이 요구된다고 한다.

다만, 대상적격에 대해서는 추상적·형식적 판단을 원고적격에 대해서는 구체적 판단을 하여 모순을 피하고 있다.

(4) 검토의견

신청권을 갖지 못하는 자의 신청의 경우에는 소송의 대상인 부작위 자체가 성립하지 않는다고 할 것이고, 취소소송의 원고적격과 동일하다고 하면 이 소송에서의 법률상의 이익이 불분명해진다는 점에서 신청권을 갖는 자에 대해서만 원고적격이 인정된다고 보는 것이 타당할 것이다.

결국, 이 문제는 당사자의 신청권 유무를 논의해야 하며, 대상적격의 문제로 보는 것이 타당할 것이다(장태주).

2. 피고적격

부작위위법확인소송의 부작위행정청 즉, 당사자의 신청에 대하여 상당한 기간 내에 일정한 처분을 해야 할 의무가 있음에도 불구하고 이를 하지 않은 행정청이 피고가 된다(§13, §38②).

또한 피고의 경정(변경)에 관한 취소소송에 관한 규정도 준용된다(§14, §38②).

Ⅳ. 대 상

부작위위법확인소송의 대상은 행정청의 부작위이다.

1. 부작위 의의

행정청이 당사자의 신청에 대하여 상당한 기간 내에 일정한 처분을 해야 할 법률상의 의무가 있음에도 불구하고 이를 하지 않는 것을 말한다(§2①Ⅱ).

2. 부작위의 성립요건

(1) 당사자의 신청이 있을 것

1) 문제점

행정청의 부작위가 성립되기 위해서는 먼저 당사자의 적법한 신청이 있어야 한다. 적법한 신청이란 법령에 당사자의 신청이 명시된 경우뿐만 아니라 법령해석상 당해 규정이 특정인의 신청을 전제로 인정되는 경우의 신청을 말한다.

특히 이와 관련하여 소송요건으로서의 신청인에게 법규상·조리상 신청권이 있어야 하는지에 대해서 견해의 대립이 있다.

2) '법규상·조리상 신청권 유무'에 관한 학설

ㄱ) 제1설(소송요건설, 소송요건으로 보는 견해, 多, 判)

행정소송법 §2Ⅱ의 '부작위'가 성립하기 위해선 행정청의 법률상 응답의무가 인정되는 반면, 신청인에게는 법규상·조리상 응답신청권이 인정되어야 하고 그 결과 원고적격 역시 법규상·조리상 응답신청권이 있는 자가 신청을 한 경우에만 인정된다고 주장한다.

이 견해에 의하면, 응답신청권이 인정되지 않는 경우 법원은 소 각하판결을 해야 하고 응답신청권 및 응답의무가 인정되는 경우에는 무조건 청구인용판결을 해야 할 것이다.

그 결과 부작위위법확인소송에서 소송요건 심사 및 본안심리의 대상은 응답의무 및 응답신청권의 존부로 귀결된다.

ㄴ) 제2설(본안심리설, 본안판단문제로 보는 견해)

①행정소송법 §36가 단지 '신청을 한 자'로 규정하고 있다는 점, ②행정소송법 §2①Ⅱ를 소송요건이 아니라 본안판단문제로 해석할 수 있다는 점, ③다수설과 판례에 의할 때, 소송요건 단계에서 본안판단을 선취하는 모순이 있다는 점을 들어 신청권의 존부는 행정청의 부작위가 처분에 해당하기 위한 요건이 아니라고 한다.

즉, 소송요건으로서의 부작위의 존재를 인정하기 위하여서는 원고의 신청이 있었고, 원고가 주장하는 바와 같은 처분이 행해지지 않은 것만으로 족하다고 한다. 결국 실체적 신청권 또는 실체법상의 처분의무의 존재 여부는 본안에 가서야 비로소 판단할 수 있는 문제라고 본다.

3) 판 례

부작위위법확인소송은 처분의 신청을 한 자로서 부작위의 위법의 확인을 구할 법률상의 이익이 있는 자만이 제기할 수 있다 할 것이며, 이를 통하여 구하는 행정청의 응답행위는 행정소송법 제2조 제1항 제1호 소정의 처분에 관한 것이라야

하므로,

당사자가 행정청에 대하여 어떠한 행정행위를 하여 줄 것을 신청하지 아니하거나 그러한 신청을 하였더라도 당사자가 행정청에 대하여 그러한 행정행위를 하여 줄 것을 요구할 수 있는 법규상 또는 조리상의 권리를 갖고 있지 아니하든지 또는 행정청이 당사자의 신청에 대하여 거부처분을 한 경우에는

원고적격이 없거나 항고소송의 대상인 위법한 부작위가 있다고 볼 수 없어 그 부작위위법확인의 소는 부적법하다(대판 1995.9.15, 95누7345).

결국 <判例>는 일관되게 부작위위법확인소송의 대상이 되는 부작위처분이 되기 위해서는 법규상·조리상의 신청권이 존재해야 하고, 단지 행정청의 직권발동을 촉구하는 데 불과한 신청에 대한 무응답은 이에 해당하지 않는다고 판시하여 신청권 유무는 소의 대상 즉, 대상적격의 인정문제로 보고 있다(장태주).

4) 검토(신청권의 판단기준)

신청권을 형식적 의미로 이해하고 그것을 소의 대상, 즉 대상적격 인정문제로 보는 대법원과 통설의 태도는 타당하다. 왜냐하면 일부 학설에 의해 행정청의 응답의무가 없는 경우 당사자의 신청에 대하여 아무런 대응을 하지 않는 경우까지 소의 대상으로 삼아 본안판단까지 한다는 것은 문제가 있기 때문이다.

<대법원 판례 해설> 96누12460
①대법원은 신청권의 존부는 구체적 사건에서 신청인이 누구인가를 고려하지 않고 관계 법규의 해석에 의하여 일반 국민에게 그러한 신청권을 인정하고 있는가를 살펴 추상적으로 결정되는 것이고, 신청이 그 신청에 따른 단순한 응답을 받을 권리를 넘어서 신청의 인용이라는 만족적 결과를 얻을 권리를 의미하는 것이 아니라고 판시하여 신청권은 형식상의 단순한 응답요구권의 의미로 이해하고 있음을 분명히 하였다.
②결국 대법원은 신청권을 형식적 의미로 이해하고 그것을 소의 대상, 즉 대상적격 인정문제로 보고 있다.

---

(2) 일정한 처분을 하여야 할 법률상 의무가 있을 것

상대방의 적법한 신청이 있는 경우 행정청에는 그 신청의 내용에 상응하는 '일정한 처분'을 하여야 할 법률상 의무가 발생한다.

이때의 법률상의 의무는 명문의 규정에 의하여 인정되는 경우뿐만 아니라, 법령의 해석상 인정되는 경우도 포함하며(대판 1991.2.12, 90누5825), 기속행위인지 재량행위인지와 상관없이 응답을 하여야 할 의무가 법률상의 의무의 내용이 된다는 것이 통설과 <判例>의 입장이다.

한편, 처분이 아닌 행정작용을 신청하는 것에 대한 무응답은 부작위위법확인소송의 대상이 될 수 없다. 대법원도 형사 본안사건에서 무죄가 확정되어 압수가 해제된 것으로 간주되는 압수물에 대해서는 형사소송법 제332조의 규정에 따라 검사가 압수물을 환부하여야 할 의무가 당연히 발생하는 것이고 검사의 환부결정 등 어떤 처분에 의하여 비로소 환부의무가 발생하는 것이 아니므로, 피압수자 등이 그 압수물의 환부를 신청한 것에 대하여 검사가 아무런 응답을 하지 아니하고 있다 하더라도 그와 같은 부작위는 부작위위법확인소송의 대상이 되지 아니한다고 판시하고 있다(대판 1995.3.10, 94누1418).

(3) 상당한 기간

행정소송의 대상인 부작위가 되기 위해서는 행정청이 일정한 처분을 하여야 할 상당한 기간이 지나도 아무런 처분을 하지 아니하여야 한다.

<判例>에 의하면, 어느 정도의 기간을 상당한 기간이라 할 것인지는 사회통념상 당해 신청에 대한 처분을 하는 데 필요한 것으로 인정되는 기간을 가리키는 것이라 할 것이다.

(4) 처분의 부존재

행정청의 부작위는 공권력행사의 부작위여야 하고 그 부작위가 국민의 권리의무 변동에 직접적으로 영향을 미치는 것이어야 한다.

부작위가 성립하려면 행정청이 전혀 아무런 처분도 하지 않아야 한다. 즉, 처분으로 볼 만한 외관이 일체 존재하지 않아야 한다. 처분이 존재하는 이상 그 처분이 무효인 행정처분처럼 중대하고 명백한 하자로 말미암아 처음부터 당연히 효력을 발생하지 아니하는 경우라도 부작위위법확인소송의 대상이 될 수 없다.

또한 법령이 일정한 상태에서 부작위를 거부처분으로 보는 규정을 둔 경우에는 법적으로는 거부처분이라는 소극적 처분이 있는 것으로 되므로, 부작위가 성립되지 않는다.

V. 소의 제기

1. 행정심판전치주의

취소소송에 관한 예외적인 행정심판전치주의 규정은 부작위위법확인소송에도 준용된다. 따라서 개별법에서 예외적으로 행정심판을 제기하도록 규정하고 있는 경우에는 행정심판을 제기하여야 한다.

이때의 행정심판은 행정청의 부작위에 대하여 일정한 처분을 하도록 청구하는 의무이행심판이 된다.

2. 제소기간

(1) 원 칙

부작위위법확인소송에 대해서는 부작위의 성질상 원칙적으로 제소기간이 인정될 수 없다.

(2) 의무이행심판을 거친 경우

그러나 부작위에 대해서도 행정심판으로서 의무이행심판을 제기할 수 있으므로 이러한 경우에는 행정심판의 재결서의 정본을 송달받은 날로부터 90일 이내에 소송을 제기하여야 한다.

3. 소의 변경

준용된다.

4. 처분변경으로 인한 소의 변경의 적용배제(§22)

준용되지 않는다.

5. 집행정지제도의 적용배제(§23, §24)

집행정지는 침익적 처분에 대하여 소극적으로 그 효력이나 그 집행 또는 절차의 속행을 정지하는 데 그치기 때문에 부작위위법확인소송의 성질상 준용되지 않는다.

6. 가처분

학설이 대립한다.

Ⅵ. 심 리

1. 법원의 심리권의 범위

(1) 실체적 심리설(적극설)

이 설은 법원은 부작위위법확인소송의 심리에 있어서 단순히 행정청의 방치상태의 적부에 관한 절차적 심리에 그치지 않고, 신청의 실체적 내용이 이유 있는 것인지도 심리하여 그에 대한 적정한 처리방향에 관한 법률적 판단을 하여야 한다고 보는 견해이다.

(2) 절차적 심리설(소극설, 多)

이 설은 국민의 권리구제라는 관점에서 제1설이 타당할지 모르나, 부작위위법확인소송의 본질과의 관계에서 문제가 있다고 한다. 왜냐하면 이 소송은 의무이행소송과는 달리 행정청의 부작위가 위법한 것임을 확인하는 소송으로서, 그 소송물 또는 법원의 심리대상은 부작위의 위법성이기 때문이다.

따라서 법원으로서는 행정청의 부작위 위법성 여부를 확인하는 데 그치고, 그 이상으로 행정청이 행하여야 할 실체적 처분의 내용까지 심리 판단할 수 없다고 본다.

(3) 판 례

<判例>는 현행법상 의무이행소송을 인정하고 있지 않다는 점과 부작위위법확인소송의 제도적 취지는 '부작위의 위법성 확인'과 '소극적 위법상태의 배제'에 그친다고 보아 실체적 내용까지는 심리할 수 없다고 한다.

(4) 검토의견

현행 행정소송법상 ①의무이행소송이 없다는 점, ②절차적 심리설에 의할 경우 본안판단에서 별도로 심리할 내용이 없다는 점에서 부작위위법확인소송의 심리를 적극적으로 하여 국민의 권익구제를 넓히려는 실체적 심리설의 입장은 어느 정도 타당성이 있다.

그러나 우리 행정소송법은 행정청의 1차적 판단권을 존중하는 의미에서 부작위위법확인소송만 인정하고 이행소송을 도입하지 않았는바, 실체적 심리설은 행정소송법의 부작위위법확인소송을 규정한 입법취지와 맞지 않는다.

따라서 절차적 심리설과 판례의 견해가 타당하다 할 것이다.

2. 행정심판기록제출명령

행정심판기록의 제출명령(§25)에 관한 규정이 준용된다(§38②).

3. 직권심리주의

취소소송에 있어서 직권심리주의(§26)가 준용된다.

4. 입증책임

일정한 처분을 신청한 사실 및 상당한 기간이 경과하였다는 것은 원고가, 상당한 기간이 경과하게 된 것을 정당화할 특별한 사유의 존재에 대해서는 피고인 행정청이 각각 부담한다.

5. 위법판단의 기준시

이에 대해 ①처분시설과 ②판결시설이 대립하고 있으나, 부작위위법확인소송에 있어서는 처분이 존재하지 아니하므로 판결시설이 타당하다.

따라서 사실심변론종결시까지 작위의무가 이행되면, 위법성이 없다고 보아야 할 것이다.

Ⅶ. 판 결

1. 판결의 종류

판결의 종류는 취소소송의 경우와 마찬가지로 소송요건을 결하고 있는 경우에는 이를 부적법한 것으로 각하판결을 하고, 원고의 청구가 이유 없다고 인정될 때에는 기각판결을 하며, 원고의 청구가 이유 있다고 인정될 때에는 인용판결, 즉 부작위위법확인판결이 있다.

2. 재량처분의 취소

준용된다.

3. 사정판결의 문제

부작위위법확인소송에서는 이미 형성된 법률상태를 유지시킬 처분이 존재하지 아니하므로 성질상 사정판결의 문제가 생기지 않는다(장태주).

4. 판결의 효력

(1) 형성력의 적용배제

형성력이 생기지 않는 점만 제외하면 취소소송의 경우와 같다. 즉, 부작위위법
확인소송의 판결에도 기판력, 기속력, 제3자효, 간접강제 등이 인정된다.

(2) 제3자효

부작위위법확인판결은 제3자에 대해서도 효력이 있다. 이는 소송당사자와 제3
자에 대하여 그 효과를 획일적으로 규율함으로써 승소한 자의 권리를 확실히 보
호하기 위해서이다.

따라서 판결의 효력이 제3자에게 미치므로 제3자를 보호하기 위하여 제3자 소
송참가와 제3자의 재심청구 등의 제도가 인정된다.

(3) 인용판결에 대한 기속력의 내용에 관한 문제

1) 재처분의무만 인정

문제가 되는 것은 부작위위법확인소송의 인용판결이 확정되었을 때 갖는 기속력
의 내용에 관한 것이다. 일반적으로 취소소송에 있어 기속력은 반복금지효, 재처분
의무, 결과제거의무 등이 있는데 모두를 인정할 것인가가 문제시되는 것이다.

검토하건대, 여기에 대해서는 거부처분의 기속력에 관한 규정이 준용된다(§38
②, §30②). 따라서 부작위위법확인소송의 청구를 인용하는 판결이 확정된 경우에
는 그 판결의 취지에 따라 다시 이전의 신청에 대한 처분을 하여야 하는 재처분
의무를 인정하고 있다.

다만, 이때 '판결의 취지에 따르는 신청에 대한 처분'이 문제시된다.

2) 판결의 취지에 따르는 신청에 대한 처분의 의미

ㄱ) 제1설

소수설은 기속행위와 재량행위를 구별하여, 재량행위에 대한 인용확정판결의 기속력은 단순한 응답의무의 이행에 미칠 뿐이나, 기속행위나 재량이 0으로 수축된 경우에 대한 인용확정판결의 기속력은 신청의 내용에 따르는 특정처분의무이행에 미친다고 한다.

ㄴ) 제2설(多)

다수설은 부작위위법확인소송의 심리권의 범위에서 부작위의 위법확인만을 할 수 없다는 입장에서, 단순히 신청에 대한 응답의무를 부담하는 데 그치는 것으로 이해한다.

따라서 거부처분을 한다 하더라고 기속행위에 대한 부작위위법확인소송의 확정 인용판결의 취지(기속력)에 반하지 않는다고 한다.

ㄷ) 판 례

대법원 <判例>는 "부작위위법확인소송의 소는 국민의 신청에 대하여 상당한 기간 내에 일정한 처분을 하여야 할 법률상 의무가 있음에도 불구하고 이를 하지 않은 경우, 판결시를 기준으로 하여 그 부작위의 위법성을 확인함으로써 행정청의 응답을 신속하게 하여 부작위 내지 무응답이라는 소극적 위법상태를 제거하는 것을 목적으로 하는 것이고, 나아가 당해 판결의 기속력에 의하여 행정청에 처분 등을 하게 하고 다시 당해 처분 등에 대하여 불복이 있는 때에는 그 처분을 다투게 함으로써, 최종적으로 국민의 권리이익을 보호하려는 제도"라도 판시하여 다수설의 입장을 확인하고 있다.

ㄹ) 검 토

이는 결국 부작위위법확인소송의 본안심리의 범위와 관련된 문제로서 현행 행정소송법의 태도가 단순한 응답의무만을 심리한다고 했을 때, 응답의무의 이행에만 판결의 기속력이 미친다고 보는 다수설과 판례의 견해가 타당하다.

(4) 간접강제

부작위위법확인판결에 의하여 부과된 재처분의무를 행정청이 이행하지 아니한 때에는 제1심 수소법원은 당사자의 신청에 의하여 결정으로써 상당한 기간을 정하고, 행정청이 그 기간 내에 이행하지 아니한 때에는 그 지연기간에 따라 일정한 배상을 할 것을 명하거나 즉시 손해배상을 할 것을 명할 수 있다.

우리 행정소송법은 의무이행소송을 인정하지 않는 대신에 행정청의 의무이행을 담보하기 위하여 간접적 강제수단을 규정하여 판결의 실효성을 확보하고 있다.

Ⅷ. 불복과 위헌판결의 공고

취소소송과 같다. 행정소송법은 부작위위법확인소송에도 제3자에 의한 재심청구를 준용하는 규정을 두고 있다(§31, §38②). 명령·규칙의 위헌판결시 공고제도 (§6)도 부작위위법확인소송에 적용된다.

※ <주요문제 인정 여부>			
	취소소송	무효등확인소송	부작위위법확인소송
예외적 행정심판전치주의	O	X	O
제소기간의 제한	O	X	O(이견 有)
집행정지	O(거부처분 X)	O	X
사정판결	O	X(이견 有)	X

[40] 당사자소송

태765p, 사31
-공토법의 개정이 있어 형식적 당사자소송의 명문 인정이 포인트

I. 서 설

1. 의 의

당사자소송은 행정청의 처분 등을 원인으로 하는 법률관계에 관한 소송 기타 공법상의 법률관계에 관한 소송으로서 그 법률관계의 한쪽 당사자를 피고로 하는 소송이다(§3Ⅱ).

당사자소송은 항고소송과 같은 행정청의 공권력의 행사에 관한 소송과 달리 통상의 민사소송과 유사한 소송이다.

다만, 그 소송물이 공법상의 것이라는 점에서 민사소송과는 다르다 하겠다.

2. 다른 소송과의 구별

(1) 항고소송

당사자소송은 일반적으로 대등한 당사자 간의 소송이라는 점에서 처분 등을 통해 표현된 행정청의 우월적 지위를 전제로 한 항고소송과는 구별된다.

즉, 항고소송은 처분 등이나 부작위를 대상으로 하고, 당사자소송은 처분 등을 원인으로 하는 법률관계 및 공법상의 법률관계를 대상으로 한다.

(2) 민사소송

양자 모두 대등한 당사자 간에 이루어진다는 점에서 유사하다. 그러나 당사자소송은 공법상의 법률관계를 대상으로 하지만, 민사소송은 사법상의 법률관계를 대상으로 한다는 점에서 구별된다.

무엇을 기준으로 공법상의 법률관계와 사법상의 법률관계를 구별할 것인지에 대해 ①소송물을 기준으로 하는 견해와 ②소송물의 전제가 되는 법률관계를 기준으로 하는 견해로 나뉘어 있다.

<判例>는 소송물을 기준으로 판단하므로 소송물의 전제가 되는 법률관계를 기준으로 판단하는 학설과 달리 국가배상청구·손실보상청구·부당이득반환청구의 경우 민사소송으로 보고 있다(학설은 당사자소송으로 해석하고 있다).

3. 적용법규

(1) 준용되는 규정

당사자소송도 취소소송에 관한 규정이 광범위하게 준용된다. 그 내용으로는 관련청구소송의 병합, 소의 변경을 들 수 있다. 그 밖에도 피고경정, 공동소송, 제3자의 소송참가, 행정청의 소송참가, 처분변경으로 인한 소의 변경, 행정심판기록제출명령, 직권심리주의, 취소판결의 기속력, 소송비용의 부담, 소송비용에 관한 재판의 효력 등이다(§44①).

(2) 준용되지 않는 규정

반면에 피고적격, 소송대상, 행정심판전치주의, 제소기간, 집행정지, 사정판결, 제3자의 재심청구 등에 관한 규정은 당사자소송의 성격상 준용되지 않는다.

Ⅱ. 당사자소송의 종류

당사자소송에는 실질적 당사자소송과 형식적 당사자소송의 두 종류가 있으나, 행정소송법상의 당사자소송은 주로 실질적 당사자소송을 의미한다.

1. 실질적 당사자소송

(1) 의 의

이는 본래 의미의 당사자소송으로서 대등한 당사자 사이의 공법상의 법률관계에 관한 소송을 말한다. 피고는 권리의 귀속 주체인 국가(법무부장관), 지방자치단체장(지방자치단체의 장), 공공기관 등이다.

실질적 당사자소송에는 행정청의 처분 등을 원인으로 하는 법률관계에 관한 소송과 그 밖의 공법상의 법률관계에 관한 소송이 포함된다.

(2) 민사소송인지 다투어지는 문제

1) 행정청의 처분 등을 원인으로 하는 법률관계

이에는 ①처분에 의하여 직접적으로 형성된 법률관계와 ②처분의 효력을 기초로 하여 간접적으로 이루어진 법률관계를 상정할 수 있다.

이를테면 무효인 과세처분이 있는 경우 조세채무부존재 여부의 문제는 전자의 법률관계이고, 무효인 과세처분에 기하여 납부된 과오납금반환청구권은 후자의 법률관계이다.

민사소송인지가 문제 되는 것은 후자의 경우이다.

2) 판 례

<判例>는 처분을 원인으로 하는 법률관계이더라도 그 소송물의 사법상의 법률

관계이면 민사사건으로 보고 있으므로, 공법상의 법률관계인 경우만 당사자소송이라고 한다.

(3) 대 상

1) 처분 등을 원인으로 하는 법률관계에 관한 소송

처분 등을 원인으로 하는 법률관계에 관한 소송으로는 처분 등의 무효·취소를 전제로 하는 공법상의 부당이득반환청구소송, 적법 또는 위법한 처분을 원인으로 하는 행정상 손실보상청구소송이나 손해배상청구소송을 들 수 있다.

이 가운데 국가배상청구소송을 <判例>는 민사사건으로 다루어 왔으나, 현행 행정소송법하에서는 당사자소송으로 본다.

2) 공법상 계약에 관한 소송

행정주체와 국민 사이에 행정목적을 수행하기 위하여 체결하는 행정계약은 공법상 계약과 사법상 계약으로 나눌 수 있으나 그 구별기준이 확립되어 있지 않고 있다.

공무원의 보수 및 연금지급소송이 여기에 속한다.

3) 공법상의 신분·지위에 관한 소송

공무원이나 국·공립학교의 학생의 신분이 있음의 확인을 구하는 소는 당사자소송에 속한다. 다만, 행정처분이 게재되어 그 효력 여하에 따라 지위의 유무가 결정되는 경우에 문제 된다.

ㄱ) 행정처분의 게재가 있는 경우

행정처분이 게재되어 그 효력 여하에 따라 지위의 유무가 결정되는 때에는 그 행정처분의 효력을 다투는 항고소송의 형식으로 그 목적을 달성할 수 있을 것이다.

ㄴ) 행정처분의 게재가 없는 경우

행정처분의 게재가 없는 경우, 예컨대 정년 또는 당연퇴직사유에 해당하는지 여부에 관한 다툼이 있는 경우에는 당사자소송으로서의 지위확인의 소를 제기할 수밖에 없다.

ㄷ) 판 례

<判例>는 도시재개발법에 의한 재개발조합은 조합원에 대한 관계에서 강제가 입 등 공법상 권리의무관계에 서 있다고 볼 수 있으므로 도시재개발조합을 상대로 한 조합원지위 확인청구는 당사자소송이라고 한다.

4) 손실보상금청구소송

행정상 손실보상에 관한 불복방법은 관련 근거법령이 결정절차 및 불복절차를 어떻게 규정하고 있느냐와 행정상 손실보상청구권의 법적 성격을 어떻게 보느냐에 달려 있다.

ㄱ) 토지수용의 경우

토지수용법의 취지상 공법상 당사자소송으로 보아야 한다.

ㄴ) 하천법 §74의 규정

준용하천의 제외지로 편입됨으로 인하여 토지소유자가 입은 손실에 대해서는 협의를 하여야 하며, 협의가 성립되지 않거나 또는 협의할 수 없는 때에는 관할 토지수용위원회에 재결을 신청할 수 있다고 규정하고 있다. 이러한 경우 판례는 관할토지수용위원회의 재결에 대하여 행정소송을 제기하도록 하고 있다.

ㄷ) 법령의 규정 자체에 의하여 손실보상청구권이 발생하는 경우

곧바로 손실보상금지급청구소송을 제기할 수 있는바, <判例>는 이와 같은 손실보상청구권을 대부분 사법상의 권리로 보고 민사소송에 의하여 이를 청구하여야 한다고 보고 있다.

5) 사회보장관계법상의 급부청구

ㄱ) 인용결정에 의해 구체적 청구권이 발생하는 경우

판례는, 공무원연금법상 요양비청구권, 의료보호법상 진료비청구권은 법령상 행

정청의 확인결정에 의해 구체적으로 발생하므로, 법령상 요건에 해당한 경우에는 추상적 권리에 불과하므로 거부처분이 난 경우에는 거부취소소송을 제기해야 하고, 당사자소송을 제기할 수 없다고 판시하였다.

ㄴ) 법령에 의해 구체적 청구권이 발생하는 경우

<判例>는, 국가공무원법상 연가보상비청구권, 석탄산업법상 근로자의 재해위로금청구권은 법령상 요건에 해당하면 구체적으로 발생하므로, 당사자소송을 제기해야 하고, 거부취소소송을 제기하면 권리에 영향을 주지 않으므로 처분성을 부정하고 있다.

6) 기 타

법규에 의하여 관리주체와 비용부담자가 다르게 정하여져 있는 경우에 행정주체 상호간의 비용부담청구에 관한 소송, 국가배상법 §6에 의하여 공무원의 선임 감독 또는 영조물의 설치관리를 맡은 자와 공무원의 봉급 급여 기타 비용 또는 영조물의 설치 관리의 비용을 부담하는 자가 동일하지 않은 경우에 내부관계에서 구상권을 행사하는 소송 등은 당사자소송에 해당할 것이다.

2. 형식적 당사자소송

(1) 의 의

이는 실질적으로는 행정청의 처분 등을 다투는 소송이면서 항고소송에서와 같이 행정청을 피고로 하지 않고, 당해 처분 등을 원인으로 하는 법률관계의 한쪽 당사자를 피고로 하여 제기하는 소송을 말한다.

따라서 형식적 당사자소송은 처분 또는 재결의 효력에 대한 다툼을 그 내용으로 하는 점에서는 실질적으로 항고소송이라 할 수 있으나, 처분이나 재결의 주체를 소송당사자로 하지 않고, 실질적인 이해관계자인 당해 법률관계의 당사자 한쪽을 소송당사자로 한다는 점에서 형식상의 당사자소송이라 할 수 있다.

(2) 필요성

형식적 당사자소송을 인정한 것은 행정청을 배제하고 실질적인 이해관계자만을 소송당사자로 함으로써, 신속한 권리구제를 도모하고, 소송절차를 최소화하는 데에 있다.

이를 인정하지 않으면, 보상금증감소송은 토지수용위원회에 재결취소소송을 제기한 후 또는 동시에 사업시행자에 대하여 보상금증감소송을 제기하여 병합 등의 부담이 있다.

(3) 성 질

1) 형성소송설

당해 소송을 처분 또는 재결의 결과로 형성된 법률관계의 취소 · 변경(소극적 · 적극적 변경)을 구하는 항고소송으로 본다.

2) 이행소송설

ㄱ) 급부 · 확인소송설(多)

이 소송이 처분 또는 재결의 효력을 다툰다는 점에서 실질적으로는 항고소송의 일종이나, 법률관계의 당사자가 소송당사자가 되는 점에서 형식상으로는 당사자소송으로 보는 견해이다.

ㄴ) 실질적 당사자소송설

이 소송이 처분 또는 재결에 관한 소송이기는 하나, 다투어지는 것은 처분 또는 재결의 효력이 아니나, 처분 또는 재결의 결과로 형성된 법률관계이므로 실질상 · 형식상으로도 당사자소송이라는 견해이다.

(4) 인정 여부

1) 긍정설

행정소송법 §3Ⅱ에는 당연히 형식적 당사자소송도 포함된다고 보는 견해이다. 이 설의 논거는 행정소송법이 민중소송·기관소송 등에서와 같이, "법률이 정한 경우에, 법률이 정한 자에 한하여 제기할 수 있다."는 유형의 제한규정을 두고 있지 않으므로 개별법의 근거 없이도 형식적 당사자소송을 제기할 수 있다는 것이다.

2) 부정설(多)

행정소송법 §3Ⅱ에만 근거하여 일반적으로 인정할 수 없다는 견해이다. 이 설의 논거는 ①원인이 되는 처분 등을 그대로 둔 채 당해 처분 등의 결과로서 형성된 법률관계에 관하여 소송을 제기하여, 그에 대하여 법원이 심리·판단하는 것은 행정행위의 공정력과 구성요건적 효력에 반할 수 있다는 점, ②이를 인정하는 개별법의 규정이 없는 경우에는 원고적격·피고적격·제소기간 등의 소송요건이 불분명하게 된다는 점을 들고 있다.

3) 검 토

형식적 당사자소송을 행정소송법의 규정에만 근거하여 인정할 수 있는지에 대해서는 이와 같이 견해가 나뉘어 있으나, 처분 등을 원인으로 하는 법률관계에 대한 다툼이고 개별법에서 별도의 규정을 두고 있는 경우에도 형식적 당사자소송이 인정될 수 있다.

(5) 실정법상의 예

1) 특허법·의장법

ㄱ) 심결 등에 대한 소

특허법 §187 단서에서는 특허무효항고심판, 권리범위확인항고심판 등의 경우에는 청구인 또는 피청구인을 피고로 하여야 한다고 한다.

> <특허법 제186조> (심결 등에 대한 소) ①심결에 대한 소 및 심판청구서나 재심청구서의 각하결정에 대한 소는 특허법원의 전속관할로 한다.
> <특허법 제187조> (피고적격) 제186조제1항의 규정에 의한 소제기에 있어서는 특허청장을 피고로 하여야 한다. 다만, 제133조제1항・제134조제1항・제135조제1항・제137조제1항・제138조제1항 및 제3항의 규정에 의한 심판 또는 그 재심의 심결에 대한 소제기에 있어서는 그 청구인 또는 피청구인을 피고로 하여야 한다.

ㄴ) 보상금 또는 대가에 대한 소

특허법 §191은 "보상금 또는 대가"에 관한 불복의 소에 있어서는 보상금을 지급할 관서・출원인 및 특허권자 등을 피고로 하여야 한다고 규정하고 있다.

> <특허법 제190조> (보상금 또는 대가에 관한 불복의 소) ①제41조 제3항 및 제4항・제106조 제3항・제110조 제2항 제2호 및 제138조 제4항의 규정에 의한 보상금 및 대가에 대하여 심결・결정 또는 재정을 받은 자가 그 보상금 또는 대가에 불복이 있는 때에는 법원에 소송을 제기할 수 있다.
> <특허법 제191조> (보상금 또는 대가에 관한 소송의 피고) 제190조의 규정에 의한 소송에 있어서는 다음 각 호의 1에 해당하는 자를 피고로 하여야 한다. <개정 2004.12.31>
> 1. 제41조 제3항 및 제4항의 규정에 의한 보상금에 대해서는 보상금을 지급할 관서 또는 출원인
> 2. 제106조 제3항의 규정에 의한 보상금에 대해서는 보상금을 지급할 관서・특허권자・전용실시권자 또는 통상실시권자
> 3. 제110조 제2항 제2호 및 제138조 제4항의 규정에 의한 대가에 대해서는 통상실시권자・전용실시권자・특허권자・실용신안권자 또는 디자인권자

ㄷ) 의장법・실용신안법・상표법의 경우

특허법 §191은 의장법 §75, 실용신안법 §35, 상표법 §86에 준용되고 있다.

2) 공익사업을위한토지등의취득및보상에관한법률(개정, 재결청 → 삭제)

ㄱ) (구)토지수용법

(구)토지수용법상의 손실보상금증감소송의 경우에는 피고에 '재결청'을 규정하

고 있어 형식적 당사자소송 여부에 논란이 있었고, <判例>는 단순히 당사자소송
이라고만 판시하였었다.

ㄴ) (개정)공토법

그러나 개정된 공토법 §85①은 토지수용위원회의 재결과 이의신청에 대한 재결
에 대하여 불복이 있을 때 행정소송을 제기할 수 있음을 규정하고, §85②에서는
토지수용재결에 대한 행정소송이 보상금증감소송인 경우에는 원고가 토지소유자
또는 관계인인 때에는 사업시행자를, 사업시행인인 때에는 토지소유자 또는 관계
인을 각각 피고로 하여 소송을 제기하도록 함으로써 당해 소송이 형식적 당사자
소송임을 명확히 하고 있다.

Ⅲ. 재판관할

1. 관할법원

항고소송에 있어서와 마찬가지로 제1심 관할법원은 피고의 소재지를 관할하는
행정법원이 된다(§9).

다만, 국가 또는 공공단체가 피고인 경우에는 관계행정청의 소재지를 피고의
소재지로 본다. 이 경우 그 행정청이 중앙행정기관 또는 그 장인 때에는 대법원
소재지의 행정법원의 관할이 된다.

2. 관련청구의 이송 · 병합

행정소송법 §10의 규정은 당사자소송과 관련청구소송이 각각 다른 법원에 계속
되고 있는 경우의 이송 · 병합에 준용한다(§44②).

Ⅳ. 당사자

1. 원고적격

행정소송법에 특별한 규정이 없으므로, 민사소송상의 원고적격에 관한 규정이 준용된다(§8②).

2. 피고적격

당사자소송에 있어서는 행정청이 피고가 되는 취소소송과 달리, 국가·공공단체 그 밖의 권리주체가 피고로 된다(§39). 그 밖의 권리주체로서 중요한 것으로는 공무수탁사인이 있다.

국가가 피고가 되는 때에는 법무부장관이 국가를 대표하고 지방자치단체가 피고가 되는 때에는 당해 지방자치단체의 장이 이를 대표한다.

Ⅴ. 소의 제기

1. 행정심판전치주의의 적용배제

취소소송의 전심절차(§18)는 적용되지 않는다.

그러나 보상에 관해서는 공토법(§83 이하)과 징발법(§24의2)에, 국가배상에 관해서는 국가배상법(§9)에 전치주의에 관한 규정이 있다.

2. 제소기간의 적용배제

당사자소송에는 취소소송의 제소기간에 관한 규정이 준용되지 않는다.

그러나 당사자소송에 관한 제소기간이 법령에 정해져 있는 경우에는 그에 의하며, 그 기간은 불변기간으로 한다(§41).

3. 소의 변경

소의 변경에 관한 행정소송법 §21의 규정은 당사자소송을 항고소송으로 변경하는 경우에 준용한다(§42). 또한 처분변경으로 인한 소의 변경도 인정된다(§22, §44).

4. 집행정지제도의 적용배제

당사자소송이 제기되면 취소소송에 있어서의 관련청구의 이송·병합규정(§10), 소의 변경규정(§21, 22), 소송참가규정(§16,17) 등이 준용된다.
그러나 집행정지에 관한 규정(§23, 24)은 준용되지 않는다.

5. 기 타

취소소송에 관한 피고경정(§14), 공동소송(§15), 제3자의 소송참가(§16), 행정청의 소송참가(§17)에 관한 규정이 당사자소송에도 준용된다(§44).

Ⅵ. 소송의 심리

1. 직권심리주의·행정심판기록제출명령

취소소송에 있어서의 직권심리주의(§26) 및 행정심판기록의 제출명령에 관한 규정이 당사자소송에도 준용된다(§44①).

2. 입증책임

당사소송의 입증책임에 대해서는 ①당사자소송의 민사소송과의 유사성을 이유로 민사소송법상의 일반 원칙에 따라야 한다는 견해와 ②행정소송의 입증책임분배의 원칙이 타당하다는 견해가 있다.

3. 기 타

그 밖에 행정소송에 관한 처분권주의, 변론주의, 구술심리주의, 직접심리주의, 쌍방심문주의 등이 당사자소송에도 적용된다.

Ⅶ. 판 결

1. 판결의 종류

판결의 종류는 기본적으로 취소소송의 경우와 같다.

2. 사정판결의 적용배제

다만, 사정판결의 제도가 없음은 취소소송의 경우와 다르다.

3. 판결의 효력

(1) 준용되는 규정

당사자소송도 판결을 통해 확정되면 자박력·확정력·기속력을 갖는다. 취소판결에 있어서의 기속력 조항은 당사자소송에 준용된다(§30①, §44).

(2) 준용되지 않는 규정

그러나 취소판결에서 인정되는 효력 중 판결의 제3자효(§29①), 재처분의무(§30 ②, ③), 거부처분취소판결의 간접강제(§34) 등은 당사자소송에는 적용되지 않는다.

4. 가집행선고

(1) 의 의

가집행선고란 미확정의 종국판결에 대하여 마치 그것이 확정된 것과 같이 집행력을 부여하는 형성적 재판을 말한다. 행정소송법은 "국가를 상대로 하는 당사자소송의 경우에는 가집행선고를 할 수 없다(§43)."고 규정하고 있다.

(2) 삭 제

행정소송법의 가집행선고를 제한한 이 조항은 소송촉진등에관한특례법 §6 단서의 "국가를 상대로 하는 재산권의 청구에 관해서는 가집행의 선고를 할 수 없다."는 것과 보조를 맞추기 위한 것으로 이해되었으나, 소송촉진등에관한특례법 §6 단서 부분에 대하여, 헌법재판소는 헌법 §11의 평등의 원칙에 위반된다고 심판하였고, 1990년 1월 동 특례법의 개정으로 동법 §6은 삭제되었다.

(3) 검 토

따라서 행정소송법 §43의 효력이 문제 된다. 이에 대하여 행정소송법의 동 조항은 헌법 §11의 평등의 원칙을 위반한 무효의 규정이므로 당사자소송의 경우에 국가에 대하여 가집행선고를 할 수 있다는 견해와 가집행선고의 문제에 새로운 고려가 요청된다는 견해 등이 있다.

5. 제3자에 의한 재심청구의 적용배제

제3자에 의한 재심청구인 §31은 준용되지 않는다.

6. 소송비용

소송비용에 관한 §33은 준용된다.

Ⅷ. 불복과 위법판결의 공고

당사자소송의 불복은 취소소송의 경우와 같다. 또한 명령·규칙의 위헌판결시 공고제도(§6)도 당사자소송에 적용된다.

[41] 객관적 소송

태772p, 사10, 노10약
- 개정 및 신설 조문이 있음이 포인트

Ⅰ. 서 론

1. 의 의

객관적 소송은 행정법규의 적정한 적용, 즉 행정작용의 적법성을 보장하기 위한 소송을 말한다. 객관적 소송은 특별히 법이 정하고 있는 경우에만 소의 제기가 가능하다.

객관적 소송에는 현행법상 민중소송과 기관소송이 있다.

2. 타 소송과의 구별

따라서 앞서 설명한 항고소송, 당사자소송과 같은 주관적 소송이 개인의 권리구제와 행정운영의 적정을 목적으로 하는 것과 구별된다.

Ⅱ. 객관적 소송의 범위

1. 민중소송

(1) 의 의

민중소송이란 국가 또는 공공단체의 기관이 위법한 행위를 한 때에, 직접 자기의 법률상 이익과 관계없이 그 시정을 구하기 위하여 제기하는 소송을 말한다(§3Ⅲ).

(2) 성 질

민중소송은 항고소송 및 당사자소송과 같이 위법한 공권력의 행사에 대하여 또는 위법한 공법상의 법률관계에 관하여 개인의 권리와 이익의 보호를 목적으로 하는 이른바 주관적 소송과는 달리 국가 또는 공공단체의 기관의 행위에 대한 행정법규의 적정한 적용을 보장하는 일반 공익을 위하여 인정되는 객관적 소송이다.

(3) 유 형

민중소송은 법률상의 소송이 아니기 때문에 이를 제기함에는 법률규정이 있어야 한다. 따라서 법률의 규정이 없다면 이를 제기할 수 없다.

1) 국민투표법상의 민중소송(국민투표무효소송, 국민투표법 §92)

국민투표의 효력에 관하여 이의가 있는 투표인은 투표인 10인 이상의 찬성을 얻어 중앙선거관리위원회 위원장을 피고로 하여 투표일로부터 20일 이내에 대법원에 소를 제기할 수 있다.

2) 공직선거법상의 민중소송(선거무효소송, 당선무효소송, 공직선거법 §222, 223)

<공직선거법 제222조> (선거소송) ①대통령선거 및 국회의원선거에 있어서 선거의 효력에 관하여 이의가 있는 선거인·정당(후보자를 추천한 정당에 한한다) 또는 후보자는 선거일부터 30일 이내에 당해 선거구선거관리위원회 위원장을 피고로 하여 대법원에 소를 제기할 수 있다.

②지방의회 의원 및 지방자치단체의 장의 선거에 있어서 선거의 효력에 관한 제220조(소청에 대한 결정)의 결정에 불복이 있는 소청인(당선인을 포함한다)은 당해 선거구선거관리위원회 위원장을 피고로 하여 그 결정서를 받은 날부터 10일 이내에, 제220조제1항의 기간 내에 결정하지 아니한 때에는 그 기간이 종료된 날부터 10일 이내에 비례대표시·도의원선거 및 시·도지사선거에 있어서는 대법원에, 지역구시·도의원선거, 자치구·시·군의원선거 및 자치구·시·군의 장 선거에 있어서는 그 선거구를 관할하는 고등법원에 소를 제기할 수 있다. <개정 2002.3.7>

<공직선거법 제223조> (당선소송) ①대통령선거 및 국회의원선거에 있어서 당선의 효력에 이의가 있는 정당(후보자를 추천한 정당에 한한다) 또는 후보자는 당선인결정일부터 30일 이내에 제52조(등록무효)제1항·제2항 또는 제192조(피선거권상실로 인한 당선무효 등)제1항 내지 제3항의 사유에 해당함을 이유로 하는 때에는 당선인을, 제187조(대통령당선인의 결정·공고·통지)제1항·제2항, 제188조(지역구국회의원당선인의 결정·공고·통지)제1항 내지 제4항, 제189조(비례대표국회의원의석의 배분과 당선인의 결정·공고·통지) 또는 제194조(당선인의 재결정과 비례대표국회의원의석 및 비례대표지방의회 의원의석의 재배분)제4항의 규정에 의한 결정의 위법을 이유로 하는 때에는 대통령선거에 있어서는 그 당선인을 결정한 중앙선거관리위원회 위원장 또는 국회의장을, 국회의원선거에 있어서는 당해 선거구선거관리위원회 위원장을 각각 피고로 하여 대법원에 소를 제기할 수 있다. <개정 2000.2.16, 2002.3.7, 2005.8.4>

②지방의회 의원 및 지방자치단체의 장의 선거에 있어서 당선의 효력에 관한 제220조(소청에 대한 결정)의 결정에 불복이 있는 소청인 또는 당선인인 피소청인[제219조(선거소청)제2항 후단의 규정에 의하여 선거구선거관리위원회 위원장이 피소청인인 경우에는 당선인을 포함한다]은 당선인(제219조제2항 후단을 이유로 하는 때에는 관할선거구선거관리위원회 위원장을 말한다)을 피고로 하여 그 결정서를 받은 날부터 10일 이내에, 제220조제1항의 기간 내에 결정하지 아니한 때에는 그 기간이 종료된 날부터 10일 이내에 비례대표시·도의원선거 및 시·도지사선거에 있어서는 대법원에, 지역구시·도의원선거, 자치구·시·군의원선거 및 자치구·시·군의 장 선거에 있어서는 그 선거구를 관할하는 고등법원에 소를 제기할 수 있다. <개정 2002.3.7>

3) 지방자치법상의 민중소송(주민소송, 지방자치법 §13의5, 신설06년1월1일부터)

제13조의5(주민소송) ①제13조의4제1항의 규정에 의하여 공금의 지출에 관한 사항, 재산의 취득·관리·처분에 관한 사항, 당해 지방자치단체를 당사자로 하는 매매·임차·도급 그 밖의 계약의 체결·이행에 관한 사항 또는 지방세·사용료·수수료·과태료 등 공금의 부과·징수의 해태에 관한 사항을 <u>감사 청구한 주민</u>은 다음 각 호의 어느 하나에 해당하는 경우에 그 감사 청구한 사항과 관련 있는 위법한 행위나 해태사실에 대하여 <u>당해 지방자치단체의 장</u>(당해 사항의 사무처리에 관한 권한을 소속기관의 장에게 위임한 경우에는 그 소속기관의 장을 말한다. 이하 이 조 및 제13조의 6에서 같다)을 상대방으로 <u>소송을 제기할 수 있다.</u>

1. 주무부장관 또는 시·도지사가 감사청구를 수리한 날부터 60일(제13조의4제3항 단서의 규정에 의하여 감사기간이 연장된 경우에는 연장기간이 종료된 날을 말한다)을 경과하여도 감사를 종료하지 아니한 경우

2. 제13조의4제3항 및 제4항의 규정에 의한 감사결과 또는 동 조 제6항의 규정에 의한 조치요구에 불복이 있는 경우

3. 제13조의4제6항의 규정에 의한 주무부장관 또는 시·도지사의 조치요구를 지방자치단체의 장이 이행하지 아니한 경우

4. 제13조의4제6항의 규정에 의한 지방자치단체의 장의 이행조치에 불복이 있는 경우
②제1항의 규정에 의하여 <u>주민이 제기할 수 있는 소송</u>은 다음 각 호와 같다.

1. 당해 행위를 계속할 경우 회복이 곤란한 손해를 발생시킬 우려가 있는 경우에는 당해 행위의 전부 또는 일부의 중지를 구하는 소송

2. 행정처분인 당해 행위의 취소 또는 변경을 구하거나 효력의 유무 또는 존재 여부의 확인을 구하는 소송

3. 당해 해태사실의 위법확인을 구하는 소송

4. 당해 지방자치단체의 장 및 직원, 지방의회 의원, 당해 행위와 관련이 있는 상대방에게 손해배상청구 또는 부당이득반환청구를 할 것을 요구하는 소송. 다만, 당해 지방자치단체의 직원이 지방재정법 제115조 또는 회계관계직원등의책임에관한법률 제4조의 규정에 의하여 변상책임을 져야 하는 경우에는 당해 변상명령을 할 것을 요구하는 소송을 말한다.

2. 기관소송

(1) 의 의

기관소송이란 국가나 공공단체의 기관 상호간에 권한의 존부 또는 그 행사에 관한 다툼이 있을 때에 제기하는 소송을 말한다(§3Ⅳ).

다만, 헌법재판소법 §2의 규정에 의하여 헌법재판소의 관할로 되는 소송은 행정소송으로서의 기관소송으로부터 제외된다(§3Ⅳ단서).

<헌법재판소법 제2조> 헌법재판소는 다음 사항을 관장한다.
 1. 법원의 제청에 의한 법률의 위헌여부 심판
 2. 탄핵의 심판
 3. 정당의 해산심판
 4. 국가기관 상호간, 국가기관과 지방자치단체 간 및 지방자치단체 상호간의 권한쟁의에 관한 심판
 5. 헌법소원에 관한 심판

따라서 헌법과 헌법재판소법에 의하여 국가기관 상호간, 국가기관과 지방자치단체 간 및 지방자치단체 상호간의 권한쟁의심판은 헌법재판소의 관장사항으로 행정소송으로서의 기관소송에서 제외된다.

(2) 유 형

1) 지방자치법상의 기관소송(개정, 행정자치부장관→주무부장관)

지방의회의 의결이 법령에 위반하였음을 원인으로 재의결의 요구를 받은 당해 지방자치단체의 장은 지방의회에 이유를 붙여 재의결을 요구하고, 재의결된 사항도 역시 법령에 위반된다고 판단되는 때에는, 시·도지사는 <u>주무부장관의</u>(구법:행

정자치부장관의), 시장·군수 및 자치구 구청장은 시·도지사의 승인을 얻어 재의 결된 날로부터 20일 이내에 대법원에 소를 제기할 수 있다.

주무부장관(구법: 행정자치부장관)과 시·도지사는 하위 지방자치단체의 지방의 회의 의결이 위법하다고 판단된 때에는 지방자치단체의 장에게 재의를 요구하게 할 수 있고, 재의결된 사항이 여전히 위법함에도 하위 지방자치단체의 장이 그 의결의 무효를 구하는 소를 제기하지 아니할 때에는 직접 그 무효를 구하는 소 (직접제소권)를 제기할 수 있다(지방자치법 §159).

이 경우 의결의 효력은 대법원의 판결이 있을 때까지 정지된다.

2) 지방교육자치에 관한 법률상의 기관소송

교육감은 시·도의회 또는 교육위원회의 의결이 법령에 위반하거나 공익을 현 저히 저해한다고 판단될 때에는 이를 교육인적자원부장관에게 보고하고, 그 의결 사항을 송부받은 날로부터 20일 이내에 이유를 붙여 재의결을 요구할 수 있으며, 교육감이 교육인적자원부장관으로부터 재의결의 요구를 하도록 요청받은 경우에 는 시·도의회 또는 교육위원회에 재의결을 요구하여야 한다.

재의결된 사항이 법령에 위반된다고 판단될 때에는 교육감은 이를 교육인적자 원부장관에게 보고하고 재의결된 날로부터 20일 이내에 대법원에 제소할 수 있으 며, 교육감이 교육인적자원부장관으로부터 제소를 하도록 요청받은 경우에는 대법 원에 제소하여야 한다.

재의결된 사항이 대법원에 제소된 때에는 그 의결의 효력은 대법원의 판결이 있을 때까지 정지된다.

3) 감독처분에 대한 이의소송(항고소송적 기관소송)

지방자치단체의 장과 교육감은 감독청의 자치사무에 관한 명령이나 처분의 취 소 또는 정지에 대하여 이의가 있는 때에는, 그 취소 또는 정지처분을 통보받은 날로부터 15일 이내에 대법원에 소를 제기할 수 있다.

이 경우에 제기하는 소송은 외관상 기관소송과 유사하지만 항소소송에 해당한다고 보는 것이 일반적인 견해이다.

그 이유는 이 경우의 소송은 동일한 행정주체에 속하는 기관 간의 소송이 아니고, 장으로 대표되는 지방자치단체는 독립된 법인격주체로서 지방주민의 이익, 즉 자치사무와 관련하여 일종의 주관적 지위를 갖는 것이며 또한 감독청의 취소·정지는 항고소송의 대상이 되는 일종의 행정행위의 성질을 갖는 것으로 볼 수 있기 때문이다.

Ⅲ. 적용법규

민중소송 또는 기관소송에 적용될 법규는 민중소송·기관소송을 규정하는 각 개별 법률이 정하는 것이 일반적이다.

그러나 각 개별법에 특정한 규정이 없는 경우에는 ①처분 등의 취소를 구하는 소송에는 그 성질이 반하지 않는 한, 취소소송에 관한 규정을 준용하고, ②처분 등의 효력 유무 또는 존재 여부나 부작위의 위법확인을 구하는 소송에는 그 성질에 반하지 않는 한, 각각 무효등확인소송 또는 부작위위법확인소송에 관한 규정을 준용하며, 상기 ①과 ②에 해당하지 않는 소송에는 그 성질이 반하지 않는 한, 당사자소송에 관한 규정을 준용한다(§46).

제 4 장

행정심판법

[42] 행정심판법

제1장 총칙

제1조 (목적)
제2조 (정의)
제3조 (행정심판의 대상)
제4조 (행정심판의 종류)

제2장 심판기관

제5조 (재결청)
제6조 (행정심판위원회)
제6조의2 (국무총리행정심판위원회)
제7조 (위원의 제척·기피·회피)
제7조의2 (벌칙적용에 있어서의 공무원의제)
제8조 (재결청의 권한승계)

제3장 당사자 및 관계인

제 9조 (청구인적격)
제10조 (법인 아닌 사단 또는 재단)
제11조 (선정대표자)
제12조 (청구인의 지위승계)
제13조 (피청구인의 적격 및 경정)
제14조 (대리인의 선임)
제15조 (대표자 등의 자격)
제16조 (심판참가)

제4장 심판청구

제17조 (심판청구서의 제출 등)
제18조 (심판청구기간)
제19조 (심판청구의 방식)
제20조 (청구의 변경)
제21조 (집행정지)

제5장 심리

제22조 (위원회 회부 등)
제23조 (보정)
제24조 (답변서의 제출)
제25조 (주장의 보충)
제26조 (심리의 방식)
제26조의2 (증언 내용 등의 비공개)
제27조 (증거서류 등의 제출)
제28조 (증거조사)
제29조 (절차의 병합 또는 분리)
제30조 (청구 등의 취하)

제6장 재결

제31조 (재결의 절차)
제32조 (재결의 구분)
제33조 (사정재결)
제34조 (재결기간)
제35조 (재결의 방식)
제36조 (재결의 범위)
제37조 (재결의 기속력 등)
제38조 (재결의 송달과 효력발생)
제39조 (재심판청구의 금지)

제7장 보칙

제40조 (증거서류 등의 반환)
제41조 (서류의 송달)
제42조 (고지)
제42조의2 (불합리한 법령 등의 개선)
제43조 (다른 법률과의 관계)
제44조 (권한의 위임)

[43] 현행 행정심판제도의 존재이유와 문제점

Ⅰ. 서 설

1. 행정심판의 의의

행정심판이란 행정청의 위법 또는 부당한 처분으로 인하여 권익이 침해당한 자가 행정기관에 대하여 그 시정을 구하는 쟁송절차를 말한다. 이러한 의미의 행정심판은 현행법상 행정심판·이의신청·재결신청·심사청구·심판청구 등 여러 가지 명칭으로 불리고 있다.

2. 행정심판의 성격

행정심판의 성격은 일반적으로 두 가지로 나누어 살펴볼 수 있다. 즉 하나는 실질적 의미에서 판단작용이라는 사법작용적 성질과 다른 하나는 형식적 의미에서 행정작용적 성질을 아울러 가지고 있다.

우리나라 행정심판의 제도는 헌법 §107③ 후단에서 "행정심판의 절차는 법률로 정하되, 사법절차가 준용되어야 한다."라고 규정하여 행정심판의 사법적 작용의 성질에 충실하고자 노력하고 있다.

3. 행정소송과의 구별

양자는 행정작용에 대한 절차적 구제제도라는 점에서 공통점이 있다.

그러나 행정심판은 행정조직 내부에 있어서 행정의 적정한 운영을 위한 자율적 통제기능에 중점을 둔 행정기관에 의한 약식절차라면, 행정소송은 행정작용으로 침해된 국민의 권익구제에 더 중점을 둔 법원에 의한 정식절차에 의한다는 점에서 차이가 있다.

II. 행정심판의 존재이유

1. 행정의 자기통제(자율적 행정통제)

행정심판은 행정법관계에 대한 법적 분쟁에 대하여 행정청 스스로가 판정기관이 됨으로써 행정의 자기통제 내지 행정감독의 기회를 부여하는 데 있다. 이는 행정작용에 대한 제1차적 통제권은 행정의 자율에 맡기는 것이 합리적이라는 것을 의미한다. 따라서 '위법'한 처분뿐만 아니라 '부당'한 처분도 행정청의 합목적성이라는 측면에서 그 대상에 포함하게 된다.

<判例>는 행정소송을 제기함에 있어 행정심판을 먼저 거치도록 한 것은 행정관청으로 하여금 그 행정처분을 다시 검토케 하여 시정할 수 있는 기회를 줌으로써 행정권의 자주성을 존중하고 아울러 소송사건의 폭주를 피함으로써 법원의 부담을 줄이고자 하는 데 그 취지가 있다고 한다(대판 1988.2.3, 87누704).

2. 사법기능보충(사법기능의 보완)

현대 산업사회의 새로운 기술·경제적인 문제에 대해 일반법원은 그 전문성이 부족하고 소송에 있어서도 경제적으로 그 분쟁해결에 많은 시간과 비용이 드는 것이 보통이다. 그러므로 이러한 보완책으로 행정쟁송의 전 단계에서라도 전문적·기술적 문제의 처리에 적합하게 조직된 행정기관으로 하여금 그 분쟁을 심판하도록 할 필요가 있다.

3. 행정능률의 보장(법원의 부담경감)

사법절차에 의한 행정상의 분쟁심판은 심리와 절차가 공정하고 신중하게 이루어지므로 개인의 권리구제에 충실할 수 있다. 따라서 오늘과 같이 신속을 요하는 행정의 수행을 위해서는 사법절차에 앞서 신속·간편한 행정심판을 인정함으로써 행정법관계에 관한 분쟁의 신속한 해결을 도모할 필요가 있다.

Ⅲ. 행정심판제도의 주요내용

1. 행정심판의 종류

행정심판법은 행정심판의 종류를 취소심판, 무효등확인심판 및 의무이행심판의 세 가지로 구별하고 있다.

2. 행정심판의 대상

행정심판의 대상에 대하여 행정청의 처분 또는 부작위라고 하여 개괄주의를 취하고 있다.
다만, 대통령의 처분과 부작위는 대통령이 행정부의 수반인 점을 감안하여 다른 법률에 특별한 규정이 있는 경우를 제외하고는 행정심판의 실익이 없다고 보아 직접 행정소송을 제기하도록 하였다.

3. 행정심판의 객관화

행정심판법은 행정심판의 심리·재결절차의 객관적인 공정성을 확보하기 위하여 기능 면에서 심리·의결기관으로서 행정심판위원회와 재결기관으로서 재결청을 분리하고 있다.

재결청은 행정심판위원회가 의결한 내용에 따라 재결하여야 한다.

4. 청구인적격

청구인은 처분의 상대방이든 제3자이든 관계없이 심판청구인이 될 수 있다.

그러나 행정심판법은 청구인적격으로서 취소심판, 무효등확인심판, 의무이행심판 모두 법률상 이익이 있는 자를 청구인적격으로 규정하고 있다.

5. 심판참가

행정심판법은 행정심판절차의 공정화를 도모하고 동시에 처분과 관련된 이해관계인에게 참가의 기회를 제공하기 위하여 참가제도를 두고 있다.

즉 행정심판의 결과에 대하여 이해관계가 있는 제3자 또는 행정청은 행정심판위원회의 허가나 요구에 의하여 심판절차에 참가할 수 있다.

6. 피청구인 적격

피청구인은 당해 행정심판의 대상인 처분을 한 처분청 또는 부작위를 한 부작위청이 되는 것이 원칙이다.

기타 승계청, 수임청, 피대리관청, 공무수탁인 등도 피청구인에 포함된다.

7. 심판청구의 변경

청구인의 편의와 심판의 촉진을 도모하기 위하여 청구의 기초에 변경이 없는 범위 안에서 심판청구의 계속 중에 청구인의 당초의 청구취지나 청구원인 등을 변경할 수 있도록 하였다.

8. 집행부정지의 원칙

행정심판청구의 효과로서 행정의 신속성·실효성을 중시하여 심판청구가 제기되면 당해 심판청구의 대상인 처분의 효력이나 그 집행 또는 절차의 속행에 영향을 미치지 않는다는 집행부정지의 원칙을 취하고 있다.

다만 처분의 사실상의 집행으로 인하여 국민에게 회복할 수 없는 손해를 예방하기 위하여 일정한 요건하에 집행정지제도를 예외적으로 인정하고 있다.

9. 불고불리의 원칙과 불이익변경금지의 원칙

행정심판법은 행정심판의 권리구제기능을 중시하여 재결의 범위에 관하여 불고불리 및 불이익변경금지의 원칙을 명문화하였다.

다만 실체적 진실의 발견이라는 목적하에 당사자가 주장하지 않은 사실도 심리할 수 있도록 하였다.

10. 사정재결

공익과 사익의 합리적인 조정을 도모하기 위하여 심판청구가 이유 있다고 인정하는 경우에도 이를 인용하는 것이 현저히 공공복리에 적합하지 않다고 인정될 때에 그 심판청구를 기각하는 재결을 할 수 있는 사정재결제도를 두고 있다.

11. 고지제도

행정의 민주화, 행정의 신중·적정·합리화를 도모하고 국민에게 불복의 기회를 알려주기 위하여 행정청은 처분을 행함에 있어 그 처분에 관하여 행정심판을 제기할 수 있는지의 여부, 제기하는 경우의 행정심판청구절차 및 청구기간을 상대방 기타 이해관계인에게 알려주는 고지제도를 인정하고 있다.

Ⅳ. 행정심판법의 문제점

1. 행정심판기관의 문제점

행정심판법은 행정심판의 재결기관과 심리·의결기관을 분리시켜 재결에 객관적 공정성을 기하고자 하였다.

그러나 재결청은 원칙적으로 당해 직근상급행정기관으로 하고 있어 실질적으로 재결청의 객관성을 보장하기 어려운 경우가 발생한다고 한다.

따라서 행정심판절차를 준사법화하고자 하려는 헌법의 정신에 비추어 본다면 재결청을 영미의 행정위원회나 행정심판소와 같이 독립된 제3의 기관으로 하는 것이 바람직하다.

2. 청구인적격의 문제점

행정심판법이 행정심판의 청구인적격을 행정소송의 원고적격과 같이 "법률상 이익이 있는 자"로 규정한 것은 입법상 중대한 과오가 있다는 지적이 있다.

그 이유는 행정심판법은 행정소송과 달리 위법한 침해뿐만 아니라 부당한 침해에 대해서도 다툴 수 있도록 규정하였음에도 불구하고 청구인적격을 법률상 이익이 침해된 경우에 한정한 것은 부당하다고 한다.

따라서 실질적으로 국민의 행정구제의 확대를 위하여 사실상 이익이 침해된 경우에도 심판청구를 할 수 있도록 규정하여야 한다고 주장한다.

3. 집행부정지원칙

행정심판법은 원칙적으로 집행부정지의 원칙을 채택하면서 예외적으로 집행정지를 할 수 있는 경우를 규정하고 있다.

그러나 이러한 집행정지를 예외적으로 인정하면서 ①그 요건에 불확정개념인 "회복하기 어려운" 또는 "공공복리" 등으로 규정하여 행정청의 자의에 맡겨 놓고 있다는 점, ②공공복리에 중대한 영향을 미칠 우려가 있는 경우에는 집행정지를 인정하지 않아 지나치게 제한하였다는 점, ③이미 내린 집행정지결정도 취소할 수 있도록 하였다는 점에서 실질적으로 국민의 권익구제에 장애가 되는 경우가 많다고 한다.

따라서 국민의 권익구제의 실효성을 제고하기 위하여 독일과 같이 집행정지의 원칙을 채택하든가 또는 집행부정지의 원칙을 채택하되 집행정지의 요건을 완화하는 방안이 강구되어야 한다.

4. 청구인의 자료요구권

행정심판법은 당사자의 대립구조를 취하면서 청구인의 자료요구권을 인정하고 있지 않다는 점이다.

행정심판청구의 원인에 관련된 자료는 처분행정청인 피청구인의 수중에 집중되어 있는 것이 일반적 현상이다.

따라서 행정심판청구사건의 적정한 심리를 위해서는 관계행정청에 대한 자료요구권을 청구인에게 인정하여 청구인의 지위를 보호할 필요가 있다.

5. 사정재결의 문제점

행정심판법은 공공복리의 확보를 위한 공익과 사익의 조화수단으로 사정재결제도를 두고 있다.

그러나 사정재결은 ①행정쟁송제도의 극히 예외적 조치로서 법칙국가에 반하는 성질을 가진다는 점, ②공공복리 자체가 불확정개념으로서 남용될 가능성이 있다는 점, 그리고 ③행정소송법상 이미 인정되고 있는 사정판결을 생각할 때 따로 행정심판절차에서 사정재결을 인정한다는 점은 문제가 있다고 한다.

따라서 행정심판절차에서는 국민의 권익구제의 실효성을 기하기 위하여 사정재결제도의 폐지가 바람직하다고 한다.

V. 결 론

행정심판법은 구소원법에 비하여 대폭적으로 개선되었고 그 후 몇 차례의 개정을 통하여 국민의 권익구제제도로서 충실을 기하려고 하였다.

그러나 상기에서 살펴본 바와 같이 아직도 국민의 권익구제로서 미흡한 점이 많다. 그리고 현행 행정소송법이 국민의 권익구제의 실효성을 기하기 위하여 필요적 행정심판전치주의의 원칙에서 임의적 행정심판전치주의를 채택하고 있는 점에 비추어 본다면 행정의 능률화·적정화의 요구 못지않게 국민의 권익구제제도로서의 기능을 더욱 충실히 담당할 수 있도록 행정심판제도의 보완이 이루어져야 한다.

그리고 행정심판제도의 운용 면에서도 탄력적으로 진행하여 국민의 권익구제에 장애를 가져오는 경우가 없도록 하여야 한다.

[44] 행정심판과 유사한 제도와의 구별

Ⅰ. 행정심판의 개념

행정심판은 '위법 또는 부당한 처분 기타 공권력의 행사·불행사 등으로 인하여 권리나 이익을 침해당한 자가 행정기관에 대하여 그 시정을 구하는 절차'를 말한다(§1).

한편 실정법상으로는 이의신청(국세기본법 §66), 심사청구, 심판청구(국세기본법 §55), 행정심판 등의 여러 가지 명칭으로 불리고 있다.

Ⅱ. 유사한 제도와의 구별

1. 이의신청

①행정심판은 처분청의 직근상급행정청에 제기하는 쟁송인 반면, 이의신청은 처분청 자체에 제기하는 쟁송이다. ②행정심판은 위법·부당한 모든 처분에 대하여 인정되는 반면, 이의신청은 개별법에서 정하고 있는 처분에 대해서만 인정된다. ③동일한 처분에 대해 이의신청과 행정심판이 함께 인정되는 경우 일반적으로 전심·후심의 관계에 있다.

한편, 행정심판전치주의와의 관계에서 이의신청에 대해 처분청의 결정이 있는 경우에는 개별법에서 별도의 규정(국세기본법 §56, 공토법 §85①)을 두지 않는 한 이의신청에 대해 바로 행정소송을 제기할 수 있다.

<공익사업을위한토지등의취득및보상에관한법률 제85조>(행정소송의 제기) ①사업시행자·토지소유자 또는 관계인은 제34조의 규정에 의한 재결에 대하여 불복이 있는 때에는 재결서를 받은 날부터 60일 이내에, 이의신청을 거친 때에는 이의신청에 대한 재결서를 받은 날부터 30일 이내에 각각 행정소송을 제기할 수 있다. 이 경우 사업시행자는 행정소송을 제기하기 전에 제84조의 규정에 따라 증액된 보상금을 공탁하여야 하며, 보상금을 받을 자는 공탁된 보상금을 소송종결시까지 수령할 수 없다.

2. 청 원

청원은 국정에 대한 국민의 정치적 의사표시를 보장하기 위한 제도라는 점에서 행정심판과는 본질적인 차이가 있으며, 행정심판과 달리 청원은 ①제기권자, 제기기간, 방법 ②심리, 판결 ③결정의 불가변력·불가쟁력 등이 존재하지 않는다.

3. 진 정

진정은 행정청에 대하여 일정한 희망을 진술하는 사실행위로서 법적 구속력이나 효과를 발생시키지 않는다.

다만, <判例>에 의하면 진정이라는 표제를 사용하고 있더라도 그 내용이 일정한 행정행위의 시정을 구하는 것이라면 행정심판으로 보아야 한다고 한다(대판 1955.3.25, 4287행상23).

대법원 1955.4.25. 4287행상23 【행정처분요구, 우선매수권 확인】

【판시사항】
1. 소원 또는 소청의 제기 여부와 직권조사
2. 유일한 증거방법의 제한과 증거법칙 위반
3. 진정의 내용과 소청의 인정

【판결요지】
 1. 소청제기의 존부는 당사자에게 입증책임이 있는 동시에 직권조사 사항인 것이다.
 2. 원고가 신청한 유일한 증거방법을 허용하지 아니함은 증거법칙에 위법이라 아니
할 수 없다.
 3. 관재당국에 대한 진정은 그 내용 여하에 따라 소청으로 인정할 수 있다.

【참조조문】
 소원법 제2조, 행정소송법 제2조, 제9조, 제14조

4. 직권재심사

 직권재심사는 ①특별한 법적 근거가 없어도 가능하고, 기간의 제약도 받지 않
으며, ②행정청 스스로의 판단에 따라 개시되고, ③불가변력이 발생한 행위에 대
해서는 원칙적으로 허용되지 않는다.

5. 국민고충처리

 이는 ①제기권자, 제기기간, 방법 ②심리, 판결 ③법적 효과에서 차이가 난다.
 국무총리 소속하에 설치된 국민고충처리위원회가 행정과 관련된 국민의 고충민
원에 대하여 상담·조사 및 처리를 하는 제도로서 이를 행정소송의 전치절차로서
요구되는 행정심판에 해당한다고 할 수는 없다(대판 1995.9.29, 95누5332).

6. 행정소송과의 구별

 본 서브 [3]행정심판과 행정소송의 구별 참조

[45] 행정심판기관

〈정부조직도〉

대통령

비서실	국무총리	재정경제부	국세청
경호실		교육인적자원부	관세청
	국무조정실		조달청
감사원	국무총리비서실		통계청
국가정보원		과학기술부	기상청
중앙인사위원회	기획예산처	통일부	
국가청렴위원회	법제처	외교통상부	
	국정홍보처	법무부	검찰청
국가안전보장회의	국가보훈처	국방부	병무청
민주평화통일자문회의		행정자치부	경찰청
국민경제자문회의			소방방재청
국가과학기술자문회의	공정거래위원회	문화관광부	문화재청
	금융감독위원회	농림부	농촌진흥청
중소기업특별위원회	국민고충처리위원회		산림청
노사정위원회	비상기획위원회	산업자원부	중소기업청
	청소년보호위원회	정보통신부	특허청
		보건복지부	식품의약품안전청
		환경부	
		노동부	
		여성가족부	
		건설교통부	
		해양수산부	해양경찰청

I. 개 설

행정심판기관이란 행정심판의 청구를 수리하여 이를 심리·재결할 수 있는 권한을 가진 행정기관을 말한다.

행정심판법은 행정심판의 객관적인 공정성을 도모함으로써 행정심판의 권리구제제도로서의 실효성을 확보하기 위하여 심리·의결기능과 재결기능을 분리시켜, 심리·의결의 기능은 행정심판위원회에 부여하고, 재결의 기능은 재결청에 부여하고 있다.

1995년 행정심판법 개정을 통해 국무총리 및 중앙행정기관의 장이 재결청이 되는 행정심판의 심리·의결기관이 국무총리행정심판위원회로 일원화되고, 종전의 중앙행정기관별 행정심판위원회는 모두 폐지되었다. 따라서 현재 행정심판위원회는 국무총리행정심판위원회와 시·도 및 시·도교육청 소속의 행정심판위원회만이 존재한다.

II. 재결청

1. 의 의

재결청이란 행정심판의 청구를 수리하여 재결할 수 있는 권한을 가진 행정청을 말한다. 재결청이 재결을 함에는 행정심판위원회의 의결내용에 구속된다.

재결청은 원칙적으로 처분청의 직근상급행정기관이 된다. 그러나 예외적으로 처분청·소관감독행정기관 및 제3기관 등이 되기도 한다.

2. 재결청이 되는 행정기관

(1) 직근상급행정기관

행정심판의 재결청은 원칙적으로 당해 행정청의 직근상급행정기관이 된다(§5①).

직근상급행정기관이란 여러 개의 행정기관이 있는 경우에 처분청 또는 부작위청으로부터 가장 가까운 상급행정기관을 말한다.

상급행정기관이란 처분청 또는 부작위청을 지휘·감독하는 권한을 가진 행정청을 가리킨다.

ex)국무총리직속기관(법제처)장의 처분 → 국무총리, 행정각부직속기관(청)장의 처분 → 각부장관

(2) 처분행정청

국무총리·행정각부장관·대통령직속기관의 장(감사원장)·국회사무처장·법원행정처장·헌법재판소사무처장·중앙선거관리위원회 및 소관감독행정기관이 없는 행정청(공정거래위원회, 소청심사위원회, 노동위원회)의 처분이나 부작위에 대해서는 당해 처분행정청 또는 부작위청이 재결청이 된다(§5②).

그러나 처분청 또는 부작위청이 재결청이 되는 것은 재결의 공정을 유지하기 어렵기 때문에 '행정각부장관의 처분 또는 부작위에 대한 심판사건'은 국무총리 소속하의 행정심판위원회에서 심리·의결하게 하였다(§6①).

따라서 실질적으로 국무총리를 재결청으로 하는 것과 같다.

(3) 소관감독행정기관

1) 도지사 등의 경우

서울특별시장·광역시장·도지사·교육감의 처분이나 부작위에 대해서는 소관 감독행정기관이 재결청이 된다(§5③). 소관감독행정기관이란 심판청구의 대상인 처분이나 부작위를 사물관할로 하는 상급행정기관을 말한다.

행정각부장관은 소관 사무에 관하여 지방행정의 장을 지휘·감독하는 권한을 가지므로(정부조직법 §26③), 서울특별시장의 처분에 대해서는 행정자치부장관을 비롯한 각 주무장관이 재결청이 되고(단, 심의기관은 국무총리행정심판위원회), 교육감의 처분에 대해서는 교육부장관 또는 문화관광부장관이 재결청이 된다.

2) 도지사 등에 소속된 행정기관의 경우

서울특별시장·광역시장·도지사·교육감에 소속된 각급 국가행정기관 또는 자치행정기관(시장·군수·자치구청장, 읍면장·동이자, 소방서장, 시·군·자치구 교육감 등)의 처분 또는 부작위에 대해서는 각각 서울특별시장·광역시장·도지사 또는 교육감이 재결청이 된다(§5④).

3) 국가특별지방행정기관의 경우

법무부, 대검찰청을 제외한 국가특별지방행정기관(지방병무청장, 지방경찰청장 등)의 처분 또는 부작위에 대해서는 소관중앙행정기관(병무청장, 경찰청장 등)이 재결청이 된다(§5⑤).

(4) 제3기관

국세·관세와 관련하여 국세심판원, 공무원에 대한 위법·부당한 처분에 대해서는 소청심사위원회와 같이 개별법에서 당해 행정청이나 행정감독기관이 아닌 특별한 제3기관을 설치하여 재결청으로 하는 경우 제3기관이 재결청이 된다.

(5) 위임·위탁받은 기관이나 사인

행정기관의 권한이 다른 행정기관·공공단체 또는 그 기관이나 사인에게 위탁된 경우에는 위임 또는 위탁을 받은 행정기관·공공단체 또는 그 기관이나 사인이 처분청이 되며(§2②), 특별한 규정이 없는 한 위임 또는 위탁을 한 행정기관이 재결청이 된다.

다만 위탁기관이 재결청이 될 수 없는 행정청(시장·군수·자치구청장 등)인 경우에는 위탁기관의 처분에 대한 재결청(광역지방자치단체장 등)이 재결청이 된다.

3. 재결청의 권한과 의무

(1) 재결청의 권한

1) 재결권(§31②)

재결권이란 심판청구사건에 대하여 법적 판단을 할 수 있는 권한을 말한다.

그러나 행정심판법은 합리적이고 객관성 있는 재결을 하기 위하여 재결권은 재결청에, 심리권은 행정심판위원회에 각각 부여하고 있다.

2) 집행정지결정권(§21④)

① 행정심판법은 심판청구의 제기에 관하여 '집행부정지원칙'을 취하고 있다.

② 한편, 재결청이 집행정지의 결정 또는 집행정지취소의 결정을 함에 있어서는 행정심판위원회의 심리·의결을 거쳐야 한다.

③ 다만, 위원회의 심리·의결을 거치면 회복하기 어려운 손해가 발생할 우려가 있다고 인정하는 경우에는 위원장이 위원회의 심리·의결을 대신하는 결정을 하고 위원회의 추인을 받아야 한다.

3) 행정심판위원회 위원의 위촉권(§6④)

행정심판위원회 위원은 재결청이 위촉 또는 지명한다.

4) 기피신청결정권(§7②)

위원회의 의결 없이도 가능하다.

5) 회피허가권(령§13)

재결청의 허가를 요한다.

(2) 재결청의 의무

1) 행정심판위원회에의 심리회부의무(§22①)

재결청은 심판청구서가 송부되거나 답변서가 제출된 때에는 지체 없이 그 사건을 소속행정심판위원회에 회부하여야 한다.

2) 제3자 심판청구 시 통지의무(§22②)

재결청은 제3자가 심판청구를 한 때에는 당해 처분의 상대방에게 이를 통지하여야 한다.

3) 증거서류 등 반환의무(§40)

재결청은 재결을 한 후에 신청이 있는 때에는 재결청이나 행정심판위원회에 제출하였던 증거자료 등의 원본을 지체 없이 반환하여야 한다.

4. 재결청의 권한승계

심판청구를 수리한 후에 행정조직법 기타 관례법령의 개폐로 인하여 재결청에 변동이 생긴 경우에는 새로 재결권을 가지게 된 행정청이 종전의 재결청의 권한을 승계한다.

이 경우 종전의 재결청은 관계 자료를 새로 재결권을 가지게 된 재결청에 송부하여야 한다(§8①).

그리고 심판청구서 등을 송부받은 새로운 재결청은 그 사실을 청구인·피청구인 및 참가인에게 통지하여야 한다(§8②).

Ⅲ. 행정심판위원회

1. 법적 지위 및 성격

행정심판위원회는 재결청으로부터 회부된 심판청구사건을 심리·의결할 수 있는 권한을 가진 행정기관으로 의결기관으로서의 성격을 갖는다(§6①).

재결청은 심판청구에 대한 재결을 함에 있어서 행정심판위원회의 의결에 구속된다(§31②).

2. 설 치

행정심판위원회는 각 재결청 소속하에 설치하는 것이 원칙이다.

다만, 행정각부장관의 처분 또는 부작위에 대한 심판청구사건 중 대통령령이 정하는 심판청구사건을 심리·의결하기 위하여 국무총리 소속하에 행정심판위원회를 둔다(§6①).

3. 구 성

(1) 일반행정심판위원회

1) 구 성

행정심판위원회는 재결청이 위촉 또는 지명하는 15인 이내의 위원으로 구성된다(§6②). 위원장 1인을 포함한 15인의 위원은 ①변호사 자격이 있는 자, ②대학에서 법률학을 가르치는 부교수 이상의 직에 있거나 있었던 자, ③행정기관의 4급 이상의 공무원으로 있었던 자 또는 그 밖에 행정심판에 관한 지식과 경험이 있는 자 또는 재결청 소속공무원 중에서 위촉 또는 지명된다(§6④).

2) 회 의

행정심판위원회의 회의는 위원장과 위원장이 매 회의마다 지정한 6인 위원으로 구성하되, 민간위원이 4인 이상 포함되어야 한다(§6①).

3) 의 결

행정심판위원회는 구성원 과반수의 출석과 출석위원 과반수의 찬성으로 의결한다(§6⑥).

(2) 국무총리행정심판위원회

1) 구 성

국무총리 및 중앙행정기관의 장이 재결청이 되는 심판청구를 심리·의결하기 위하여 국무총리 소속하에 국무총리행정심판위원회를 둔다.

위원회는 위원장 1인을 포함한 50인 이내의 위원으로 구성하고, 위원 중 상임위원은 2인 이내로 한다(§6의2②).

ㄱ) 위원장

위원장은 법제처장이 되며 필요한 경우에는 소속공무원으로 하여금 그 직무를 대행하게 할 수 있다(§6의2③).

ㄴ) 상임위원

상임위원은 별정직 국가공무원으로 보하되, 3급 이상의 공무원으로 3년 이상 근무한 자 기타 행정심판에 관한 지식이 풍부한 자 중에서 법제처장의 제청으로 국무총리를 거쳐 대통령이 임명하고 그 임기는 3년으로 하며, 1차에 한하여 연임할 수 있다(§6의2④).

ㄷ) 기　타

그 밖의 위원은 일반행정심판위원회의 위원자격(민간위원)이 있는 자 또는 대통령이 정하는 행정기관의 공무원 중에서 국무총리가 위촉하거나 지명하는 자로 한다(§6의2⑤).

2) 회　의

위원회의 회의는 위원장 및 상임위원과 위원장이 매 회의마다 지정하는 위원을 포함하여 총 9인으로 구성하되, 민간위원인 자가 5인 이상 포함되어야 한다(§6의2⑥).

3) 의　결

위원회는 구성원 과반수의 출석과 출석위원 과반수의 찬성으로 의결한다(§6의2⑦).

4. 위원 및 직원의 제척·기피·회피

행정심판법은 위원에 대한 제척·기피·회피 제도를 두고 있다(§7①~③). 이는 행정심판청구사건에 대한 위원회의 심리·의결의 공정성을 담보하기 위한 것이다.

이 제도는 위원회의 심리·의결의 사무에 관여하는 위원 아닌 직원에게도 준용하도록 하고 있다(§7④).

(1) 제　척

1) 의　의

제척이란 위원 등이 당사자 또는 사건의 내용과 특수 관계가 있는 경우에 그 사건에 관하여 그 직무집행을 할 수 없도록 하는 것을 말한다.

2) 제척사유

①위원 또는 그 배우자나 그 배우자였던 자가 당해 사건의 당사자가 되거나 당해 사건에 관하여 공동관리자 또는 의무자의 관계에 있는 경우, ② 위원이 당해

사건의 당사자와 친족관계에 있거나 있었던 경우, ③위원이 당해 사건에 관하여 증언이나 감정을 한 경우, ④위원이 당해 사건에 관하여 당사자나 대리인으로서 관여하거나 관여하였던 경우, ⑤위원이 당해 사건의 대상이 된 처분이나 부작위에 관여한 경우 등이다(§7①).

3) 효 과

제척사유가 있는 위원이 관여한 심리·의결은 본질적인 절차상의 하자가 있으므로 무효가 된다. 제척의 효과는 당사자의 주장 여부나 행정심판위원회의 결정 여부에 관계없이 법률상 당연히 발생한다.

(2) 기 피

1) 의 의

기피란 위원에게 제척사유 이외에 심리·의결에 공정을 기대하기 어려운 사정이 있는 경우에 당사자의 신청에 의하여 재결청의 결정에 의하여 직무집행으로부터 배제되는 것을 말한다(§7②).

당사자가 기피신청을 한 경우에는 재결청은 행정심판위원회의 의결을 거치지 않고 결정한다(§7②).

2) 의결의 공정을 기대하기 어려운 사정

공정을 기대하기 어려운 사정이란 통상인의 판단으로써 위원과 사건과의 관계에서 편파적이고 불공정한 심리·의결을 하지 않을까 하는 염려를 일으킬 수 있는 객관적 사정을 의미하므로, 주관적인 의혹만으로는 기피사유에 해당하지 않는다. 제척·기피신청에 대한 결정에 대해서는 불복신청을 할 수 없다(시행령 §11).

(3) 회 피

회피란 위원 스스로가 사건에 관하여 제척 또는 기피의 사유가 있다고 인정하여 자발적으로 심리·의결을 피하는 것을 말한다(§7③).

위원이 회피하고자 할 때에는 재결청의 허가를 받아야 하며, 회피신청이 이유 있다고 인정한 때에는 재결청은 지체 없이 이를 허가하여야 한다(시행령 §13).

5. 권 한

(1) 심리권

심리권이란 재결의 기초가 되는 사실관계 및 법률관계를 명백히 하기 위하여 당사자 및 관계인의 주장과 반박을 듣고, 그를 뒷받침하는 증거와 기타 자료 등을 수집·조사할 수 있는 권한을 말한다.

심리는 각 심판청구사건을 단위로 하는 것이 원칙이나, 필요하다고 인정할 때에는 서로 관련되는 내용의 심판청구를 병합하여 심리하거나 병합된 심판청구를 분리하여 심리할 수 있다(§29).

(2) 심리권에 부수된 권한

①대표자선정권고권(§11②), ②청구인의 지위승계허가권(§12⑤), ③피청구인경정권(§13②), ④대리인선임허가권(§14①Ⅳ), ⑤심판참가허가 및 요구권(§16①, ②), ⑥청구의 변경허가권(§20①, ②), ⑦보정명령권(§23), ⑧증거조사권(§28①) 등이 있다.

(3) 의결권

재결청의 재결은 행정심판위원회의 의결에 기속되게 되므로, 재결의 내용은 행정심판위원회의 의결에 의하여 결정된다.

행정심판위원회의 의결사항은 ①심판청구에 대한 재결에 관한 것이 주된 것이나, 그 밖에 ②심판청구의 대상인 처분의 집행정지결정에 관한 것(§21④)과 ③사정재결에 관한 것(§33①)이 있다.

(4) 시정조치요청권

국무총리행정심판위원회는 심판청구를 심리·의결함에 있어 처분 또는 부작위의 근거가 되는 명령 등이 법령에 근거가 없거나 상위법령에 위배되거나 국민에게 과도한 부담을 주는 등 현저하게 불합리하다고 인정된 경우에는, 관계 행정기관에 대하여 개정·폐지 등 적절한 시정조치를 요청할 수 있다(§42의2).

6. 권한의 위임

위원회의 권한 중 경미한 사항은 국회규칙·대법원규칙·헌법재판소규칙·중앙선거관리위원회규칙 또는 대통령령이 정하는 바에 따라 위원장에게 위임할 수 있다(§44).

[46] 행정심판의 당사자와 관계인

I. 서 설

행정심판도 행정쟁송이므로 기본적으로 두 당사자가 대립되는 이해관계에 있다. 행정심판법은 심판절차를 청구인과 피청구인 사이의 대심구조로 편성하고 구술심리의 기회도 보장하여, 행정심판의 준사법적 절차화하고 있다.

II. 행정심판의 청구인

1. 청구인

행정심판의 청구인이란 행정청의 처분이나 부작위에 불복하여 그의 취소나 변경 등을 위하여 심판청구를 제기하는 자를 말한다.

청구인은 원칙적으로 자연인 또는 법인이어야 하나, 법인격 없는 사단 또는 재단으로서 대표자 또는 관리인이 정하여져 있는 경우에는 그 이름으로 청구인이 될 수 있다.

2. 선정대표자의 선정

다수의 청구인들이 공동으로 심판청구를 하는 때에는, 그중 3인 이하의 대표자를 선정할 수 있고, 위원회도 그 선정을 권고할 수 있다.

선정대표자는 각기 다른 청구인들을 위하여 청구의 취하를 제외하고는 그 사건에 관한 모든 행위를 할 수 있으며, 청구인들은 그 선정대표자를 통하여서만 그 사건에 관한 행위를 할 수 있다.

3. 청구인의 지위승계

행정심판을 제기한 후에 청구인의 신분상 변동이 생긴 경우에는 행정심판법에 의해 그 지위가 승계된다.

Ⅲ. 청구인적격

1. 취소심판의 청구인적격

(1) 의 의

취소심판청구는 처분의 취소 또는 변경을 구할 법률상 이익이 있는 자가 청구인적격을 가진다.

처분의 효과가 기간의 경과, 처분의 집행 그 밖에 사유로 인하여 소멸된 뒤에도 그 처분의 취소로 인하여 회복되는 법률상 이익이 있는 자도 청구인적격을 가진다.

(2) 법률상 이익에 대한 견해

1) 권리구제설

이 견해는 법률상 이익의 개념을 처분의 근거가 된 실체법상의 권리로 파악하는 입장이다.

2) 법적 이익구제설

이 견해는 협의의 권리뿐만 아니라 실정법규의 해석상 당해 법규에 의하여 보호되고 있는 이익도 포함하는 개념으로 본다. 즉 사실상 이익이나 반사적 이익은 법률상 이익에 해당하지 않는다고 한다.

3) 보호가치이익구제설

이 견해는 당해 처분의 근거가 된 법규에 비추어 실체법적인 보호이익에 속하지 않더라도 심판절차에 의하여 보호할 만한 실질적이고 구체적인 이익을 법률상 이익의 개념으로 파악한다.

4) 적법성보장설

이 견해는 행정심판을 개인의 이익보호만을 위한 수단으로 인정하지 않고 행정처분의 적법성을 위한 것으로 이해하고자 하는 입장이다.

5) 검토의견

오늘날 복리국가에서의 행정의 행위형식의 다양화를 고려할 때 법률상 이익의 개념을 쟁송법적으로 이해하는 것이 타당하겠으나, 청구인적격의 범위를 어느 정도 명확히 한다는 점에서 법적 이익구제설이 타당하다고 본다.

(3) 처분의 효과가 소멸된 때

청구인적격은 행정심판을 제기할 때에 요구됨은 물론이고 당해 행정심판에 대한 심리가 종결될 때까지 유지되어야 한다. 그래서 행정심판법은 처분의 효과가 소멸된 뒤에는 그 처분의 취소나 변경을 구할 법률상 이익이 없는 것으로 보았다. 그러나 예외적으로 효과가 소멸된 처분의 취소로 회복되는 법률상 이익이 있는 자는 청구인적격을 인정하였다.

2. 무효등확인심판

(1) 의 의

무효등확인심판청구는 처분의 효력 유무 또는 존재 여부에 대한 확인을 구할 '법률상 이익이 있는 자'가 제기할 수 있다(§9②).

(2) 법률상 이익

무효등확인심판에서의 법률상 이익에 대하여 일반적으로 취소심판에서의 법률상 이익과 같은 개념으로 본다.

그러나 무효등확인재결의 결과로써 얻어지는 법적 이익을 포괄하여 종합적·입체적으로 판단하여야 하는 법적으로 보호할 만한 총이익으로 보는 견해도 있다.

3. 의무이행심판의 청구인적격

(1) 의 의

의무이행심판청구는 행정청의 거부처분 또는 부작위에 대하여 일정한 처분을 구할 법률상 이익이 있는 자가 제기할 수 있다(§9③).

(2) 법률상 이익

취소심판의 청구인적격으로서의 법률상 이익과 내용적으로 크게 다를 것이 없으나 의무이행심판의 청구인은 일정한 처분의 신청을 한 것만으로는 부족하고 법령에 의해 처분의 신청권을 가져야 한다.

Ⅳ. 행정심판의 피청구인

1. 피청구인 적격

심판청구는 행정청(처분청 또는 부작위청)을 피청구인으로 하여 제기하여야 한다.

행정청이란 처분 또는 부작위를 할 수 있는 권한을 가진 행정기관으로서 학문상 행정관청이 이에 해당한다.

또한 행정청에는 법령에 의하여 행정권한의 위임 또는 위탁을 받은 행정기관, 공공단체 및 그 기관 또는 사인이 포함된다(§2②).

2. 피청구인경정

(1) 의 의

피청구인경정제도는 행정조직의 복잡성으로 정당한 피청구인을 명확히 판단할 수 없는 경우가 많음을 고려하여 청구인의 권리구제의 길을 확보하는 데 그 의의가 있다.

(2) 경정사유

1) 청구인이 피청구인을 잘못 지정한 경우

청구인이 심판청구를 제기함에 피청구인을 잘못 지정한 때에 행정심판위원회는 당사자의 신청 또는 직권에 의한 결정으로 피청구인을 경정할 수 있다(§13②).

2) 권한이 다른 행정청에 승계된 경우

처분이나 부작위와 관계되는 권한이 다른 행정청에 승계된 때에는 위원회는 당사자의 신청 또는 직권에 의하여 결정으로써 피청구인을 결정한다(§13①단서).

(3) 효 과

피청구인의 경정이 있으면 종전의 피청구인에 대한 심판청구는 취하되고, 새로운 피청구인에 대한 심판청구가 처음에 심판청구를 한 때에 소급하여 제기된 것으로 본다§13④).

V. 행정심판의 관계인

1. 참가인

(1) 의 의

참가인이란 계속 진행 중인 행정심판절차에 당사자 이외의 제3자가 자기의 권리와 이익을 보호하기 위해 참가하는 자로서 심판결과에 대하여 이해관계가 있는 제3자 또는 행정청을 말한다. 여기에서 '이해관계가 있는 제3자'란 당해 처분 자체에 대하여 이해관계가 있는 자뿐만 아니라(체납처분으로서의 공매처분의 목적물인 재산의 소유자), 재결내용에 따라서 불이익을 받게 될 자(공매처분의 취소를 구하는 심판청구가 제기된 경우의 당해 공매재산의 매수자)도 포함되며, 심판청구에 참가할 수 있는 행정청은 당해 처분이나 부작위에 대한 관계행정청을 말한다.

심판참가제도는 참가인의 권리와 이익을 보호하기 위한 것이다. 그러나 다른 한편으로는 행정심판의 공정과 경제를 위한 배려도 있다고 본다.

(2) 참가의 방법

1) 신청에 의한 참가

행정심판의 결과에 대하여 이해관계가 있는 제3자 또는 행정청이 행정심판위원회의 허가를 받아 그 사건에 참가하는 것을 말한다(§16①).

심판참가제도는 이해관계인의 권리와 이익을 보호하는 것이므로, 행정심판위원회는 특별한 사유가 없는 한 참가를 허가하여야 한다.

2) 요구에 의한 참가

관계 행정심판위원회는 직권으로 이해관계인에 대하여 당해 심판청구에 참가할 것을 요구할 수 있다. 이때 요구를 받은 이해관계인은 참가 여부를 스스로 결정할 수 있으며, 그 참가 여부의 의사를 관계 행정심판위원회에 통지하여야 한다(§16③).

2. 대리인

심판청구의 당사자는 대리인을 선임하여 당해 심판청구에 관해 대리행위를 하게 할 수 있다.

청구인이 대리인으로 선임할 수 있는 자는 법률의 규정에 의한 대리인 이외에 청구인의 배우자·직계존비속 또는 형제자매, 청구인인 법인의 임원 또는 직원, 변호사, 행정심판위원회로부터 허가를 받은 자 등이다. 그리고 피청구인인 행정청은 그 소속직원이나 변호사 또는 행정심판위원회의 허가를 받은 자를 대리인으로 선임할 수 있다(§14①,②).

VI. 결 론

행정심판법이 행정심판의 청구인적격을 행정소송의 원고적격과 같이 '법률상 이익이 있는 자'로 규정한 것은 입법상의 중대한 과오가 있다는 견해가 있다.

그 이유는 행정심판은 행정소송과는 달리 위법한 침해뿐만 아니라 부당한 침해에 대해서도 다툴 수 있도록 규정하였음에도 불구하고 청구인적격을 법률상 이익이 침해된 경우에 한정한 것은 부당하다고 한다. 즉 사실상 이익이 침해된 경우에도 심판청구를 할 수 있도록 규정하였어야 한다는 주장이다.

[47] 행정심판의 청구인적격

태793p

Ⅰ. 서 설

1. 청구인의 의의

행정심판의 청구인은 심판청구의 대상인 처분 또는 부작위에 불복하여 그의 취소 또는 변경 등을 구하는 심판청구를 제기하는 자를 말한다.

다수의 청구인들이 공동으로 심판청구를 하는 때에는 그중 3인 이하의 대표자를 선정할 수 있고, 위원회도 그 선정을 권고할 수 있다(§11①,②).

2. 청구인적격

심판청구의 청구인이 되어 재결을 받을 수 있는 법적 자격을 말한다.

Ⅱ. 행정심판의 청구인적격

1. 취소심판의 청구인적격

(1) 관련규정

취소심판은 '처분의 취소 또는 변경을 구할 법률상 이익'이 있는 자가 청구인적격을 가진다(§2①).

(2) 법률상 이익에 대한 학설

여기에서 말하는 '법률상 이익'에 대해 ①권리구제설, ②법률상 보호이익설, ③보호할 가치 있는 이익설, ④적법성보장설 등이 있는데 협의의 권리뿐만 아니라 관계 법규에 의하여 보호되고 있는 이익도 포함된다고 보는 것이 통설과 판례이다.

(3) 처분의 효과가 소멸된 때(협의의 이익, 행정심판의 이익)

행정심판법은 '처분의 효과가 기간의 경과, 처분의 집행 그 밖의 사유로 인하여 소멸된 뒤에도 그 처분의 취소로 회복되는 법률상 이익이 있는 자'의 청구인적격을 인정하였다(§9①후단). 다만, 청구인적격의 인정은 특별한 경우에 해당하는 것이므로 청구인이 주장·입증하여야 한다.

한편, 이 규정은 청구인적격의 본래적 의미인 보호의 대상으로서의 법률상 이익과는 구별된다는 것이 일반적인 견해이다.

2. 무효등확인심판의 청구인적격

(1) 관련규정

무효등확인심판청구는 처분의 효력 유무 또는 존재 여부에 대한 '확인을 구할 법률상 이익'이 있는 자가 제기할 수 있다(§9②).

(2) 확인을 구할 법률상 이익에 대한 학설

①처분의 효력 유무 또는 존재 여부에 관하여 당사자 사이에 다툼이 있어서, 재결로 공권적인 확정을 하는 것이 청구인의 법적 지위의 불안정 상태를 제거하기 위해 필요한 이익이라는 견해(김동희)와 ②무효등확인심판의 법률상 이익은 그 재결의 결과로서 얻어지는 법적 이익까지 포함하여 종합적·입체적으로 판단하여

야 하는 이익이라는 입장이 대립한다.

3. 의무이행심판의 청구인적격

(1) 관련규정

의무이행심판은 행정청의 거부처분 또는 부작위에 대하여 '일정한 처분을 구할 법률상 이익'이 있는 자가 청구인적격을 갖는다(§9③).

(2) 처분을 구할 법률상 이익

관계 법률이 행정청에 처분의무를 부과한 취지가 적어도 특정개인의 이익도 보호하고자 하는 것인 때에 인정되는 이익이다. 여기에는 헌법상 기본권에서 도출도 가능하다고 한다(김동희).

한편 법령에 의한 신청권을 가진 자에게 청구인적격을 인정하므로 부당한 부작위에 대한 행정심판을 배제하는 모순이 있다.

4. 청구인적격에 대한 입법상 과오 여부

(1) 입법과오설

행정심판은 위법한 처분뿐만 아니라 부당한 처분을 대상으로 제기할 수 있는바, 반사적 이익을 침해받은 자도 제기할 수 있다고 보아야 하는데, 그 근거로는 ①법률상 이익이 있는 자에게만 행정심판의 청구인적격을 인정하고 있는 것은 모순이라는 점, ②독일과 일본의 행정심판법에서도 행정소송에 있어서는 원고적격에 관한 규정을 두면서도 행정심판의 청구인적격에 대해서는 아무런 규정을 두지 않음으로써 행정소송의 원고적격과 행정심판의 청구인적격을 구별하고 있다는 점 등을 논거로 제시하고 있다.

(2) 입법비과오설

①위법 또는 부당한 행위라는 것은 침해의 형태의 문제이고 법률상 이익의 침해는 침해대상의 문제로 법률상 이익은 위법한 행위에 의해서도 부당한 행위에 의해서도 침해될 수 있으므로 침해의 형태와 대상은 개념상 구분된다는 점, ②위법·부당 여부는 본안심리의 결과 내려지는 법원의 최종적 평가차원의 문제이고 법률상 이익의 존재 여부에 관한 청구인적격문제는 본안심리로 들어가기 위한 현관 차원의 문제이므로 양자는 차원을 달리한다는 점, ③행정심판은 위법·부당의 통제이고 행정소송은 위법의 통제라고 하는 고전적인 공식은 오늘날에는 그 타당성이 의문시될 정도로 흔들리고 있어 위법성과 부당성의 구별의 가능성 내지 의의가 크지 않다는 점 등을 그 논거로 들고 있다.

한편 법률상 이익은 위법한 행위에 의해서도, 부당한 행위에 의해서도 적법한 행위에 의해서도(손실보상의 경우) 침해될 수 있다고 한다.

※ 공무원에 대한 징계처분으로서의 감봉처분에 대한 취소심판의 경우

공무원에 대한 징계처분은 재량처분이므로 특정 공무원의 일정 비위행위에 기한 감봉처분이 위법하지는 않지만 단지 부당한 처분으로 판단될 수 있는 경우가 있을 수 있다. 한편, 그 비위사실이 단지 경미한 것일 때에는 당해 처분은 비례원칙에 위반한 것으로서 위법한 처분으로 인정될 수도 있다.

이 경우 감봉처분이 단순히 부당한 처분이든 위법한 처분이든, 이 처분에 의하여 침해되고 있는 것은 공무원법에 규정되어 있는 봉급청구권인 것이다. 즉, 이 경우에는 감봉처분에 의하여 공권으로서의 공무원의 봉급청구권이 위법·부당하게 침해되고 있는 것이다.

---

(3) 검 토

생각건대 권리침해란 위법한 행정작용에 의해서만 행하여질 수 있다는 점과 행정심판의 목적은 개인의 권리나 이익의 구제뿐만 아니라 행정의 자율적인 통제에

있다는 점을 고려할 때 청구인적격으로서 반드시 법률상 이익이 있는 자로 제한시킬 필요가 없는 견해도 타당하다 하겠으나 이러한 문제는 입법정책의 문제로 보는 것이 타당할 것이다.

Ⅲ. 청구인의 지위승계

1. 당연승계

(1) 행정심판을 제기한 후 자연인인 청구인이 사망한 때

그 상속인이나 법령에 의하여 당해 처분에 관계되는 권리 또는 이익을 승계한 자가 그 청구인의 지위를 승계한다(§12①).

(2) 법인 또는 법인격 없는 사단이나 재단인 청구인이 다른 법인 등과 합병한 때

합병에 의하여 존속하거나 설립된 법인 등이 그 청구인의 지위를 승계한다(§12②).

2. 허가승계

행정심판이 제기된 뒤에 당해 심판청구의 대상인 처분에 관계되는 권리 또는 이익을 받은 자는 관계 행정심판위원회의 허가를 받아 청구인의 지위를 승계할 수 있다(§12⑤).

[48] 행정심판의 제기요건

노14논,

I. 서 설

행정심판의 제기요건은 본안심리를 받기 위한 요건으로서 ①청구인적격이 있는 자가 처분청 등을 피청구인으로 하여 ②심판청구사항인 구체적인 처분이나 부작위를 대상으로 ③청구기간 내에 소정의 방식을 갖추어 ④처분청 또는 관할재결청에 제기하여야 한다.

이러한 심판청구의 제기요건들은 행정심판을 청구하는 데에 필요한 형식적 요건으로서 요건심리 결과가 그 요건들이 충족되지 않는 심판청구는 부적법한 심판청구로서 각하를 받게 된다.

II. 청구인과 피청구인

1. 청구인

(1) 의 의

행정심판의 청구인이란 행정심판의 대상인 처분 또는 부작위에 불복하여 그의 취소 또는 변경 등을 구하는 심판청구를 제기하는 자를 말한다. 청구인은 처분의 상대방이든 제3자이든 관계없이 심판청구인이 될 수 있다.

(2) 청구인적격

1) 취소심판의 청구인적격

취소심판청구는 처분의 취소 또는 변경을 구할 법률상 이익이 있는 자가 청구인적격을 가진다.

ㄱ) 법률상 이익

여기서 법률상 이익의 해석에 권리구제설, 법적 이익구제설, 보호가치 이익구제설, 적법성보장설 견해가 나뉜다.

오늘날 복리국가에서의 행정의 행위형식의 다양화를 고려할 때 법률상 이익의 개념을 쟁송법적으로 이해하는 것이 타당하겠으나, 청구인적격의 범위를 어느 정도 명확히 한다는 점에서 법적 이익구제설이 타당하다고 본다.

이러한 법적 이익구제설은 법률상 이익에 대해 협의의 권리뿐만 아니라 실정법규의 해석상 당해 법규에 의하여 보호되고 있는 이익도 포함하는 개념으로 보는 견해이다.

ㄴ) 협의의 소익

처분의 효과가 기간의 경과, 처분의 집행 그 밖에 사유로 인하여 소멸될 뒤에도 그 처분의 취소로 인하여 회복되는 법률상 이익이 있는 자도 청구인적격을 가진다.

2) 무효등확인심판의 청구인적격

무효등확인심판청구는 처분의 효력 유무 또는 존재 여부에 대한 확인을 구할 '법률상 이익이 있는 자'가 제기할 수 있다.

법률상 이익에 대하여 ①일반적으로 취소심판에서의 법률상 이익과 같은 개념으로 본다. ②그러나 무효등확인재결의 결과로써 얻어지는 법적 이익을 포괄하여 종합적·입체적으로 판단하여야 하는 법적으로 보호할 만한 총이익으로 보는 견해도 있다.

3) 의무이행심판의 청구인적격

의무이행심판청구는 행정청의 거부처분 또는 부작위에 대하여 일정한 처분을 구할 법률상 이익이 있는 자가 제기할 수 있다.

여기서 법률상 이익은 취소심판의 청구인적격으로서의 법률상 이익과 내용적으로 크게 다를 것이 없으나 의무이행심판의 청구인은 일정한 처분의 신청을 한 것만으로는 부족하고 법령에 의해 처분의 신청권을 가져야 한다.

(3) 행정심판법상의 청구인적격의 문제점

행정심판법이 행정심판의 청구인적격을 행정소송의 원고적격과 같이 "법률상 이익이 있는 자"로 규정한 것은 입법상 중대한 과오가 있다는 견해가 있다.

그 이유는 행정심판법은 행정소송과는 달리 위법한 침해뿐만 아니라 부당한 침해에 대해서도 다툴 수 있도록 규정하였음에도 불구하고 청구인적격을 법률상 이익이 침해된 경우에 한정한 것은 부당하다고 한다.

즉 사실상 이익이 침해된 경우에도 심판청구를 할 수 있도록 규정하였어야 한다는 주장이다.

2. 피청구인

(1) 피청구인적격

행정심판의 피청구인이란 심판청구를 제기받은 상대방인 당사자를 말한다. 이러한 피청구인은 당해 행정심판의 대상인 처분을 한 처분청 또는 부작위를 한 부작위청이 되는 것이 원칙이다.

기타 승계청, 수임청, 피대리청, 공무수탁사인 등도 피청구인에 포함된다.

(2) 피청구인의 경정

1) 경정사유

청구인이 심판청구를 제기함에 피청구인을 잘못 지정한 때에 행정심판위원회는 당사자의 신청 또는 직권에 의한 결정으로 피청구인을 경정할 수 있다.

또한 처분이나 부작위와 관계되는 권한이 다른 행정청에 승계된 때에는 위원회는 당사자의 신청 또는 직권에 의한 결정으로써 피청구인을 결정한다.

2) 효 과

피청구인의 경정이 있으면 종전의 피청구인에 대한 심판청구는 취하되고, 새로운 피청구인에 대한 심판청구가 처음에 심판청구를 한 때에 소급하여 제기된 것으로 본다.

Ⅲ. 심판청구의 대상

1. 심판대상의 의의

행정심판의 대상이란 행정심판사항으로서 심판청구의 대상으로 삼을 수 있는 사항을 말한다.

행정심판의 대상은 행정청의 처분 또는 부작위이며 개괄주의를 채택하였다.

2. 처 분

(1) 의 의

처분이라 함은 "행정청이 행하는 구체적 사실에 관한 법집행으로서의 공권력행사 또는 그 거부와 그 밖에 이에 준하는 행정작용"을 말한다.

여기에서의 처분의 개념을 실체법상의 처분개념보다 넓은 쟁송법상의 처분개념으로 이해하는 이원설이 지배적 견해이다.

(2) 내 용

1) 공권력의 행사

공권력의 행사는 행정행위가 그 중심이 되나, 그보다는 넓게 권력적 사실행위 등 개인의 권리 · 의무에 대하여 구체적이고 직접적인 영향을 미치는 행위를 들 수 있다.

2) 거부처분

거부처분은 소극적 행정행위의 하나로서 부작위와는 달리 외관상 행정청의 일정한 행정행위가 있는 것을 말한다.

3) 이에 준하는 행정작용

그 밖에 이에 준하는 행정작용이란 앞에서 말한 공권력행사나 거부처분은 아니더라도 행정청의 대외적 작용으로서 개인의 권익에 구체적 영향을 미치는 작용을 가리키는 것으로 볼 수 있다.

이는 행정심판사항으로서의 처분에 관한 일종의 포괄적 개념이라고 하겠다.

3. 부작위

(1) 의 의

부작위란 "행정청이 당사자의 신청에 대하여 상당한 기간 내에 일정한 처분을 하여야 할 법률상 의무가 있음에도 불구하고 이를 하지 아니하는 것"을 말한다.

그런데 법령 중에는 당해 법령에 의거한 개인의 신청이 있은 후 일정한 기간을 경과함으로써 그 기간의 만료일에 신청을 거부처분이 있는 것으로 보는 경우도 있다.

(2) 성립요건

1) 신청의 존재

행정청의 부작위가 성립하기 위해서는 먼저 당사자의 적법한 신청이 있어야 한다. 그러나 단순히 행정청의 직권을 발동을 촉구하는 신청은 이에 해당하지 않는다.

2) 상당한 기간의 경과

"상당한 기간"이란 사회통념상 그 신청을 처리하는 데 소요될 것으로 판단되는 기간이다.

3) 처분을 하여야 할 법률상 의무의 존재

이는 법령이 당사자의 신청이 있는 때에는 일정한 처분을 할 의무를 명문으로 규정하였거나 법령의 취지나 당해 처분의 성질로 보아 기속행위에 해당하는 경우를 말한다.

그러나 <判例>는 당사자가 신청에 따른 행정행위를 해줄 것을 요구할 수 있는 법규 또는 조리상의 권리가 있어야 한다고 하여 그 의미를 좁게 해석하고 있다.

4) 처분의 부존재

부작위란 행정청의 처분으로 볼 만한 외관 자체가 존재하지 아니하는 상태를 말한다.

4. 제외사항

(1) 대통령의 처분 또는 부작위

행정심판법은 "대통령의 처분 또는 부작위"에 대해서는 다른 법률에 특별한 규정이 있는 경우를 제외하고는 행정심판을 제기할 수 없다고 규정하고 있다.

이는 행정심판의 실익이 없다고 보아 대상에서 제외하여 직접 행정소송을 제기하도록 하였다.

(2) 행정심판 재결 등

행정심판의 재결이 있는 경우에도 "당해 재결 및 동일한 처분 또는 부작위"에 대해서는 다시 심판청구를 할 수 없다.

이것은 무용한 행정심판의 반복을 막기 위해서 규정한 것이다.

Ⅳ. 심판청구기간

1. 적용범위

심판청구는 소정의 청구기간 내에 제기하여야 한다.

그러나 청구기간의 문제는 취소심판과 거부처분에 대한 의무이행심판의 경우에만 해당하고, 무효등확인심판과 부작위에 대한 의무이행심판의 경우에는 심판청구기간의 제한을 받지 않는다.

2. 행정심판법상 심판청구기간

(1) 원칙적인 심판청구기간

심판청구는 원칙적으로 처분이 있음을 안 날로부터 90일 이내, 처분이 있은 날로부터 180일 이내에 제기하여야 한다(§18①,③). 이는 직권조사사항이다(대판 1988.5.24, 87누990).

이 중 처분이 있음을 안 날로부터 90일 이내는 불변기간(§18④)이며, 이 두 기간 중의 어느 하나라도 도과하면 심판청구를 제기하지 못한다.

여기에서 처분이 있음을 안 날이란 통지·고지 기타의 방법에 의하여 당해 처분이 있었다는 사실을 현실적으로 안 날을 의미하고(대판 1995.11.24, 95누11535), 처분이 있은 날이란 당해 처분이 대외적으로 표시되어 효력을 발생한 날을 말한다(대판 1977.11.22, 77누195).

(2) 예외적인 심판청구기간

1) 90일에 대한 예외(불가항력에 의한 경우)

청구인이 천재·지변·전쟁·사변 그 밖에 불가항력으로 인하여 처분이 있음을 안 날로부터 90일 이내에 심판청구를 할 수 없었을 때에는 그 사유가 소멸한 날로부터 14일 이내에 심판청구를 제기할 수 있다(§18②). 다만 국외에서는 30일 이내에 심판청구를 할 수 있다.

이 경우들의 기간은 불변기간이다(§18④).

2) 180일에 대한 예외(정당한 사유가 있는 경우)

처분이 있은 날로부터 180일이 경과하더라도 그 기간 내에 심판청구를 제기하지 못한 정당한 사유가 있는 경우에는 심판청구를 할 수 있다(§18③단서).

여기서 "정당한 사유"란 천재·지변·전쟁·사변 기타 청구인의 개인적 불가피한 사유를 포함하는 것으로 이는 앞서의 불가항력보다 넓은 개념으로 본다.

3. 복효적 행정행위의 심판청구기간

복효적 행정행위에 있어서 직접 상대방이 아닌 제3자가 행정심판을 제기하는 경우에도 심판청구기간은 원칙적으로 처분이 있음을 안 날로부터 90일 이내, 처분이 있은 날로부터 180일 이내라 할 것이다.

그러나 대법원 <判例>는 행정처분의 직접 상대방이 아닌 제3자는 특별한 사정이 없는 한 처분이 있음을 곧 알 수 없는 처지이므로 그 심판청구기간 내에 심판 청구가 가능하였다는 특별한 사정이 없는 한 제척기간의 적용을 배제할 정당한 사유가 있는 경우에 해당한다고 판시한 바 있다(대판 1991.5.28, 90누1359).

4. 고지제도와 심판청구기간

(1) 오고지의 경우

행정청이 심판청구기간을 소정의 기간보다 긴 기간으로 잘못 알린 경우에 그 잘못 알린 기간 내에 심판청구를 제기하면 된다(§18⑤).

(2) 불고지의 경우

행정청이 심판청구를 고지하지 아니한 때에는 상대방이 처분이 있음을 알았을 지라도 당해 처분이 있은 날로부터 180일 이내에 심판청구를 할 수 있다(§18⑥).

5. 특별법상의 심판청구기간

국세기본법(§55⑤-⑦, §61, §66⑤), 관세법(§119) 등 많은 특례규정이 존재한다.

V. 심판청구의 제기

1. 심판청구방식

(1) 서면제출

행정심판의 청구는 일정한 사항을 기재한 서면으로 하여야 한다. 이는 심판청구의 내용을 명확히 하고 일정한 방식으로 통일함으로써 구술제기로 인하여 생길 심판의 지체와 번잡을 피하기 위해서이다.

(2) 기재사항

처분에 대한 심판청구의 경우에는 ①청구인의 이름 및 주소, ②피청구인인 행정청과 재결청, ③심판청구의 대상이 되는 처분의 내용, ④처분이 있은 것을 안 날, ⑤심판청구의 취지 및 이유, ⑥처분을 한 행정청의 고지의 유무 및 내용을 기재하여야 한다(§19②).

한편 부작위의 경우에는 앞서의 ①, ②, ⑤ 이외에 당해 부작위의 전제가 되는 신청의 내용과 날짜를 기재하여야 한다(§19③).

2. 심판청구의 제출절차

(1) 제출기관

심판청구서는 재결청 또는 피청구인인 행정청에 제출하여야 한다(§17①). 종래에는 심판청구는 반드시 피청구인인 행정청을 거쳐서 제기하는 처분청경유주의를 채택하였으나 처분청으로부터 심판청구의 취소의 압력을 받을 우려를 방지하기 위하여 삭제하였다.

(2) 처분청의 처리

1) 청구내용의 인용

심판청구서를 받은 행정청은 심판청구가 이유 있다고 인정될 때에는 심판청구의 취지에 따라 처분이나 확인을 하고 지체 없이 이를 재결청과 청구인에게 통지하여야 한다(§17③).

2) 재결청에의 송부

피청구인인 행정청이 심판청구서를 접수한 경우 심판청구서를 받은 날로부터 10일 이내에 답변서를 첨부하여 재결청에 송부하여야 한다(§17④, §24①).

3) 청구인에의 통지

피청구인인 행정청은 심판청구서를 재결청에 송부한 때에는 지체 없이 그 사실을 청구인에게 통지하여야 한다(§17⑥).

(3) 재결청의 처리

재결청은 심판청구서를 받은 때에는 지체 없이 그 부본을 피청구인에게 송부하고, 피청구인은 그 부본을 받은 날로부터 10일 이내에 답변서를 재결청에 제출하여야 한다(§24①).

[49] 행정심판의 대상

Ⅰ. 서 설

1. 의 의

행정심판의 대상이란 행정심판사항으로서 심판청구의 대상으로 삼을 수 있는 사항을 말한다.

2. 개괄주의

행정심판사항의 규정방법으로는 행정심판사항을 제한하는 열거주의와 제한하지 않는 개괄주의로 나눌 수 있는데, 현행 행정심판법은 "행정청의 처분 또는 부작위에 대하여 다른 법률에 특별한 규정이 있는 경우를 제외하고 이 법에 의하여 행정심판을 제기할 수 있다." 하여 개괄주의를 채택하였다.

Ⅱ. 행정청

1. 의 의

행정심판의 대상은 행정청의 처분 또는 부작위이다. 따라서 먼저 행정청에 대해 살펴볼 필요가 있다.

2. 행정청

행정청은 처분 또는 부작위를 할 수 있는 권한을 가진 행정기관으로서 학문상 행정관청이 이에 해당한다. 또한 행정청에는 법령에 의하여 행정권한의 위임 또는 위탁을 받은 행정기관, 공공단체 및 그 기관 또는 사인이 포함된다.

3. 권한승계

처분이나 부작위가 있은 뒤에 관계 권한이 다른 행정처에 승계된 때에는 그 권한을 승계한 행정청이 처분청 또는 부작위청이 된다.

Ⅲ. 행정심판의 대상

1. 처 분

(1) 의 의

처분이라 함은 "행정청이 행하는 구체적 사실에 관한 법집행으로서의 공권력행사 또는 그 거부와 그 밖에 이에 준하는 행정작용"을 말한다.

여기에서의 처분의 개념을 실체법상의 처분개념보다 넓은 쟁송법상의 처분개념으로 이해하는 이원설이 지배적 견해이다.

(2) 처분개념의 분설

1) 공권력의 행사

공권력의 행사는 행정행위가 그 중심이 되나, 그보다는 넓게 권력적 사실행위 등 개인의 권리·의무에 대하여 구체적이고 직접적인 영향을 미치는 행위를 들 수 있다.

2) 거부처분

거부처분은 소극적 행정행위의 하나로서 부작위와는 달리 외관상 행정청의 일정한 행정행위가 있는 것을 말한다.

3) 이에 준하는 행정작용

그 밖에 이에 준하는 행정작용이란 앞에서 말한 공권력행사나 거부처분은 아니더라도 행정청의 대외적 작용으로서 개인의 권익에 구체적 영향을 미치는 작용을 가리키는 것으로 볼 수 있다.

이는 행정심판사항으로서의 처분에 관한 일종의 포괄적 개념이라고 하겠다.

2. 부작위

(1) 의 의

부작위란 "행정청이 당사자의 신청에 대하여 상당한 기간 내에 일정한 처분을 하여야 할 법률상 의무가 있음에도 불구하고 이를 하지 아니하는 것"을 말한다.

그런데 법령 중에는 당해 법령에 의거한 개인의 신청이 있은 후 일정한 기간을 경과함으로써 그 기간의 만료일에 신청을 거부처분이 있는 것으로 보는 경우도 있다.

(2) 성립요건

1) 신청의 존재

행정청의 부작위가 성립하기 위해서는 먼저 당사자의 적법한 신청이 있어야 한다. 그러나 단순히 행정청의 직권을 발동을 촉구하는 신청은 이에 해당하지 않는다.

2) 상당한 기간의 경과

"상당한 기간"이란 사회통념상 그 신청을 처리하는 데 소요될 것으로 판단되는 기간이다.

3) 처분을 하여야 할 법률상 의무의 존재

이는 법령이 당사자의 신청이 있는 때에는 일정한 처분을 할 의무를 명문으로 규정하였거나 법령의 취지나 당해 처분의 성질로 보아 기속행위에 해당하는 경우를 말한다.

그러나 <判例>는 당사자가 신청에 따른 행정행위를 해줄 것을 요구할 수 있는 법규 또는 조리상의 권리가 있어야 한다고 하여 그 의미를 좁게 해석하고 있다.

4) 처분의 부존재

부작위란 행정청의 처분으로 볼 만한 외관 자체가 존재하지 아니하는 상태를 말한다.

IV. 제외사항

1. 대통령의 처분 또는 부작위

행정심판법은 "대통령의 처분 또는 부작위"에 대해서는 다른 법률에 특별한 규정이 있는 경우를 제외하고는 행정심판을 제기할 수 없다고 규정하고 있다.

이는 행정심판의 실익이 없다고 보아 대상에서 제외하여 직접 행정소송을 제기하도록 하였다.

2. 행정심판 재결 등

행정심판의 재결이 있는 경우에도 "당해 재결 및 동일한 처분 또는 부작위"에 대해서는 다시 심판청구를 할 수 없다.

이것은 무용한 행정심판의 반복을 막기 위해서 규정한 것이다.

[50] 행정심판청구기간

태779p, 노8약

Ⅰ. 서 론

심판청구기간에 관한 문제는 취소심판청구와 거부처분에 대한 의무이행심판청구에만 해당된다. 무효등확인심판과 부작위에 대한 의무이행심판은 그 성질에 비추어 청구기간의 제한이 배제되기 때문이다(§18⑦).

Ⅱ. 청구기간

1. 원칙적인 심판청구기간

심판청구는 원칙적으로 처분이 있음을 안 날로부터 90일 이내, 처분이 있은 날로부터 180일 이내에 제기하여야 한다(§18①, ③). 90일은 불변기간으로서(§18④) 직권조사사항이다(判).

'처분이 있음을 안 날'이란 당사자가 통지·공고 기타의 방법에 의하여 당해 처분이 있었다는 사실을 현실적으로 안 날을 의미한다(判). 또한 '처분이 있은 날'이란 처분이 처분으로서 효력을 발생한 날을 말한다(判).

처분이 있음을 안 날	격지자	서면으로 통지하는 경우 그 서면이 상대방에게 도달한 날
	공시송달	서면이 상대방에게 도달한 것으로 간주되는 날
	사실행위	그 행위가 있고 당사자가 그 침해를 인식하게 된 날
처분이 있은 날		처분이 고지에 의하여 외부에 표시되고 그 효력이 발생한 날로서 처분은 원칙적으로 상대방에게 도달함으로써 효력이 발생한다(행정절차법 §15①).

2. 예외적인 심판청구기간

(1) 불가항력에 의한 경우

청구인이 천재·지변·전쟁·사변 그 밖에 불가항력으로 인하여 90일의 기간 내에 심판청구를 할 수 없었을 때에는, 그 사유가 소멸한 날로부터 14일 이내에 (국회에서는 30일 이내) 심판청구를 할 수 있다(§18②).

이 기간은 불변기간이다(§18④).

(2) 정당한 사유가 있는 경우

정당한 사유가 있으면 처분이 있은 날로부터 180일을 경과한 뒤에도 심판청구를 제기할 수 있다(§18③단서).

이때의 '정당한 사유'는 객관적 사유를 말하며, 이는 앞서의 불가항력보다 넓은 개념이다.

3. 복효적 행정행위의 심판청구기간

(1) 원 칙

처분의 직접 상대방이 아닌 제3자가 행정심판을 제기한 경우에도 원칙적으로 처분이 있음을 안 날로부터 90일 이내, 처분이 있은 날로부터 180일 이내로 한다.

(2) 문제점

그러나 현행법은 처분을 제3자에게 통지하도록 규정하고 있지 않기 때문에 통상적인 경우에는 제3자가 처분이 있었음을 알 수 없다.

<判例>는 '제3자가 이 기간 내에 심판청구를 제기하지 못하더라도 그 기간 내

에 심판청구가 가능하였다는 특별한 사정이 없는 한 동법 §18③ 단서에서 규정하고 있는 기간을 지키지 못한 정당한 사유가 있는 때에 해당되어, 제3자는 처분이 있은 날로부터 180일을 경과한 뒤에도 심판청구를 제기할 수 있다'는 입장을 취하고 있다.

4. 심판청구기간의 오고지·불고지 등의 경우

행정청이 심판청구기간을 처분이 있음을 안 날로부터 90일보다 긴 기간으로 잘못 알린 경우에는, 그 잘못 알린 기간 내에 심판청구가 있으면 그 심판청구는 90일 내에 제기된 것으로 본다(§18⑤).

행정청이 심판청구기간을 알리지 않은 경우에는 처분이 있은 날로부터 180일 이내에 심판청구를 할 수 있다(§18⑥).

5. 특별법상의 심판청구기간

국세기본법, 관세법 등 많은 개별법에서 심판청구기간에 관하여 특례를 규정하고 있다. 이러한 특례규정은 행정심판법에 우선한다.

<국세기본법 제55조> (불복) ⑥제5항 제3호의 심사청구는 그 처분이 있은 것을 안 날(처분의 통지를 받은 때에는 그 받은 날)부터 90일 이내에 제기하여야 한다.<개정 1998.12.28>

⑦제5항 제3호의 심사청구를 거친 처분에 대한 행정소송은 행정소송법 제18조 제2항·제3항 및 동법 제20조의 규정에 불구하고 그 심사청구에 대한 결정의 통지를 받은 날부터 90일 이내에 처분청을 당사자로 하여 제기하여야 한다.<개정 1984.12.15, 1996.12.30, 1998.12.28>

⑧제6항과 제7항의 기간은 불변기간으로 한다.<개정 1978.12.5, 1996.12.30>

---

[51] 심판청구의 방식·제출절차·변경 및 취하

태802p

Ⅰ. 심판청구의 방식

1. 서면주의

행정심판청구는 일정한 사항을 기재한 서면(심판청구서)으로 한다. 심판청구를 서면으로 하게 한 것은 청구의 내용을 명확하게 하고 구술로 하는 경우에 생길 수 있는 지체와 복잡함을 피하는 데 있다.

2. 기재사항

처분에 대한 심판청구의 경우에는 ①청구인의 이름 및 주소, ②피청구인의 행정청과 재결청, ③심판청구의 대상이 되는 처분의 내용, ④처분이 있는 것을 안 날, ⑤심판청구의 취지 및 이유, ⑥처분을 한 행정청의 고지 유무 및 그 내용을 기재하여야 한다(§19②).

따라서 부작위에 대한 심판청구의 경우에는 앞서의 ①, ②, ⑤ 이외에 당해 부작위의 전제가 되는 신청의 내용과 날짜를 기재하여야 한다(§19③).

또한 청구인이 법인 등이거나 심판청구가 선정대표자 또는 대표인에 의해 제기되는 경우에는, 그 밖에 그 대표자·관리인·선정대표자 또는 대리인의 이름과 주소를 기재하여야 한다(§19④).

3. 보 정

심판청구서의 기재사항 등에 결함이 있는 경우에는 행정심판위원회는 상당한 기간을 정하여 그 보정을 요구하거나 직권으로 보정할 수 있다(§23①).

Ⅱ. 심판청구의 제출절차

1. 제출기관

심판청구서는 재결청 또는 피청구인인 행정청에 제출하여야 한다(§17①). 종래에는 처분청은 경유주의를 채택하였으나 청구인의 편의를 도모하고 처분청으로부터 심판청구의 취소의 압력을 받을 우려를 방지하기 위하여 개정하였다.

2. 처분청(경유청)의 처리

(1) 청구내용의 인용

심판청구가 이유 있다고 인정할 때에는 심판청구의 취지에 따르는 처분이나 확인을 하고 지체 없이 이를 재결청과 청구인에게 통지하여야 한다(§17③).

이러한 행정청의 시정조치 자체는 재결이 아니므로, 청구인이 당해 심판청구를 취소하지 않는 한 청구인의 심판청구는 심판청구로서 존속한다고 본다.

(2) 재결청에의 송부

피청구인인 행정청이 심판청구서를 접수한 때에는 그 접수일로부터 10일 이내에 답변서를 첨부하여 재결청에 송부하여야 한다(§17④, §24①).

답변서에는 처분 또는 부작위의 근거와 이유를 명시하고 심판청구의 취지와 이유에 대응하는 답변을 기재하여야 하며, 다른 당사자의 수에 따른 답변서 부본을 첨부하여야 한다(§24② · ③).

한편, 피청구인인 행정청이 심판청구서를 재결청에 송부한 때에는 지체 없이 그 사실을 청구인에게 통지하여야 한다(§17⑥).

3. 재결청의 처리

피청구인인 행정청을 거치지 않고 직접 심판청구서를 제출받은 재결청은 지체 없이 그 부본을 피청구인에게 송부하고, 피청구인은 그 부본을 받은 날로부터 10일 이내에 답변서를 재결청에 제출하여야 한다(§24①).

Ⅲ. 심판청구의 변경

1. 의 의

심판청구의 변경이란 심판청구의 계속 중에 청구인이 당초에 청구한 심판사항을 변경하는 것을 말한다. 이는 당사자 간의 분쟁해결의 편의를 도모하기 위한 것이다.

2. 청구변경의 형태

(1) 추가적 변경

종전의 청구를 유지하면서 거기에 별개의 청구를 추가 · 병합하는 것을 말한다.

(2) 교환적 변경

종전의 청구 대신에 신규 청구에 관한 심판을 구하는 것으로 이는 추가적 변경과 종전의 청구취소와의 결합 형태이다.

3. 요 건

① 신·구 청구 사이에 청구의 기초에 변경이 없는 범위 내(§20①)이거나, 처분이 변경된 때에는 변경된 처분에 맞추어 심판청구를 변경(§20②)할 것
② 심판청구가 계속 중일 것
③ 행정심판위원회의 의결 전일 것
④ 신청구의 심리를 위하여 심판청구를 현저하게 지연시키지 않을 것

4. 절 차

① 청구의 변경은 서면으로 신청하여야 하며, 그 부본을 상대방인 당사자에게 송달하여야 한다(§20③,④).
② 행정심판위원회는 청구의 변경이 이유 없다고 인정할 때에는 상대방인 당사자의 신청이나 직권에 의하여 그 청구의 변경을 불허할 수 있다(§20③).

Ⅳ. 심판청구의 취하

한편 심판청구의 취하는 청구인과 참가인은 심판청구에 대한 재결이 있을 때까지, 서면으로 각각 심판청구 또는 참가신청을 취하할 수 있다고 한다(§20③).

[52] 행정심판청구의 효과(집행정지제도)

태804p,

1. 의 의

행정심판의 제기에 따르는 효과는 크게 재결청 및 행정심판위원회에 대한 것과 당해 심판청구의 대상인 처분에 대한 것으로 나눌 수 있다.

Ⅱ. 행정심판기관에 대한 효과

1. 재결청

심판청구가 제기되면 재결청은 이를 소속 행정심판위원회에 회부하여 심리·의결하도록 하고, 그 의결에 따라 재결할 의무가 있다.

또한 제3자가 심판청구를 한 때에는 재결청은 처분의 상대방에게 이를 통지하여야 한다(§22②).

2. 행정심판위원회

행정심판위원회는 심판청구사건에 대하여 심리·의결할 의무가 있다. 마지막으로 그 의결내용을 재결청에 통고하여야 한다.

Ⅲ. 처분에 대한 효과

1. 집행부정지원칙

행정심판법은 행정소송법과 마찬가지로 "행정심판의 청구가 문제 된 처분의 효력이나 그 집행 또는 절차의 속행에 영향을 주지 않는다."고 규정하고 있다(§21①). 이를 집행부정지의 원칙이라고 한다.

적법성보장설은 공정력을 그 근거로 한다고 하나, 유효성추정설에 의하면 근거가 되지 못한다고 할 것이다.

2. 집행정지

아래에서 자세히 상술하기로 한다.

Ⅳ. 집행정지제도

1. 의 의

집행정지란 예외적으로 그 처분의 집행 등으로 인하여 회복하기 어려운 손해가 생길 경우에, 당사자의 권리·이익을 보전하기 위하여 재결청이 처분의 효력이나 그 집행 또는 절차의 속행의 전부 또는 일부를 잠정적으로 정지하는 제도를 말한다.

2. 요 건

재결청은 당해 처분이나 그 집행 또는 절차의 속행으로 인하여 당사자에게 생길 수 있는 회복하기 어려운 손해를 예방하기 위하여 긴급한 필요가 있다고 인정할 때에는 당사자의 신청 또는 직권에 의하여 처분의 효력이나 그 집행 또는 절차의 속행의 전부 또는 일부의 정지를 결정할 수 있다(§21조②,③).

(1) 적극적 요건

1) 집행정지대상인 처분의 존재

2) 심판청구의 계속

3) 회복하기 어려운 손해발생의 가능성

4) 긴급한 필요의 존재

(2) 소극적 요건

1) 공공복리에 중대한 영향을 미칠 우려가 없을 것

처분의 집행정지는 공공복리에 중대한 영향을 미칠 우려가 있는 경우에는 허용되지 않는다(§21③).

공공복리에 대한 영향이 중대한 것인지의 여부는 추상적으로 판단할 것이 아니라, 공공복리와 청구인의 손해를 비교·형량하여 개별적·구체적으로 판단하여야 한다.

3. 내 용

집행정지결정의 내용은 처분의 효력이나 그 집행 또는 절차의 속행의 전부 또는 일부의 정지이다.

처분의 효력정지	처분 자체가 존재하지 않는 것과 같은 상태
처분의 집행정지	처분실현작용의 정지(처분미실현 상태)
절차속행의 정지	처분의 후속절차 정지(절차진행의 중단)

(1) 처분의 효력정지

처분의 효력정지란 처분의 효력(구속력·공정력·집행력 등)을 잠시 정지시킴으로써, 이후부터 처분 자체가 존재하지 않은 상태에 두는 것을 말한다.

다만, '처분의 효력정지'는 처분의 집행 또는 절차의 속행을 정지함으로써 집행정지의 목적을 달성할 수 있는 경우에는 허용되지 않는다(§21②단서).

(2) 처분의 집행정지

처분의 집행정지란 처분의 집행력을 정지시킴으로써 처분의 내용이 실현되지 않는 상태로 두는 것을 말한다.

(3) 절차의 집행정지

절차의 집행정지란 당해 처분이 유효함을 전제로 하여 법률관계가 이어질 경우에 그 전제가 되는 처분의 효력을 박탈하여 후속되는 법률관계의 진행을 정지시키는 것을 말한다.

한편 학설에 의하면 처분의 내용을 분리할 수 있는 경우에는 일부에 대한 집행정지도 가능하고, 행정행위의 부관도 집행정지의 요건이 충족된 경우에는 처분 자체와 분리하여 부관만이 집행정지의 대상이 될 수 있다고 한다.

4. 절 차

(1) 집행정지의 결정

① 집행정지결정은 당사자의 신청이나 직권에 의하여 하게 된다(§21②).
② 집행정지의 결정은 재결청이 하는 것이지만, 이 결정은 행정심판위원회의 심리·의결을 거쳐서 한다(§21⑤).

③ 그러나 행정심판위원회의 심리·의결을 거칠 경우 회복하기 어려운 손해가 발생할 우려가 있을 때에는 위원회의 위원장이 직권으로 심리·의결에 대신하는 결정을 할 수 있다. 이 경우 위원장은 위원회에 그것을 보고하고 추인을 받아야 하며, 위원회의 추인을 받지 못할 때에는 재결청은 집행정지에 관한 결정을 취소하여야 한다(§21⑥).

④ 재결청은 행정심판위원회로부터 집행정지 또는 집행정지의 취소에 관한 심리·의결의 결과를 통지받은 때에는 지체 없이 집행정지결정을 하고 그 결정서를 당사자에게 송달하여야 한다(§21⑧).

(2) 집행정지결정의 취소

① 집행정지결정을 한 후에 집행정지가 공공복리에 중대한 영향을 미치거나 그 정지사유가 없어진 때에는 재결청은 당사자의 신청 또는 직권에 의하여 집행정지결정을 취소할 수 있다(§21④).

② 그리고 이 경우에도 집행정지결정과 마찬가지로 재결청이 집행정지의 취소를 결정함에는 미리 행정심판위원회의 심의·의결을 거쳐야 하고, 아울러 그 결과를 당사자에게 통지하여야 한다(§21⑧).

③ 또한 행정심판위원회의 위원장은 일정한 경우에는 직권으로 위원회의 심리·의결을 대신해서 집행정지의 취소를 결정할 수 있고, 그 사실을 위원회에 보고하여 추인을 받아야 하며, 추인을 받지 못할 때에는 재결청은 집행정지의 취소에 관한 결정을 취소하여야 한다(§21⑥)는 것은 앞서 설명한 바와 같다.

(3) 복효적 행정행위에서 취소신청자의 문제

복효정 행정행위에 있어서, 수익적 처분의 상대방(제3자)이 집행정지결정의 취소신청을 할 수 있는가 하는 것이 문제시되나 일반적인 견해는 인정된다고 한다.

5. 효 력

행정심판법에는 이에 관한 구체적 규정은 없으나 이를 일반적으로 살펴보면 다음과 같다.

(1) 형성력

처분의 효력정지는 처분의 여러 구속력을 우선 정지시킴으로써 당해 처분이 없던 것과 같은 상태를 실현시키는 것이다. 그러므로 그 범위 내에서 형성력을 가지는 것으로 볼 수 있다.

(2) 대인적 효력

집행정지결정의 효력은 당사자뿐만 아니라 관계행정청과 제3자에게도 효력을 미친다고 보아야 한다.

(3) 시간적 효력

집행정지결정의 효력은 당해 결정의 주문에 정해진 시기까지 존속한다. 그러나 주문에 특별한 정함이 없는 경우에는, 당해 심판청구에 대한 재결이 확정될 때까지 존속하는 것으로 본다.

<집행정지 사례> 사건 집행정지 05－0834 자동차운전면허취소처분 집행정지
신청인: 손 0 0
피신청인: 경기도지방경찰청장(처분청)

신청인이 2005. 8. 1. 제기한 집행정지신청에 대하여 2005년도 제33회 국무총리행정심판위원회(행정심판위원회)는 주문과 같이 결정한다.

주 문
피신청인이 2005. 6. 21. 신청인에 대하여 한 2005. 7. 10.자 제1종 보통운전면허취소처분은 동 처분에 대한 심판청구사건의 재결이 있을 때까지 그 효력을 정지한다.

[행정심판법] 제21조 제2항 및 제3항의 규정에 의하면, 행정처분 등으로 인하여 생길 회복하기 어려운 손해를 예방하기 위하여 긴급한 필요가 있고 공공복리에 중대한 영향을 미칠 우려가 없는 경우 행정처분 등의 효력이나 집행을 정지할 수 있도록 되어 있는바, 신청인이 제출한 소명자료에 의하면, 이 건 처분으로 인하여 신청인에게 생길 회복하기 어려운 손해를 예방하기 위하여 긴급한 필요가 인정되고, 또한 이 건 처분의 효력을 정지함이 달리 공공복리에 중대한 영향을 미칠 우려가 있다고도 보이지 아니하므로, 신청인의 주장은 이유 있다.

2005. 9. 21   경찰청장(재결청)

[53] 행정심판의 심리

태807p,

I. 서 설

행정심판의 심리는 행정심판위원회의 권한에 속한다(§22①). 행정심판의 심리는 재결의 기초가 될 사실관계 및 법률관계를 명백히 하기 위하여 당사자 및 관계인의 주장과 반박을 듣고 증거 기타의 자료를 수집·조사하는 과정을 말한다.

행정심판법은 심리절차의 객관적인 공정성을 확보하기 위하여 양당사자로 대치시킨 다음, 이들이 각각 공격·방어의 방법으로 의견진술과 증거 등을 제출하게 하고, 행정심판위원회가 제3자적 입장에서 심리를 진행함으로써 '심리절차의 사법화(헌법 §107③)'를 도모하고 있다.

II. 심리의 내용과 범위

1. 심리의 내용

(1) 요건심리

이는 행정심판을 제기하는 데 필요한 처분·부작위의 유무, 청구인적격, 심판청구기간준수 등의 요건을 충족하고 있는가에 관한 심리를 말한다. 요건심리의 결과, 요건을 갖추지 않으면 부적법한 것으로 인정되어 이를 각하한다.

그러나 보정이 가능한 것이면 보정을 명하거나 보정한 사항이 경미할 경우에는 직권으로 보정할 수 있다(§23①).

(2) 본안심리

본안심리는 요건심리의 결과 심판청구를 적법한 것으로 수리한 것을 전제로, 당해 심판청구의 취지를 인용할 것인지 아니면 기각할 것인지를 판단하기 위한 심리이다.

2. 심리의 범위

(1) 불고불리(不告不理) 및 불이익변경금지의 적용 여부

1) 긍정설
국민의 권리구제기능에 중점을 두는 입장에서는 이들이 적용된다고 한다.

2) 부정설
행정심판의 기능을 행정의 적법·타당성을 확보하는 행정통제적 기능에 중점을 두는 입장에서는 이들 원칙이 적용되지 않는다고 한다.

3) 검 토
행정심판법은 행정심판의 행정구제적 기능을 살리기 위하여 행정심판의 재결에 이 원칙들의 적용을 인정하였다(§36).

따라서 재결청은 심판청구의 대상인 처분 또는 부작위 외의 사항에 대해서는 재결을 하지 못하며(§36①), 심판청구의 대상인 처분보다 청구인에게 불이익한 재결을 하지 못한다(§36②).

(2) 법률문제와 사실문제

행정심판의 심리는 처분이나 부작위에 관한 적법·위법의 판단이 법률문제뿐만 아니라, 재량행위에 있어서의 당·부당의 문제를 포함한 사실문제에 대해서도 심리할 수 있다(§1, 4).

따라서 행정심판은 당·부당의 문제까지 심리할 수 있다는 점에서 행정소송보다 국민의 권리구제에 더 효율적이라 하겠다.

Ⅲ. 심리의 절차

1. 심리절차의 기본원칙

(1) 대심주의

대심주의는 서로 대립되는 당사자 쌍방에게 대등한 공격·방어방법을 제출할 수 있는 기회를 보장하는 제도를 말한다.

행정심판법은 양당사자의 대립에 대해 행정심판위원회가 제3자적 입장에서 심리를 진행하도록 하는 대심주의를 취해, 헌법 §107③에 따른 '심리절차의 사법화'를 도모하고 있다.

(2) 직권심리주의

직권심리주의는 심리의 진행을 심리기관의 직권으로 함과 동시에, 심리에 필요한 자료를 당사자가 제출한 것에만 의존하지 않고 직권으로 수집·조사하는 제도를 말한다.

행정심판법은 당사자주의를 원칙으로 하면서도, 심판청구의 심리를 위하여 필요하다고 인정되는 경우에는 심리기관인 행정심판위원회로 하여금 당사자가 주장하지 않은 사실에 대해서도 심리하고(§26①), 증거조사를 할 수 있도록 하고 있다.

그러나 행정심판법은 동시에 불고불리의 원칙도 채택하고 있으므로, 직권심리라 하더라도 심판청구의 대상이 되는 처분 또는 부작위 이외의 사항에 대해서는 미칠 수 없다 할 것이다(§36①).

(3) 서면심리주의와 구술심리주의

1) 법률규정

행정심판법은 "행정심판의 심리는 구술심리와 서면심리로 한다. 다만, 당사자가 구술심리를 신청한 때에는 서면심리만으로 결정할 수 있다고 인정되는 경우 외에는 구술심리를 하여야 한다."고 규정하고 있다(§26②).

2) 학 설

ㄱ) 서면심리우선설

위 규정은 행정심판의 성질에 비추어 볼 때 서면심리를 원칙으로 하되, 구체적 사안별로 구술심리를 하여야 한다는 것을 의미한다고 한다.

ㄴ) 구술심리우선설

구법에서는 당사자의 신청이 있을 때 행정심판위원회가 "구술심리를 할 수 있다."고 규정한 반면에, 현행 행정심판법은 당사자의 신청이 있는 경우에는 특별한 사정이 없는 한 "구술심리를 하여야 한다."고 규정하고 있으므로 구술심리가 우선한다고 한다.

3) 검 토

생각건대 현행 행정심판법은 서면심리의 단점을 보완하기 위하여 심판절차에 구술심리를 적극적으로 활용하기 위한 것으로 구술심리를 확대한 것으로 보이므로 양 주의가 대등한 것으로 평가할 수 있을 것이다(장태주).

(4) 비공개주의와 공개주의

이에 관한 명문규정이 없다. 구법당시에는 서면심리주의·직권심리주의 등을 채택한 구조로 보아 비공개주의를 택했다고 볼 수 있었으나, 현행 행정심판법은 구술심리주의가 강하게 대두되어, 비공개주의를 일관되게 취하고 있는지는 불분명하다.

다만, 위원회에서 위원이 발언한 내용 기타 공개할 경우 위원회의 심리·의결의 공정성을 해할 우려가 있는 사항으로서 대통령령이 정하는 사항은 공개하지 아니할 수 있다고 한다(§26의 2).

(5) 국무총리행정심판위원회에 대한 재결청의 의견서제출 및 의견진술

국무총리행정심판위원회에서 심리·의결하는 심판청구의 경우에는 재결청은 의견서를 제출하거나 의견을 진술할 수 있다(§28⑤).

재결청과 행정심판위원회가 동일한 기관에 속하는 일반행정심판위원회와는 달리, 국무총리행정심판위원회는 재결청과는 독립된 제3의 기관이므로 그 의결이 실제 행정을 적정하게 파악하지 못하는 문제가 있을 수 있으므로, 이를 방지하기 위하여 국무총리행정심판위원회의 심리·의결 단계에서 재결청의 의견을 충분히 반영시킴으로써 신중·공정한 의결을 담보하고 위원회의 의결에 대한 재결청의 불신이나 불만을 예방할 필요가 있어 1997년 행정심판법 개정 시에 도입되었다.

(6) 국무총리행정심판위원회의 위법 또는 불합리한 법령 등의 시정조치 요청

국무총리행정심판위원회는 심판청구를 심리·의결함에 있어 처분 또는 부작위의 근거가 되는 명령 등(대통령령, 총리령, 부령, 훈령, 예규, 고시, 조례, 규칙 등)이 법령에 근거가 없거나 상위법령에 위배되거나 국민에게 과도한 부담을 주는 등 현저하게 불합리하다고 인정되는 경우에는 관계행정기관에 대하여 명령 등의 개정·폐지 등의 적절한 시정조치를 요청할 수 있으며, 이 경우 관계행정기관은 정당한 사유가 없는 한 이에 따라야 한다(§42의2).

①행정심판은 기본적으로 행정의 자율적 통제절차이므로 심판청구의 심리과정에서 위법·불합리한 훈령·예규 등이 발견된 경우에는 그에 대한 시정조치를 취해야 하며, ②행정심판위원회는 명령·규칙에 대한 위법심사권이 없어 적법하다

는 전제하에 심리가 진행되지만 당해 명령 등이 위법하다는 판단에 이른 경우에는 사후적이라도 그에 대한 시정조치를 강구할 필요성이 있으므로 1997년 행정심판법 개정 시에 신설되었다.

2. 당사자의 절차적 권리

(1) 위원·직원에 대한 기피신청권

당사자는 행정심판위원회의 위원 또는 직원에게 심리·의결의 공정을 기대하기 어려운 사정이 있는 때에는 재결청에 대하여 그 위원 등에 대한 기피신청을 할 수 있다(§7②).

당사자의 기피신청이 있을 때에는 재결청은 행정심판위원회의 의결을 거치지 않고 스스로 기피 여부를 결정한다.

(2) 구술심리신청권

당사자는 행정심판위원회에 구술심리를 신청할 수 있는 권리를 가진다(§26②단서). 당사자가 구술심리를 신청한 때에는 서면심리만으로 결정할 수 있다고 인정되는 경우 이외에는 위원회는 구술심리를 하여야 한다(§26②).

한편, 구술심리 신청 사유는 분명하지 않으나, 서면에 의한 것으로는 충분한 의견의 진술이 어렵거나 쟁점정리가 불충분하다고 인정되어 효과적인 공격·방어방법을 위하여 구술심리가 바람직하다고 인정되는 경우에는 구술심리를 신청할 수 있다.

(3) 보충서면제출권

당사자는 심판청구서나 답변서 또는 참가신청서를 제출한 후에, 이미 제출한 주장사실을 보충하거나 상대방의 주장을 반박하기 위하여 보충서면을 제출할 수 있는 권리를 가진다(§25①).

　행정심판위원회가 심리의 촉진을 위하여 제출기한을 정한 때에는 그 기한 내에 제출하여야 한다(§25②).

(4) 물적 증거 제출권

　당사자는 심판청구서·답변서 또는 참가신청서 등에 그의 주장을 뒷받침하기 위하여 필요한 증거서류나 증거를 제출할 수 있는 권리를 가진다(§27①).

　물적 증거의 제출기한에 관해서는 아무런 규정이 없으나, 보충서면 제출기한의 경우에 준하여 판단한다. 증거서류에는 다른 당사자의 수에 따르는 부본을 첨부하여야 한다(§27②).

(5) 증거조사신청권

　당사자는 당해 심판청구사건의 심리에 있어서 자기의 주장을 뒷받침하기 위하여 필요하다고 인정할 때에는 위원회에 본인·참고인신문, 검증·감정 또는 증거자료의 제출요구 등 증거조사를 신청할 수 있는 권리를 가진다(§28①).

　행정심판법은 심판절차의 준사법화를 규정한 헌법의 정신을 감안하여 당사자의 증거조사신청권을 인정함으로써 직권탐지주의의 자의성을 억제함과 동시에 사안의 적정한 해결을 도모하고 있다.

3. 주장과 증거조사

(1) 주　장

　'주장'은 당사자가 자기에게 유리한 사실 또는 법적 효과를 진술한 것으로서 실리의 바탕이 되는 가장 중요한 요소라고 할 수 있다.

　주장은 서면의 방식에 의하거나 구술심리를 하는 경우 구술에 의한 주장의 제출이 가능하다.

(2) 증거조사

사실인정의 객관성과 합리성을 보장하는 자료로 증거가 요구되므로, '증거조사'의 절차가 중요한 의미를 갖는다.

변론주의하에서 증거조사는 당사자의 신청에 의하는 것이 원칙이지만, 직권주의가 강하게 작용하는 행정심판에 있어서 행정심판위원회는 당사자가 주장하는 사실에 대한 증거가 불충분하여 심증을 얻지 못한 경우 직권으로 증거조사를 할 수 있다(§28).

4. 심리의 병합과 분리

(1) 병 합

행정심판위원회는 필요하다고 인정할 때에는 관련되는 심판청구를 병합하여 심리할 수 있다(§29 전단). 동일 또는 관련된 사안에 관한 수 개의 심판청구(관련청구)는 이를 병합 심리하는 것이 심판청구사건의 통일성과 신속한 해결에 도움을 주기 때문이다.

다만, 병합심리는 심리의 병합이기 때문에 재결은 병합된 각 심판청구별로 하여야 한다.

(2) 분 리

행정심판위원회는 필요하다고 인정할 때에는 병합된 관련청구를 분리하여 심리할 수 있다(§29 후단). 여기에서 '병합된 관련청구'란 행정심판위원회가 직권으로 병합하여 심리하기로 결정한 관련청구사건 이외에, 당사자에 의하여 병합 제기된 심판청구를 모두 포함하는 개념이다.

[54] 심판청구의 재결

태813p, 외20 행32

I. 서 설

1. 의 의

재결은 행정심판청구사건에 대하여 행정심판위원회가 심리·의결한 내용에 따라 재결청이 행하는 종국적 판단인 의사표시를 말한다.

재결도 하나의 처분이므로 재결 자체에 고유한 위법이 있는 경우에는 취소소송의 대상이 된다(§19 단서).

2. 성 질

재결은 행정법상 법률관계에 대한 분쟁에 대하여 재결청이 일정한 절차를 거쳐서 판단·확정하는 행위이므로 확인행위로서의 성질을 가진다. 또한 판단의 작용이라는 점에서 판결과 성질이 비슷하므로 준사법행위에 해당하고 볼 수 있다.

II. 재결의 종류

1. 각하재결

각하재결은 요건심리의 결과 심판청구의 제기요건을 결여한 부적법한 심판청구라 하여 본안에 대한 심리를 거절하는 재결이다(§32①).

2. 기각재결

이는 본안심리의 결과, 그 심판청구가 이유 없다고 인정하여 청구를 배척하고 원처분을 지지하는 재결을 말한다(§32②).

기각재결은 원처분을 시인하는 것일 뿐 그 효력을 확정하거나 강화하는 것은 아니므로, 기각재결이 있은 후에도 처분청은 직권으로 원래의 처분을 취소·변경할 수 있다.

3. 인용재결

인용재결은 본안심리의 결과 그 청구가 이유 있고, 원처분이나 부작위가 위법 또는 부당하다고 인정하여 청구의 취지를 받아들이는 내용의 재결이다.

(1) 취소·변경재결

1) 의 의

이는 취소심판의 청구가 이유 있다고 인정하여, 당해 처분을 취소 또는 변경하거나 피청구인인 처분청에 대하여 그 취소 또는 변경을 명하는 내용의 재결이다(§32③).

2) 종류와 성질

처분취소재결·처분변경재결은 형성적 재결이고, 처분취소명령재결·처분변경명령재결은 이행적 재결이라 할 수 있다. 성질상 형성재결이 원칙이다.

3) 내 용

처분을 취소하거나 취소를 명하는 재결은 당해 처분의 전부 취소를 내용으로 하는 경우와 일부 취소에 관한 것이다.

한편 변경재결은 '취소'와 함께 '변경'을 따로 인정함과 아울러 의무이행재결을 인정하고 있는 행정심판법의 취지로 볼 때 단순히 소극적인 일부 취소재결을 의미하는 것이 아니라 처분내용의 적극적 변경, 즉 원래의 처분을 대신하여 다른 처분으로서의 변경을 의미하는 것이다.

(2) 무효등확인재결

1) 의 의

무효등확인심판의 청구가 이유 있다고 인정하여, 당해 처분의 효력 유무 또는 존재 여부를 확인하는 재결이다(§32④).

2) 종류와 성질

처분무효확인재결 · 처분유효확인재결 · 처분존재확인재결 · 처분부존재확인재결 · 처분실효확인재결 등이 있다. 확인재결은 행정행위의 무효나 부존재 등을 확인하는 내용으로 형성적 효과는 발생하지 않는다.

(3) 의무이행재결

1) 의 의

의무이행심판청구가 이유 있다고 인정할 때에, 재결청이 신청에 따른 처분을 직접 하거나 행정청(부작위청)에 이를 하도록 명하는 재결을 말한다(§32⑤).

2)종류와 성질

이행재결에는 처분재결과 처분명령재결이 있다. 처분재결은 형성적 성질을 가진 이행재결이다. 성질상 이행재결이 원칙이다.

3) 내 용

통설은 '신청에 따른 처분'은 반드시 청구인의 신청내용대로의 처분이라고 해석하지 않는다. 왜냐하면 기속행위와 재량행위에 따라 처분청의 작위의무의 내용은 다르기 때문이다.

ㄱ) 기속행위인 경우

재결청은 재결로 청구인의 청구내용대로의 처분을 하거나 이를 할 것을 명하여야 한다.

ㄴ) 재량행위인 경우

행정청은 상대방의 신청에 대해 처분을 할 의무는 있으나, 그 종국적 처분의 내용에 대해서는 행정청에 재량권이 부여되어 있으므로 반드시 상대방의 신청대로 처분할 법적 의무는 없다.

따라서 행정청의 거부처분 또는 부작위에 대하여 재결청은 위법을 이유로 해서는 청구인의 청구내용대로 처분을 하거나, 처분청에 이를 할 것을 명할 수는 없다.

그러나 부당한 이유로 하는 경우에는 재결청은 청구내용대로의 처분을 스스로 하거나, 이를 할 것을 행정청에 명할 수 있을 것이다.

4. 사정재결

후술

Ⅲ. 재결의 범위

1. 불고불리 및 불이익변경금지의 원칙

재결청은 심판청구의 대상이 되는 처분 또는 부작위 이외의 사항에 대해서는 재결할 수 없으며(§36①), 심판청구의 대상이 되는 처분보다 청구인에게 불이익한 재결을 할 수 없다(§36②).

2. 재량문제에 대한 판단

행정심판은 행정소송과 달리 부당한 처분이나 부작위도 그 대상이 된다(§1, §4). 따라서 재량의 일탈·남용 등과 같은 재량권 행사의 위법 여부뿐만 아니라 재량한계 내에서의 재량권행사의 당부에 대해서도 판단할 수 있다.

Ⅳ. 재결의 절차와 형식

1. 행정심판위원회의 의결

행정심판위원회가 심판청구사건에 대한 심리를 마치면, 그 심판청구에 대하여 재결할 내용을 의결하고 그 의결내용을 재결청에 통고하여야 한다.

재결청은 이 통고를 받으면 행정심판위원회의 의결내용에 따라 지체 없이 재결 하여야 한다(§31).

2. 재결기간

재결은 재결청 또는 피청구인인 행정청이 심판청구서를 받은 날로부터 60일 이 내에 한다(§34①).

부득이한 사정이 있는 때에는 1차에 한하여 30일을 넘지 아니하는 범위 안에서 결정으로써 연장할 수 있다(§34②).

그러나 이러한 재결기간은 예시규정으로 보므로 기간이 경과한 후에 재결이 이 루어지더라도 효력을 갖는다.

3. 재결의 방식

(1) 서면주의

재결서에 서면으로 ①주문, ②청구의 취지, ③이유 등을 기재하고 재결청이 기명날인하여야 한다.

(2) 재결의 이유

재결서에 기재하는 이유에는 주문내용이 정당함을 인정할 수 있는 정도로 판단을 표시하여야 한다.

4. 재결의 송달과 공고

(1) 재결의 송달과 효력발생

재결청이 재결을 한 때에는 지체 없이 당사자에게 재결서의 정본을 송달하여야한다(§38①).

재결은 청구인에게 재결서의 정본의 송달이 있는 경우 그 효력이 발생한다(§38②).

또한 참가인에게는 재결서의 등본을 지체 없이 송달하여야 한다(§38③).

(2) 공 고

법령의 규정에 의하여 공고된 처분이 재결로써 취소 또는 변경된 때에는 처분을 한 행정청은 지체 없이 그 처분이 취소 또는 변경되었음을 공고하여야 한다(§37⑤).

법령의 규정에 의하여 처분의 상대방 아닌 이해관계인에게 통지된 처분이 재결로써 취소 또는 변경된 때에도, 처분청은 이해관계인에게 그 취소·변경사유를 통지하여야 한다(§38⑥).

Ⅴ. 재결의 효력

재결은 재결청이 청구인에게 지체 없이 재결서의 정본을 송달한 때에 그 효력이 발생한다(§38②).

재결의 효력은 당해 심판청구의 대상인 처분이나 부작위에 대하여 발생한다.

1. 불가변력

재결은 쟁송절차를 거쳐 행해지는 판단행위이므로 일단 재결이 행해진 이상, 설령 그것이 위법하더라도 재결청 스스로가 이를 취소·변경할 수 없는 효력을 발생한다.

2. 불가쟁력

재결에 대해서는 다시 심판청구를 제기하지 못한다(§39). 재결은 그 자체에 고유한 위법이 있는 경우에는 그에 대한 행정소송의 제기가 가능하나, 그 제소시간이 경과하면 더 이상 그 효력을 다툴 수 없게 되는 효력을 말한다.

3. 공정력

행정행위의 하자가 중대하고 명백해서 무효가 아닌 한 권한 있는 행정청이 취소하기 전까지는 그 처분에 대한 유효성이 추정된다.

4. 기속력

(1) 의 의

기속력은 피청구인인 행정청이나 관계행정청으로 하여금 재결의 취지에 따라 행동할 의무를 발생시키는 효력을 말한다(§37①).

(2) 내 용

1) 반복금지의무(소극적 의무, 부작위의무)

관계행정청은 당해 재결의 내용에 모순되는 내용의 동일한 처분을 동일한 사실관계하에서 반복할 수 없다고 한다(대판 1983.8.23, 82누302).

①당초의 개별공시지가 결정처분을 취소하고 그것을 하향 조정하라는 취지의 재결이 있은 후에도 처분청이 다시 당초 처분과 동일한 액수로 개별공시지가를 결정한 처분은 재결청의 재결에 위배되는 것으로 위법하다는 판례(대판 1997.3.14, 95누18482)와 택지초과소유부담금 부과처분을 취소하는 재결이 있는 경우 당해 처분청은 그 재결에 적시된 위법사유를 시정·보완하여 정당한 부담금을 산출한 다음 새로 부담금을 부과할 수 있는 것이고 이것은 기속력에 저촉되지 않는다는 판례(대판 1997.2.25, 96누14784)가 있다.

2) 원상회복의무(결과제거의무)

법령에 명문규정은 없으나, 학설은 재결에 의하여 처분이 취소되거나 무효로 확인된 경우에는 행정청은 위법·부당으로 판정된 처분에 의해 야기된 상태를 제거해야 할 의무가 있다고 본다.

3) 재처분의무(적극적 의무)

ㄱ) 취소심판의 경우

거부처분에 대해서는 취소심판을 제기할 수도 있는데, 취소심판의 인용재결의 효력에 대해서는 의무이행심판의 재결에 대한 것과 같은 처분청의 재처분의무에 관한 명시적 규정이 없는 결과, 이 경우에도 처분청이 재처분의무를 지는지가 문제 된다.

행정심판법은 재결의 기속력에 관한 일반적 규정을 두고 있으며, 재처분의무는 기속력의 일부를 이루는 것이므로, 재처분의무를 진다고 보는 것이 관계규정의 적정한 해석일 것이다.

ㄴ) 의무이행심판의 경우

당사자의 신청을 거부하거나 부작위로 방치한 처분의 '이행을 명하는 재결'이 있는 경우에는 행정청은 지체 없이 그 재결의 취지에 따라 다시 이전의 신청에 대한 처분을 하여야 한다(§37② 1문).

여기에서 말하는 신청을 거부하거나 방치한 처분의 이행을 명하는 재결은 행정심판법 §37②로서 의무이행심판에 대한 재결에 대해서만 규정하고 있다.

이때 ①기속행위 또는 0으로 수축되는 재량행위의 경우에는 신청한 대로 처분을 하여야 하나, ②일반적으로 재량행위의 경우에는 청구인이 신청한 대로 처분할 필요는 없고, 다시 하자 없는 내용의 재량행위를 발령하는 것이 그 내용이 된다.

4) 직접처분

이행을 명하는 재결이 있음에도 당해 행정청이 처분을 하지 않은 경우 재결청은 당사자의 신청에 따라 기간을 정하여 서면으로 시정을 명하고, 그 기간 내에 이행하지 않은 경우에는 직접 당해 처분을 할 수 있다(§37② 2문).

(3) 기속력의 범위

1) 인용재결

재결의 기속력은 인용재결에 대한 것으로서, 기각재결에는 인정되지 않는다.

기각재결은 청구인의 심판청구를 배척하는 데 그치고, 관계행정청에 원처분을 유지할 의무를 부과하는 것은 아니기 때문이다.

2) 주관적 범위

피청구인인 행정청뿐만 아니라 그 밖의 모든 관계행정청이다(§37①).

3) 객관적 범위

<判例>는 재결의 주문 및 그 전제가 되는 요건사실의 인정과 효력의 판단에만 미치고, 이와 직접 관계없는 다른 처분에는 영향을 주지 않는다고 한다(대판 1998.2.27, 96누13972).

5. 형성력

(1) 일반론

재결의 형성력이란 기존의 법률관계에 변동을 가져오는 효력을 말한다. 처분을 취소하는 재결이 있으면 당해 처분은 행정청이 이를 다시 취소하지 않아도 처분 시에 소급하여 효력이 소멸하여 처음부터 존재하지 않은 것으로 되는데, 이것이 취소재결의 형성력의 효과이며, 이는 <判例>도 인정하고 있다.

(2) 제3자효(대세효)

이러한 재결의 형성력은 제3자에게도 미치므로 대세적 효력이 인정된다.

(3) 재결청이 처분청에 취소·변경을 명한 경우

재결청이 스스로 취소·변경하는 경우에는 형성력이 발생하나, 재결청이 처분 청에 취소·변경 등의 명령으로 처분청이 처분취소명령재결·처분변경명령재결· 처분명령재결을 한 경우에는 형성력이 아니라 기속력을 발생한다.

VI. 재결에 대한 불복

1. 재심청구의 금지

행정심판법은 심판청구에 대한 재결이 있는 경우에는 당해 재결 및 동일한 처분 또는 부작위에 대해서는 다시 심판청구를 하지 못하도록 하였다(§39). 따라서 재결에 불복이 있는 경우에는 행정소송에 의한다.

다만, 국세기본법 등과 같이 각 개별법에서 다단계의 행정심판이 인정되는 경우에는 그에 의한다.

2. 재결에 대한 행정소송

행정소송법은 원처분주의를 채택하여 원처분 자체의 위법을 이유로 행정소송을 제기하는 것을 원칙으로 하였다. 그러나 예외적으로 재결 자체에 고유한 위법이 있음을 이유로 그 취소·변경을 구하거나 재결에 무효사유가 있음을 이유로 무효확인을 구하는 행정소송을 제기할 수 있도록 하였다.

[55] 사정재결

I. 서 설

1. 의 의

사정재결이란 심판청구가 이유 있다고 인정하는 경우에도 이를 인용하는 것이 현저히 공공복리에 적합하지 않다고 인정될 때에 그 심판청구를 기각하는 재결을 말한다.

2. 취 지

이러한 사정재결은 청구인의 권익보호를 위하여 인용해야 함에도 불구하고 공익을 위해 기각하는 재결로서 특히 공익과 사익의 합리적인 조정을 도모하기 위하여 예외적으로 인정되는 제도이다.

II. 인정범위

사정재결은 그 성질상 취소심판과 의무이행심판의 경우에만 인정되고, 무효등확인심판에서는 인정되지 않는다.

Ⅲ. 사정재결의 요건

1. 청구인의 청구가 이유가 있을 것

사정재결을 하기 위해서는 청구인의 청구가 이유가 있어야 한다. 즉 각하사유나 기각사유가 있는 청구는 당연히 사정재결의 대상이 되지 않는다.

2. 심판청구의 인용이 현저히 공공복리에 반할 것

청구인의 심판청구를 인용함이 현저히 공공복리에 적합하지 아니하다고 인정되어야 한다.

사정재결은 공익추구를 예외적인 것이므로 그 요건이 공공복리는 매우 엄격하고 제한적으로 해석되어야 할 것이다.

3. 행정심판위원회의 의결

사정재결도 다른 재결과 마찬가지로 행정심판위원회의 의결을 거쳐야 한다.

4. 주문에 위법·부당함을 명시

재결청은 사정재결을 함에 있어 그 재결의 주문에 그 처분 또는 부당함을 명시하여야 한다. 이것은 사정재결이 곧 위법 또는 부당한 처분이 적법처분으로 치유되는 것이 아님을 명백히 한 것이다.

따라서 여기서의 위법의 명시는 국가배상의 전제요건으로서의 의미를 갖는다고 할 것이다.

Ⅳ. 구제방법

1. 의 의

사정재결은 청구인의 주장이 인용되어야 함에도 불구하고 공공복리를 위하여 청구를 기각하는 경우이다.

따라서 청구인의 권익을 보호하기 위하여 재결청은 사정재결을 함에 있어서 청구인에 대하여 상당한 구제방법을 취하거나 피청구인에게 상당한 구제방법을 취할 것을 명할 수 있다.

2. 구제방법

사정재결의 구제방법은 청구취지에 따라 다를 수 있으나, 손해배상·원상회복·재해시설의 설치 기타 적당한 구제방법을 생각할 수 있다.

Ⅴ. 사정재결의 문제점

행정소송법에 있어 사정판결제도는 법원이 제3자적 지위에 있고 절차적으로 그 판단의 공정성이 보장된다는 점에서 예외적으로 인정할 수 있다고는 보는데 행정심판은 심판기관의 판단의 공정성에 대한 신뢰가 아직 확보되지 않은 단계에서 사정재결제도를 인정하는 것에는 문제가 있다고 할 것이다.

Ⅵ. 결 어

따라서 사정재결의 인정범위에 있어 엄격하게 적용되어야 할 것이다.

[56] 고지제도

태821p, 노5논, 노11약

I. 서 설

1. 의 의

고지제도란 행정청이 처분을 함에 있어 그 상대방 또는 이해관계인에게 당해 처분에 대한 불복청구의 가능성 여부 및 불복청구를 하는 재결청·경유절차·청구기간 등 필요사항을 알려 주는 제도를 말한다.

2. 기 능

(1) 행정심판청구의 기회보장

고지제도는 심판청구의 기회를 일실하거나, 심판청구가 부적법한 것으로 각하될 수 있는 부당한 결과의 발생을 방지하여 국민에 대한 행정구제의 기회를 보다 실질적으로 보장하여 주려는 데 그 기본적 의의가 있다.

그러나 현행 행정심판의 임의적 전치주의하에서는 그 중요성이 다소 감소되었다고 할 것이다.

(2) 행정의 적정화

행정청에 고지의무가 부과되어 있는 결과, 당해 처분에 대한 불복의 가능성에 대한 행정청의 인식이 보다 커지게 되어 처분을 함에 있어 보다 신중을 기하게 될 것이며, 이것은 결과적으로 행정의 적정화에 기여하게 된다.

3. 문제점

고지제도는 행정심판법, 행정절차법, 공공기관의정보공개에관한법률에서 규정되어 있다. 논리적으로 보면 행정절차법에 고지제도를 포괄적으로 규정하는 것이 타당할 것이다.(※ 이유: 행정절차법은 96년도에 제정되고 그 이전에 고지제도를 규율할 수 있는 곳은 행정심판법밖에 없었다.)

한편, 심판제기기간이 단기인 점을 감안하면 복효적 행정행위에 의하여 법적 이익이 침해되는 제3자에 대해서는 직권으로 고지하도록 하는 것이 바람직할 것이다.

Ⅱ. 법적 성질

1. 비권력적 사실행위

고지는 처분의 상대방 또는 이해관계인에게 처분과 관련된 일정한 사항을 알려주는 비권력적 사실행위로서, 고지 그 자체로는 아무런 법적 효과도 발생하지 않는다. 따라서 고지는 행정소송의 대상이 되지 아니한다.

다만, 학설은 당사자로부터 행정심판에 관련된 사항에 대한 고지요청을 받은 경우, 이를 거부하는 행위는 거부처분으로서 행정행위의 성질을 갖는다고 보아 행정쟁송의 대상이 된다고 한다.

2. 의무규정

한편 행정심판법상의 고지에 관한 규정은 강행규정 또는 의무규정의 성질을 갖는다고 보는 것이 일반적인 견해이다.

Ⅲ. 고지의 종류

1. 직권에 의한 고지

행정청이 처분을 서면으로 하는 경우에는 그 상대방에게 처분에 관하여 행정심판을 제기할 수 있는지의 여부, 제기하는 경우의 심판청구절차 및 청구기간을 알려야 한다(§42①).

(1) 고지의 주체와 상대방

고지의 주체는 국가나 지방자치단체의 행정청이다. 이때의 행정청에는 법령에 의하여 행정권한의 위임 또는 위탁을 받은 행정기관, 공공단체 및 그 기관 또는 사인도 포함된다(§2②).

고지의 상대방은 당해 처분의 상대방을 의미한다. 제3자효 있는 행정행위의 경우에는 그 제3자에게도 가능하면 고지하는 것이 바람직하다는 것이 일반적인 견해이다.

(2) 고지의 대상

1) 서면에 의한 처분

고지의 대상은 서면에 의한 처분이다. 따라서 구술에 의한 처분은 고지의 대상이 아니다.

그리고 여기에서 말하는 고지의 대상이 되는 처분은 행정심판법상의 심판청구의 대상이 되는 처분에 국한되는 것이 아니라 실질적 의미로서, 다른 법률에 의한 행정심판의 대상이 되는 서면에 의한 처분도 포함된다는 것이 통설이다.

2) 성질상 제외되는 경우

처분에 해당하는 것이라도 성질상 고지가 필요 없는 신청에 기한 처분으로서 신청대로 처분을 한 경우 또는 순수 수익적 처분의 경우에는 고지를 요하지 않는다.

다만, 수익적 처분의 경우에도 침익적 부관이 붙어 있거나 복효적 처분으로서 침익적 효과를 수반하는 경우에는 고지의 대상이 된다.

한편 행정심판의 재결에 대해서도 다시 심판청구를 제기할 수 없으므로 고지를 요하지 않는다.

(3) 고지의 내용

고지의무의 내용이 되는 고지사항의 ①처분에 관하여 행정심판을 제기할 수 있는지의 여부, ②심판청구절차, ③청구기간 기타 필요한 절차적 사항이다. 행정심판을 제기함이 없이 항고소송을 제기할 수 있는 경우에도 국민의 실질적 권리구제라는 고지제도의 취지상 이를 고지하여야 할 것이다.

그리고 이때의 '심판청구절차를 알려야 한다.'는 것은 행정심판청구서를 제출할 기관과 재결청을 구체적으로 알려야 한다.

(4) 고지의 방법 및 시기

고지의 방법과 시기에 대하여 명문의 규정이 없으나, 처분서면과 함께 처분시에 서면으로 하는 것이 원칙이다.

다만, 처분시에 하지 않고 처분 후에 고지한 경우에는 불고지의 하자가 치유되고, 그 고지의 효과에는 영향이 없다고 본다.

2. 신청에 의한 고지(청구에 의한 고지)

처분의 이해관계인이 고지를 요청하면 당해 행정청은 지체 없이 이를 고지하여야 한다(조42②).

처분의 직접 상대방이 아닌 제3자의 권익이 영향을 받는 복효적 행정행위에 있어 제3자 등의 권리구제를 용이하게 하기 위한 취지의 것이라 할 수 있다.

(1) 고지의 신청권자(고지의 청구권자)

고지의 청구권자는 당해 처분의 이해관계인이다. 이때의 이해관계인은 당해 처분에 의하여 직접 자기의 법률상의 이익이 침해되었다고 주장하는 제3자가 보통이지만, 처분의 상대방으로서 고지를 받아야 함에도 불구하고 고지를 받지 못한 자도 포함된다.

고지를 청구한 자는 당해 처분에 대하여 이해관계가 있음을 밝혀야 한다.

(2) 고지의 대상

청구에 의한 고지의 대상은 직권에 의한 경우와 달리, 서면에 의한 처분에 한정되지 않고 모든 처분이 그 대상이 될 수 있다.

(3) 고지의 내용

고지의 내용은 ①당해 처분이 행정심판의 대상이 되는 처분인지의 여부, ②재결청, ③청구기간 등이다.

신청에 의한 고지에 있어서 행정심판법 §42②는 경유절차에 관해서는 명시하고 있지 않으나, 제3자에 의한 심판제기도 당연히 처분청을 경유하여야 할 것이므로 경유절차는 이 경우에도 당연히 고지내용에 포함되어야 한다고 할 것이다.

(4) 고지의 방법 및 시기

고지의 방법에는 특별한 제한이 없으나, 고지의 청구권자가 서면에 의한 고지를 요구한 때에는 반드시 서면의 방법으로 고지를 하여야 한다(§42② 후단).

따라서 고지를 요구받은 행정청은 지체 없이 고지하여야 한다. '지체 없이'란 사회통념상 인정될 수 있는 범위 내에서의 신속한 시간의 범위 내를 말한 것으로 해석된다.

Ⅳ. 불고지·오고지의 효과

행정청이 고지를 하지 않거나 잘못 고지한 경우에는 고지를 위반한 것이 되며 행정심판법상 일정한 효과가 발생하게 된다. 이때의 고지의무처분에 대하여 행정심판법은 제출기관과 청구기관에 미치는 효과를 다음과 같이 정하고 있다.

1. 불고지의 효과

(1) 경유절차의 불고지

행정청이 고지를 하지 아니하여 청구인이 심판청구서를 소정의 행정기관 이외의 다른 행정기관에 제출한 때에는, 당해 행정기관은 그 심판청구서를 지체 없이 정당한 권한 있는 행정청에 보내고 그 사실을 청구인에게 통지하여야 한다(§17②~⑥).

이 경우에 심판청구기간을 계산함에 있어서는 최초의 행정기관에 심판청구서가 제출된 때에 심판청구가 제기된 것으로 본다(§17⑦).

(2) 청구기간의 불고지

원래 심판청구는 처분이 있은 날로부터 90일 이내에 제기하여야 한다.

그러나 행정청이 심판청구기간을 알리지 않은 경우에는 처분이 있은 날로부터 180일 이내에 심판청구를 하면 된다(§18⑥).

이 경우에는 청구인이 처분이 있는 것을 알았는지의 여부와 고지에 관계없이 심판청구기간에 관하여 알고 있었는지의 여부는 문제 되지 않는다고 한다.

2. 오고지의 효과

(1) 경유절차의 오고지

고지를 한 행정청이 잘못 고지하여, 청구인이 그 고지에 따라 심판청구서를 다른 행정기관에 잘못 제출한 때에는, 앞서의 불고지의 경우와 같이 그 심판청구서를 접수한 행정기관은 그 심판청구서를 지체 없이 정당한 권한 있는 행정청에 보내고, 그 사실을 청구인에게 통지하여야 한다(§17②~⑥).

(2) 청구기간의 오고지

원래 심판청구는 처분이 있음을 안 날로부터 90일 이내에 제기하여야 한다.

그러나 행정청이 심판청구기간을 90일보다 긴 기간으로 잘못 알린 경우에는 그 고지된 청구기간 내에 심판청구가 있으면, 설령 법정의 청구기간이 경과한 후에 제기된 것이라도 적법한 기간 내에 심판청구가 있는 것으로 본다(§18⑤).

V. 결 어

고지제도가 행정쟁송제도와 관련하여 가지는 의미는 상당하다. 다만 종래 행정심판전치주의하에서보다 현행의 임의적 전치주의하에서는 다소 그 중요성이 격하되었다고 할 것이나, 현대 행정에 있어 불복에 대한 고지제도의 기능은 여전히 그 법적 의의를 가진다고 할 것이다.

제 5 장

취소심판 외의 심판

[57] 무효등확인심판

I. 서 설

1. 무효등확인심판의 의의

무효등확인심판이란 행정청의 처분의 효력 유무 또는 존재 여부에 대한 확인을 구하는 심판이다.

2. 필요성

처분이 유효 또는 존재하는 것으로 오인하여 행정청에 의하여 집행될 우려가 있고, 또한 유효하게 존재하는 처분을 무효 또는 부존재라 하여 부인될 수 있으므로 무효등확인심판을 통하여 그에 대한 공적인 확정을 받을 필요가 있다.

3. 법적 성질

무효등확인심판의 성질에 대하여 ①확인쟁송설, ②형성쟁송설 및 ③준형성쟁송설로 견해대립이 있으나, 무효등확인심판은 처분의 효력 유무 또는 존재 여부에 대한 확인을 구하는 실질적인 확인적 쟁송의 성질을 가지면서 또한 형식적으로는 처분을 직접 심판의 대상으로 하는 점에서 형성적 성질을 같이 지니는 준형성적 쟁송설이 타당하다고 본다.

Ⅱ. 심판기관

1. 재결청

재결청이란 행정심판사항을 수리하여 재결할 권한을 가진 행정청을 말한다. 이러한 재결청은 행정심판위원회의 의결에 따르는 형식적 재결기능만을 가진다.

무효등확인심판의 재결청은 원칙적으로 처분청의 직근상급행정기관이 되는 것이 원칙이다.

2. 행정심판위원회

행정심판위원회는 각 재결청에 소속되어 행정심판청구를 심리·의결하는 비상설·합의제 의결기관이다.

원칙적으로 각 재결청에 소속되나, 국무총리 및 중앙행정기관의 장이 재결청이 되는 심판청구의 심리·의결을 위하여 국무총리행정심판위원회를 둔다.

Ⅲ. 주요 심판요건

1. 당사자

(1) 청구인적격

무효등확인심판은 처분의 효력 유무 및 존재 여부의 확인을 구할 법률상 이익이 있는 자만이 제기할 수 있다.

여기에서 법률상 이익에 대하여 견해의 대립이 있으나 실체법상의 권리뿐만 아니라 실정법 해석상 보호되고 있는 이익도 포함하는 것으로 보는 법적 이익구제설이 일반적이다.

(2) 피청구인 적격

무효등확인심판은 취소심판과 같이 다른 법률에 특별한 규정이 없는 한 그 처분을 행한 행정청을 피청구인으로 한다.

2. 심판의 대상

무효등확인심판도 취소심판과 마찬가지로 행정청의 '처분'이 심판의 대상이 된다. 즉 행정청이 행하는 구체적 사실에 관한 법집행으로서의 공권력행사 또는 그 거부와 그 밖에 이에 준하는 행정작용이 무효등확인심판의 대상이 된다.

3. 심판청구기간의 적용제외

무효등심판은 취소심판과 달리 심판청구기간의 적용을 받지 않는다. 이는 무효인 경우에는 기간의 경과로써 불가쟁력이 발생하여 확정될 만한 효력이 없기 때문이다.

Ⅳ. 심판의 심리

1. 심판의 심리

심판의 심리란 심판청구에 대한 재결을 하기 위하여 그 기초가 되는 심판 자료를 수집하는 절차를 말한다. 무효등확인심판의 심리절차는 심리의 내용·범위와 방법은 취소심판과 크게 다를 바 없다.

따라서 범위에 있어 불고불리 및 불이익변경금지 원칙과 절차 구술·서면 심리주의·직권심리주의 등이 적용된다.

2. 입증책임

무효등확인소송의 <判例>를 비추어 볼 때 무효등확인심판에서도 무효를 주장하는 사람, 즉 청구인이 입증책임이 있다고 본다.

Ⅴ. 재 결

1. 재결의 종류

심판청구가 이유 있다고 인정할 때에는 처분의 효력 유무 또는 존재 여부를 확인하는 재결로서 이러한 확인재결에는 처분의 무효확인재결, 유효확인재결, 실효확인재결, 존재확인재결, 부존재확인재결 등이 있다.

2. 사정재결의 적용제외

무효등확인심판은 행정심판법에서 사정재결의 적용을 배제하고 있다.

3. 재결의 효력

처분의 무효 등을 확인하는 재결은 형식상으로 확인재결이지만, 그 효과는 취소심판의 경우와 기본적으로 같다.

따라서 재결의 효력으로서 기속력, 공정력, 불가쟁력, 불가변력의 효력이 나타난다. 그러나 무효등확인심판의 경우에는 성질상 형성력과 집행력이 문제 되지 않는다.

Ⅵ. 결 어

실제로 처분이 무효인지 취소할 수 있는 것인지를 식별한다는 것이 어렵고, 처분으로서의 외형이 존재하거나 존재하는 것처럼 오인됨으로써 행정청에 의하여 집행될 우려도 있으며, 또한 반대로 유효하게 존재하는 처분을 무효 또는 부존재라 하여 그것을 부인함으로써 상대방의 법률상의 이익을 침해할 수도 있기 때문에 무효등확인심판이 필요하다 할 것이다.

[58] 의무이행심판

정441p, 노6약

Ⅰ. 개 설

1. 의 의

행정심판의 한 유형으로서 행정청의 위법 또는 부당한 거부처분이나 부작위에 대하여 일정한 처분을 하도록 신청하는 심판을 말한다.

2. 제도적 취지

부작위와 관련하여 쟁송법상 큰 의미를 갖는 것은 의무이행심판과 의무이행소 송일 것인데, 우리나라에서는 의무이행소송에 대해서는 이를 채택하고 있지 않다. 따라서 의무이행심판이 갖는 제도적 의의는 매우 크다 할 것이다.

Ⅱ. 의무이행심판의 성질과 특수성

1. 성 질

의무이행심판은 행정청에 대하여 일정한 내용의 처분을 할 것을 명하는 점에서 이행쟁송으로서의 성질을 갖는다.
또한 항고쟁송으로서의 성질을 비추어 현재의 이행쟁송, 즉 행정기관이 일정한 처분을 하여야 할 이행기가 도래하고 있으나 이행의무를 이행하고 있지 않은 경우에 대해서만 심판청구가 가능하고, 장래의 이행쟁송은 인정되지 않는다.

2. 특수성

(1) 심판청구기간

1) 거부처분의 경우

거부처분도 처분이므로 심판청구기간의 제한을 받는다.

2) 부작위의 경우

취소심판과 비교해 볼 때 부작위를 심판대상으로 하는 경우에는 부작위가 존재하는 한 언제든지 심판을 제기할 수 있어야 하므로 심판청구기간의 제한을 받지 아니하며(§18⑦),

(2) 집행정지제도의 적용배제

집행정지제도는 침익적 처분의 집행정지라는 소극적 형성을 내용으로 하며, 수익적 처분이 행해진 것과 같은 상태를 적극적으로 창출하는 것은 아니라는 점에서 집행정지에 관한 규정의 적용이 없는 등의 특수성이 인정된다.

(3) 구술·서면심리주의

의무이행심판도 항고쟁송의 일종으로서 민사쟁송 및 행정소송에 대하여 심리가 행정심판위원회의 재량에 따라 구술 또는 서면의 방식으로 진행된다(§25).

(4) 사정재결

사정재결제도가 인정되어 심판청구가 이유 있다고 인정되는 경우에도 이를 인용하는 것이 현저히 공공복리에 적합하지 아니하다고 인정되는 때에는 기각재결을 할 수 있는(§33) 등 취소심판과 유사한 특수성이 인정된다.

Ⅲ. 당사자

1. 청구인적격

(1) 의 의

의무이행심판은 행정청의 거부처분이나 부작위에 대하여 일정한 처분을 구할 법률상 이익이 있는 자가 청구인적격을 갖는다(§9③).

(2) 처분을 구할 법률상 이익

청구인이 권리로서 일정한 내용의 행정작용을 신청할 수 있는 것이 관계 법규에 의해 보장된 경우이다(장태주).

(3) 입법과오에 대한 학설(생략 가능, 청구인적격 전체에 관한 학설이므로)

1) 입법과오설

행정심판은 위법한 처분뿐만 아니라 부당한 처분을 대상으로 제기할 수 있는바, 반사적 이익을 침해받은 자도 제기할 수 있다고 보아야 하는데, 그 근거로는 ① 법률상 이익이 있는 자에게만 행정심판의 청구인적격을 인정하고 있는 것은 모순이라는 점, ②독일과 일본의 행정심판법에서도 행정소송에 있어서는 원고적격에 관한 규정을 두면서도 행정심판의 청구인적격에 대해서는 아무런 규정을 두지 않음으로써 행정소송의 원고적격과 행정심판의 청구인적격을 구별하고 있다는 점 등을 논거로 제시하고 있다.

2) 입법비과오설

①위법 또는 부당한 행위라는 것은 침해의 형태의 문제이고 법률상 이익의 침해는 침해대상의 문제로 법률상 이익은 위법한 행위에 의해서도 부당한 행위에 의해서도 침해될 수 있으므로 침해의 형태와 대상은 개념상 구분된다는 점, ②위법·부당 여부는 본안심리의 결과 내려지는 법원의 최종적 평가 차원의 문제이고 법률상 이익의 존재 여부에 관한 청구인적격문제는 본안심리로 들어가기 위한 현관 차원의 문제이므로 양자는 차원을 달리한다는 점, ③행정심판은 위법·부당의 통제이고 행정소송은 위법의 통제라고 하는 고전적인 공식은 오늘날에는 그 타당성이 의문시될 정도로 흔들리고 있어 위법성과 부당성의 구별의 가능성 내지 의의가 크지 않다는 점 등을 그 논거로 들고 있다.

3) 검 토

생각건대 권리침해란 위법한 행정작용에 의해서만 행하여질 수 있다는 점과 행정심판의 목적은 개인의 권리나 이익의 구제뿐만 아니라 행정의 자율적인 통제에 있다는 점을 고려할 때 청구인적격으로서 반드시 법률상 이익이 있는 자로 제한시킬 필요가 없는 견해도 타당하다 하겠으나 이러한 문제는 입법정책의 문제로 보는 것이 타당할 것이다.

2. 피고인적격

행정심판청구인의 상대방인 피청구인은 행정청, 즉 거부처분청이나 부작위청이다(§13①본문).

Ⅳ. 의무이행심판의 대상

1. 거부처분

(1) 의 의

당사자가 행정청에 대하여 일정한 처분을 신청한 경우에 행정청이 그 신청에 따른 처분을 거부하는 경우이다. 또한 신청에 대한 명시적 기각결정은 물론, 신청에 대하여 일정 기간 내에 처분을 하지 않으면 이를 거부처분으로 본다고 규정하고 있는 경우도 이에 해당한다.

(2) 부작위와의 구별

이러한 행정청의 거부행위도 당사자의 신청내용에 대해 행정청이 부정적인 의사판단을 하여 외부적으로 행위를 하는 것이므로, 소극적 형태의 공권력행사에 해당하며, 이러한 점에서 외부적 행위가 존재하지 않는 부작위와는 구별되는 처분으로 인정된다.

2. 부작위

(1) 의 의

행정심판법 §2는 부작위를 '행정청이 당사자의 신청에 대하여 상당한 기간 내에 일정한 처분을 하여야 함에도 불구하고 이를 하지 아니하는 것'으로 정의하고 있다. 따라서 부작위에 해당하기 위해서는 다음과 같은 요건이 충족되어야 한다.

(2) 요 건

1) 당사자의 신청

법령에 신청권이 명시된 경우뿐만 아니라 헌법의 기본권과 관련하여 또는 법해석상 신청권이 있는 것으로 인정되는 경우를 포함한다.

2) 상당한 기간의 경과

부작위가 성립하기 위해서는 당사자의 신청이 있은 후 상당한 기간이 지나도록 행정청이 어떠한 처분도 하지 않는 상태가 존재하여야 하는바, 여기서 상당한 기간이라 함은 합리적으로 볼 때 사회통념상 당해 신청을 처리하는 데 소요될 것으로 판단되는 기간을 의미한다.

3) 처분을 할 법률상의 의무

ㄱ) 기속행위

기속행위의 경우 처분요건이 충족되는 때에는 행정청은 당해 법령이 규정하고 있는 특정처분을 할 의무가 있다.

ㄴ) 재량행위

재량행위의 경우에는 상대방의 신청권에 대응하여 처분을 할 의무는 있으나, 종국처분에 대해서는 행정청에 재량권이 부여되어 있으므로, 행정청으로서는 상대방의 신청대로의 특정처분을 할 의무는 없는 것이다.

4) 처분을 하지 아니하였을 것

부작위는 행정청이 어떠한 처분도 하지 않은 상태를 말한다. 무효인 행정청위는 그 하자의 중대·명백성으로 인하여 처음부터 효력을 발생하지 않지만, 일단 처분이 행해졌고 또 외형상 존재하고 있으므로, 부작위에는 해당하지 않는다.

또한 법령이 일정한 상태의 행정청의 부작위를 거부처분으로 간주하는 규정을 두고 있는 경우, 법적으로는 소극적 처분이 있는 것으로 되어, 부작위에는 해당하지 않는다.

(3) 비 판

신청권에 대한 <判例>와 일부학설의 입장에 대하여 쟁송대상과 청구인적격의 문제를 혼동하고 있다는 유력한 비판이 제기되고 있다(김남진).

V. 심판청구기간

1. 거부처분에 대한 의무이행심판

(1) 원 칙

거부처분을 대상으로 하는 경우에는 의무이행심판은 처분이 있음을 안 날로부터 90일 이내 또는 처분이 있은 날로부터 180일 이내에 제기하여야 한다.

단 정당한 사유가 있으면 처분이 있은 날로부터 180일이 경과하여도 심판을 제기할 수 있다.

(2) 청구기간의 오고지·불고지의 경우

①행정청이 심판청구기간을 처분이 있음을 안 날로부터 90일보다 긴 기간으로 잘못 알린 경우 그 잘못 알린 기간 내에 심판청구가 있으면 그 심판청구는 90일 이내에 제기된 것으로 보고(§18⑤), ②행정청이 심판청구기간을 알리지 아니한 때에는 처분이 있은 날로부터 180일 이내에 심판청구를 할 수 있다(§18⑧).

(3) 개별법이 있는 경우

개별법에서 행정심판에 관한 특례규정이 있는 경우에는 그 규정이 정한 기간이 적용된다.

2. 부작위에 대한 의무이행심판

부작위를 대상으로 하는 의무이행심판인 경우에는 성질상 부작위가 존재하는 한 언제든지 심판을 청구할 수 있다고 보아야 하므로 심판청구기간의 제한을 받지 않는다.

Ⅵ. 심판의 재결

1. 재결의 종류

의무이행심판이 제기되면 재결청은 심판청구의 제기요건에 흠결이 있는 경우에는 청구를 부적법 각하하고, 청구가 적법하나 이유 없다고 판단되는 때에는 당해 심판청구를 기각하게 된다.

그러나 이유 있다고 인정하게 되면 인용재결을 하게 되지만, 인용재결이 현저히 공공복리에 적합하지 아니하다고 인정하는 때에는 위원회의 의결에 의하여 그 재결주문에 그 거부처분 또는 부작위가 위법 또는 부당함을 명시하면서 그 심판청구를 기각하는 사정재결을 할 수 있다(§33).

2. 형성적 재결과 이행적 재결

심판청구가 이유 있다고 인정되는 경우에는 지체 없이 재결청 스스로 신청에 따른 처분을 하거나(형성적 재결), 처분청으로 하여금 처분을 할 것을 명하는 재결을 하게 된다(이행적 재결)(§32⑤).

이행적 재결의 경우 행정청은 지체 없이 그 재결의 취지에 따라 다시 이전의 신청에 대한 처분을 하여야 한다(§37②).

여기에서 '신청에 대한 처분'이란 반드시 청구인의 신청내용대로의 처분을 의미하지 않고, 신청에 대한 거부 또는 기타의 처분도 이에 포함된다.

3. 기속행위와 재량행위

(1) 기속행위의 경우

행정청은 법적으로 당해 행위를 하여야 할 기속을 받게 되므로, 재결청은 재결로 청구인의 청구내용대로의 처분을 하거나, 이를 할 것을 명하여야 한다.

(2) 재량행위의 경우

1) 위법한 경우

행정청은 상대방의 신청에 대해 처분을 할 의무는 있으나, 그 종국적 처분의 내용에 대해서는 행정청에 재량권, 즉 고유한 판단권이 부여되어 있으므로, 위법을 이유로 해서 반드시 상대방의 신청대로 처분할 법적 의무는 없다.

2) 부당한 경우

그러나 부당을 이유로 하는 경우에는 재결청은 청구내용대로의 처분을 스스로 하거나, 이를 할 것을 처분청에 명할 수 있을 것이다. 즉, 처분청의 거부처분에 대해서는, 재결청은 그 위법성이 아니라 부당을 이유로 하여, 상대방의 신청에 따른 처분을 할 것을 명할 수 있다.

3) 재량권이 '0'으로 수축하는 경우

한편 재량권이 '0'으로 수축하는 경우에는 신청에 따른 처분을 명할 수 있다. 또한 부작위에 대해서도 재결청은 상대방의 신청에 대한 궁극적 거부처분이 부당한 처분으로 판단되는 경우에는, 상대방의 신청에 따른 처분을 할 것을 명할 수 있는 것이다.

4. 의무이행 재결의 효력

행정청이 재결의 취지에 따른 처분을 하지 아니할 때에는 재결청은 당사자의 신청에 따라 기간을 정하여 서면으로 시정을 명하고, 그 기간 내에 이행하지 아니한 때에는 재결청이 직접 당해 처분을 할 수 있다(§37② 후단).

5. 재결에 대한 불복

의무이행심판에 대해 불복하는 경우에는 현행법상 의무이행소송이 인정되고 있지 않으므로, 제소기간 내에 부작위위법확인소송을 제기하여야 한다.

다만 거부처분에 대한 재결은 거부처분취소소송을 제기하여야 한다.

Ⅶ. 결 어

현대 행정은 그 내용이 비약적으로 확대되고 있고, 국민의 권리영역에 영향을 미치는 범위 또한 날로 늘어나고 있는 추세이다. 특히 급부행정과 같이 국민의 생존배려와 관련 있는 영역에서는 행정에 대한 국민의 의존도 역시 날로 증가하고 있음이 사실이다.

이러한 상황에서 의무이행심판은 소극적 행정작용에 대한 국민의 실효적인 권리구제수단이 된다. 특히 입법론적으로는 현행법상 인정되지 않는 의무이행소송제도를 도입하여 소극적 행정작용에 대한 국민의 권익구제의 실효성을 더하여야 할 것이다.

[59] 당사자심판(재결의 신청)

※당사자심판은 행정심판의 내용적 종류에 속한다(이희억). 따라서 행정심판의 종류문제가 나오면 당사자심판도 약간의 언급은 필요하다.

I. 서 설

1. 재결의 신청

재결의 신청이란 행정처분을 전제로 하지 않고 행정법관계의 형성 또는 존부에 관해 다툼이 있는 경우 당사자의 신청에 의하여 처음으로 행정기관이 그 법률관계에 대하여 유권적으로 판정하는 심판을 말한다.

실정법상으로는 재결, 재정, 판정 등 여러 가지 용어로 표현되고 있고 이의신청을 당사자심판이라고 한다.

2. 항고심판과의 비교 및 성질

항고심판은 행정청의 우월적 지위에서 행한 처분의 위법 또는 부당을 이유로 그 시정을 구하는 쟁송으로서 복심적 쟁송이다.

반면에 재결신청은 서로 대등한 당사자 사이에 공법상의 법률관계의 분쟁을 다투는 쟁송으로서 제1차적인 행정작용 그 자체가 행정청의 재결을 구하는 것으로서 시심적 쟁송이다.

II. 재결신청의 종류

1. 성질에 의한 분류

(1) 형성적 성질의 재결신청

법률상 당사간의 협의에 의해 결정하도록 하고 있는 경우에, 그 협의가 불성립하거나 불가능한 경우가 있다.

이때 일방당사자의 재결신청에 의해 권한 있는 행정기관이 당사자를 대신해서 그 법률관계를 형성하도록 하고 있는 경우를 말한다. 예로서 토지보상법상의 수용재결이 이에 해당한다.

(2) 확인적 성질의 재결신청

법률관계의 존부 또는 정부(正否)를 확인하기 위한 재결신청을 말한다. 예로서 수산업법상 어장구역 등의 재결신청이 이에 해당한다.

2. 실정법(개별법)상의 재결신청

현행 행정심판법은 항고심판만을 규정하고 있고, 재결신청은 개별법에서 규정하고 있다. 예로서 토지보상법의 재결신청, 수산업법상의 재결신청, 국가배상법상의 재결신청 등이 있다.

III. 재결기관

재결기관은 법에 따라 일정하지 않다. 재결기관은 일반행정기관인 경우가 보통이나, 재결의 공정성과 신중을 위해 제3자적 기관인 행정위원회가 재결기관으로 되어 있는 경우가 많다. 예로서 토지수용위원회, 국가배상심의회, 노동위원회 등을 설치하여 일정한 행정절차를 거치게 하는 경우가 있다.

Ⅳ. 재결신청의 절차

1. 재결신청권자

① 형성적 성질을 가지는 재결의 신청에 있어서는 당해 법률관계의 형성에 관하여 상대방에게 협의를 요구한 당사자인 것이 보통이다. 예로서 토지수용법상의 수용재결신청 등이 이에 해당한다.

② 확인적 성질을 가진 재결신청에 있어서의 재결신청권자는 각 개별법에 정하여져 있는 이해관계자이다. 예로서 수산업법상의 어장구역 등의 재결신청 등을 말한다.

2. 재결신청의 기간

재결신청의 기간에 대해서는 각 개별법에서 규정을 두지 않은 경우가 대부분이나 토지보상법의 경우는 재결신청기간을 규정하고 있다.

3. 재결신청의 절차

개별법에 규정되어 있는 절차를 따라야 한다. 일반적으로 서면신청에 의하여 관계당사자의 의견진술의 기회를 준 뒤에 재결하는 준사법절차를 취하고 있다.

V. 재결신청에 대한 재결

1. 재결의 종류

(1) 형성재결

형성재결은 법률상 당사간의 협의에 의해 결정하도록 하고 있는 경우에, 그 협의가 불성립하거나 불가능한 경우가 있다.

이때 일방당사자의 재결신청에 의해 권한 있는 행정기관이 당사자를 대신해서 그 법률관계를 형성하도록 하고 있는 경우의 재결을 말한다.

(2) 확인재결

확인재결은 법률관계의 존부 또는 정부(正否)에 대하여 재결기관이 하는 재결이다.

2. 재결의 효력

재결은 행정행위의 일종이고 준사법적 성질로서 구속력, 공정력, 불가쟁력, 불가변력, 형성력 등의 효력을 가진다.

VI. 재결에 대한 불복

재결에 불복이 있는 경우에 개별법에 정하는 바에 따라 1차적으로 이의신청이 인정되는 경우가 있고, 그 밖에 위법한 재결에 있어 취소·변경을 구하는 행정소송을 제기할 수 있다.

다만 토지보상법에 금전지급청구의 경우에 곧바로 당사자소송을 제기할 수 있게 한 규정도 있다.

\<참조한 저서들>

1.장태주 교수님 행정법
2.김동희 교수님 행정법
3.박균성 교수님 행정법
4.김남진 교수님 행정법
5.류지태 교수님 행정법
6.김동희 교수님 케이스집
7.김정일 변호사님 케이스집
8.이현학 노무사님 행정법

조문쟁송법

478

행정소송법	행정심판법
제1장 총칙 제1조 (목적) 제2조 (정의) 제3조 (행정소송의 종류) 제4조 (항고소송) 제5조 (국외에서의 기간) 제6조 (명령·규칙의 위헌판결 등 공고) 제7조 (사건의 이송) 제8조 (법적용예) **<u>제2장 취소소송</u>** **제1절 재판관할** 제 9조 (재판관할) 제10조 (관련청구소송의 이송 및 병합) 제11조 (선결문제) **제2절 당사자** 제12조 (원고적격) 제13조 (피고적격) 제14조 (피고경정) 제15조 (공동소송) 제16조 (제3자의 소송참가) 제17조 (행정청의 소송참가) **제3절 소의 제기** 제18조 (행정심판과의 관계) 제19조 (취소소송의 대상) 제20조 (제소기간) 제21조 (소의 변경) 제22조 (처분변경으로 인한 소의 변경) 제23조 (집행정지) 제24조 (집행정지의 취소)	**제1장 총칙** 제1조 (목적) 제2조 (정의) 제3조 (행정심판의 대상) 제4조 (행정심판의 종류) **제2장 심판기관** 제5조 (재결청) 제6조 (행정심판위원회) 제6조의2 (국무총리행정심판위원회) 제7조 (위원의 제척·기피·회피) 제7조의2 (벌칙적용에 있어서 공무원의제) 제8조 (재결청의 권한승계) **제3장 당사자 및 관계인** 제 9조 (청구인적격) 제10조 (법인 아닌 사단 또는 재단) 제11조 (선정대표자) 제12조 (청구인의 지위승계) 제13조 (피청구인의 적격 및 경정) 제14조 (대리인의 선임) 제15조 (대표자등의 자격) 제16조 (심판참가) **제4장 심판청구** 제17조 (심판청구서의 제출 등) 제18조 (심판청구기간) 제19조 (심판청구의 방식) 제20조 (청구의 변경) 제21조 (집행정지)

〈행정소송법〉

[일부개정 2002.1.26 법률 제06627호]

제1장 총칙

제1조 (목적)

이 법은 행정소송절차를 통하여 행정청의 위법한 처분 그 밖에 공권력의 행사·불행사 등으로 인한 국민의 권리 또는 이익의 침해를 구제하고, 공법상의 권리관계 또는 법적용에 관한 다툼을 적정하게 해결함을 목적으로 한다.

제2조 (정의)

①이 법에서 사용하는 용어의 정의는 다음과 같다.

1. "처분 등"이라 함은 행정청이 행하는 구체적 사실에 관한 법집행으로서의 공권력의 행사 또는 그 거부와 그 밖에 이에 준하는 행정작용(이하 "처분"이라 한다) 및 행정심판에 대한 재결을 말한다.

2. "부작위"라 함은 행정청이 당사자의 신청에 대하여 상당한 기간 내에 일정한 처분을 하여야 할 법률상 의무가 있음에도 불구하고 이를 하지 아니하는 것을 말한다.

②이 법을 적용함에 있어서 행정청에는 법령에 의하여 행정권한의 위임 또는 위탁을 받은 행정기관, 공공단체 및 그 기관 또는 사인이 포함된다.

〈행정심판법〉

[일부개정 1998.12.28 법률 제05600호]

제1장 총칙

제1조 (목적)

이 법은 행정심판절차를 통하여 행정청의 위법 또는 부당한 처분 그 밖에 공권력의 행사·불행사 등으로 인한 국민의 권리 또는 이익의 침해를 구제하고, 아울러 행정의 적정한 운영을 기함을 목적으로 한다.

제2조 (정의)

①이 법에서 사용하는 용어의 정의는 다음과 같다.

1. "처분"이라 함은 행정청이 행하는 구체적 사실에 관한 법집행으로서의 공권력의 행사 또는 그 거부와 그 밖에 이에 준하는 행정작용을 말한다.

2. "부작위"라 함은 행정청이 당사자의 신청에 대하여 상당한 기간 내에 일정한 처분을 하여야 할 법률상 의무가 있음에도 불구하고 이를 하지 아니하는 것을 말한다.

3. "재결"이라 함은 행정심판의 청구에 대하여 제5조의 규정에 의한 재결청이 행정심판위원회(국무총리행정심판위원회를 포함한다)의 심리·의결 내용에 따라 행하는 판단을 말한다.

<개정안 제2조> (정의)
① 이 법에서 사용하는 용어의 정의는 다음과 같다.
1. "행정행위 등"이라 함은 행정청이 행하는 법적·사실적 행위로서의 공권력의 행사 또는 그 거부와 그 밖에 이에 준하는 행정작용(이하 "행정행위"라 한다) 및 행정심판에 대한 재결을 말한다.

제3조 (행정소송의 종류)

행정소송은 다음의 네 가지로 구분한다.
1. 항고소송: 행정청의 처분 등이나 부작위에 대하여 제기하는 소송
2. 당사자소송: 행정청의 처분 등을 원인으로 하는 법률관계에 관한 소송 그 밖에 공법상의 법률관계에 관한 소송으로서 그 법률관계의 한쪽 당사자를 피고로 하는 소송
3. 민중소송: 국가 또는 공공단체의 기관이 법률에 위반되는 행위를 한 때에 직접 자기의 법률상 이익과 관계없이 그 시정을 구하기 위하여 제기하는 소송
4. 기관소송: 국가 또는 공공단체의 기관 상호간에 있어서의 권한의 존부 또는 그 행사에 관한 다툼이 있을 때에 이에 대하여 제기하는 소송. 다만, 헌법재판소법 제2조의 규정에 의하여 헌법재판소의 관장사항으로 되는 소송은 제외한다.

제4조 (항고소송)

항고소송은 다음과 같이 구분한다.
1. 취소소송: 행정청의 위법한 처분 등을 취소 또는 변경하는 소송
2. 무효등확인소송: 행정청의 처분 등의 효력 유무 또는 존재 여부를 확인하는 소송
3. 부작위위법확인소송: 행정청의 부작위가

② 이 법을 적용함에 있어서 행정청에는 법령에 의하여 행정권한의 위임 또는 위탁을 받은 행정기관, 공공단체 및 그 기관 또는 사인이 포함된다.

제3조 (행정심판의 대상) ☞ 소 §19

① 행정청의 처분 또는 부작위에 대하여 다른 법률에 특별한 규정이 있는 경우를 제외하고는 이 법에 의하여 행정심판을 제기할 수 있다.
② 대통령의 처분 또는 부작위에 대해서는 다른 법률에 특별한 규정이 있는 경우를 제외하고는 행정심판을 제기할 수 없다.

<헌법재판소법 제2조> 헌법재판소는 다음 사항을 관장한다.
4. 국가기관 상호간, 국가기관과 지방자치단체 간 및 지방자치단체 상호간의 권한쟁의에 관한 심판

제4조 (행정심판의 종류)

행정심판은 다음의 세 가지로 구분한다.
1. 취소심판: 행정청의 위법 또는 부당한 처분의 취소 또는 변경을 하는 심판<형성재결>
2. 무효등확인심판: 행정청의 처분의 효력 유무 또는 존재 여부에 대한 확인을 하는 심판
3. 의무이행심판: 행정청의 위법 또는 부당한

위법하다는 것을 확인하는 소송

제5조 (국외에서의 기간) ☞ 심 §18②단서
이 법에 의한 기간의 계산에 있어서 국외에
서의 소송행위추완에 있어서는 그 기간을 14
일에서 30일로<§20>, 제3자에 의한 재심청구
에 있어서는 그 기간을 30일에서 60일로
<§31>, 소의 제기에 있어서는 그 기간을 60
일에서 90일로<§22> 한다.

제6조 (명령·규칙의 위헌판결 등 공고)
①행정소송에 대한 대법원판결에 의하여 명
령·규칙이 헌법 또는 법률에 위반된다는 것
이 확정된 경우에는 대법원은 지체 없이 그
사유를 총무처장관에게 통보하여야 한다.
②제1항의 규정에 의한 통보를 받은 총무처장
관은 지체 없이 이를 관보에 게재하여야 한다.

제7조 (사건의 이송)
민사소송법 제34조제1항의 규정은 원고의 고
의 또는 중대한 과실 없이 행정소송이 심급
을 달리하는 법원에 잘못 제기된 경우에도
적용한다.

제8조 (법적용예)
①행정소송에 대해서는 다른 법률에 특별한
규정이 있는 경우를 제외하고는 이 법이 정
하는 바에 의한다.
②행정소송에 관하여 이 법에 특별한 규정이
없는 사항에 대해서는 법원조직법과 민사소
송법 및 민사집행법의 규정을 준용한다.

거부처분이나 부작위에 대하여 일정한 처분
을 하도록 하는 심판<이행재결>

<민사소송법 제34조> (관할위반 또는 재량에
따른 이송) ①법원은 소송의 전부 또는 일부
에 대하여 관할권이 없다고 인정하는 경우에
는 결정으로 이를 관할법원에 이송한다.

제2장 취소소송

제1절 재판관할

제9조 (재판관할)

①취소소송의 제1심 관할법원은 피고의 소재지를 관할하는 행정법원으로 한다. 다만, 중앙행정기관 또는 그 장이 피고인 경우의 관할법원은 대법원소재지의 행정법원으로 한다.
②토지의 수용 기타 부동산 또는 특정의 장소에 관계되는 처분 등에 대한 취소소송은 그 부동산 또는 장소의 소재지를 관할하는 행정법원에 이를 제기할 수 있다.

<재결청의 권한>

1. 행정심판위원회의 위촉·지명권(§6④)
2. 기피결정권(§7②)·회피허가권(영 §13)
3. 집행정지결정권(§21④)
4. 의견제출·진술권(§28⑤)
5. 재결권(§31②)

<재결청의 의무>

1. 심리회부의무(§22①)
2. 제3자 심판청구 시 통지의무(§22②)
3. 증거서류 등 반환의무(§40)

<위원회의 권한>

1. 심리권(§29)
   (1) 대표자선정 권고권(§11②)
   (2) 청구인의 지위승계 허가권(§12⑤)
   (3) 피청구인경정권(§13②)
   (4) 대리인선임 허가권(§14①iv)
   (5) 심판참가 허가 및 요구권(§16①,②)
   (6) 청구의 변경허가권(§20①,②)

제2장 심판기관

제5조 (재결청)

①행정청의 처분 또는 부작위에 대해서는 제2항 내지 제5항의 규정에 의하는 외에는 당해 행정청의 직근상급행정기관이 재결청이 된다.
②다음 각 호에 정한 행정청의 처분 또는 부작위에 대해서는 당해 행정청이 재결청이 된다.
1. 국무총리, 행정각부장관 및 대통령직속기관의 장
2. 국회사무총장·법원행정처장·헌법재판소사무처장 및 중앙선거관리위원회사무총장
3. 그 밖에 소관감독행정기관이 없는 행정청
③특별시장·광역시장 또는 도지사(교육감을 포함한다. 이하 같다)의 처분 또는 부작위에 대해서는 각 소관감독행정기관이 재결청이 된다.
④특별시장·광역시장 또는 도지사에 소속된 각급 국가행정기관 또는 그 관할구역 안에 있는 자치행정기관의 처분 또는 부작위에 대해서는 각각 특별시장·광역시장 또는 도지사가 재결청이 된다.
⑤정부조직법 제3조 또는 다른 법률의 규정에 의하여 설치된 국가특별지방행정기관(대통령령이 정하는 중앙행정기관에 소속된 국가특별지방행정기관을 제외한다)의 처분 또는 부작위에 대해서는 당해 국가특별지방행정기관이 소속된 중앙행정기관의 장이 재결청이 된다.

제6조 (행정심판위원회)

①행정심판의 청구(이하 "심판청구"라 한다)를 심리·의결하기 위하여 각 재결청(국무총리 및 중앙행정기관의 장인 재결청을 제외한

　(7) 보정명령권(§23)
　(8) 증거조사권(§28①)
2.의결권(§21, §33)
　(1) 집행정지(§21④)
　(2) 사정재결(§33①)

3.시정조치요구권(§42의2)

다) 소속하에 행정심판위원회를 둔다.
②행정심판위원회는 위원장 1인을 포함한 15인 이내의 위원으로 구성한다.
③행정심판위원회의 위원장은 재결청이 되며, 필요한 경우에는 소속공무원으로 하여금 그 직무를 대행하게 할 수 있다.
④행정심판위원회의 위원은 다음 각 호의 1에 해당하는 자 또는 재결청 소속공무원 중에서 재결청이 위촉하거나 지명하는 자로 한다.
1. 변호사의 자격이 있는 자
2. 고등교육법 제2조제1호 또는 제3호의 규정에 의한 학교에서 법률학 등을 가르치는 부교수 이상의 직에 있거나 있었던 자
3. 행정기관의 4급 이상의 공무원으로 있었던 자 또는 그 밖에 행정심판에 관한 지식과 경험이 있는 자
⑤행정심판위원회의 회의는 위원장과 위원장이 매 회의마다 지정하는 6인의 위원으로 구성하되, 제4항 각 호의 1에 해당하는 자가 4인 이상 포함되어야 한다.
⑥행정심판위원회는 제5항의 규정에 의한 구성원 과반수의 출석과 출석위원 과반수의 찬성으로 의결한다.
⑦행정심판위원회의 조직 및 운영과 위원의 임기·신분보장 그 밖에 필요한 사항은 대통령령으로 정한다. 다만, 제5조제2항제2호에 규정된 기관 중 국회사무총장의 경우에는 국회규칙으로, 법원행정처장의 경우에는 대법원규칙으로, 헌법재판소사무처장의 경우에는 헌법재판소규칙으로, 중앙선거관리위원회의 경우에는 중앙선거관리위원회규칙으로 정한다.

제6조의2 (국무총리행정심판위원회)
①국무총리 및 중앙행정기관의 장이 재결청이 되는 심판청구를 심리·의결하기 위하여

국무총리 소속하에 국무총리행정심판위원회를
둔다.

②국무총리행정심판위원회는 위원장 1인을
포함한 50인 이내의 위원으로 구성하되, 위원
중 상임위원은 2인 이내로 한다.

③국무총리행정심판위원회의 위원장은 법제
처장이 되며, 필요한 경우에는 소속공무원으
로 하여금 그 직무를 대행하게 할 수 있다.

④국무총리행정심판위원회의 상임위원은 별
정직 국가공무원으로 보하되, 3급 이상의 공
무원으로 3년 이상 근무한 자 기타 행정심판
에 관한 식견이 풍부한 자 중에서 법제처장
의 제청으로 국무총리를 거쳐 대통령이 임명
하고, 그 임기는 3년으로 하며, 1차에 한하여
연임할 수 있다.

⑤국무총리행정심판위원회의 상임위원을 제
외한 위원은 제6조제4항 각 호의 1에 해당하
는 자 또는 대통령령이 정하는 행정기관의
공무원 중에서 국무총리가 위촉하거나 지명
하는 자로 한다.

⑥국무총리행정심판위원회의 회의는 위원장,
상임위원과 위원장이 매 회의마다 지정하는
위원을 포함하여 총 9인으로 구성하되, 제6조
제4항 각 호의 1에 해당하는 자가 5인 이상
포함되어야 한다.

⑦국무총리행정심판위원회는 제6항의 규정에
의한 구성원 과반수의 출석과 출석위원 과반
수의 찬성으로 의결한다.

⑧국무총리행정심판위원회는 위원장이 지정
하는 심판청구사건(이하 "사건"이라 한다)을
미리 검토하게 하기 위하여 필요한 경우에는
소위원회를 둘 수 있다.

⑨국무총리행정심판위원회의 조직 및 운영과
위원의 임기·신분보장 그 밖에 필요한 사항
은 대통령령으로 정한다.

제10조 (관련청구소송의 이송 및 병합)

①취소소송과 다음 각 호의 1에 해당하는 소송(이하 "관련청구소송"이라 한다)이 각각 다른 법원에 계속되고 있는 경우에 관련청구소송이 계속된 법원이 상당하다고 인정하는 때에는 당사자의 신청 또는 직권에 의하여 이를 취소소송이 계속된 법원으로 이송할 수 있다.

1. 당해 처분 등과 관련되는 손해배상·부당이득반환·원상회복 등 청구소송
2. 당해 처분 등과 관련되는 취소소송

②취소소송에는 사실심의 변론종결시까지 관련청구소송을 병합하거나 피고 외의 자를 상대로 한 관련청구소송을 취소소송이 계속된 법원에 병합하여 제기할 수 있다.

제7조 (위원의 제척·기피·회피)

①제6조의 규정에 의한 행정심판위원회 및 제6조의2의 규정에 의한 국무총리행정심판위원회(이하 "위원회"라 한다)의 위원은 다음 각 호의 1에 해당하는 경우에는 그 사건의 심리·의결에서 제척된다.

1. 위원 또는 그 배우자나 배우자였던 자가 당해 사건의 당사자가 되거나 당해 사건에 관하여 공동권리자 또는 의무자의 관계에 있는 경우
2. 위원이 당해 사건의 당사자와 친족관계에 있거나 있었던 경우
3. 위원이 당해 사건에 관하여 증언이나 감정을 한 경우
4. 위원이 당해 사건에 관하여 당사자의 대리인으로서 관여하거나 관여하였던 경우
5. 위원이 당해 사건의 대상이 된 처분 또는 부작위에 관여한 경우

②당사자는 위원에게 심리·의결의 공정을 기대하기 어려운 사정이 있는 경우에는 기피신청을 할 수 있다. 이 경우에 재결청(국무총리행정심판위원회의 경우에는 위원장)은 기피신청에 대하여 위원회의 의결을 거치지 아니하고 결정한다.

③위원이 제1항 또는 제2항의 사유에 해당하는 때에는 스스로 그 사건의 심리·의결에서 회피할 수 있다.

④제1항 내지 제3항의 규정은 사건의 심리·의결에 관한 사무에 관여하는 위원 아닌 직원에게 이를 준용한다.

제7조의2(벌칙적용에 있어서의 공무원의제)

위원회의 위원 중 공무원이 아닌 위원은 형법 기타 법률에 의한 벌칙의 적용에 있어서는 이를 공무원으로 본다.

제11조 (선결문제)

①처분 등의 효력 유무 또는 존재 여부가 민사소송의 선결문제로 되어 당해 민사소송의 수소법원이 이를 심리·판단하는 경우에는 제17조, 제25조, 제26조 및 제33조의 규정을 준용한다.

②제1항의 경우 당해 수소법원은 그 처분 등을 행한 행정청에 그 선결문제로 된 사실을 통지하여야 한다.

제2절 당사자

제12조 (원고적격)

취소소송은 처분 등의 취소를 구할 법률상 이익이 있는 자가 제기할 수 있다. 처분 등의 효과가 기간의 경과, 처분 등의 집행 그 밖의 사유로 인하여 소멸된 뒤에도 그 처분 등의 취소로 인하여 회복되는 법률상 이익이 있는 자의 경우에는 또한 같다.

<개정안 제12조> (원고적격)
취소소송은 행정행위 등의 취소를 구할 법적으로 정당한 이익이 있는 자가 제기할 수 있다. 행정행위 등의 효과가 기간의 경과 그 밖의 사유로 인하여 소멸된 뒤에도 또한 같다.

제8조 (재결청의 권한승계)

①재결청이 심판청구를 받은 후 법령의 개폐 또는 제13조제5항의 규정에 의한 피청구인의 경정결정에 의하여 당해 심판청구에 대한 재결을 행할 권한을 잃게 된 때에는 당해 재결청은 심판청구서·관계서류 및 그 밖의 자료를 새로 재결할 권한을 가지게 된 행정청에 송부하여야 한다.

②제1항의 경우 송부를 받은 행정청은 지체없이 그 사실을 심판청구인(이하 "청구인"이라 한다), 심판피청구인(이하 "피청구인"이라 한다) 및 참가인에게 통지하여야 한다.

제3장 당사자 및 관계인

제9조 (청구인적격)

①취소심판청구는 처분의 취소 또는 변경을 구할 법률상 이익이 있는 자가 제기할 수 있다. 처분의 효과가 기간의 경과, 처분의 집행 그 밖의 사유로 인하여 소멸된 뒤에도 그 처분의 취소로 인하여 회복되는 법률상 이익이 있는 자의 경우에는 또한 같다.

②무효등확인심판청구는 처분의 효력 유무 또는 존재 여부에 대한 확인을 구할 법률상 이익이 있는 자가 제기할 수 있다.

③의무이행심판청구는 행정청의 거부처분 또는 부작위에 대하여 일정한 처분을 구할 법률상 이익이 있는 자가 제기할 수 있다.

제10조 (법인 아닌 사단 또는 재단)

법인 아닌 사단 또는 재단으로서 대표자 또는 관리인이 정하여져 있는 경우에는 그 이름으로 심판청구를 할 수 있다.

제11조 (선정대표자)

①다수의 청구인이 공동으로 심판청구를 하는 때에는 청구인 중 3인 이하의 대표자를 선정할 수 있다.

②제1항의 규정에 의하여 청구인이 대표자를 선정하지 아니한 경우에 위원회가 필요하다고 인정할 때에는 청구인에게 대표자를 선정할 것을 권고할 수 있다.

③선정대표자는 각기 다른 청구인을 위하여 그 사건에 관한 모든 행위를 할 수 있다. 다만, 심판청구의 취하는 다른 청구인의 동의를 얻어야 하며, 이 경우 동의를 얻은 사실은 이를 서면으로 소명하여야 한다.

④선정대표자가 선정된 때에는 다른 청구인들은 그 선정대표자를 통하여서만 그 사건에 관한 행위를 할 수 있다.

⑤대표자를 선정한 청구인들은 필요하다고 인정할 때에는 선정대표자를 해임하거나 변경할 수 있다. 이 경우 청구인들은 그 사실을 지체 없이 위원회에 통지하여야 한다.

제12조 (청구인의 지위승계)

①청구인이 사망한 때에는 상속인 그 밖에 법령에 의하여 심판청구의 대상인 처분에 관계되는 권리 또는 이익을 승계한 자가 그 청구인의 지위를 승계한다.

②법인과 제10조의 사단 또는 재단(이하 "법인 등"이라 한다)인 청구인에 관하여 합병이 있은 때에는 합병 후 존속하는 법인 등이나 또는 합병에 의하여 설립된 법인 등은 그 청구인의 지위를 승계한다.

③제1항 및 제2항의 경우에 청구인의 지위를 승계한 자는 위원회에 서면으로 그 사유를 신고하여야 한다. 이 경우의 신고서에는 사망 등에 의한 권리나 이익의 승계 또는 합병의

제13조 (피고적격)

①취소소송은 다른 법률에 특별한 규정이 없는 한 그 처분 등을 행한 행정청을 피고로 한다. 다만, 처분 등이 있은 뒤에 그 처분 등에 관계되는 권한이 다른 행정청에 승계된 때에는 이를 승계한 행정청을 피고로 한다.

②제1항의 규정에 의한 행정청이 없게 된 때에는 그 처분 등에 관한 사무가 귀속되는 국가 또는 공공단체를 피고로 한다.

제14조 (피고경정)

①원고가 피고를 잘못 지정한 때에는 법원은 원고의 신청에 의하여 결정으로써 피고의 경정을 허가할 수 있다.

②법원은 제1항의 규정에 의한 결정의 정본을 새로운 피고에게 송달하여야 한다.

③제1항의 규정에 의한 신청을 각하하는 결정에 대해서는 즉시 항고할 수 있다.

사실을 증명하는 서면을 첨부하여야 한다.

④제1항 또는 제2항의 경우에 제3항의 규정에 의한 신고가 있을 때까지 사망자 또는 합병 전의 법인 등에 대하여 행한 통지 그 밖의 행위가 청구인의 지위를 승계한 자에게 도달한 경우에는 이들에 대한 통지 그 밖의 행위로서의 효력이 있다.

⑤심판청구의 대상인 처분에 관계되는 권리 또는 이익을 양수한 자는 위원회의 허가를 받아 청구인의 지위를 승계할 수 있다.

제13조 (피청구인의 적격 및 경정)

①심판청구는 행정청을 피청구인으로 하여 제기하여야 한다. 다만, 그 처분이나 부작위와 관계되는 권한이 다른 행정청에 승계된 때에는 이를 승계한 행정청을 피청구인으로 하여야 한다.

②청구인이 피청구인을 잘못 지정한 때에는 위원회는 당사자의 신청 또는 직권에 의하여 결정으로써 피청구인을 경정할 수 있다.

③위원회가 제2항의 규정에 의하여 피청구인의 경정결정을 한 때에는 그 결정정본을 당사자와 새로운 피청구인에게 송달하여야 한다.

④제2항의 규정에 의한 결정이 있은 때에는 종전의 피청구인에 대한 심판청구는 취하되고 새로운 피청구인에 대한 심판청구가 처음에 심판청구를 한 때에 제기된 것으로 본다.

⑤심판청구가 제기된 후에 제1항 단서의 사유가 발생한 때에는 당사자의 신청 또는 직권에 의하여 결정으로써 피청구인을 경정한다. 이 경우에는 제3항과 제4항의 규정이 준용된다.

④제1항의 규정에 의한 결정이 있은 때에는 새로운 피고에 대한 소송은 처음에 소를 제기한 때에 제기된 것으로 본다.

⑤제1항의 규정에 의한 결정이 있은 때에는 종전의 피고에 대한 소송은 취하된 것으로 본다.

⑥취소소송이 제기된 후에 제13조 제1항 단서 또는 제13조 제2항에 해당하는 사유가 생긴 때에는 법원은 당사자의 신청 또는 직권에 의하여 피고를 경정한다. 이 경우에는 제4항 및 제5항의 규정을 준용한다.

제15조 (공동소송)

수인의 청구 또는 수인에 대한 청구가 처분 등의 취소청구와 관련되는 청구인 경우에 한하여 그 수인은 공동소송인이 될 수 있다.

제16조 (제3자의 소송참가)

①법원은 소송의 결과에 따라 권리 또는 이익의 침해를 받을 제3자가 있는 경우에는 당사자 또는 제3자의 신청 또는 직권에 의하여 결정으로써 그 제3자를 소송에 참가시킬 수 있다.

②법원이 제1항의 규정에 의한 결정을 하고자 할 때에는 미리 당사자 및 제3자의 의견을 들어야 한다.

③제1항의 규정에 의한 신청을 한 제3자는

제14조 (대리인의 선임)

①청구인은 법정대리인 외에 다음에 해당하는 자를 대리인으로 선임할 수 있다.

1. 청구인의 배우자, 직계존·비속 또는 형제자매

2. 청구인인 법인의 임원 또는 직원

3. 변호사

4. 다른 법률의 규정에 의하여 심판청구의 대리를 할 수 있는 자

5. 제1호 내지 제4호 외의 자로서 위원회의 허가를 받은 자

②피청구인은 그 소속직원 또는 제1항 제3호 내지 제5호에 해당하는 자를 대리인으로 선임할 수 있다.

③제11조 제3항 및 제5항의 규정은 제1항 및 제2항의 경우에 이를 준용한다.

제15조 (대표자 등의 자격)

①대표자·관리인·선정대표자 또는 대리인의 자격은 서면으로 소명하여야 한다.

②대표자·관리인·선정대표자 또는 대리인이 그 자격을 잃은 때에는 청구인은 그 사실을 서면으로 위원회에 신고하여야 한다.

제16조 (심판참가)

①심판결과에 대하여 이해관계가 있는 제3자 또는 행정청은 위원회의 허가를 받아 그 사건에 참가할 수 있다.

②위원회는 필요하다고 인정할 때에는 그 심판결과에 대하여 이해관계가 있는 제3자 또는 행정청에 그 사건에 참가할 것을 요구할 수 있다.

③제2항의 요구를 받은 제3자 또는 행정청은 지체 없이 그 사건에 참가하거나 참가하지 아니할 뜻을 위원회에 통지하여야 한다.

그 신청을 각하한 결정에 대하여 즉시 항고할 수 있다.

④제1항의 규정에 의하여 소송에 참가한 제3자에 대해서는 민사소송법 제67조의 규정을 준용한다.

제17조 (행정청의 소송참가)

①법원은 다른 행정청을 소송에 참가시킬 필요가 있다고 인정할 때에는 당사자 또는 당해 행정청의 신청 또는 직권에 의하여 결정으로써 그 행정청을 소송에 참가시킬 수 있다.

②법원은 제1항의 규정에 의한 결정을 하고자 할 때에는 당사자 및 당해 행정청의 의견을 들어야 한다.

③제1항의 규정에 의하여 소송에 참가한 행정청에 대해서는 민사소송법 제76조의 규정을 준용한다.

제3절 소의 제기

제18조 (행정심판과의 관계)

①취소소송은 법령의 규정에 의하여 당해 처분에 대한 행정심판을 제기할 수 있는 경우에도 이를 거치지 아니하고 제기할 수 있다. 다만, 다른 법률에 당해 처분에 대한 행정심판의 재결을 거치지 아니하면 취소소송을 제기할 수 없다는 규정이 있는 때에는 그러하지 아니하다.

②제1항 단서의 경우에도 다음 각 호의 1에 해당하는 사유가 있는 때에는 행정심판의 재결을 거치지 아니하고 취소소송을 제기할 수 있다.

1. 행정심판청구가 있은 날로부터 60일이 지나도 재결이 없는 때
2. 처분의 집행 또는 절차의 속행으로 생길

<민사소송법 제67조> (필수적 공동소송에 대한 특별규정) ①소송목적이 공동소송인 모두에게 합일적으로 확정되어야 할 공동소송의 경우에 공동소송인 가운데 한 사람의 소송행위는 모두의 이익을 위하여서만 효력을 가진다.

<민사소송법 제76조> (참가인의 소송행위) ①참가인은 소송에 관하여 공격·방어·이의·상소, 그 밖의 모든 소송행위를 할 수 있다. 다만, 참가할 때의 소송의 진행정도에 따라 할 수 없는 소송행위는 그러하지 아니하다.

제4장 심판청구

제17조 (심판청구서의 제출 등)

①심판청구서는 재결청 또는 피청구인인 행정청에 제출하여야 한다.

②행정청이 제42조의 규정에 의한 고지를 하지 아니하거나 잘못 알려서 청구인이 심판청구서를 다른 행정기관에 제출한 때에는 당해 행정기관은 그 심판청구서를 지체 없이 정당한 권한 있는 행정청에 송부하여야 한다.

③제1항 또는 제2항의 규정에 의하여 심판청구서를 받은 행정청은 그 심판청구가 이유 있다고 인정할 때에는 심판청구의 취지에 따르는 처분이나 확인을 하고 지체 없이 이를 재결청과 청구인에게 통지하여야 한다.

④행정청은 제3항의 규정에 의하여 심판청구의 취지에 따르는 처분이나 확인을 하고 이를 재결청과 청구인에게 통지한 경우 또는 제30조제1항의 규정에 의하여 청구인이 심판청구를 취하한 경우를 제외하고는 심판청구서를 받은 날로부터 10일 이내에 그 심판청구서를 재결청에 송부하여야 한다.

중대한 손해를 예방하여야 할 긴급한 필요가 있는 때

3. 법령의 규정에 의한 행정심판기관이 의결 또는 재결을 하지 못할 사유가 있는 때

4. 그 밖의 정당한 사유가 있는 때

③제1항 단서의 경우에 다음 각 호의 1에 해당하는 사유가 있는 때에는 행정심판을 제기함이 없이 취소소송을 제기할 수 있다.

1. 동종사건에 관하여 이미 행정심판의 기각재결이 있은 때

2. 서로 내용상 관련되는 처분 또는 같은 목적을 위하여 단계적으로 진행되는 처분 중 어느 하나가 이미 행정심판의 재결을 거친 때

3. 행정청이 사실심의 변론종결 후 소송의 대상인 처분을 변경하여 당해 변경된 처분에 관하여 소를 제기하는 때

4. 처분을 행한 행정청이 행정심판을 거칠 필요가 없다고 잘못 알린 때

④제2항 및 제3항의 규정에 의한 사유는 이를 소명하여야 한다.

제19조 (취소소송의 대상) ☞ 심 §3

취소소송은 처분 등을 대상으로 한다. 다만, 재결취소소송의 경우에는 재결 자체에 고유한 위법이 있음을 이유로 하는 경우에 한한다.

제20조 (제소기간)

①취소소송은 처분 등이 있음을 안 날부터 90일 이내에 제기하여야 한다. 다만, 제18조 제1항 단서에 규정한 경우와 그 밖에 행정심판청구를 할 수 있는 경우 또는 행정청이 행정심판청구를 할 수 있다고 잘못 알린 경우에 행정심판청구가 있은 때의 기간은 재결서의 정본을 송달받은 날부터 기산한다.

⑤행정청이 제4항의 규정에 의하여 심판청구서를 송부함에 있어서는 심판청구서에 재결청이 표시되지 아니하였거나 잘못 표시된 경우에도 정당한 권한 있는 재결청에 송부하여야 한다.

⑥제2항 또는 제5항의 규정에 의하여 송부할 때에는 지체 없이 그 사실을 청구인에게 통지하여야 한다.

⑦제18조의 규정에 의한 심판청구기간을 계산함에 있어서는 제1항의 규정에 의한 재결청 또는 행정청과 제2항의 규정에 의한 행정기관에 심판청구서가 제출된 때에 심판청구가 제기된 것으로 본다.

제18조 (심판청구기간)

①심판청구는 처분이 있음을 안 날부터 90일 이내에 제기하여야 한다.

②청구인이 천재·지변·전쟁·사변 그 밖에 불가항력으로 인하여 제1항에 정한 기간 내에 심판청구를 할 수 없었을 때에는 그 사유가 소멸한 날로부터 14일 이내에 심판청구를 제기할 수 있다. 다만, 국외에서의 심판청구에 있어서는 그 기간을 30일로 한다.

③심판청구는 처분이 있은 날로부터 180일을 경과하면 제기하지 못한다. 다만, 정당한 사유가 있는 경우에는 그러하지 아니하다.

④제1항 및 제2항의 기간은 불변기간으로 한다.

⑤행정청이 심판청구기간을 제1항의 규정에

②취소소송은 처분 등이 있은 날부터 1년(제1항 단서의 경우는 재결이 있은 날부터 1년)을 경과하면 이를 제기하지 못한다. 다만, 정당한 사유가 있는 때에는 그러하지 아니하다.

③제1항의 규정에 의한 기간은 불변기간으로 한다.

의한 기간보다 긴 기간으로 잘못 알린 경우에 그 잘못 알린 기간 내에 심판청구가 있으면 그 심판청구는 제1항의 규정에 의한 기간 내에 제기된 것으로 본다.

⑥행정청이 심판청구기간을 알리지 아니한 때에는 제3항의 기간 내에 심판청구를 할 수 있다.

⑦제1항 내지 제6항의 규정은 무효등확인심판청구와 부작위에 대한 의무이행심판청구에는 이를 적용하지 아니한다.

제19조 (심판청구의 방식)

①심판청구는 서면으로 하여야 한다.

②처분에 대한 심판청구의 경우에는 다음 각 호의 사항을 기재하여야 한다.

1. 청구인의 이름 및 주소
2. 피청구인인 행정청과 재결청
3. 심판청구의 대상이 되는 처분의 내용
4. 처분이 있은 것을 안 날
5. 심판청구의 취지 및 이유
6. 처분을 한 행정청의 고지의 유무 및 그 내용

③부작위에 대한 심판청구의 경우에는 제2항 제1호·제2호·제5호 외에 당해 부작위의 전제가 되는 신청의 내용과 날짜를 기재하여야 한다.

④청구인이 법인 등이거나 심판청구가 선정대표자 또는 대리인에 의하여 제기되는 것인 때에는 제2항 및 제3항의 사항 외에 그 대표자·관리인·선정대표자 또는 대리인의 이름과 주소를 기재하여야 한다.

⑤제1항의 서면에는 청구인·대표자·관리인·선정대표자 또는 대리인이 기명날인하여야 한다.

제21조 (소의 변경)

①법원은 취소소송을 당해 처분 등에 관계되는 사무가 귀속하는 국가 또는 공공단체에 대한 당사자소송 또는 취소소송 외의 항고소송으로 변경하는 것이 상당하다고 인정할 때에는 청구의 기초에 변경이 없는 한 사실심의 변론종결시까지 원고의 신청에 의하여 결정으로써 소의 변경을 허가할 수 있다.

②제1항의 규정에 의한 허가를 하는 경우 피고를 달리하게 될 때에는 법원은 새로 피고로 될 자의 의견을 들어야 한다.

③제1항의 규정에 의한 허가결정에 대해서는 즉시 항고할 수 있다.

④제1항의 규정에 의한 허가결정에 대해서는 제14조제2항·제4항 및 제5항의 규정을 준용한다.

제22조 (처분변경으로 인한 소의 변경)

①법원은 행정청이 소송의 대상인 처분을 소가 제기된 후 변경한 때에는 원고의 신청에 의하여 결정으로써 청구의 취지 또는 원인의 변경을 허가할 수 있다.

②제1항의 규정에 의한 신청은 처분의 변경이 있음을 안 날로부터 60일 이내에 하여야 한다.

③제1항의 규정에 의하여 변경되는 청구는 제18조제1항 단서의 규정에 의한 요건을 갖춘 것으로 본다.

제23조 (집행정지)

①취소소송의 제기는 처분 등의 효력이나 그 집행 또는 절차의 속행에 영향을 주지 아니한다.

②취소소송이 제기된 경우에 처분 등이나 그 집행 또는 절차의 속행으로 인하여 생길 회

제20조 (청구의 변경)

①청구인은 청구의 기초에 변경이 없는 범위 안에서 청구의 취지 또는 이유를 변경할 수 있다.

②피청구인이 심판청구 후에 그 대상인 처분을 변경한 때에는 청구인은 변경된 처분에 맞추어 청구의 취지 또는 이유를 변경할 수 있다.

③청구의 변경은 서면으로 신청하여야 한다.

④제3항의 서면은 그 부본을 다른 당사자에게 송달하여야 한다.

⑤위원회는 청구의 변경이 이유 없다고 인정할 때에는 신청 또는 직권에 의하여 결정으로써 그 변경을 허가하지 아니할 수 있다.

제21조 (집행정지)

①심판청구는 처분의 효력이나 그 집행 또는 절차의 속행에 영향을 주지 아니한다.

②재결청은 처분이나 그 집행 또는 절차의 속행으로 인하여 생길 회복하기 어려운 손해를 예방하기 위하여 긴급한 필요가 있다고 인정할 때에는 당사자의 신청 또는 직권에 의하여 위원회의 심리·의결을 거쳐 처분의 효력이나 그 집행 또는 절차의 속행의 전부 또는 일부의 정지(이하 "집행정지"라 한다)를 결정할 수 있다. 다만, 처분의 효력정지는 처분의 집행 또는 절차의 속행을 정지함으로써 그 목적을 달성할 수 있는 때에는 허용되지 아니한다.

③집행정지는 공공복리에 중대한 영향을 미칠 우려가 있을 때에는 허용되지 아니한다.

복하기 어려운 손해를 예방하기 위하여 긴급
한 필요가 있다고 인정할 때에는 본안이 계
속되고 있는 법원은 당사자의 신청 또는 직
권에 의하여 처분 등의 효력이나 그 집행 또
는 절차의 속행의 전부 또는 일부의 정지(이
하 "집행정지"라 한다)를 결정할 수 있다. 다
만, 처분의 효력정지는 처분 등의 집행 또는
절차의 속행을 정지함으로써 목적을 달성할
수 있는 경우에는 허용되지 아니한다.
③집행정지는 공공복리에 중대한 영향을 미
칠 우려가 있을 때에는 허용되지 아니한다.
④제2항의 규정에 의한 집행정지의 결정을
신청함에 있어서는 그 이유에 대한 소명이
있어야 한다.
⑤제2항의 규정에 의한 집행정지의 결정 또는
기각의 결정에 대해서는 즉시 항고할 수 있다.
이 경우 집행정지의 결정에 대한 즉시항고에
는 결정의 집행을 정지하는 효력이 없다.
⑥제30조제1항의 규정은 제2항의 규정에 의
한 집행정지의 결정에 이를 준용한다.

제24조 (집행정지의 취소)
①집행정지의 결정이 확정된 후 집행정지가
공공복리에 중대한 영향을 미치거나 그 정지
사유가 없어진 때에는 당사자의 신청 또는
직권에 의하여 결정으로써 집행정지의 결정
을 취소할 수 있다.
②제1항의 규정에 의한 집행정지결정의 취소
결정과 이에 대한 불복의 경우에는 제23조제
4항 및 제5항의 규정을 준용한다.

④재결청은 집행정지의 결정을 한 후에 집행
정지가 공공복리에 중대한 영향을 미치거나
그 정지사유가 없어진 때에는 당사자의 신청
또는 직권에 의하여 위원회의 심리·의결을
거쳐 집행정지의 결정을 취소할 수 있다.
⑤당사자가 집행정지의 신청을 하고자 하는
때에는 심판청구와 동시 또는 심판청구에 대
한 의결이 있기 전까지, 집행정지취소의 신청
을 하고자 하는 때에는 집행정지결정 후 심
판청구에 대한 의결이 있기 전까지 신청의
취지와 원인을 기재한 서면에 심판청구서 사
본 및 접수증명서를 첨부하여 위원회에 제출
하여야 한다. 다만, 위원회에 심판청구가 계

<개정안 제26조> (가처분)
① 행정행위 등이 위법하다는 상당한 의심이 있는 경우로서 다음 각 호의 1에 해당하는 때에는 본안의 관할법원은 당사자의 신청에 따라 결정으로 가처분을 할 수 있다.
  1. 다툼의 대상에 관하여 현상이 바뀌면 당사자가 권리를 실행하지 못하거나 이를 실행하는 것이 매우 곤란할 염려가 있어 다툼의 대상에 관한 현상을 유지할 필요가 있는 경우
  2. 다툼이 있는 법률관계에 관하여 당사자의 중대한 불이익을 피하거나 급박한 위험을 막기 위하여 임시의 지위를 정하여야 할 필요가 있는 경우

제4절 심리

제25조 (행정심판기록의 제출명령)
①법원은 당사자의 신청이 있는 때에는 결정으로써 재결을 행한 행정청에 대하여 행정심판에 관한 기록의 제출을 명할 수 있다.
②제1항의 규정에 의한 제출명령을 받은 행정청은 지체 없이 당해 행정심판에 관한 기록을 법원에 제출하여야 한다.

속 중인 경우에는 심판청구서 사본 및 접수증명서를 첨부하지 아니한다.
⑥제2항 및 제4항의 규정에 불구하고 위원회의 심리·의결을 기다려서는 회복하기 어려운 손해가 발생할 우려가 있다고 인정될 때에는 위원회의 위원장은 직권으로 심리·의결에 갈음하는 결정을 할 수 있다. 이 경우 위원장은 위원회에 그 사실을 보고하고 추인을 받아야 하며, 위원회의 추인을 받지 못한 때에는 재결청은 집행정지 또는 집행정지의 취소에 관한 결정을 취소하여야 한다.
⑦위원회는 집행정지 또는 집행정지의 취소에 관하여 심리·의결한 때에는 지체 없이 그 내용을 재결청에 통지하여야 한다. 이 경우 위원회는 필요하다고 인정되는 경우에는 당사자에게도 이를 통지할 수 있다.
⑧재결청은 위원회로부터 집행정지 또는 집행정지의 취소에 관한 심리·의결 결과를 통지받은 때에는 지체 없이 집행정지 또는 집행정지취소에 관한 결정을 하고, 그 결정서를 당사자에게 송달하여야 한다.

제5장 심리

제22조 (위원회 회부 등)
①재결청은 제17조제4항의 규정에 의하여 심판청구서가 송부되거나 제24조제1항의 규정에 의하여 답변서가 제출된 때에는 지체 없이 그 사건을 위원회에 회부하여야 한다.
②제3자가 심판청구를 한 때에는 재결청은 처분의 상대방에게 이를 통지하여야 한다.

제23조 (보정)
①위원회는 심판청구가 부적법하나 보정할 수 있다고 인정하는 때에는 상당한 기간을

<개정안 제28조> (자료제출요구)

① 법원은 사건의 심리를 위하여 필요하다고 인정하는 경우에는 결정으로 당사자 또는 관계행정청이 보관 중인 관련문서, 장부 기타 자료의 제출을 요구할 수 있다.

② 당사자 또는 관계행정청은 제1항의 규정에 의하여 요구받은 자료를 지체 없이 제출하여야 한다. 다만, 그 자료의 공개가 공공의 안전과 이익을 현저히 해할 우려가 있는 경우나 법률상 또는 그 자료의 성질상 이를 비밀로 유지할 필요가 있는 경우에는 자료제출을 거부할 수 있다.

③ 법원은 당사자의 신청에 따라 제2항 단서의 규정에 의한 자료제출거부의 적법 여부를 결정한다.

④ 법원은 제3항의 규정에 의한 결정을 함에 있어서 필요하다고 인정하는 때에는 자료제출을 요구받은 당사자 또는 관계행정청에 그 자료를 제시하도록 요구할 수 있다. 이 경우 법원은 그 자료를 다른 사람이 보도록 하여서는 아니 된다.

정하여 그 보정을 요구하여야 한다. 다만, 보정할 사항이 경미한 경우에는 직권으로 보정할 수 있다.

②제1항의 보정은 서면으로 하여야 한다. 이 경우 그 보정서에는 당사자의 수에 따른 부본을 첨부하여야 한다.

③위원회는 제2항의 규정에 의하여 제출된 보정서 부본을 지체 없이 다른 당사자에게 송달하여야 한다.

④제1항의 규정에 의한 보정이 있는 경우에는 처음부터 적법한 심판청구가 제기된 것으로 본다.

⑤제1항의 규정에 의한 보정기간은 제34조의 규정에 의한 재결기간에 산입하지 아니한다.

제24조 (답변서의 제출)

①재결청은 제17조제1항의 규정에 의하여 심판청구서를 받은 때에는 지체 없이 그 부본을 피청구인에게 송부하고, 피청구인은 그 부본을 받은 날부터 10일 이내에 답변서를 재결청에 제출하여야 한다.

②피청구인이 제17조제4항의 규정에 의하여 심판청구서를 재결청에 송부할 때에는 답변서를 첨부하여야 한다.

③제1항 및 제2항의 답변서에는 처분 또는 부작위의 근거와 이유를 명시하고 심판청구의 취지와 이유에 대응하는 답변을 기재하여야 한다.

④답변서에는 다른 당사자의 수에 따르는 부본을 첨부하여야 한다.

⑤피청구인으로부터 답변서가 제출된 때에는 위원회는 그 부본을 다른 당사자에게 송달하여야 한다.

제26조 (직권심리)

법원은 필요하다고 인정할 때에는 직권으로 증거조사를 할 수 있고, 당사자가 주장하지 아니한 사실에 대해서도 판단할 수 있다.

제25조 (주장의 보충)

①당사자는 심판청구서·보정서·답변서 또는 참가신청서에서 주장한 사실을 보충하고 다른 당사자의 주장을 다시 반박하기 위하여 필요하다고 인정할 때에는 보충서면을 제출할 수 있다.

②제1항의 경우 위원회가 보충서면의 제출기한을 정한 때에는 그 기한 내에 이를 제출하여야 한다.

제26조 (심리의 방식)

①위원회는 필요하다고 인정할 때에는 당사자가 주장하지 아니한 사실에 대해서도 심리할 수 있다.

②행정심판의 심리는 구술심리 또는 서면심리로 한다. 다만, 당사자가 구술심리를 신청한 때에는 서면심리만으로 결정할 수 있다고 인정되는 경우 외에는 구술심리를 하여야 한다.

③위원회가 구술심리를 하는 때에는 기일을 정하여 당사자와 관계인을 소환하여야 한다.

제26조의2(발언 내용 등의 비공개)

위원회에서 위원이 발언한 내용 기타 공개할 경우 위원회의 심리·의결의 공정성을 해할 우려가 있는 사항으로서 대통령령이 정하는 사항은 이를 공개하지 아니한다.

제27조 (증거서류 등의 제출)

①당사자는 심판청구서·보정서·답변서 또는 참가신청서에 덧붙여 그 주장을 뒷받침하는 증거서류 또는 증거물을 제출할 수 있다.

②제1항의 증거서류에는 다른 당사자의 수에 따르는 부본을 첨부하여야 한다.

③위원회는 당사자로부터 제출된 증거서류의 부본을 지체 없이 다른 당사자에게 송달하여

야 한다.

제28조 (증거조사)

①위원회는 사건의 심리를 위하여 필요하다고 인정할 때에는 당사자의 신청 또는 직권에 의하여 다음의 방법에 의한 증거조사를 할 수 있다.

1. 당사자 본인 또는 참고인을 신문하는 일

2. 당사자 또는 관계인이 소지하는 문서·장부·물건 그 밖의 증거자료의 제출을 요구하고 이를 영치하는 일

3. 특별한 학식과 경험을 가진 제3자에게 감정을 명하는 일

4. 필요한 물건·사람·장소 그 밖에 사물의 성장 또는 상황을 검증하는 일

②위원회는 필요하다고 인정할 때에는 재결청의 직원(국무총리행정심판위원회의 경우에는 법제처 소속직원) 또는 다른 행정기관에 촉탁하여 제1항의 증거조사를 하게 할 수 있다.

③위원회는 필요하다고 인정할 때에는 관계행정기관에 대하여 필요한 서류의 제출 또는 의견의 진술을 요구할 수 있다.

④제1항의 규정에 의한 당사자 등과 제3항의 규정에 의한 관계행정기관의 장은 위원회의 조사나 요구 등에 성실하게 응하고 이에 협조하여야 한다.

⑤국무총리행정심판위원회에서 심리·의결하는 심판청구의 경우 재결청은 의견서를 제출하거나 의견을 진술할 수 있다.

제29조 (절차의 병합 또는 분리) ☞ 소 §10

위원회는 필요하다고 인정할 때에는 관련되는 심판청구를 병합하여 심리하거나 병합된 관련청구를 분리하여 심리할 수 있다.

제5절 재판

제27조 (재량처분의 취소)
행정청의 재량에 속하는 처분이라도 재량권의 한계를 넘거나 그 남용이 있는 때에는 법원은 이를 취소할 수 있다.

제28조 (사정판결)
①원고의 청구가 이유 있다고 인정하는 경우에도 처분 등을 취소하는 것이 현저히 공공복리에 적합하지 아니하다고 인정하는 때에

제30조 (청구 등의 취하)
①청구인은 심판청구에 대한 재결이 있을 때까지 서면으로 심판청구를 취하할 수 있다.
②참가인은 심판청구에 대한 재결이 있을 때까지 서면으로 참가신청을 취하할 수 있다.

제6장 재결

제31조 (재결의 절차)
①위원회는 심리를 마치면 그 심판청구에 대하여 재결할 내용을 의결하고 그 의결내용을 재결청에 통고하여야 한다.
②재결청은 제1항의 규정에 의한 위원회의 의결내용에 따라 지체 없이 재결하여야 한다.

제32조 (재결의 구분)
①재결청은 심판청구가 부적법한 것인 때에는 그 심판청구를 각하한다.
②재결청은 심판청구가 이유 없다고 인정할 때에는 그 심판청구를 기각한다.
③재결청은 취소심판의 청구가 이유 있다고 인정할 때에는 처분을 취소 또는 변경하거나 처분청에 취소 또는 변경할 것을 명한다.
④재결청은 무효등확인심판의 청구가 이유 있다고 인정할 때에는 처분의 효력 유무 또는 존재 여부를 확인한다.
⑤재결청은 의무이행심판의 청구가 이유 있다고 인정할 때에는 지체 없이 신청에 따른 처분을 하거나 이를 할 것을 명한다.

제33조 (사정재결)
①재결청은 심판청구가 이유 있다고 인정하는 경우에도 이를 인용하는 것이 현저히 공공복리에 적합하지 아니하다고 인정하는 때에는 위원회의 의결에 의하여 그 심판청구를

는 법원은 원고의 청구를 기각할 수 있다. 이 경우 법원은 그 판결의 주문에서 그 처분 등이 위법함을 명시하여야 한다.

②법원이 제1항의 규정에 의한 판결을 함에 있어서는 미리 원고가 그로 인하여 입게 될 손해의 정도와 배상방법 그 밖의 사정을 조사하여야 한다.

③원고는 피고인 행정청이 속하는 국가 또는 공공단체를 상대로 손해배상, 제해시설의 설치 그 밖에 적당한 구제방법의 청구를 당해 취소소송 등이 계속된 법원에 병합하여 제기할 수 있다.

기각하는 재결을 할 수 있다. 이 경우 재결청은 그 재결의 주문에서 그 처분 또는 부작위가 위법 또는 부당함을 명시하여야 한다.

②재결청은 제1항의 규정에 의한 재결을 함에 있어서는 청구인에 대하여 상당한 구제방법을 취하거나, 피청구인에게 상당한 구제방법을 취할 것을 명할 수 있다.

③제1항 및 제2항의 규정은 무효등확인심판에는 이를 적용하지 아니한다.

제34조 (재결기간)

①재결은 제17조의 규정에 의하여 재결청 또는 피청구인인 행정청이 심판청구서를 받은 날부터 60일 이내에 하여야 한다. 다만, 부득이한 사정이 있을 때에는 위원장이 직권으로 30일을 연장할 수 있다.

②제1항 단서의 규정에 의하여 재결기간을 연장한 때에는 재결기간이 만료되기 7일 전까지 당사자 및 재결청에 이를 통지하여야 한다.

제35조 (재결의 방식)

①재결은 서면으로 한다.

②제1항의 규정에 의한 재결서에는 다음 사항을 기재하고 재결청이 위원회의 의결내용에 따라 재결한 사실을 명기한 다음 기명날인하여야 한다.

1. 사건번호와 사건명
2. 당사자·대표자 또는 대리인의 이름과 주소
3. 주문
4. 청구의 취지
5. 이유
6. 재결한 날짜

③재결서에 기재하는 이유에는 주문내용이 정당함을 인정할 수 있는 정도로 판단을 표시하여야 한다.

제29조 (취소판결 등의 효력)

①처분 등을 취소하는 확정판결은 제3자에 대해서도 효력이 있다.

②제1항의 규정은 제23조의 규정에 의한 집행정지의 결정 또는 제24조의 규정에 의한 그 집행정지결정의 취소결정에 준용한다.

제30조 (취소판결 등의 기속력)

①처분 등을 취소하는 확정판결은 그 사건에 관하여 당사자인 행정청과 그 밖의 관계행정청을 기속한다.

②판결에 의하여 취소되는 처분이 당사자의 신청을 거부하는 것을 내용으로 하는 경우에는 그 처분을 행한 행정청은 판결의 취지에 따라 다시 이전의 신청에 대한 처분을 하여야 한다.

③제2항의 규정은 신청에 따른 처분이 절차의 위법을 이유로 취소되는 경우에 준용한다.

제36조 (재결의 범위)

①재결청은 심판청구의 대상이 되는 처분 또는 부작위 외의 사항에 대해서는 재결하지 못한다.

②재결청은 심판청구의 대상이 되는 처분보다 청구인에게 불이익한 재결을 하지 못한다.

제37조 (재결의 기속력 등)

①재결은 피청구인인 행정청과 그 밖의 관계행정청을 기속한다.

②당사자의 신청을 거부하거나 부작위로 방치한 처분의 이행을 명하는 재결이 있는 경우에는 행정청은 지체 없이 그 재결의 취지에 따라 다시 이전의 신청에 대한 처분을 하여야 한다. 이 경우 재결청은 당해 행정청이 처분을 하지 아니하는 때에는 당사자의 신청에 따라 기간을 정하여 서면으로 시정을 명하고 그 기간 내에 이행하지 아니하는 경우에는 당해 처분을 할 수 있다.

③제2항 전단의 규정은 신청에 따른 처분이 절차의 위법 또는 부당을 이유로 재결로써 취소된 경우에 이를 준용한다.

④재결청은 제2항 후단의 규정에 의하여 직접처분을 한 때에는 그 사실을 당해 행정청에 통보하여야 하며, 그 통보를 받은 행정청은 재결청이 행한 처분을 당해 행정청이 행한 처분으로 보아 관법계령에 따라 관리·감독 등 필요한 조치를 하여야 한다.

⑤법령의 규정에 의하여 공고한 처분이 재결로써 취소 또는 변경된 때에는 처분을 행한 행정청은 지체 없이 그 처분이 취소 또는 변경되었음을 공고하여야 한다.

⑥법령의 규정에 의하여 처분의 상대방 외의 이해관계인에게 통지된 처분이 재결로써 취소 또는 변경된 때에는 처분을 행한 행정청

제6절 보칙

제31조 (제3자에 의한 재심청구)
①처분 등을 취소하는 판결에 의하여 권리 또는 이익의 침해를 받은 제3자는 자기에게 책임 없는 사유로 소송에 참가하지 못함으로써 판결의 결과에 영향을 미칠 공격 또는 방어방법을 제출하지 못한 때에는 이를 이유로 확정된 종국판결에 대하여 재심의 청구를 할 수 있다.
②제1항의 규정에 의한 청구는 확정판결이 있음을 안 날로부터 30일 이내, 판결이 확정된 날로부터 1년 이내에 제기하여야 한다.
③제2항의 규정에 의한 기간은 불변기간으로 한다.

은 지체 없이 그 이해관계인에게 그 처분이 취소 또는 변경되었음을 통지하여야 한다.

제38조 (재결의 송달과 효력발생)
①재결청은 지체 없이 당사자에게 재결서의 정본을 송달하여야 한다.
②재결은 청구인에게 제1항의 규정에 의한 송달이 있은 때에 그 효력이 생긴다.
③재결청은 재결서의 등본을 지체 없이 참가인에게 송달하여야 한다.
④재결청은 제37조제3항의 규정에 의한 취소재결이 있는 때에는 지체 없이 그 재결서의 등본을 처분의 상대방에게 송달하여야 한다.

제39조 (재심판청구의 금지)
심판청구에 대한 재결이 있는 경우에는 당해 재결 및 동일한 처분 또는 부작위에 대하여 다시 심판청구를 제기할 수 없다.

제7장 보칙

제40조 (증거서류 등의 반환)
재결청이 재결을 한 후 신청이 있는 때에는 제27조와 제28조제1항 제2호의 규정에 의하여 제출된 문서·장부·물건 그 밖에 증거자료의 원본을 지체 없이 제출자에게 반환하여야 한다.

제41조 (서류의 송달)
이 법에 의한 서류의 송달방법에 관해서는 민사소송법 중 송달에 관한 규정을 준용한다.

제42조 (고지)
①행정청이 처분을 서면으로 하는 경우에는 그 상대방에게 처분에 관하여 행정심판을 제

504

제32조 (소송비용의 부담)
취소청구가 제28조의 규정에 의하여 기각되거나 행정청이 처분 등을 취소 또는 변경함으로 인하여 청구가 각하 또는 기각된 경우에는 소송비용은 피고의 부담으로 한다.

제33조 (소송비용에 관한 재판의 효력)
소송비용에 관한 재판이 확정된 때에는 피고 또는 참가인이었던 행정청이 소속하는 국가 또는 공공단체에 그 효력을 미친다.

제34조 (거부처분취소판결의 간접강제)
①행정청이 제30조제2항의 규정에 의한 처분을 하지 아니하는 때에는 제1심수소법원은 당사자의 신청에 의하여 결정으로써 상당한 기간을 정하고 행정청이 그 기간 내에 이행하지 아니하는 때에는 그 지연기간에 따라 일정한 배상을 할 것을 명하거나 즉시 손해배상을 할 것을 명할 수 있다.
②제33조와 민사집행법 제262조의 규정은 제1항의 경우에 준용한다. <개정 2002.1.26>

기할 수 있는지의 여부, 제기하는 경우의 심판청구절차 및 청구기간을 알려야 한다.
②행정청은 이해관계인으로부터 당해 처분이 행정심판의 대상이 되는 처분인지의 여부와 행정심판의 대상이 되는 경우에 재결청 및 청구기간에 관하여 알려줄 것을 요구받은 때에는 지체 없이 이를 알려야 한다. 이 경우 서면으로 알려줄 것을 요구받은 때에는 서면으로 알려야 한다.

제42조의2 (불합리한 법령 등의 개선)
①국무총리행정심판위원회는 심판청구를 심리·의결함에 있어서 처분 또는 부작위의 근거가 되는 명령 등(대통령령·총리령·부령·훈령·예규·고시·조례·규칙 등을 말한다. 이하 같다)이 법령에 근거가 없거나 상위법령에 위배되거나 국민에게 과도한 부담을 주는 등 현저하게 불합리하다고 인정되는 경우에는 관계행정기관에 대하여 당해 명령 등의 개정·폐지 등 적절한 시정조치를 요청할 수 있다.
②제1항의 규정에 의한 요청을 받은 관계행정기관은 정당한 사유가 없는 한 이에 따라야 한다.

제43조 (다른 법률과의 관계)
①행정심판에 관해서는 사안의 전문성과 특수성을 살리기 위하여 특히 필요한 경우가 아니면 청구인에게 불리한 내용으로 이 법에 대한 특례를 다른 법률로 정할 수 없다.
②행정심판에 관하여 다른 법률에서 특례를 정한 경우에도 그 법률에서 규정하지 아니한 사항에 관해서는 이 법이 정하는 바에 의한다.

제3장 취소소송 외의 항고소송

제35조 (무효등확인소송의 원고적격)
무효등확인소송은 처분 등의 효력 유무 또는 존재 여부의 확인을 구할 법률상 이익이 있는 자가 제기할 수 있다.

제36조 (부작위위법확인소송의 원고적격)
부작위위법확인소송은 처분의 신청을 한 자로서 부작위의 위법의 확인을 구할 법률상 이익이 있는 자만이 제기할 수 있다.

제37조 (소의 변경)
제21조의 규정은 무효등확인소송이나 부작위위법확인소송을 취소소송 또는 당사자소송으로 변경하는 경우에 준용한다.

제38조 (준용규정)
①제9조, 제10조, 제13조 내지 제17조, 제19조, 제22조 내지 제26조, 제29조 내지 제31조 및 제33조의 규정은 무효등확인소송의 경우에 준용한다.
②제9조, 제10조, 제13조 내지 제19조, 제20조, 제25조 내지 제27조, 제29조 내지 제31조, 제33조 및 제34조의 규정은 부작위위법확인소송의 경우에 준용한다.

제44조 (권한의 위임)
이 법에 의한 위원회의 권한 중 경미한 사항은 국회규칙·대법원규칙·헌법재판소규칙·중앙선거관리위원회규칙 또는 대통령령이 정하는 바에 따라 위원장에게 위임할 수 있다.

<공통적인 준용배제>

§11(선결문제)
§12(원고적격)
§28(사정판결)
§32(소송비용의 부담)

<무효등확인소송에서 준용배제>

§18(행정심판과의 관계)
§20(제소기간)
§27(재량처분의 취소)
§34(거부처분취소판결의 간접강제)

<부작위위법확인소송에서 준용배제>

§22(처분변경으로 인한 소의 변경)
§23(집행정지)
§24(집행정지의 취소)

<당사자소송에서 준용배제>

§11(선결문제)
§12(원고적격)
§13(피고적격)
§18(행정심판과의 관계)
§19(취소소송의 대상)
§20(제소기간)
§21(소의 변경)
§23(집행정지)
§24(집행정지의 취소)
§27(재량처분의 취소)

506

제4장 당사자소송

제39조 (피고적격)
당사자소송은 국가·공공단체 그 밖의 권리 주체를 피고로 한다.

제40조 (재판관할)
제9조의 규정은 당사자소송의 경우에 준용한다. 다만, 국가 또는 공공단체가 피고인 경우에는 관계행정청의 소재지를 피고의 소재지로 본다.

제41조 (제소기간)
당사자소송에 관하여 법령에 제소기간이 정하여져 있는 때에는 그 기간은 불변기간으로 한다.

제42조 (소의 변경)
제21조의 규정은 당사자소송을 항고소송으로 변경하는 경우에 준용한다.

제43조 (가집행선고의 제한)
국가를 상대로 하는 당사자소송의 경우에는 가집행선고를 할 수 없다.

제44조 (준용규정)
①제14조 내지 제17조, 제22조, 제25조, 제26조, 제30조제1항, 제32조 및 제33조의 규정은 당사자소송의 경우에 준용한다.
②제10조의 규정은 당사자소송과 관련청구소송이 각각 다른 법원에 계속되고 있는 경우의 이송과 이들 소송의 병합의 경우에 준용한다.

§28(사정판결)
§29(취소판결 등의 효력)
§30②,③(재처분의무)
§31(제3자에 의한 재심청구)
§34(거부처분취소판결의 간접강제)

제5장 민중소송 및 기관소송

제45조 (소의 제기)

민중소송 및 기관소송은 법률이 정한 경우에 법률에 정한 자에 한하여 제기할 수 있다.

제46조 (준용규정)

①민중소송 또는 기관소송으로서 처분 등의 취소를 구하는 소송에는 그 성질에 반하지 아니하는 한 취소소송에 관한 규정을 준용한다.
②민중소송 또는 기관소송으로서 처분 등의 효력 유무 또는 존재 여부나 부작위의 위법의 확인을 구하는 소송에는 그 성질에 반하지 아니하는 한 각각 무효등확인소송 또는 부작위위법확인소송에 관한 규정을 준용한다.
③민중소송 또는 기관소송으로서 제1항 및 제2항에 규정된 소송 외의 소송에는 그 성질에 반하지 아니하는 한 당사자소송에 관한 규정을 준용한다.

부 록 2

행정쟁송법

기출예상문제

<답안작성요령>

1. 문제지를 받은 후 5−10분 사이에 목차를 구성하고 쓸 내용을 가만히 생각해 본다.
2. 출제자가 물어보는 핵심논점을 파악하여 기술한다.
3. 논술의 경우 자신이 피력하고자 하는 검토 의견을 서론과 결론에 개진한다.
4. 실제시험장에서는 페이지수가 기재되어 나오므로 따로 표기할 필요는 없다.
5. 기본적으로 50점 문제는 10페이지, 25점 문제는 5페이지를 할당한다.

기출논술문제

1.
2.
3.
4. 행정심판전치주의에 대하여 논하라.

5. 행정심판에 있어서 고지제도에 관하여 논하라.

6. 취소소송에 있어서의 원고적격을 논하라.

7. 행정심판의 재결을 논하라.

8. 집행정지제도를 논하시오.

9. 행정소송법 §2 ①의 '처분' 등에 관하여 논하라.

10. 행정소송의 한계를 논하라.

11. 취소소송의 판결의 효력에 관하여 논술하시오.

12. 행정소송법상의 심리에 대하여 논하라.

13. 행정소송법 §12 ①의 "법률상 이익 있는 자"에 대하여 논하라.

14. 행정심판의 제기요건에 대하여 논하시오.

기출약술문제

1.
2.
3.
4. (1)사정판결
   (2)행정소송에 있어서 가구제제도

5. (1)항고소송의 대상
   (2)행정소송 판결의 기준시

6. (1)의무이행 심판
   (2)항고소송과 당사자소송의 차이점

7. (1)협의의 소의 이익
   (2)행정심판에 있어서 당사자의 절차적 권리

8. (1)행정심판청구기간
   (2)취소소송에서의 입증책임

9. (1)행정심판위원회
   (2)형식적 당사자소송

10. (1)행정심판의 종류
    (2)객관적 소송

11. (1)행정심판법상 불고지와 오고지의 효과에 관하여 약술하시오.
    (2)행정소송법 §2①의 '부작위'의 개념에 관하여 설명하시오.

12. (1)행정심판의 재결의 효력에 대하여 약술하라.
    (2)행정소송의 제소기간에 대하여 약술하라.

13. (1)사정재결에 대해 설명하시오.
    (2)의무이행소송에 대해서 설명하시오.

14. (1)취소소송의 피고적격
    (2)취소판결의 기속력

512

〈행정쟁송〉

I. 행정쟁송
  개념
  목적(기능)
II. 행정쟁송의 종류
  1. 성질에 의한 구분
  2. 절차에 의한 구분(정식쟁송·약식쟁송)
  3. 단계에 의한 구분(시심적쟁송·복심적쟁송)
  4. 심판기관에 의한 구분(행정소송·행정심판)

〈행정소송〉

행정소송 상호간의 관계

제1편 개설
I. 행정소송의 의의
  1. 개념
  2. 민사소송과의 구별
II. 행정소송의 기능(목적)
  1. 권리구제기능
  2. 행정통제기능
  3. 양기능의 관계(소송관의 문제)
III. 행정소송제도의 유형
  1. 외국의 경우
  2. 우리나라의 경우

우리나라의 행정소송의 특수성

IV. 행정소송의 유형

행정소송의 종류 ☞ 10약. 행정심판의 종류

  1. 주관적 소송·객관적 소송
  2. 형성의 소·이행의 소·확인의 소
  3. 항고소송·당사자소송·민중소송·기관소송
V. 행정사건에 대한 사법심사의 한계

10논. 행정소송의 한계에 대하여 논하라.

  : 행정소송의 한계

→ 행정소송의 특수성(사4), 법률상 쟁송(사36)

  1. 문제의 소제

→ 행정에 관한 사법통제의 한계(사10,16)

  2. 사법권의 본질에서 오는 한계

무명항고소송, 비법정항고소송(사26)

  3. 권력분립원리에서 오는 한계

13약. [조문X] 의무이행소송(사26) ☞ 06약. 의무이행심판

→ 행정청의 부작위에 대한 사법적 구제(사34)

→ 부작위에 대한 이행확보수단(입13)

제2편 항고소송

제1장 취소소송

항고소송의 당사자
05약. 항고소송의 대상

§1: 개설
I. 취소소송의 의의

항고소송의 종류(사22,변31)와 소의 이익(사24,35)

무효등확인소송(사30)

취소소송과 무효등확인소송의 차이점

부작위위법확인소송

부작위위법확인소송과 의무이행심판

부작위에 대한 행정법(쟁송법)상의 구제(사34)

11약. 행정소송법 §2 ① 의 '부작위' 개념

처분의 부작위로 인한 침해에 대한 행정법상의 권리구제수단

518

13약. 사정재결

12약. 행정심판의 재결의 효력

재결의 기속력

부적법한 재결에 대한 취소소송사례

05논. 행정심판에 있어 고지제도에 대하여 논하라(지14)

직권고지

11약. 불고지와 오고지의 효과

문의처: 사법정책연구실 ☎ 3480 - 1257

공보관실 ☎ 3480 - 1451

『행정소송법 개정안』 공청회

- 보도자료 -

2004. 10. 15.

법 원 행 정 처

Ⅰ. 공청회 개요

○ 일시: <u>2004. 10. 28.(목) 13:30 ~ 17:30</u>

○ 장소: 대법원 401호 대회의실

○ 일정:

  - 등록 (13:00 ~ 13:30)

  - 개회식 (13:30 ~ 13:40)

    · 인사말: 손지열 법원행정처장

  - 주제발표 및 지정토론 (13:40 ~ 16:20)

  - 종합토론 및 질의응답 (16:20 ~ 17:30)

○ 참가자

  - 사회: 최송화 인문사회연구회 이사장

  - 주제발표: 3인

    · 박정훈 (서울대 법대 교수): 항고소송의 대상 및 유형

    · 박균성 (경희대 법대 교수): 항고소송의 원고적격 및 항고소송에 관한 기타 논점

    · 류지태 (고려대 법대 교수): 당사자소송 및 기관소송

  - 토론: 8인

    · 홍준형 (서울대 행정대학원 교수)

    · 김성수 (연세대 법대 교수)

    · 신봉기 (동아대 법대 교수)

    · 권은민 (김&장 변호사)

    · 김하열 (헌법재판소 연구관)

    · 유남석 (서울행정법원 부장판사)

    · 조균석 (서울고등검찰청 검사)

    · 최정일 (법제처 사회문화법제국장)

Ⅱ. 공청회의 개최의 배경과 취지

1. 「행정소송법 개정위원회」의 논의 경과 및 향후 계획

○ 대법원은 2002. 4. 법조실무계, 학계 및 행정부를 망라한 위원들로 구성된 「행정소송법 개정위원회」를 법원행정처 내에 구성함

○ 2002. 4. 관계 기관 및 단체에 개정착안점 제안을 요청하고, 2002. 7. 2.~3. 사법연수원에서 법관 및 관련 전문가 합동세미나를 개최하여 논의 방향을 설정하였음

○ 지금까지 17차례의 위원회와 7차례의 소위원회를 개최하면서 행정소송법 개정을 위한 검토를 하여 왔고, 최근 개정시안을 마련함

※ 다만 이 개정시안은 행정소송법 개정위원회에서 검토한 시안이고 최종 의결을 한 단계는 아니므로, 대법원의 개정안이라고 할 수는 없음(공청회, 의견조회 결과 등에 따라 앞으로 일부 변경될 가능성도 있음)

○ 공청회, 의견조회 결과 등을 반영하여 행정소송법 개정위원회의 개정안을 의결한 후, 대법관회의를 거쳐 대법원 개정안을 최종 확정할 예정임. 이후 입법을 추진함(입법추진 과정에서 내용이 변경될 가능성도 배제할 수 없음)

2. 행정소송법 개정 추진의 취지

○ 행정소송법은 1984. 12. 15. 전면 개정된 이후 큰 수정 없이 20년 가까이 경과되어, 변화된 사회환경에 따라 새롭게 출현한 각종 행정작용으로부터 국민의 권리를 보호하고 법치행정을 확립하는 데에 미흡한 점이 있다고 지적되어 왔으므로, 이를 개선할 필요가 있음

  - 현대 행정작용의 급속한 팽창과 영향력의 확대에 비하여 "행정소송을 통하여 권리구제를 받을 수 있는 범위가 충분하지 못하다"는 평가를 받아 왔던 것도 사실임

  - 행정소송의 전문성·특수성으로 인한 소송수행상의 여러 가지 불편이 있으므로, 이를 해소시킬 제도적 보완이 필요함

○ 그동안 전문법원인 행정법원의 설치와 행정법학계의 발전에 따라 판례와 연구
가 심도 있게 축적되어 왔으므로 이를 법률에 반영할 필요가 생겼음

3. 공청회 개최의 목적

○ 행정소송법 개정위원회가 마련한 개정시안을 놓고 구체적으로 그 입법방향이
나 세부사항에 관하여 다양한 의견을 수렴하고, 부족한 점을 점검하려는 것임
('개정안 마련'을 위한 공청회임)

Ⅰ. 행정소송법 개정안의 주요 내용

1. 새로운 소송유형의 신설

○ 종래 소송형태에 의할 때에는 충분한 권리구제가 되지 못하는 부분이 남아 있
으므로, 이를 보완하기 위하여 새로운 소송유형을 신설

▶ 의무이행소송

○ 현행법에 따르면 행정청의 위법한 부작위에 대해서는 부작위위법확인소송을,
행정청의 위법한 거부처분에 대해서는 거부처분취소소송을 제기할 수 있는데,
원고가 부작위위법확인소송에서 승소하더라도 행정청이 일정한 처분을 하여야
할 의무를 부담하는 것은 아니고, 거부처분취소소송에서 승소하더라도 행정청
은 원래의 거부처분사유와 다른 별도의 사유로 또는 거부처분 이후의 사정변
경을 이유로 다시 거부처분을 할 수 있음→ 보다 적극적이고 발본적인 구제수
단을 마련할 필요가 있음

○ 개정안에서는 현행법의 부작위위법확인소송은 폐지하고, 행정청의 부작위 또는
거부행위에 대하여 일정한 처분(행정행위)을 하도록 하는 소송인 의무이행소송
을 도입함

○ 처분을 구하는 국민의 신청에 대하여 행정청이 상당한 기간이 지나도록 일정
한 처분을 하지 않고 부작위로 방치하거나 그 신청을 거부하는 처분을 한 경
우, ① 신청인은 의무이행소송을 제기할 수 있고, ② 행정청의 부작위나 거

부행위가 위법한 때에 법원은 행정청에 신청에 따른 처분을 할 의무가 명확하고 그 의무를 이행하도록 하는 것이 상당한 경우(기속행위 등)에는 그 처분을 하도록 선고하고, 한편 그 밖의 경우(재량행위 등)에는 판결의 취지에 따라 처분을 하도록 선고하며, ③ 행정청이 의무이행판결에서 부과된 의무를 이행하지 않는 경우에는 간접강제를 하도록 함

※ 주요 개정조항

제4조(항고소송) 항고소송의 종류는 다음과 같다.

3. 의무이행소송: 행정청의 거부행위 또는 부작위에 대하여 행정행위를 하도록 하는 소송

제51조(의무이행판결) 법원은 당사자의 신청에 대한 행정청의 거부행위나 부작위가 위법한 때에는 다음 각 호의 구분에 따라 판결한다. 다만, 거부행위의 경우에는 이를 함께 취소하여야 한다.

   1. 당사자의 신청에 따른 행정행위를 할 의무가 명백하고 그 의무를 이행하도록 하는 것이 상당하다고 인정하는 경우에는 행정청이 그 행정행위를 하도록 선고한다.

   2. 그 밖의 경우에는 행정청이 당사자의 신청에 대하여 판결의 취지에 따라 행정행위를 하도록 선고한다.

▶ 예방적 금지소송

○ 현행법에 따르면, 위법한 처분이 행하여질 개연성이 매우 높고 사후의 구제방법으로는 회복하기 어려운 손해의 발생이 예상될지라도 처분이 행하여지기 전에 이를 금지하는 소송을 제기할 수 있는 방법은 없음

○ 행정청이 장래에 일정한 처분을 할 것이 임박한 경우에, 그 처분의 금지를 구할 법적으로 정당한 이익이 있는 자가 사후에 그 처분의 효력을 다투는 방법으로는 회복하기 어려운 손해를 입을 우려가 있는 때에는 처분이 행하여지기 전에 그 금지를 구하는 예방적 금지소송제도를 신설함

※ 주요 개정조항

제4조(항고소송) 항고소송의 종류는 다음과 같다.

4. 예방적 금지소송: 행정청이 장래에 일정한 행정행위를 할 것이 임박한 경우에 그 행정행위를 금지하는 소송

제55조(원고적격) 예방적 금지소송은 행정청이 장래에 일정한 행정행위를 할 것이 임박한 경우에 그 행정행위의 금지를 구할 법적으로 정당한 이익이 있는 자가 사후에 그 행정행위의 효력을 다투는 방법으로는 회복하기 어려운 손해를 입을 우려가 있는 때에 한하여 제기할 수 있다.

제57조(금지판결) 법원은 행정청의 장래의 일정한 행정행위가 위법하고, 그 행정행위를 하지 않도록 하는 것이 상당하다고 인정하는 때에는 행정청에 그 행정행위를 하지 않도록 선고한다.

2. 행정소송과 민사소송 사이의 소의 변경제도 신설

○ 국민이 권익을 보호받기 위하여 민사소송을 제기하여야 하는지 행정소송을 제기하여야 하는지 여부를 판단하는 것이 쉽지 않은 경우가 상당수 있고, 행정의 행위형식이 다양화되어 감에 따라 그 어려움은 가중될 것으로 예상되므로 양자 사이의 소의 변경을 인정할 필요성이 있음

○ 법원은 원고의 신청에 따라, 청구의 기초에 변경이 없는 한 사실심 변론종결시까지, 항고소송을 당해 처분 등에 관계되는 사무가 귀속하는 국가 또는 공공단체에 대한 민사소송으로, 국가 또는 공공단체에 대한 민사소송을 당사자소송 또는 당해 청구에 관계되는 처분에 대한 항고소송으로 변경하는 것을 허가할 수 있도록 하는 제도를 신설 → 1심의 경우에는 소변경에 맞추어 일반법원 또는 행정법원으로 이송하게 됨

※ 주요 개정조항

제22조(소의 변경) ① 법원은 취소소송을 당해 행정행위 등에 관계되는 사무가 귀속하는 국가 또는 공공단체에 대한 당사자소송이나 민사소송 또는 취소소송 외의 항고소송

으로 변경하는 것이 상당하다고 인정할 때에는 청구의 기초에 변경이 없는 한 사실심의 변론종결시까지 원고의 신청에 따라 결정으로 소의 변경을 허가할 수 있다.

② 법원은 국가 또는 공공단체에 대한 민사소송을 당해 청구에 관계되는 행정행위에 대한 취소소송으로 변경하는 것이 상당하다고 인정할 때에는 청구의 기초에 변경이 없는 한 사실심의 변론종결시까지 원고의 신청에 따라 결정으로 소의 변경을 허가할 수 있다.

3. 자료제출요구에 관한 규정 신설

○ 행정소송에서 중요한 자료는 행정기관이 보관하고 있는 경우가 많은데, 민사소송법상의 문서제출명령은 문서의 표시·문서의 취지 및 문서소지인 등을 특정하여 신청하여야 하고 문서소지인이 제출의무를 부담하는 경우도 한정되어 있어 행정소송의 심리에 필요한 자료를 현출시키는 데에는 한계가 있으므로, 좀더 포괄적인 자료제출요구제도가 필요함

○ 법원은 사건의 심리를 위하여 필요하다고 인정하는 경우에 직권에 의한 결정으로 당사자 또는 관계행정청이 보관 중인 관련 문서, 장부 기타 자료의 제출을 요구할 수 있고, 당사자 또는 관계행정청은 법원으로부터 요구받은 자료를 지체 없이 제출하여야 한다는 자료제출요구에 관한 규정을 신설함

※ 주요 개정조항

제28조(자료제출요구) ① 법원은 사건의 심리를 위하여 필요하다고 인정하는 경우에는 결정으로 당사자 또는 관계행정청이 보관 중인 관련문서, 장부 기타 자료의 제출을 요구할 수 있다.

② 당사자 또는 관계행정청은 제1항의 규정에 의하여 요구받은 자료를 지체 없이 제출하여야 한다. 다만, 그 자료의 공개가 공공의 안전과 이익을 현저히 해할 우려가 있는 경우나 법률상 또는 그 자료의 성질상 이를 비밀로 유지할 필요가 있는 경우에는 자료제출을 거부할 수 있다.

③ 법원은 당사자의 신청에 따라 제2항 단서의 규정에 의한 자료제출거부의 적법 여부를 결정한다.

④ 법원은 제3항의 규정에 의한 결정을 함에 있어서 필요하다고 인정하는 때에는 자료제출을 요구받은 당사자 또는 관계행정청에 그 자료를 제시하도록 요구할 수 있다. 이 경우 법원은 그 자료를 다른 사람이 보도록 하여서는 아니 된다.

4. 항고소송의 대상 확대

○ 현행법의 '처분'은 "행정청의 공법상 행위로서 국민의 법률상 지위에 직접적인 법률적 변동을 일으키는 행위"라고 좁게 해석하고 있음

  - 국민의 법률상 지위에 직접적으로 '사실상'의 영향을 미치는 공권력행사에 대해서는 항고소송을 제기할 수 없는 것으로 보고 있음

  - 집행행위에 대한 항고소송의 제기를 기대하기 어려운 법규명령(예컨대, 법규명령이 국민의 일정한 의무를 직접 규정하고 아울러 이를 위반할 경우 형벌·행정벌이나 제재처분을 부과할 것을 정한 경우 등) 등에 대하여서까지도 집행행위에 대한 항고소송을 제기하여야만 권익구제를 받을 수 있다고 보게 됨

○ 다양한 행정작용(협의의 처분·권력적 사실행위·법규명령 등)을 항고소송의 대상으로 포착하기 위한 개념으로서 종래의 '처분'이라는 용어 대신 위 행정작용을 포괄하는 '행정행위'라는 개념을 도입하고 이를 모두 항고소송(취소소송·무효등확인소송·의무이행소송·예방적 금지소송)의 대상이 될 수 있도록 함

  - 처분과 행정법규와의 내용상 구별이 점점 희박해지는 점, 행정법규에 대한 해석·심리에 있어서의 전문성, 심급의 이익 등을 고려할 때 명령·규칙을 행정소송의 대상에 포섭시키는 것이 국민의 권익구제에 더욱 충실할 수 있음

    → 명령·규칙이 적법한 행정소송의 대상이 되기 위하여서는 구체적 사건성(직접 그리고 현재 자신의 권리의무에 영향을 미치고 있어야 한다는 직접성, 현재성)이 갖추어져야 함. 집행행위(처분)를 통하여 영향을 미치는 경우 그 처분이 행하여진 후 당해 처분에 대한 소송을 제기하여야 함

※ 주요 개정조항

제2조(정의) ① 이 법에서 사용하는 용어의 정의는 다음과 같다.

1. "행정행위 등"이라 함은 행정청이 행하는 법적·사실적 행위로서의 공권력의 행사 또는 그 거부와 그 밖에 이에 준하는 행정작용(이하 "행정행위"라 한다) 및 행정심판에 대한 재결을 말한다.

제3조(행정소송의 종류) 행정소송의 종류는 다음과 같다.

1. 항고소송: 행정청의 행정행위 등이나 부작위에 대하여 제기하는 소송

5. 항고소송의 원고적격 확대

○ 현재의 판례는 원고적격에 관한 현행법상의 '법률상 이익'을 "당해 처분의 근 거법규에 의하여 보호되고 있는 직접적이고 구체적인 이익"이라고 해석하여 왔는바, 이에 대해서는 권익구제를 받을 수 있는 폭이 너무 좁다는 비판이 제 기되어 왔음

○ 오늘날 다양한 행정작용으로 인하여 처분의 직접 상대방이 아닌 제3자의 권 익이 침해되는 경우라든가 근거법규에 의하여 보호되는 법적 이익 이외에 헌 법 및 여타 법령에 의하여 보호되는 법적 이익이 침해되는 경우가 증가하고 있으므로, 원고적격을 확대하여 권익구제의 폭을 넓힐 필요가 있음

○ 개정시안에서는 '법적으로 정당한 이익'이 있는 경우에 항고소송의 원고적격을 인정하는 새로운 기준을 설정함으로써 원고적격의 범위를 넓히는 계기를 마련함
  - 처분의 근거법규에 의하여 보호되는 직접적·구체적 이익이 아닐지라도 명 예·신용회복, 헌법상 기본권 등 일반적 법규에 의하여 간접적으로 보호되는 정당한 이익이 있는 경우 등에도 원고적격이 있다고 해석할 수 있게 됨

※ 주요 개정조항

제12조(원고적격) 취소소송은 행정행위 등의 취소를 구할 법적으로 정당한 이익이 있는 자가 제기할 수 있다. 행정행위 등의 효과가 기간의 경과 그 밖의 사유로 인하여 소멸

된 뒤에도 또한 같다.

6. 가처분제도 도입

○ 위법한 행정작용으로 인한 국민의 권익침해를 효과적으로 구제하기 위해서는 행정상의 <u>임시구제제도를 확충할 필요가 있음</u>

○ 현행법상 인정되는 집행정지제도는 소극적인 현상유지적 기능만 있을 뿐이어서 판결이 확정될 때까지 당사자의 지위에 대한 불안제거나 권익구제에 미흡함

○ 개정시안에 따르면, <u>처분 등이 위법하다는 상당한 의심이 있는 경우 본안의 관할법원은 다툼의 대상에 관한 가처분(현상유지적 가처분)과 당사자의 임시의 지위를 정하는 가처분을 할 수 있음.</u> 다만, 가처분은 집행정지에 의하여 목적을 달성할 수 없는 경우에만 허용함

※ 주요 개정조항

제26조(가처분) ① 행정행위 등이 위법하다는 상당한 의심이 있는 경우로서 다음 각 호의 1에 해당하는 때에는 본안의 관할법원은 당사자의 신청에 따라 결정으로 가처분을 할 수 있다.

1. 다툼의 대상에 관하여 현상이 바뀌면 당사자가 권리를 실행하지 못하거나 이를 실행하는 것이 매우 곤란할 염려가 있어 다툼의 대상에 관한 현상을 유지할 필요가 있는 경우

2. 다툼이 있는 법률관계에 관하여 당사자의 중대한 불이익을 피하거나 급박한 위험을 막기 위하여 임시의 지위를 정하여야 할 필요가 있는 경우

· 저자 ·

서진배 • 약 력 •
전남대학교 법과대학 졸
전) 서울법학원 행정쟁송법 강의
현) 노무법인 지성 부대표

차수봉 • 약 력 •
전남대학교 법과대학 졸
전남대학교 법학 석사
전남대학교 법학 박사과정 수료
동신대학교 경찰행정학과 강사

• 논 문 •
「교육헌법의 기본원리」, 공법논총 2호, 광주전남공법학회, 2006
「헌법질서 하에서 토지재산권 행사의 제한문제」, 호남공법학회, 2007
「헌법재판소 제68조 제1항의 해석론」, 동신대학교 사회과학연구 제13집, 2007
「유럽인권협약상 기본권 보장체계와 개인청원에 관한 연구」, 토지공법연구, 2007
「적극적 우대조치에 대한 헌법적 판단」, 세계헌법학회, 2007
외 다수

노·무·사·시·험·대·비
행정쟁송법 강의

• 초판 인쇄 | 2008년 3월 17일
• 초판 발행 | 2008년 3월 17일

• 지 은 이 | 서진배, 차수봉
• 펴 낸 이 | 채종준
• 펴 낸 곳 | 한국학술정보㈜
경기도 파주시 교하읍 문발리 513-5
파주출판문화정보산업단지
전화 031) 908-3181(대표) · 팩스 031) 908-3189
홈페이지 http://www.kstudy.com
e-mail(출판사업부) publish@kstudy.com
• 등   록 | 제일산-115호(2000. 6. 19)
• 가   격 | 34,000원

ISBN 978-89-534-8414-6 93360 (Paper Book)
978-89-534-8415-3 98360 (e-Book)